西安发展研究报告

（2019）

主　编 / 余钟夫
副主编 / 王益锋　余南村（执行）

中国发展出版社
CHINA DEVELOPMENT PRESS

图书在版编目（CIP）数据

西安发展研究报告2019 / 余钟夫主编. —北京：中国发展出版社，2019.8

ISBN 978-7-5177-1052-3

Ⅰ. ①西… Ⅱ. ①余… Ⅲ. ①区域经济发展—研究报告—西安—2019 Ⅳ. ①F127.411

中国版本图书馆CIP数据核字（2019）第192449号

书　　名：西安发展研究报告2019
主　　编：余钟夫
出版发行：中国发展出版社
联系地址：北京市西城区裕民东路3号9层　100029
标准书号：ISBN 978-7-5177-1052-3
经　销　者：各地新华书店
印　刷　者：北京市密东印刷有限公司
开　　本：787mm × 1092mm　1/16
印　　张：24.5
字　　数：408千字
版　　次：2019年10月第1版
印　　次：2019年10月第1次印刷
定　　价：88.00元

联系电话：（010）68990630　68990692
购书热线：（010）68990682　68990686
网络订购：http://zgfzcbs. tmall. com//
网购电话：（010）88333349　68990639
本社网址：http://www.develpress. com. cn
电子邮件：bianjibu16@vip. sohu. com

前　言

当前，我国的发展面临百年未有之大变局，国际国内发展出现了一些新情况，机遇和挑战并存的复杂性、发展和稳定的艰巨性、创新和突破的紧迫性都前所未有。今年以来，我国经济运行出现一些新的困难和问题，但是总体上，经济发展的长期趋势仍然向好，内在的发展动力仍存，中央的领导坚强有力，各项决策和措施明确、到位。

陕西的发展正处于非常关键和特别的时期：国内发展南向北、东向西的梯度推移；“一带一路”大方略下，陕西作为核心区、西安作为枢纽城市的战略机遇；以及西安长期积累的发展潜力蓄势待放，三力叠加，使得西安呈现良好发展预期。最近几年来，不管是直观感受层面，还是从各项指标看，西安都呈现出难得的快速追赶势头，并迅速成为网红城市和旅游超热城市。这既是市场的客观投票，是西安市委市政府带领全市干部群众在省委省政府领导下树立机遇意识，努力追赶超越，加速大力发展的结果，也是西安自身内在发展潜力的阶段性合理发挥所致。平心而论，过去这两三年，西安城市的发展信心，大部分市民的满意度和自豪感都得到了较好提升，外部对西安的正面评价和关注度亦有较大提高，西安的城市地位提高，发展预期看涨。西安的进步有目共睹，正在向更好的方向发展。

但同时也要看到，西安发展也面临国际国内新情况的挑战。西安前市委领导曾提出的十问（此处借用时做适当归并）：制造业、民营经济和县域经济发展不足；文旅产业和金融产业尚需大力发展；营商环境和行政服务效能需持续改善；高校科研院所和人才富集效应释放以及军工优势转化还需着力；“一带一路”节点和枢纽作用亟须发挥；空气质量、环保水平以及办事、上学、看病难等问题尚存。西安市委市政府提出的东拓、西进、南控、北跨、中优发展大西安的战略思路如何合理破解、有效实施，仍然是西安需要深入研究、继续着力推进解决的问题。

其实，西安发展中需要研究的问题远不止上述十问。今年除了是西安总体规划修编年，也是全国以及西安的十四五规划编制启动年，西安有许多重大、中长期的课题需要破题，需要谋划，需要研究。这都需要冷静地判断国内外发展形势，尽量准确地把握西安发展所处的历史方位，回审西安的发展历程，总结经验教训，立足西安发展现状、把准现实发展脉搏，科学地谋划西安未来发展。总体上，我们研究认为西安的发展尚处于工业化的中后期，从国家的战略要求、西安内在的发展需要来看，西安发展在提质控量、调结构、优生态的前提下，仍然在相当一段时间里需要保持比一般城市高的增长速度为宜，否则无法实现中央要求的追赶超越的要求。只要有决心、肯担当，西安还是有潜力、有条件、有可能的。所以，在本轮西安的国土空间和社会经济规划总体把握上，拙以为应采以合理扩张为主、控放结合、整合大市域、突出发展重点、适当兼顾平衡的进取型规划。关键是进取，要合理进取。2019 年上半年，西安经济总量排在全国 22 位，居佛山（17）、济南（18）、南通（19）、东莞（20）、烟台（21）之后。值得关注的是西安增长速度是 7%，虽高于全国上半年平均增速（6.3%），但在 GDP 排前 20 位城市中居于中间，低于成都和长沙（8.2%）、武汉和南京（8.1%）、郑州（7.9%），与济南（7.0%）持平。从今后几年来看，西安与蓉、汉、宁、长、郑的差距可能还会拉大。西安近期的目标要先赶过烟台、东莞、南通，进到前 20 位，必须保持高于烟台、东莞、南通的增长速度，否则，可能现位难保。西安发展的压力其实也很大，需要持续加力，不断进取，不能掉以轻心、松泄懈怠。尤其需要有跳出西安发展西安的眼光、决心、信心和举措。

今年是新中国成立 70 周年，也是全面建成小康社会、实现第一个百年奋斗目标的关键之年。中央要求全国上下增强信心、保持定力、坚定底气，坚持稳增长、促改革、调结构、惠民生、防风险、保稳定，以实现稳中求进。西安应当按照中央的统一部署，未雨绸缪、积极作为，在做好自身发展、防止经济下滑的同时，主动为所在区域、为国家有所担当，为建国 70 周年献礼。与此相应，西安的发展研究不仅要谋好当下，亦需有远虑，可谓任重道远。应当主动服务、勤思多谋、深入调研，尤需各方关心支持、合力共推。

西安发展研究院是西安市委市政府与西安电子科技大学共建的特色高端智库，也是市校合作的一个探索性平台，致力于为西安国家中心城市、欧亚交流国际化大都市建设提供高质量的决策咨询。自成立以来，以“植根西安，服务大局，融智献策，促进发展”为宗旨，围绕西安市发展目标和重点任务，汇聚各方资源，把握发展动态，积极开展调研，助力西安发展。

《西安发展研究报告（2019）》是西安发展研究院立院以来的首部研究成果集。本书由十篇专题报告组成，共分四个篇章，分别是丝路战略、科技发展、产业强市、创新突破。这四个方面都是西安需要重点研究的领域。本书紧扣如何从全球视野、历史高度和未来趋势发挥西安作为中华文明的代表性城市和“一带一路”核心区枢纽地位的优势，做好战略谋划，运筹和把握机会，为西安创造战略资源、做大战略空间、占据战略制高点（丝路战略篇）；如何明锐判析并把握西安作为硬科技首创城市的有利条件和不利因素，扬长避短，有所为有所不为，以最大的决心扶大扶强对未来发展具有决定性意义且在全国居于前列的人工智能等前端研究和技术，使之产业化，振兴西安和陕西，服务国家（科技发展篇）；如何冷静地借鉴国际国内区域发展成熟的经验，以城市群视角，从关中平原城市群狭义和广义两个层面，借助西安市规划修编的机会，更前瞻地考虑大西安的空间格局、极化战略和现实路径，作出相应的产业定位和安排（产业强市篇）；以及如何从外部和内部双向提升优化西安的城市形象、发展内涵、发展水平和质量，激发不断创新向上新动力，进一步增强新魅力，在现有的发展基础上，充实丰富西安作为网红城市的持续吸引力（突破创新篇）。

本书收录的十篇专题报告以西安市委托的课题成果为主，这些报告都已经以不同方式、程度不同地转化为实际决策内容。本书不注重所涉研究的全面性，而着眼于课题的实际转化作用，这也是本书设计定位时即明确考量的选择和安排。

由于本书所选的课题研究报告都属于短期或短中期研究，调研和起草时间有限，且2018年以来国内外形势以及西安市的情况都有许多变化，因而研究的深度和时效性会受一些影响。但这些都不妨碍本书从几个突出方面对西安发展面临的基本问题的分析和把握，亦不失对西安未来发展进行深思、寻求应策的导引作用。

本书各篇的协作和分工依次如下：前言由余钟夫（西安发展研究院）执笔；“大

西安参与丝路合作机会审视”由周庆华、雷会霞、魏书威、郭昳岚（西安建筑科技大学）执笔；“西安举办‘一带一路’文明对话大会研究”由余南村（德国莱布尼兹汉诺威大学）、陈江生（中央党校）、朱峰（国务院研究室）、卓杰（国务院发展研究中心）、李宗志（伊利诺伊理工大学）执笔；“西安发展硬科技再思考与优劣势分析”由王华林、王小刚（西安发展研究院硬科技研究中心）、余南村（德国莱布尼兹汉诺威大学）执笔；“西安市人工智能产业发展现状及发展建议”由崔玉凤、刘新社、畅新征、刘益萌（西安市政府研究室）执笔；“加快推动西安产业发展迈向‘双高端’”由崔玉凤、畅新征、刘益萌、袁家辉（西安市政府研究室）执笔；“关中平原城市群产业发展问题研究”由王益锋（西安发展研究院）、余南村（德国莱布尼兹汉诺威大学）、申宇琛、靳梦茹、王子威（西安电子科技大学经管学院）执笔；“大西安背景下土地储备转型及其实施模式研究”由秦春秀、马续补、刘玮（西安电子科技大学经管学院）执笔；“西安市经济社会各种要素集聚排序情况分析”由崔玉凤、畅新征、蒋正平、刘益萌（西安市政府研究室）执笔；“西安市创新创业发展研究”由崔程（大程创新创业产业集团）、余南村（德国莱布尼兹汉诺威大学）执笔；“西安市网红城市形象评估及可持续发展研究”由秦春秀、马续补、刘玮（西安电子科技大学经管学院）执笔。

全书由余钟夫负责选题和总体设计，撰写前言；余南村负责具体执行，除参与若干课题报告外，负责全部书稿内容的收集、编选、修改和统稿；王益峰负责出版及后期全部相关事宜；全书最终由余钟夫审定。

本书在成书过程中得到西安市委政策研究室、西安市政府研究室、市国土规划局、科技局、财政局等部门和西安高新区及一些区县、西安电子科技大学经管学院和校友会办公室、西安建筑科技大学规划院等单位和部门的大力支持，西安市和北京市有关专家、学者和人士对报告成书也提供了很多好建议。中国发展出版社对本书的及时出版出力甚多。在此一并致谢！

余钟夫

2019 年初秋于西安

目　录

第一部分　丝路战略

第二部分　科技发展

第三部分　产业强市

第四部分　创新突破

Contents

Part I Silk Road Strategy

Part II Science and Technology Development

Part III Industry-led development in Xi'an

第一部分

丝路战略

大西安参与丝路合作的机会审视

城市作为经济全球化的节点和载体，在迈向现代化的进程中，应在更大的范围内、更高的层次上积极参与国际分工和竞争，以谋求更为广阔的生存与发展空间。西安作为亚欧合作交流的国际化大都市，应充分立足自身发展优势，全面审视丝路沿线发展需求，积极抢抓国际市场发展机遇，加快提升城市综合实力，努力引领关中平原城市群成为具有全球资源配置能力和国际竞争力的新增长极。

一、国际机会审视

（一）丝路区位研判

1. 文化地位突出

（1）世界文明传承的原点

与罗马、雅典、开罗相比，西安是建城时间最早、延续时间最久、文化创造最为厚重的世界文明古都。其作为中国首都和政治、经济、文化中心长达一千多年，有着3000多年的建城史和近7000年的文明史，是中华文明和中华民族重要发祥地。在很长一段历史时期，西安是当时世界先进文化和先进生产力的汇聚地和输出地，引领着世界历史的发展和人类文明的进步。

表1　世界四大古都对比分析表

对比内容	意大利罗马	希腊雅典	埃及开罗	中国西安
建城时间	公元前753年	公元前1000年	公元641年	公元前1046年①
建城历史	2770年	3018年	1377年	3064年
建都时间	公元前753年	公元前683年	公元920年	公元前1046年②
建都历史	1250年	1100年	1040年	1152年

续表

对比内容	意大利罗马	希腊雅典	埃及开罗	中国西安
创造文明	古罗马文明	古希腊文明	古埃及文明	中华文明
文明历程	约 2500 年	约 650 年	约 6000 年	约 6800 年③

注：①从公元前 1046 年周丰镐都城建立算起，西安至今已有 3064 年的建城史；另一说是从公元前 4000 年到公元前 3500 年的杨官寨遗址算起，西安则至少有 5500 多年的建城史。②从公元前 1046 年周在丰镐建都起，包含秦、汉、隋、唐在内的十三朝在西安建都，共历时 1152 年。③距今 5600—6800 年之间的半坡文化是中华文明的重要起源之一。

（2）中华文明崛起的标志

中华文明是世界上最古老最具影响的文明之一，其历经五千多年延续不断，且仍具旺盛生命力，为世界人类文明作出了巨大的贡献。作为炎黄根脉文化发源地、中华历史文化传承区、中外丝路文化核心区，西安是中华文明这一延续不断文明的重要发源地，拥有博大精深的优秀文化基因和浓郁厚重的文明价值底蕴。

（3）盛世文化发展的极核

中华民族传统文化发展中最为灿烂的篇章都在西安（古长安）集中展现。作为盛世都城，西安见证了中华盛世文化的四个时期——初创期、奠基期、集成期、辉煌期。周的“敦厚好礼和敬德保民”、秦的“变革自律和胸怀天下”、汉的“勇于开拓和锐意进取”、唐的“积极开放和兼容并蓄”，都在古都西安集中体现。

（4）占据丝路文化的东端高地，可满足沿线国家多数文化发展需求

丝路沿线国家对文化发展的需求主要集中在文化艺术与传统民俗、文化产品与文化创意、丝路研究与文化交流、文化旅游与文化贸易、文物修复与古城保护等方面。西安在古都保护与文物修复领域积累了一批成功经验，例如唐长安城、汉长安城、大明宫、汉阳陵、兵马俑、汉杜陵等文物古迹的保护与修复；在文化旅游与文化贸易领域拥有华清池、大唐芙蓉园、碑林博物馆、大雁塔、汉城湖、华清宫、明城墙等世界著名的文化旅游资源；在丝路研究与历史传承领域拥有丝绸之路研究院、“一带一路”文化研究院、丝路发展研究院等众多研究智库平台；在文化艺术与传统民俗领域形成了碑林博物馆、唐乐宫仿唐歌舞、丝路艺术研究院、秦腔剧院等民俗品牌；在文化产品与文化创意领域，有西部影视集团、陕西文化投资公司、陕西旅游集团、曲江文化产业集团等一批文化龙头企业推动大西安文化产业的发展。基于对丝路沿线国家的文化需求分析，经过匹配可知，大西安整体可满足丝路沿线中亚、

西亚、东南亚、中东欧等多数国家和地区对文化发展的需求。

表 2　　沿线文化需求匹配

匹配领域	西安的优势	匹配原因	匹配对象
文物修复与古城保护	西安在唐大明宫、秦兵马俑、汉长安城等文物与古城保护中取得成功，积累了丰富的经验	“一带一路”沿线，世界文化遗产约占全球总数的74%，自然保护区约占53%，自然遗产约占34%，大部分古城及文物古迹亟待保护	老挝、缅甸、柬埔寨、叙利亚、巴勒斯坦、埃及、伊拉克、约旦、土耳其、叙利亚、波黑、阿富汗、尼泊尔、巴基斯坦、塔吉克斯坦、吉尔吉斯斯坦、乌兹别克斯坦
文化旅游与文化贸易	西安市拥有丰富的历史文化资源和文化旅游产品，是世界著名的旅游目的地城市	“一带一路”沿线区域国际旅游总量占全球旅游业70%以上。仅中国与沿线国家双向旅游规模就超过2500万人次，文化旅游消费需求旺盛	新加坡、马来西亚、泰国、印度尼西亚、越南、菲律宾、马尔代夫、尼泊尔、印度、阿联酋、土耳其、伊朗、约旦、爱沙尼亚、捷克、斯洛伐克、卡塔尔、文莱
丝路研究与文化交流	西安市拥有众多的高等院校、科研院所和文博机构，在丝路文化与历史研究方面一直走在世界前列	“一带一路”沿线孕育了巴比伦文明、埃及文明、花剌子模文明、印度河文明等许多古代文明，是人类共同的财富，需要进行深入研究	柬埔寨、泰国、缅甸、越南、菲律宾、沙特阿拉伯、土耳其、约旦、叙利亚、埃及、伊朗、伊拉克、印度、巴基斯坦、阿富汗、哈萨克斯坦、吉尔吉斯斯坦、塔吉克斯坦、土库曼斯坦
文化艺术与民俗传承	西安是中国传统文化的集结地，中国书法、宫廷乐舞、秦腔戏曲、西安画派等文化艺术得到很好的传承与发展	“一带一路”沿线国家和地区，自古就与中国进行文化艺术领域的交流，中国传统的书法、戏剧、音乐、美术领域都对其有深刻的影响	泰国、印度尼西亚、越南、尼泊尔、印度、土耳其、阿富汗、哈萨克斯坦、吉尔吉斯斯坦、塔吉克斯坦、伊朗、约旦、爱沙尼亚、捷克、斯洛伐克
文化产品与文化创意	西安市形成陕西文化投资、曲江文化产业、西部影视集团等大型文化企业，在文化创意、文化产品开发等方面具有优势	“一带一路”沿线民族众多、文化多样，沿线国家和地区亟待寻求具有特色的优势产业和优势项目，并以此为突破点带动国家文化产业的发展	哈萨克斯坦、乌斯别克斯坦、俄罗斯、泰国、印度尼西亚、马来西亚、印度、巴基斯坦、土耳其、伊朗、尼泊尔、乌克兰、白俄罗斯、匈牙利、保加利亚

2. 生态价值重大

（1）亚欧大陆脊梁上的东部绿色门户

在世界著名的山脉中，欧洲的阿尔卑斯山脉，北美大陆的落基山脉和中国的秦巴山脉并称为“地球三姐妹”。落基山脉和阿尔卑斯山脉的绿色循环发展中已积累了较多的成熟经验，可供秦巴山脉借鉴。

在亚欧大陆上，秦岭、天山、兴都库什山、厄尔布尔士山、大高加索山、阿尔卑斯山等山脉串联形成“亚欧大陆的脊梁”。阿尔卑斯山是西方的生态中心，同样地，秦岭无可非议成为东方生态中心。这一独特生态地位让西安成为丝路东部绿色门户与生态绿心。

（2）中华大地上的生态绿心

秦岭作为秦巴山脉的核心组成部分，其生态价值十分巨大，素有“动物王国”“天然中草药库”的美誉。首先，作为我国极为重要的洁净水源地，秦岭山中发源的主要河流有黄河最大支流渭河、长江最大支流汉江以及长江上游支流嘉陵江、长江中游支流丹江等。这些水系成为长江、黄河的核心补给，养育着世世代代的中华儿女。特别是陕西段秦岭北麓的72条河流，注入渭河平原，成为关中平原城市群生活生产用水的主要来源，且水质清澈、水量稳定，孕育了辉煌灿烂的中华文明。其次，作为我国重要的生态绿肺，整个秦巴山脉分布着39个国家自然保护区、43个国家森林公园、12个国家地质公园，森林面积达2809万公顷，占我国森林总面积的10%。此外，秦巴山脉也是我国罕见的、最大的生物基因库。区内动植物种类数量达6000多种，占全国的75%，是我国17个重要生物多样性功能区之一。特别是分布于秦岭的大熊猫、朱鹮、金丝猴、羚牛四大国宝和120余种国家级保护动植物，在世界物种基因保护方面占据着重要地位。

（3）环秦巴城市地区的生态绿肺

秦巴山脉地跨陕西、湖北、重庆、河南、四川、甘肃等五省一市，周边分布有长江经济带和环秦巴城市集聚地区，是我国中西部地区的都市集聚地带，也是国土空间战略平衡的关键地区。秦巴山脉成为关中、成渝、武汉、郑州等多个城镇群和人口密集区的生态绿肺，滋养和支撑着环秦巴城市地区的可持续发展。

（4）占据丝路生态的东端高地，可服务沿线国家的生态发展需求

丝路沿线大多为生态脆弱地区，各国对环保技术与绿色能源、生态旅游与生态经济、生态修复与生态治理等方面的需求较大。西安在生态文明建设过程中，在生态修复与生态治理领域，通过秦岭生态保护、渭河生态治理、浐灞湿地保护、昆明池生态修复等重大生态工程积累了成熟的经验及先进的技术；在生态旅游与生态经济领域，西安有丰富的生态资源，在发展森林生态旅游及生态农业、生态林业、绿色矿业等绿色产业方面具有先天优势；在生态城市与绿色能源领域，西安近年来在节能减排、绿色制造、清洁能源使用等生态城市建设方面取得显著成效。通过对匹配原因分析，西安可满足沿线多数国家的生态技术需求，特别是中亚和中东欧地区对生态技术需求较高。

表 3　沿线生态需求匹配

匹配领域	西安的优势	匹配原因	匹配对象
生态修复与生态治理	西安通过秦岭生态保护、渭河生态治理、浐灞湿地保护、昆明池生态修复等重大生态工程积累了成熟的经验及先进的技术	“一带一路”沿线国家和地区多为生态脆弱区域，其中中亚、中东等地区荒漠化以及水资源危机加剧，成为制约区域发展的重要生态环境问题，生态环境治理迫在眉睫	哈萨克斯坦、吉尔吉斯斯坦、土库曼斯坦、塔吉克斯坦、乌兹别克斯坦、蒙古、沙特阿拉伯、埃及、阿联酋、叙利亚、伊拉克、阿曼、也门、巴基斯坦、阿富汗
生态旅游与生态经济	西安有丰富的生态资源，在发展森林生态旅游及生态农业、林下经济、绿色矿业等绿色产业方面具有先天优势	“一带一路”大多数地区经济发展落后，需要依靠独特的自然环境，发展生态林业、生态农业、生态旅游业、清洁能源等产业，以减少对能源的依赖，推动区域可持续发展	马来西亚、泰国、印度尼西亚、越南、菲律宾、尼泊尔、巴基斯坦、土耳其、伊朗、哈萨克斯坦、乌兹别克斯坦、蒙古
生态城市与绿色能源	西安近年来在节能减排、绿色制造、清洁能源使用等生态城市建设方面取得显著的成效	“一带一路”大多数国家正处于快速工业化阶段，能源生产与消费巨大，二氧化碳排放量占据世界二分之一，城市环境问题突出，也急需进行生态环境建设，实现绿色发展	哈萨克斯坦、土库曼斯坦、沙特阿拉伯、伊朗、埃及、科威特、阿曼、卡塔尔

3. 科技实力强劲

（1）位列副省级城市“第一梯队”

《2017年中国城市硬科技发展指数报告》显示，西安硬科技发展水平居全国第六，位于副省级城市“第一梯队”。且西安的科技产业化潜力指数位居第三，仅次于上海、北京，表明西安的科技基础与创新创业活力较强。

（2）占据丝路科技的东端高地，可满足沿线多数国家的科技发展需求

丝路沿线国家对科技的需求主要集中在技术转移及成果转换、关键技术及创新创业、基础研究及技术研发等方面。西安在基础研究及技术研发领域，拥有众多的高等院校和科研院所，人才密度居全国之首，科研实力雄厚，在自然研究、应用研究、开发研究等科研领域走在世界前列；在关键技术及创新创业领域，有着雄厚的高校科研人才和富集的资源，优势巨大；作为中国重要的科教基地，技术转移及成果转换领域，每年有3000多项科研成果产生，并且对成熟技术成果转移的需要较大，可与丝路沿线众多国家发展需求相匹配。整体来看，在环境科学、工程力学、生物化学、地球科学、航空航天、工程机械、能源化工等领域的优势科技可满足沿线多数国家的需求。

表4 沿线科技需求匹配

匹配领域	西安的优势	匹配原因	匹配对象
基础研究及技术研发	西安市拥有众多的高等院校和科研院所，人才密度居全国之首，科研实力雄厚，在自然研究、应用研究、开发研究等一些科研领域走在世界前列	“一带一路”沿线科技实力较强的国家，需要在国际大科学工程（物质科学、宇宙演化、生命起源、地球系统、环境和气候变化、健康）寻求国际合作	新加坡、以色列、爱沙尼亚、捷克、波兰、立陶宛、俄罗斯、印度、阿联酋、沙特阿拉伯
关键技术及创新创业	西安作为创新创业之都，有雄厚的高校科研人才和富集的资源，在创新创业领域有着独特的发展优势	“一带一路”沿线科技实力中等的地区主要集中在传统工业化国家，这些国家近年来经济增速较缓，需要技术产业升级及新经济发展活力的注入	乌克兰、罗马尼亚、捷克、白俄罗斯、匈牙利、斯洛伐克、保加利亚、克罗地亚、阿尔巴尼亚、斯洛文尼亚、塞尔维亚、马来西亚、泰国、土耳其
技术转移及成果转换	西安市作为中国重要的科教基地，每年有3000多项科研成果产生，并且对成熟技术成果转化的需求量较大	“一带一路”沿线科技实力较弱的地区，主要是丝路沿线的大多数欠发达国家，在经济、社会建设各个领域中急需技术支持	柬埔寨、老挝、巴基斯坦、阿塞拜疆、阿富汗、老挝、塔吉克斯坦、斯里兰卡、也门、叙利亚、缅甸、乌兹别克斯坦、孟加拉国、伊拉克

4. 教育资源雄厚

（1）位居“丝路教育东端高地”

欧盟和中国的教育资源雄厚，对丝路沿线国家产生极大的吸引作用。欧盟通过伊拉斯谟世界项目加强欧洲高等教育的质量，通过与第三国合作，促进人与文化的对话与理解，扩大世界范围内的影响力。中国正在实施丝绸之路留学推进计划，设立“丝绸之路中国政府奖学金”，鼓励丝路沿线国家学生来华留学。每年向沿线国家额外提供总数不少于 3000 个奖学金新生名额。但目前在陕留学生仅占全国留学生总数的 1/49，西安教育资源优势未完全发挥，未来发展潜力巨大。

表 5　丝路留学生情况

地区	留学生人数（万人）	“一带一路”留学生占比（%）
欧盟	117.25	85.15
中国	48.92	64.85
陕西	1.03	51.7

（2）屹立在中国西部的教育高地

西安教育资源优势突出，是西部高等院校和科研院所最为集中的城市之一。拥有 63 所普通高校，672 所科研机构和 22 万科技人员。拥有一流大学建设高校 3 所，一流学科建设高校 4 所，一流学科 17 个。

（3）满足沿线国家大多数学科的发展需求

从需求侧看，丝路沿线国家学科专业的发展需求主要集中在国际贸易、计算机、金融、语言、工业设计、法律、土木工程、财务管理、新闻、机械制造等十大领域。而从供给侧看，西安交通大学国际贸易专业进入 ESI 世界排名前 1%，为西部第一；西安电子科技大学的计算机专业为“双一流”学科；西安外国语大学是西北地区唯一主要外语语种齐全的高校；西北政法大学是政法人才培养国家队院校；长安大学交通运输工程为国家“双一流”建设学科；西安建筑科技大学的土木工程是陕西省“一流专业”建设项目；西安交通大学的机械制造也是国家一流学科。

可见，西安高等教育的优势学科与丝路沿线学科的建设诉求有较高的匹配度，本地各大院校“双一流”及重点学科基本可满足沿线国家 80% 以上的学科发展需求。

5. 区位与交通优势明显

“一带一路”倡议提出后，我国正式拉开了国土空间战略从“极化”走向“均衡”的序幕，沿海单向开放转变为全方位对外开放，使得我国西部地区成为内陆西向开放的新前沿。新的发展态势必然要求西部地区出现能够承担西向开放核心职能的城市集群，从而呈现我国“东西并重、多向开放、海陆统筹、南北贯通”的发展格局。环秦巴城市群区位特殊、基础雄厚、人口稠密，成为这一格局中带动中西部地区发展、支撑东西双向开放的重要支点。在这一新的背景下，大西安成为内陆开放的前沿阵地。

（1）丝路航空枢纽生力军

大西安国际航空枢纽建设取得长足进展。旅客接待量已经跃居丝路沿线第十八大机场，位居全国第七大机场。航线网络通达能力居全国机场第二位，国内业务增速居全国机场第三位。2018 年 1—10 月货邮吞吐量同比增长 15.1%，增速位列全国十大枢纽机场第一。

（2）中国西部陆港领跑者

首先作为全国六大铁路枢纽之一，大西安米字型高铁网建设不断推进，“四纵四横”的对外运输大通道逐步构建。西安北站作为亚洲最大的高铁站，最大客流量每天能达到十万以上。“长安号”班列运营成绩喜人，2018 年 1—10 月开行共计 1036 列，实现重载率、货运量、实际开行量三项指标全国第一。

其次作为全国六大公路交通枢纽之一，“二环十二辐射”高速路网建设不断推进，与周边省市形成“千公里一日交通圈”。并且基本完成“米”字形高速公路网构建，形成覆盖全域、畅接全省、辐射全国的高速公路网络格局。

（二）沿线合作特征

我国大力推进与沿线国家的合作交流，在互惠融通进程中寻求最大公约数，推动沿线国家和地区分享经济全球化、区域一体化带来的恩惠和利益。针对不同区域的发展条件、实际诉求和合作基础，我国采取了灵活多样、适应性强的合作模式，形成了形式各异、领域有别、重点不同的合作特征。西安在与这些区域的交流合作过程中，基本上也呈现出类似特征。具体如下，详见表 6。

中东欧——在已有紧密的合作基础上深化合作，与中国在高新科技、文化教育、商业、物流集散、工业等方面交流密切。

东南亚——与中国合作紧密，主要在商贸物流、文化旅游、基础设施等方面开展。

中亚——在积极响应“一带一路”倡议的基础上与中国开展密切合作，主要集中在能源、交通运输、农业等方面。

西亚——与中国在能源、基础设施建设等方面逐渐开展合作。

表 6　　沿线国家合作现状

地区	国家	城市	合作概况
东亚	蒙古	乌兰巴托	乌兰巴托残疾儿童发展中心项目、多个基础设施建设项目；大型综合型民营企业金田阳光与蒙古国乌兰巴托市签约全面合作协议
中亚	哈萨克斯坦	阿拉木图	中哈商贸物流产业园，在曼吉斯套州阿克套海港特别经济区建立“中国工业园”，潘菲洛夫斯科区建立“霍尔果斯—东门”经济特区
	吉尔吉斯斯坦	比什凯克	与中国路桥工程责任有限公司签署“中国—吉尔吉斯斯坦—乌兹别克斯坦”铁路建设项目；比什凯克市议会与西安建工集团就中吉自贸仓项目签订合作协议
	塔吉克斯坦	杜尚别	新疆中泰化学投资建设的中泰新丝路塔吉克斯坦农业纺织产业园
	乌兹别克斯坦	塔什干	中铁隧道集团承建的安格连—帕普铁路卡姆奇克隧道，中国—中亚天然气管道、中国“鹏盛”工业园
	土库曼斯坦	阿什哈巴德	中国石油集团工程设计有限责任公司承建南约洛坦 100 亿产能建设项目，中国石油天然气集团公司承建的中土天然气管道项目
中东欧	乌克兰	基辅	中国港湾工程有限责任公司与乌克兰海港管理局共建乌克兰南方港粮食码头航道疏浚工程
	匈牙利	布达佩斯	布达佩斯成立为中国投资和批发配送服务的中国商城——“匈牙利中国品牌产品贸易中心”
	罗马尼亚	布加勒斯特	中罗合建切尔纳沃德核电站 3、4 号机组，罗维纳里燃煤电站
	塞尔维亚	贝尔格莱德	中国路桥工程有限责任公司承建贝尔格莱德“泽蒙 - 博尔查”跨多瑙河大桥，中国机械设备工程股份有限公司承建科斯托拉茨火电站，商贸物流园
	波兰	罗兹	中欧物流产业合作园主要是中国西南地区商品进入欧洲市场的重要窗口
		华沙	中国 - 中东欧国家海运事务秘书处在波兰华沙设立；中国工商银行在波兰设立华沙分行；中国建设银行在波兰设立华沙分行

续表

地区	国家	城市	合作概况
中东欧	俄罗斯	圣彼得堡	上海实业集团等投资成立波罗的海经济贸易合作区；临沂市政府与圣彼得堡市政府签署旅游合作备忘录；华中绿谷与俄罗斯圣彼得堡签订了文化艺术小镇项目合作协议；信息技术园区
		杜布纳	与哈尔滨、浙江、烟台签订合作协议，共建高新技术产业合作园区；莫斯科（杜布纳）高新技术产业合作园区
		喀山	喀山国立农业大学与中国农业大学签署合作谅解备忘录；中俄签署莫斯科－喀山高铁合作备忘录
西亚	土耳其	伊斯坦布尔	中国跨境电商敦煌网和土耳其 QT 集团共同投资建立土耳其数字贸易中心；中国企业并购伊斯坦布尔昆波码头；中盛能源与MEL、正泰太阳能等企业在伊斯坦布尔设立分公司；北京—泰达房地产咨询有限公司和土耳其葭国际贸易旅游与建筑工业有限公司合作组建土耳其伊斯坦布尔中国贸易与展览中心
		伊兹密尔	中车唐山公司的铝合金地铁列车投入伊兹密尔地铁运营
		安卡拉	中国企业承建安卡拉伊斯坦布尔高速铁路二期项目；中国天辰工程有限公司与吉内尔集团在安卡拉西北的卡赞镇合作建设 250 万吨天然碱加工及配套电站项目；中国天辰工程有限公司和土耳其石油管道公司合作建设 10 亿立方米地下天然气储气库
	叙利亚	大马士革	签署关于向叙提供无偿援助的经济技术合作协定，在北京举行“首届叙利亚重建项目洽谈会”
	伊拉克	巴格达	与中国振华石油合作，开发巴格达东部南方油田
		巴士拉	中资企业承建鲁迈拉联合循环电站和巴士拉联合循环电站项目，中海油伊拉克油田项目
	伊朗	德黑兰	中冶京诚与伊朗阿尔法钢铁公司在伊朗亚兹德省阿尔达坎地区共建钢厂
	以色列	特拉维夫	中国港湾工程公司正建设以色列阿什杜德新港口，上海国际港务集团获得以色列北部海法港 25 年特许运营权，由中国土木工程集团总公司承建阿什杜德新港及特拉维夫第一条地铁线路——红线轻轨
	阿富汗	喀布尔	中冶集团投资艾娜克铜矿，中石油在阿富汗北部投资包括阿姆·达利亚油田的石油项目
	巴基斯坦	旁遮普	共建成衣工业区
	阿联酋	阿布扎比	中远海运获得阿布扎比哈利法港 2 号码头 35 年的特许经营权；中石油和华信能源获得阿布扎比陆上石油区块 12%、为期 40 年的权益；江苏省推进建设阿产能示范园区
		迪拜	阿里巴巴和迪拜的 Meraas 地产集团成立迪拜合资公司 Yvolv，并启用迪拜数据中心；农行设立阿联酋首个人民币清算中心；工行成为迪拜纳斯达克上市债券第一大海外发行机构；丝路基金参与迪拜多个重大项目股权投资；迪拜水电局引入丝路基金参与项目投融资合作

续表

地区	国家	城市	合作概况
东南亚	新加坡	新加坡	中化集团等企业以新加坡为平台突破国际贸易投资壁垒，取得跨国并购的成功；中银集团、海航集团等企业通过并购在新加坡的国际企业总部，迅速获得了覆盖全球的市场资源；中远集团、振华重工等企业在新加坡设立区域总部，实现了资源整合和有效配置；五矿集团、中航油等企业充分利用新加坡作为国际大宗商品贸易中心的地位，积极打造全球贸易网络；中石油、中石化、广西柳工、华为等企业在新加坡设立贸易、财务、研发、物流等各类功能中心，支撑企业在东南亚乃至全球的业务发展；京东商城等企业与新加坡企业进行战略合作，联合“走出去”，辐射东南亚乃至整个亚太市场，均取得较好的成效
	泰国	曼谷	云南银鹏实业集团与泰国春武里府20亿元旅游文化地产项目；中国青岛科技大学与泰国宋卡王子大学在曼谷共建泰中国际橡胶学院；中泰铁路合作项目；中泰大型军事装备合作项目泰国克拉地峡运河项目合作备忘录在广州签署
	马来西亚	吉隆坡	中国武夷签订马来西亚马六甲海峡城项目合作协议；“一带一路”中国马来西亚农业深度合作典范——“文冬姜”创新产业链项目；中马合作建设马来西亚南部铁路项目
	印度尼西亚	雅加达	中国印尼合作项目雅加达至万隆高速铁路；中国·印尼经贸合作区；中国电建承建印尼东加火电项目；中国－印尼科技创新合作项目
	柬埔寨	金边	中国—柬埔寨海洋空间规划项目；中柬两国政府经济技术合作协定；关于实施吴哥古迹王宫遗址修复项目的立项换文；关于合作编制柬埔寨现代农业发展规划谅解备忘录；中国农科院与柬农业发展研究院关于水稻研究合作谅解备忘录；关于金边至西哈努克港高速公路特许权协议；中粮集团与柬埔寨商业部大米贸易备忘录
	越南	河内	中国－越南产能合作项目；中国天楹－越南河内垃圾焚烧发电项目；越南永新电厂一期项目；中国西南交通大学—越南河内交通大学合作项目

（三）外向合作机会判识

1. 判别经济总量，寻找全方位合作伙伴

世界银行数据分析表明，2017年沿线64个国家GDP总量为121553亿美元，中

国 GDP 总量为 110600 亿美元。从 GDP 绝对值来看，“一带一路”沿线 64 国中的“大国”有印度、俄罗斯、印度尼西亚、土耳其、沙特阿拉伯、波兰、泰国。这些国家经济发展势头强劲，或有机会成长为区域发展的中心，将来可与中国强强联合，展开经贸、文旅、产能等方面的全方位合作。

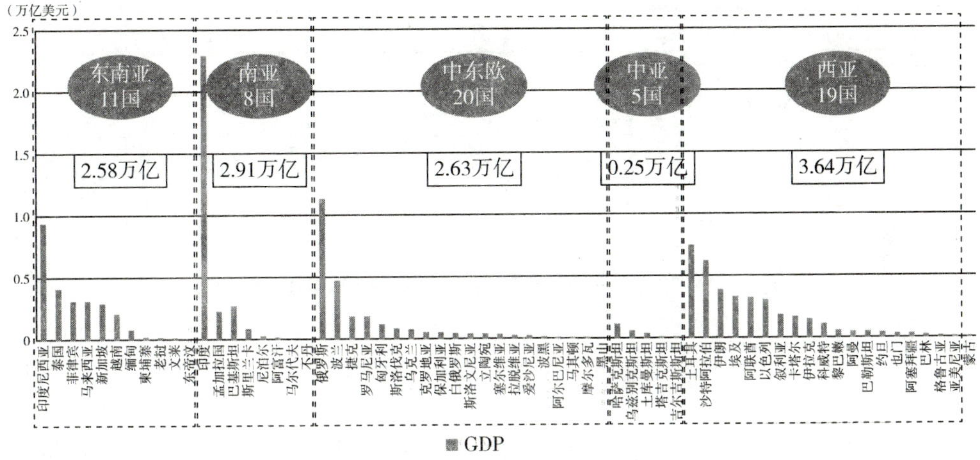

图 1　2017 年“一带一路”沿线 64 国 GDP 分布图

2. 判别人均 GDP，寻找细分消费市场

“一带一路”沿线 64 个国家中，人均 GDP 超过中国的国家主要集中在海湾和中东欧地区。而东亚蒙古、南亚 8 国、中亚 5 国、独联体 7 国和大部分东盟国家的人均 GDP 均达不到中国水平。人均 GDP 指标衡量了一个国家人民生活水平的标准，也从一定程度上反映出该国人均可支配收入水平和购买能力。据此，可初步推断这些国家未来的消费倾向、消费层次以及市场细分等。

总体上看，可根据人均 GDP 区分消费市场的层次，即高端消费市场和初级消费市场。人均 GDP 超过中国（8836 美元）的国家 21 个，集中在海湾和中东欧地区，有卡塔尔、以色列、阿联酋、新加坡等。这些国家居民收入水平较高，有较强的消费能力，是文化、旅游、科技等高端产品的消费市场。而南亚、中亚、东南亚大部分国家的人均 GDP 均不足 5000 美元，主要有越南、巴基斯坦、印度、缅甸等国。这些国家人均收入较低，是家电、服饰等初级加工品的消费市场。

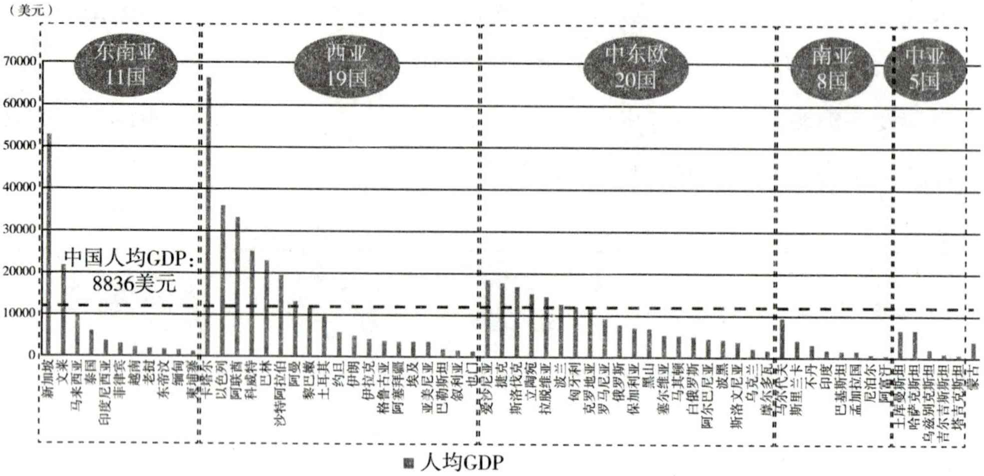

图 2　2017 年“一带一路”沿线 64 国人均 GDP 分布图

3. 判别人口规模，寻找潜在的消费市场

“一带一路”沿线 64 国，总人数 32.14 亿，占世界总人口的 42.85%。其中，南亚 8 国和东盟 10 国占世界总人口的 32.3%；东南亚 11 国、东亚蒙古、西亚 19 国、南亚 8 国和中亚 5 国的人口偏年轻化，绝大多数国家 65 岁以上人口占比不到 10%。详见图 3。

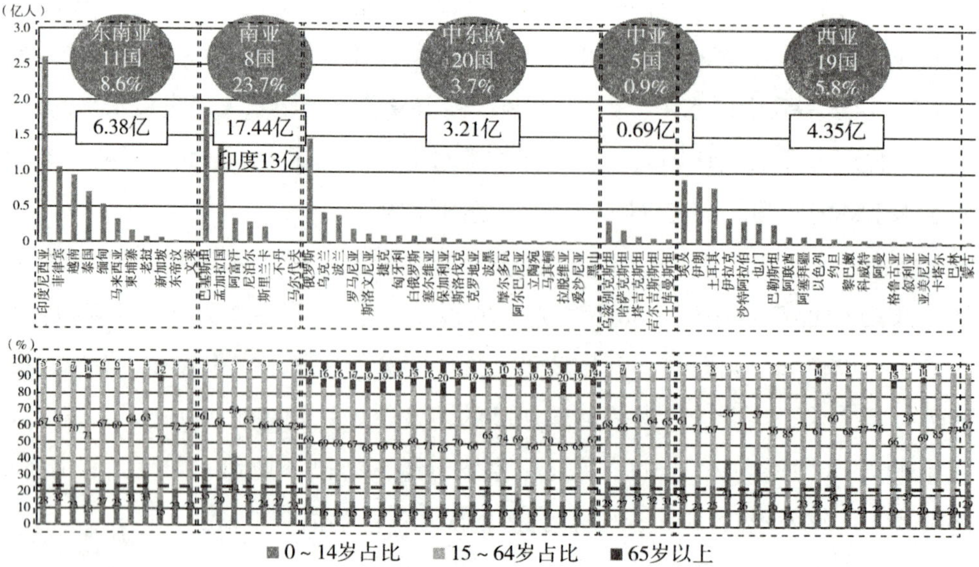

图 3　2017 年“一带一路”沿线 64 国人口数量、结构、比例分析图

大规模、年轻化的人口特征也在一定程度上影响着对外经贸合作的方向与领域。总体上看，印度、印尼、巴基斯坦、俄罗斯等人口大国的商品需求绝对数量较大，具有较大的消费潜力，各类商品的需求均较旺盛；而菲律宾、柬埔寨、阿富汗、巴基斯坦等人口偏年轻化国家，则在教育、科技、文化等方面显现出较强的合作意愿，是未来开展教育、文化等领域合作的重点对象。

（四）外向合作方向匹配

1. 供需匹配方法

通过对大西安核心优势的分析，初步得出对外合作交流的供给侧情况。而通过对沿线国家发展概况的分析，则可初步预判合作交流的需求侧情况。通过构建“供给侧－需求侧”匹配模型，得出大西安参与丝路合作的重点领域，并根据双方“优势－需求”匹配分析，确定开展合作的模式。

2. 开放合作潜力

首先，上文的研究可明确大西安的核心优势领域：文化与旅游类、科技类、教育类、商贸类等；而综合研判丝路沿线国家的发展现状及未来诉求，可知其与大西安开展合作的潜力分层情况：俄罗斯、以色列、马来西亚等国为高潜力合作区，匈牙利、波兰、伊朗等国总体处于中潜力合作区，而叙利亚、孟加拉国、立陶宛等国则总体处于低潜力合作区。

从合作领域来细分，则文化与旅游类高潜力合作国家有俄罗斯、阿联酋、以色列、新加坡等；科技类高潜力合作国家有俄罗斯、以色列、捷克等；教育类高潜力合作国家有哈萨克斯坦、菲律宾、巴基斯坦等；商贸类高潜力合作对象有马来西亚、泰国、俄罗斯、捷克、土耳其等。详见图 4。

3. 开放合作模式

针对不同的合作潜力分区，采取不同的合作模式。比如中高潜力的合作国家，其合作模式可分为引入型和输出型。引入型即表示在该领域，西安可学习借鉴对方的优势，形成强强联合的合作模式。输出型表示在该领域，西安具有相对优势，可对沿线国家形成帮扶、支援、合作共建的合作模式。详见表 7。

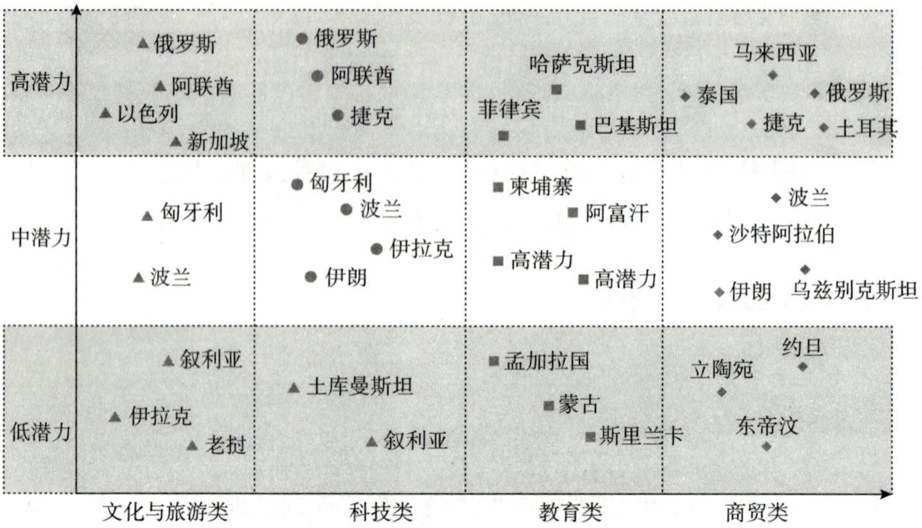

图 4　西安在优势领域与丝路国家的合作潜力图

表 7　西安与中高潜力国家合作模式及重点领域

国家	合作模式	
	引入型	输出型
俄罗斯	能源、农业、制造、科技	商贸、环保、教育
以色列	科技、教育、农业	旅游、基建、商贸
土耳其	科技、旅游、能源	基建、商贸、教育
泰国	旅游、能源	科技、基建、教育
波兰	科技	贸易、投资、金融
伊朗	能源、原料	科技、教育、基建
马来西亚	旅游、能源、原料	科技、教育、医疗
新加坡	科技、教育、旅游	文化、物流、贸易
阿联酋	能源、投资、贸易	文化、旅游、贸易
土耳其	旅游、制造、贸易	科技、旅游、教育
匈牙利	物流、贸易、能源	旅游、教育、投资、贸易
乌克兰	制造、农业、科技	旅游、教育、贸易

二、国内城市比较

“一带一路”倡议提出之后，乌鲁木齐、西安、成都、郑州等丝路经济带沿线城市纷纷抢抓机遇，争创“丝路桥头堡”。然而，由于各大城市资源禀赋及经济水平存在差异，对丝路功能的承载与服务亦将不同。因此，如何发挥经济带沿线城市竞争优势，提升沿线城市经济规模，如何扩大丝路沿线城市经济外向度，如何组织和推动沿线城市开展竞争性合作，这些均是需要迫切研究的关键问题。

（一）国内城市参与“一带一路”建设的现状条件分析

1. 国内城市参与“一带一路”建设的现状

（1）从中欧班列开通情况看，西安后来居上，势头强劲

目前，中欧班列已形成以“渝新欧”“蓉欧快铁”“郑欧快铁”“汉新欧”和“长安号”为主体的五大班列运输系统。从中欧班列开行总量看，截至2017年底，成都、重庆、郑州、武汉、西安中欧班列开行数量占全国中欧班列开行总量的75.60%。其中，“蓉欧快铁”和“渝新欧”累计开行数量分别占全国中欧班列开行总量的26.10%和24.10%，合计占比超过50%；从中欧班列运输货值上看，2017年“渝新欧”的进出口货值为178.80亿美元，在各地开行班列中处于领先水平。但2018年1—10月份，“长安号”国际货运班列连创佳绩，共开行1036列，实现重载率、货运量、实际开行量三项指标全国第一。

（2）从经贸合作平台的建设情况看，西安高位起步，频频发力

“一带一路”倡议提出以来，广州连续举办了四届中国·广东21世纪海上丝绸之路国际博览会；福州、泉州等城市围绕海上丝绸之路建设，积极培育21世纪海上丝绸之路博览会、中国（泉州）海上丝绸之路国际品牌博览会等经贸平台；乌鲁木齐举办了（中国）亚欧商品贸易、安防、食品、农产品等专业博览会；西安则连续举办多届丝绸之路国际博览会、丝绸之路国际旅游博览会和“一带一路”国际产能合作博览会等展会活动；银川先后举办了三届中国－阿拉伯国家经贸论坛和两届中国－阿拉伯国家博览会；其他沿边省份城市如广西南宁、黑龙江哈尔滨连续举办了多届中国－东盟博览会、中俄博览会等；重庆市、珠海市等城市重点推动与新加坡、以色列等沿线国家的经贸平台建设。整体来看，丝路沿线各大城市积极响应“一带一路”倡议，合作平台搭建的活跃度积极性高涨。

（3）从贸易合作的现实情况看，西安奋起直追，迅猛发展

从贸易响应看，华东、华南、华北地区是与丝路沿线国家开展贸易合作的重要

地区，中西部地区贸易额占比持续提升。2017 年，我国与“一带一路”沿线国家贸易额由 2016 年的 9539.90 亿美元增长至 10911 亿美元。其中，重庆外贸进出口总额为 666.04 亿元人民币，同比增长 -3.06%；郑州外贸进出口总额为 1263.96 亿元，同比增长 8.40%，外贸量位居中西部中心城市第一；成都实现外贸进出口总额 582.97 亿元，同比增长 5.43%；西安实现进出口总额 375.95 亿元，同比增长 39.10%，增速高居副省级城市第一位；武汉进出口总额 936.20 亿元，同比增长 23.20%。

2. 西安参与“一带一路”建设的问题分析

在中欧班列运营、经贸平台建设、对外贸易交流等领域取得显著成绩的同时，大西安在融入“一带一路”过程中仍存在诸多问题。

（1）国际要素发挥不足

在全面开放的大格局中，西安市加快了现代化、国际化的步伐，但教育、人才、技术、信息等优势要素并没有得到充分发挥。在参与全球化竞争中，全球产业链的建构依然较弱，全球经济、社会和科技发展最新成果的分享度和获得感依然不够。

（2）西向开放成本较高

“一带一路”沿线大部分国家基础设施建设水平相对较低，港口、码头、场站及线路建设、市场建设等总体滞后。作为西向开放的开拓者和先遣队，大西安在满足自身设施网络建设的同时，还需承担链接丝路、搭建平台、打通网络的重要职责，其整体开放成本较高。

（3）外向经济环境亟待优化

“一带一路”沿线涉及城市较多，各城市间的衔接和协调难度大，这对西安的开放模式、开放效能以及对外合作的方式方法等，均提出了极大的挑战。客观上要求大西安勇于改革，不断创新对外合作交流模式，不断优化外向经济环境，并提升驾驭复杂经贸局面的能力。

（4）国际参与的深度及广度不够

2017 年西安地区进出口贸易总值 2545.41 亿元，外贸依存度为 34%，全国排名第 18 位，外贸综合竞争力尚可进一步提升。贸易往来地区主要集中在东亚、东南亚以及西欧地区，对外合作的区域较为局限。总体来看，西安参与全球的深度及广度有待加强。

（5）枢纽经济发展不充分

西安作为“一带一路”上的关键支点，具有向西开放、向东集散、辐射全国的综合枢纽优势，正在大力发展“枢纽经济”“门户经济”“流动经济”等三种经济。目前，其综合交通区位优势尚未充分发挥，国际枢纽经济、门户经济的功能尚未完全体现，对丝路人流、物流、商流以及资金流的集散辐射能力尚未充分彰显。

（6）国际服务水平不高

西安在国际贸易软环境建设方面取得了显著成效，国际服务能力有了很大提升。但其总部经济服务、丝路金融服务、国际物流服务、亚欧人才服务、国际会展服务等方面的综合服务水平尚可进一步提高，其设施条件和国际服务能力正在完善之中。

（二）“一带一路”节点城市竞争性评价

1. 丝路主要节点城市功能定位

“一带一路”倡议的提出为沿线城市发展提供了全新的机遇。在新一轮的对外开放格局下，各城市要充分发挥自身优势，实现“一带一路”整体功能的最优化布局。通过对丝路沿线六个核心节点城市的战略定位及中心职能进行梳理，发现六市的定位都重点彰显了中部 / 西部经济中心的价值地位，在构建互促平台的同时需重点考虑各城市的错位竞争问题。

表 8　　丝路沿线（国内段）主要节点城市功能定位的比对分析表

城市	城市中心性	外向部门特征	功能定位
西安	物流、商贸、金融、外贸、旅游、教育	以装备制造、电子、信息等高新技术为主，物流、金融、旅游发达，科教实力雄厚	西部地区重要的经济中心、丝路科创中心、丝路文化高地、对外交往中心、内陆开放高地、国家综合交通枢纽
郑州	工业、物流、商贸、金融、外贸	以能源、制造、建材、机械、纺织为主，商贸物流发达	国家历史文化名城、中国中部地区重要的中心城市、国家重要的交通枢纽
成都	工业、商贸、金融、旅游	以电子信息、汽车、食品饮料、装备制造、生物医药五大支柱产业为主	西部地区重要的经济中心、科技中心、文创中心、对外交往中心和综合交通枢纽
重庆	工业、物流、商贸、金融、外贸、旅游	以汽车、电子、化工、医药为主，商贸、金融、物流、旅游发达，科教实力雄厚	西部开发开放战略支撑和长江经济带西部中心枢纽载体，长江上游地区经济中心、金融中心、商贸物流中心、科技创新中心、航运中心

续表

城市	城市中心性	外向部门特征	功能定位
武汉	工业、物流、外贸、金融、教育、旅游、	以日用轻工、汽车、电子信息、纺织、钢铁为主，科教实力雄厚	国家历史文化名城、中国西部地区中心城市、国家重要的工业基地、科教基地和综合交通枢纽
乌鲁木齐	物流、外贸、能源、金融	以装备制造、能源化工、新材料、纺织服装为主	西北地区重要的中心城市、面向中亚西亚的国际商贸中心、跨国区域联络中心、丝路科教中心

2. 丝路（国内段）主要节点城市竞争评价

丝路沿线（国内段）主要节点城市的功能定位具有开放中心、科教中心、交通枢纽、经济中心等四大特征，这也是城市参与“一带一路”建设的重要竞争要素。本次研究从支撑四大特征定位的需求出发，主要选取了基础设施、科教水平、区域支撑、开放水平和经济水平五大维度对六市的竞争力水平进行比对分析。

表 9　　丝路沿线（国内段）主要节点城市竞争力指标体系表

指标		城市					
一级指标	二级指标	西安	成都	武汉	重庆	郑州	乌鲁木齐
国际化水平	领事馆数量（个）	4	17	5	14	0	0
	国际会议数量（ICCA）（个）	22	12	15	5	0	0
区域支撑	人口（万人）	945	1604.47	1076.62	3075.16	988.10	222.61
	土地面积（平方公里）	10108	14605	8594	82403	7446	14216.3
交通条件	航空游客吞吐量（万人次）	4186	4980	2313	3871	2430	2150
	国内外航线（条）	313	315	170	258	173	184
	轨道交通长度（公里）	89	273.20	251.20	264.60	95.40	16.50
	城市道路总长度（公里）	3570.58	2738.67	1899	—	2101.50	1732
科教文化	每万人拥有高校生数量（人）	1016	454	1096	234	880	19.39
	R&D 经费占 GDP 比重（%）	3.20	2.30	3.20	1.87	1.74	1.92

续表

指标		城市					
一级指标	二级指标	西安	成都	武汉	重庆	郑州	乌鲁木齐
经济水平	地区生产总值（亿元）	7469.85	13889.39	13410.34	19500.27	9130.20	2743.87
	全社会固定资产投资（亿元）	7556.47	9404	7871.66	17440.57	7573.40	2020.15
	社会消费品零售总额（亿元）	4329.51	6403.50	6196.30	8067.67	4057.20	1317.12

（1）国际化水平

领事馆数量：西安当前拥有4个领事馆，数量上远低于成都与重庆。但随着一系列国际会议的召开，西安已吸引了22个国家前来设立领事馆和签证中心，西安“一带一路”国际商务中心也在浐灞正式启动，支持英中贸易协会、加拿大商贸协会、新加坡企业发展局、香港贸发局、尼日利亚克里斯河州等在西安设立代表处和办事处，将成为“一带一路”建设的外交新窗口。

国际会议：西安瞄准建设丝路国际会展名城契机，发挥国际会展目的地城市的天然优势，通过欧亚经济论坛、丝博会、世界西商大会、全球硬科技创新大会、西部文博会等一系列大型知名展会的成功举办，进一步扩大了与丝路沿线城市和国家的交流、合作与发展。2017年举办规模以上展会199场，综合收益115.40亿元，展览面积290万平方米，参展单位29949个，创历史新高。举办500人次以上会议2056场，西安已成为文化艺术、科技医药、商贸行业的国际会议目的地。西安在国际展会交流方面已走在中西部城市前列，具有较强的后发优势。

综合来看，西安的国际化水平已远超郑州、乌鲁木齐，同时借助时代契机奋力赶超成都、重庆。未来可通过营造国际性合作交流中心、建设丝路国际金融中心、打造国际物流枢纽城市等，坐实“西向开放枢纽、丝路科教中心、对外交往中心、国际化大都市”的地位。

（2）区域支撑

人口规模：2017年，西安人口为945万，成都为1604.47万，重庆为3075.16万，武汉和郑州分别为1076.62万和988.10万。相较于成都、重庆、武汉、郑州四城市，西安人口规模相对较小，西安的经济聚集能力和人口吸纳能力有待于进一步的提升。

土地面积：从城市的土地面积来看，西安高于武汉和郑州，低于成都和重庆。从建成区面积来看，2017 年西安为 750.10 平方公里，郑州为 807.20 平方公里，武汉为 864 平方公里，成都为 885.60 平方公里，西安的城市化进程整体上相对平缓。

综上，西安无论是在人口还是在可开发利用的土地上，均不占据绝对优势。因此，充分整合咸阳和西咸新区是大西安一体化发展形势所需，也是增强城市竞争力的必由之路。

（3）交通条件

在丝路沿线主要节点城市中，西安定位为国家综合交通枢纽，郑州定位为国家重要的交通枢纽，重庆定位为国际航运中心，武汉和成都也定位为综合交通枢纽，乌鲁木齐则为区域重要的交通枢纽。

航空枢纽：从目前航空枢纽的发展来看，成都双流国际机场是六大城市中最为繁忙的航空港，国际航线达到 109 条，旅客吞吐量达到 4980 万人次，货邮吞吐量突破 64 万吨，双双位居中西部榜首；西安咸阳国际机场紧随其后，国际航线已增加至 57 条，旅客吞吐量 4185.7 万人次，货邮吞吐量 26 万吨，并保持了良好的增长势头；郑州新郑机场货邮吞吐量增速明显，2017 年达到 50.30 万吨，同比增长 10.10%，仅次于成都，跻身全球货运机场 50 强。综合对比来看，成都依然是极具竞争优势的综合性航空枢纽，也是国家极为重要的国际航空枢纽之一。

铁路枢纽：西安、武汉、郑州三市提出“米字型”高铁建设目标。目前郑州已经形成以京广和徐兰为主的十字型高铁骨架，郑渝高铁、郑合高铁、郑太高铁、郑济高铁也已经开工建设，预计到 2020 年，郑州的“米字型”高铁将基本成型，有望成为中国第一个拥有“米字型”高铁网的城市。武汉“米字型”高铁当前还在建设中，京广高铁已经开通，合武高铁、武渝高铁、武九高铁、西武高铁也已经在建，预计 2020 年武汉将拥有 7 条高铁。西安对外形成 8 个方向辐射延伸的高铁网络，其中郑西、大西、西宝、西成已经开通，西银高铁、西武高铁预计 2020 年通车，包西高铁、西渝高铁也已经启动建设。西安北站作为亚洲最大火车站，届时将与周边省会城市实现 3 小时高铁圈，其西部中心城市地位亦将大幅提升。

（4）科教水平

西安提出建设丝路科创中心的发展目标；成都也进一步明确了科技中心及文创中心；武汉提出要建设科教基地；重庆也提出将科技创新作为城市发展的内生动力，

制定了面向未来的创新城市发展规划；乌鲁木齐提出打造丝路科技文化中心。

尽管六大城市均提出了建设科技创新型城市，但是目前发展现状存在较大差异，西安和武汉科教水平处于前列，特别是在国防科技方面西安处于领先地位。大西安地区拥有高等院校 63 所，在校大学生 120 万人，其中“985 工程”3 所，“211 工程”7 所。武汉拥有高等院校 88 所，在校本科生和大专生 95.68 万人，其中“985 工程”2 所，“211 工程”7 所；成都拥有普通高等院校 56 所，在校大学生 72.93 万人，其中“985 工程”2 所，“211 工程”5 所，其高等院校的数量与武汉、西安有一定的差距；重庆拥有普通高等院校 65 所，其中“985 工程”1 所，“211 工程”2 所；郑州拥有高等院校 56 所，“211 工程”1 所，科教实力与其他城市差距较大，科研也是其发展的短板。

此外，从科研院所来看，西安拥有科研机构 672 家，国家重点实验室、技术研究中心 22 个，超过万人研究院有 4 所，超千人的研究院所五十余所，是中西部六大中心城市中总量最多、种类最全、实力最强以及科技人才密度最大的科技强市。特别是在航空航天科技、超导材料科技、电子通信科技、兵器工业科技以及 3D 打印科技等方面占据国内绝对优势，并在国际上形成了显著影响力。

（5）经济水平

经济总量：主要以六市所在省域的经济地位进行比较分析。2017 年陕西省经济总量在全国 31 省（市、区）中居第 15 位，河南省经济总量排名第 5，四川位列第 6，湖北位列第 7，重庆位列 18，新疆位列 26。从六市自身的经济总量来看，西安仍落后于除乌鲁木齐之外其他四个城市。

固定资产投资：2017 年，全市完成固定资产投资 7463.31 亿元，同比增长 13.00%，高于全国 5.80 个百分点。固定投资总量占成都的比重由上年的 60.90% 提高到 79.40%，提高了 18.50 个百分点；增速由上年的低于成都 10.90 个百分点到反超 0.70 个百分点，西安与成都的投资差距正在逐步缩小。

消费品市场规模：2017 年，西安实现社会消费品零售总额 4329.51 亿元，增长 10.50%，增速在副省级城市中排第 3 位。

总体来看，西安与成都均定位为西部重要的经济中心，但在经济量级与基础实力上，西安仍在对标成都，实施追赶发展，其经济中心的绝对优势尚待释放。在“一带一路”中，西安应尽力避开成都的经济屏蔽作用，一方面通过加强与成都、重庆的联系，融入成渝的资金圈、信息圈，促成西成渝一体化发展，形成撬动丝绸之路经济带的集群能级；另一方面，通过自身产业结构优化，提高 GDP 含金量，实现大西安经济发展质的飞跃。

（三）大西安参与“一带一路”的发展建议

1. 经验互鉴——优先发展丝路航空港

借鉴郑州经验，加大对西安咸阳机场的政策补贴扶持力度和制度创新改革支持。一方面，在既有的四大指定口岸基础上，积极争取多设立口岸，以扩大机场货邮运输的产品种类和规模；另一方面，大力发展货流多式联运业务，研发建设物流多式联运数据交易服务平台，推动航空与公路、铁路等多种运输方式之间的数据联通、信息共享。此外，应借鉴上海、郑州、广州、成都等地航空政策扶持经验，在大西安建设西向开放枢纽的关键历史时刻，能够打破行政管理壁垒，率先加大政策扶持补贴力度，灵活协调好联检单位，助推咸阳机场得到更快、更好、更稳的提升。

重点针对咸阳机场周边临空经济发展薄弱的问题，结合机场三期建设，加快发展临空制造和临空服务。重点发展会展服务、高科技制造业以及酒店住宿等领域，进而为机场带来更多的商务客运和工业货流。结合“内陆开放高地”和“空中丝绸之路”建设，充分释放空港优势，着力发展“枢纽经济、门户经济、流动经济”，为大西安发展注入新动能。

2. 创新引领——加快建设丝路科创中心

西安应进一步加强与郑州、武汉、成都、重庆等城市间的合作与交流，明确城市自身发展短板和特色优势，深入发掘可推广、可操作、可复制的发展经验，强化中心城市间的“学习效应”。

在科创中心建设上，要进一步完善相关制度建设，吸引创新人才，留住创新人才，降低创新创业的成本，尤其是要营造吸引“草根人才”和培育“企业家精神”的文化氛围；同时，要进一步建立和完善多层次资本市场，着力培育“风险投资中心”，充分发挥金融对中小企业创新的支持作用，加快建成丝路科创之城。

3. 积极融入——着力打造亚欧合作交流中心

首先，发挥好与西部腹地核心城市以及周边地区的战略协同关系，加快推进西成渝地区一体化进程。三座城市中，以西安为核心的关中平原城市群研发能力最强；成都是典型的消费城市，其电子、商业、轻纺相对发达；重庆主要发展大机械、大化工，科技转化能力强，是以装备为主的制造业基地，可以将前两者的科研成果迅速转化成生产力。其次，西安要进一步发挥好与丝路经济带上其他核心城市的战略协同关系，着力加强与郑州、武汉、乌鲁木齐等枢纽城市的合作与连接，共建连通欧亚的国际商贸大通道，进一步拓展西安作为亚欧合作交流枢纽的影响力。

总之，作为“一带一路”上的枢纽城市，西安要在区域战略性资源整合、行业标准制定、产业价值链升级等方面扮演好“开拓者”“引导者”及“先进者”的角色。

西安举办“一带一路”文明对话大会战略研究报告

21世纪是充满希望、机遇和憧憬的时代，也是充满竞争、挑战和风险的时代。随着人类的文明进入深度高科技化和地球村时代，人类面临的问题日趋突出、关系空前拉近、命运息息相关，世界上各个国家和民族在重视、强调自身的核心利益的同时，比任何时候更需要超越狭隘的眼光和思维，直面共同问题，前瞻共同未来，开启文明对话。

中国是奉行和平主义的国家。对国际社会应当增进相互理解和包容，寻求文明和谐，中国有较为自觉、高远和清醒的意识。早在2015年3月，习近平主席在博鳌亚洲论坛主旨演讲中就倡议召开亚洲文明对话大会；2017年10月的中共十九大上，习近平总书记又提出建设人类命运共同体的设想，深具中国智慧。中国传统思想崇尚和谐理念，奉行和谐共处之道，可以为人类和谐、世界文明对话、建设人类命运共同体作出贡献。举办“一带一路”文明对话进而达至世界文明对话，应是中国的担当和进取。

“一带一路”包含亚欧非大洋洲大部分国家，北美和南美地理虽不在“一带一路”范围内，但从其文明来源来说，也是西欧文明的延伸，“一带一路”文明对话就其对话内涵和类型来说，其实广及世界五大洲各文明体，涉及世界三大主要宗教及其主要派别，故其对话实质具有世界文明对话性质。西安作为中国一个极具代表性的城市，具有举办“一带一路”文明对话大会所需要的各项合适条件。开展西安“一带一路”文明对话大会课题研究，是西安站在历史高度，敏锐把握大势，为国家经略未来，为西安争得发展先机的智慧考量。举办这样的大会对于西安建设成为国家中心城市，推进城市本身的发展和进步，也深具未来意义。

受西安市委政策研究室委托，本课题组专门对西安举办“一带一路”文明对话大会的背景和意义、框架构想、实现路径进行研究，提出相关决策建议，为西安市委、市政府决策提供参考。本课题是在2017年底开始立项工作，着手资料收集，相关问题调研和观点提炼。本报告初稿是在中美贸易摩擦之前撰写。短短几个月，二战后建立起来的国际体系，尤其是经贸体系面临严峻的挑战和考验。从短期看，举办文明对话的氛围受到很大影响，但从中长期看，这种必要性仍然存在，甚至更为必要。本课题的适用，不仅眼前权宜，亦是放眼长远，当相机合理实施。

本课题报告在成稿过程中经过中期和结题两轮专家评审，邀请北京和美、日、德专家学者担任评审专家；西安市组织宣传、外事侨务、文广、大型活动、文物局等部门认真审读，并召开专门座谈会听取对报告的修改意见；在此基础上，又进一步听取了中联部“一带一路”智库合作联盟的领导和专家的意见。本报告在认真吸收上述专家和领导的意见的基础上，最终修改定稿。

一、当前的世界正处于新的十字路口

当今世界已进入因美国次贷危机引发的后金融危机时代。总体上看，世界经济复苏乏力、局部冲突和动荡频发，贸易保护主义愈演愈烈；展望未来，新一轮科技和产业革命正在进一步孕育。与此同时，恐怖主义、网络安全、重大传染性疾病、气候变化等许多非传统安全威胁持续蔓延，人类面临诸多共同挑战。

世界经济和秩序正处在大发展、大变革、大调整时期，人类的发展向何处去？世界的发展向何处走？在此背景下，“一带一路”合作如何求同存异、有效推进？寻求通过协商、平等交流和文明对话来解决这些问题是一个可选的途径，可以增加和丰富解决全球性、国家间共同问题的方式。

（一）“一带一路”沿线国家的距离空前拉近，需要共同解决的问题也空前突出

纵观世界发展近500年的历史，人类历史的每个重大阶段都离不开科学技术的突破。产业革命使人类开始告别农耕小生产社会而步入工业文明时代，随后的化工革命、电力技术革命把人类带入后工业社会的信息时代，现代高新科技浪潮则将人类推进到技术爆炸、网络为王的数字化时代。最为重要的是，基于科技进步的全球化冲击着人类社会的各个方面，它使得人类对自然界的依赖程度有所下降，但国家

之间、人们相互之间的依赖性和脆弱性更加突出。

第一，科技进步使我们的世界已经前所未有地“变小”。一方面，知识和信息的传播与共享成为全球性行为，频繁的交流使得技术复制、模式拷贝行为频发，并进一步促进了全球范围的创新活力。文化的流行也不再局限于一国：巴黎的时尚服装被全世界所模仿，美国好莱坞的电影受到全球市场的热捧，英国的哈利·波特可以成为全球儿童的偶像。另一方面，国家之间的人员交流愈加频繁，跨国旅游、跨国学习、跨国合作成为家常便饭。以中国为例，2017 年，中国游客境外旅游 1.31 亿人次，比上一年增长 7%，外国来华旅游达 2917 万人次[①]。中国出国留学人数突破 60 万大关，同比增长 11.74%，同时，48.92 万名外国留学生在中国高校学习[②]。技术进步带来的人、物、信息的加速流动，使得人类之间的距离空前拉近。

第二，科技进步使得需要人类共同解决的问题也空前地“变多”。人工智能、基因工程的出现会不会颠覆人类的未来？科技与伦理的冲突怎么化解？互联网和信息技术的发展方便了人们的生活，却也成了各种“革命”活动的重要平台；海洋和南北极的开发探索让我们更加了解地球，但是环境污染和利益冲突也日益严重……以武器研发的进步为例，核武器的出现终结了二战，也在冷战期间把全球笼罩在核战争的阴霾下。即使是冷战已经结束了很久的今天，伊朗核问题、朝鲜半岛核问题、核大国的核讹诈问题依然威胁着世界的和平与安宁。更有空天一体技术正在武器化，未来还将出现太空武器，美国已计划组建太空军。科技进步之于人类的明天将会怎样？是一个大大的疑问。科技赋予人类征服自然伟力的同时，也不断拷问着人与人、人与自然之间的关系。在新科技时代，如何实现科技的人文关怀，将科技进一步融入人类文明之中，解决人类未来文明发展的难题是我们亟待解决的问题。

第三，以科技为特征的现代文明发展与民族国家的发展存在一定的矛盾。全球化正不断推动多元的人类文明走向融合，各国之间、人民之间的对话交流愈加频繁。这一历史过程直接决定了现代文明本身是开放的文明，在不断开放交流中发展融合，但是当代国际社会是由民族国家所组成，其身上必然带着来自历史的民族、宗教等文明烙印。于是人类文明的发展又与民族国家的利益之间产生了冲突，这正是“科学没有国界，但科学家有祖国”这一大众普遍认可的论断背后隐藏着的矛盾。一个

① 数据来源：中华人民共和国文化和旅游部官网。

② 数据来源：中华人民共和国教育部官网。

很显然的例子，在全球经济持续低迷的当下，各国都寄希望于新一轮的技术创新给人类社会带来发展的机遇，然而美国依然通过制裁中兴等手段，意图对中国进行技术封锁，甚至整体上遏止中国的科技进步和追赶。这种出于国家利益的做法虽然可以理解，但从人类发展和世界整体来看，是不利于科技创新与文明发展的。民族、国家、宗教等特色标签依然分割着世界，阻碍全球化的历史潮流。

要解决技术进步带来的问题，办法似乎只有两个：一个是往后退。就是逆技术进步而行，逆全球化而动，在国家之间筑起有形和无形的长城。但是封闭带来的往往是落后而不是文明，就像拜占庭帝国在封闭中走向灭亡，大清帝国在闭关中日渐羸弱。另一个是勇敢前行。用新思维、新方法解决发展中的新问题。通过思想的交流、文明的对话，增进不同文化传统、不同宗教国家和区域之间的理解，促进战略的调适，利益的共享，把文明推向新的高度。

毫无疑问，面对科技进步使人类的距离空前拉近带来的问题，我们只能选择文明对话。

（二）“一带一路”各国之间文化、宗教、意识形态的接触和碰撞日甚，使得相互之间的沟通、理解和包容尤显迫切

如上所析，科技进步带来的全球化会使社会生活趋向一定程度的统一，但它并不能消除文明的多样性。于是，一方面是地球村的出现和日益强烈的人类命运共同体意愿的形成，另一方面是各国之间乃至一国之内的文化、宗教、意识形态的接触和碰撞前所未有的激烈。在这种背景下开展文明对话是否有必要？有没有可能？

在全球化的今天，人类联系的日益紧密更使得局部的冲突和矛盾也能传导向世界，强调冲突只会带来不稳定和恶性影响，而各国之间文化、宗教、意识形态的频繁接触和碰撞，使得文明对话有了可能，并且是必要的。

首先，许多亟待解决的问题都不是依靠单纯的武力能够解决的。中东乱局以及由此引发的难民危机和恐怖袭击问题依然在威胁着世界；全球性的环保行动上各国依然没有达成共识；经济衰退带来的失业、负债等难题还困扰着各国；艾滋病等传染性疾病依然威胁着全人类……而这些问题已经被历史证明不是能够用强力解决的。德国法西斯试图用战争转移国内经济矛盾的结果是让全人类遭受了深痛的灾难；英国、苏联都曾入侵阿富汗以谋取中东的战略位置，结果都是折戟而归；巴以、印巴

冲突多年，流血无数，但问题始终没有得到解决。美国发动的阿富汗战争、伊拉克战争非但没有消除恐怖主义，反而使自己深陷泥潭。用战争和冲突解决文明间的差异是不可行的，只会带来更大的对立。

其次，宗教的不同、理念的不同不应该成为冲突的理由。冲突源于对其他文明的偏见和轻视，是人类的傲慢和无知所造成的。不同的文明之间有着共同的价值，无论是“摩西十诫”，还是佛教、儒家等许多经典，都排斥暴力，反对背叛；无论是东方还是西方的古典圣教，都主张对真善美的追求；英国学习中国古代科举体制建成了现代官僚制度，中国也在学习西方宏观经济政策中实现经济现代化。不同文明可以摒除偏见，在很多问题上分享着共同的看法，求同存异。

文明与文明之间实现对话是可能的。建设人类命运共同体是大道，文明的融合可以借助交流互鉴来推进。既然和平与发展是全人类的共同利益和诉求，那么为什么不多些尝试文明对话的形式来推动和解与融合呢？

为了让各种不同的文明能够在和而不同的背景下共存，交流，融合，共同发展。加强对话与交流，建立文明对话平台，值得人类去尝试。

（三）美国控制和影响国际事务的能力和意愿明显下降，但又极不甘心，使得全球持续保持相对和平、有序、稳定、繁荣面临新的考验

时代在变化，国际格局也在不断变化。21 世纪，随着新兴国家的高速发展使其国际影响力及国际地位不断提高，国际格局不断向着多极化转变，美国控制和影响国际事务的能力明显下降。奥巴马政府把美国对美国以外世界进行全面干预的政策改成了有重点的干预，提出了战略东移；特朗普政府更进一步提出“美国第一”“美国优先”等口号，以进为退，通过向美国以外的世界发起贸易战，一改努力去控制世界为尽力向世界索取。当霸权国家控制和影响国际事务的能力和意愿下降，怎样来维护全球的和平、有序、稳定便成了新的课题，而且是必须立即找到答案的课题。

面对这一课题，我们认为：第一，必须正确认识当今国际格局的新变化，应该看到欧美在技术和财富上依然称霸世界，特别是美国，在金融领域主导世界经济，在媒体舆论上控制着国际喉舌，在科学技术领域更是牢牢控制着核心技术。但是，全球化的发展已经极大地改变了原有格局，欧美外的其他国家都有了长足发展，“霸权衰弱，群雄将起”的格局正在形成。世界经济增长上“南高北低”现象长期存在，

发展中国家的人口持续增长，而同时，美国对财富的垄断进一步被 2008 年金融危机削弱，上海、孟买和迪拜相继成为世界金融中心，科技文明也在其他国家生根发芽，许多非欧美国家出现了顶级的科学家。这些都促进了发展中国家的文化自觉，对自己的价值观信心增强，不再盲目追随西方文明。美国再以一贯的武力手段解决问题已经力所不逮，甚至可能加速美国的衰弱。正如人生而平等，国家之间、文明之间也应当平等相待，强势文明对弱势文明的武力胁迫，只会引致对抗，而 20 世纪的国际关系史已经告诉我们对抗只会带来恶性后果。

第二，在维护世界和平的道路上，尽管仓促，中国也需上阵。能力有多大，责任就有多大。美国霸权衰弱使其内顾倾向加剧，也表明了“霸权”的本质在于为本国利益服务，其相继退出 TPP、巴黎协定、伊朗核协议、联合国教科文组织和人权理事会，也引起世界人民对世界和平与发展的担忧。值此关口，一个拥有 13 亿多人口，具有世界最古老文明，正在迅速复兴的中国，理应在世界舞台发出自己的声音，承担大国责任。习近平主席更是多次表明中国“积极参与推动全球治理体系变革，构建新型国际关系，推动构建人类命运共同体”的决心和态度。当然，中国绝不是要去争夺霸权。某些学者和议论夸大中国的战略雄心，造成了美国乃至国际社会的高度警惕和过度反映。这不仅不符合我们的利益，也违反了中国文化和价值观的内核。西方文明源于古希腊文明，信奉强者法则，因而西方文明崛起后必然在世界建构霸权主义，散播强权思想，大国之间和平共处在相信“修昔底德陷阱”的西方人眼中是难以想象的。而中华文明的基础是儒家思想，推崇德治与教化，所谓“远人不服，则修文德以来之”，历史多次证明中华文明给世界带来的是和平与发展。哥伦布航海给美洲带来了腥风血雨，郑和下西洋促进了中外文明的交流；西方传教士给世界带来殖民主义，玄奘、鉴真却促进了佛教的交流和传播；西方建立的殖民体系常挟武力胁迫屈服，中国古代的朝贡体系诚服四方，有许多今天可借鉴的做法……因此，中国推动下的国际新格局的形成和全球治理体系的建立，必然是走文明对话的道路。

第三，大国维护世界和平既要重视传统办法，也要重视方法的创新。弱势文明之间的对抗冲突只会导致局部动乱，就像今天的中东局势，而强势文明之间一旦发生对抗，破坏性更加巨大，两次世界大战就是血淋淋的案例。美国国内对华强硬派压过接触派，采取遏制中国战略，本质是中国威胁到美国利益。这种利益冲突，如果双方都不让步就只会加剧，而显然中美都不会轻易妥协，这也是中美贸易摩擦和20世纪美日贸易战不同的地方。我们当然不希望中美对抗，也不想落入西方的“修昔底德陷阱”，这是为了中国，也是为了世界。因此习近平主席提出建立“不冲突不对抗，相互尊重，合作共赢”的新型大国关系，我国也要在谈判桌之外开辟新型对话平台，缓解中美矛盾，争取对话合作。文明对话将是极好的切入点：一是文明对话不直涉利益，有助于缓和利益上的矛盾，二是文明对话更多在于民间外交，有助于引发两国人民和平的共同意愿，进而推动国家层面的和平对话，三是大国之间的文明对话将有力带动世界各国文明参与对话，共商人类未来，这也符合全人类的共同意愿。

在国际格局多极化的今天，只有用文明对话化解冲突，促进各种文明的进步与发展，才能继续维持全球的和平、有序、稳定、繁荣，书写21世纪的文明对话史。

（四）中国复兴大业蹄疾步稳、前景可期，文明对话可以提供一个相对宽松和谐的国际环境，以促进包容和理解，释疑增信

中国是经济全球化的受益者，也是经济全球化的贡献者。改革开放的四十年，中国创造了举世瞩目的经济奇迹，实现了腾飞。GDP增长200多倍,7亿多人口脱贫，实现了最大规模的经济和社会转型，中国已经是最大的发展中国家和全球第二大经济体。

过去四十年中国经济发展成就是在开放条件下，在一个用中国智慧努力争取并付出了巨大的发展成本得来的相对宽松和谐的国际环境下取得的。

今天，中国特色社会主义进入新时代，中国复兴大业蹄疾步稳、前景可期，我们正在推进“一带一路”合作发展，更是需要一个相对和平的国际环境，为我们实现全面建成小康社会、实现伟大复兴中国梦保驾护航。毫无疑问，文明对话，可以作为我们维护和平、激发活力、实现发展的重要抓手。

第一，文明对话有助达成相互理解。历史经验表明，在人类文明交流的过程中，不仅需要克服自然的屏障和隔阂，还需要超越思想的障碍和束缚，更需要克服形形色色的偏见和误解。通过对话，相互了解对方的利益和需要、各自的观念和思想，才有可能进行沟通、交流、协商和谈判，求同存异，达成相互理解和信任。

第二，文明对话有助擦亮创新火花。创新是推动技术进步、文明发展的第一动

力，历史上，通过交流对话引发文明进步的例子比比皆是：阿拉伯人通过百年翻译运动保留的大量古典著作经拜占庭传回到西方，对西方的文艺复兴起到了积极的作用；印度在数学、天文学、医学和文学等领域对阿拉伯影响显著；中国的四大发明传到西欧，成为引发科学革命的重要基础。今天，越来越多的科技成果也要求跨国合作，英国自然指数网站显示，2015 年，在 68 本世界顶级学术期刊上发表的论文中，由多个国家作者合作完成的论文数量高达 24951 篇，特别是生命科学领域，四分之三的论文是跨国合作完成。经验告诉我们，不同文明之间的碰撞将更容易擦出创新的火花，为世界发展提供动力。

第三，通过文明对话有助推动和平发展。当前世界人口增长很快，主要是一些不发达国家，也就是世界相对贫困人口在增加，与此相应，不发达国家的相对贫困也在加剧。如何解决不发达国家人民的基本生活问题？如何应对由此造成的世界政治不平衡发展可能对繁荣的威胁？如何防范可能的文明冲突？例如 ISIS 这样的问题以及欧洲的难民潮，处理不好，不仅影响“一带一路”的顺利推进，还会严重威胁世界的和平和发展。

中国国家主席习近平曾提出：“在追求本国利益时兼顾别国合理关切。不管国际格局如何变化，我们都要始终坚持平等民主、兼容并蓄，尊重各国自主选择社会制度和发展道路的权利，尊重文明多样性。”[①] 通过加强文明对话，建立不同文明之间的沟通对话机制，减少误解和不信任，让文明交流互鉴成为增进各国人民友谊的桥梁、推动人类社会进步的动力、维护世界和平的纽带，相信我们仍然能够再争取到一个相对宽松和谐的国际环境。

（五）中国的文明传统和现代进步需要自我提炼、自我提升、智慧表达

中国是个古老的大国，有悠久的文明传统，四十多年现代化建设成就卓著。这样一个有独特内涵的现代化国家，非常需要“一带一路”国家和国际社会了解，并与其开展对话。

第一，文明对话与中国未来发展战略相契合。中共十九大报告提出了建设社会

---

① 2013年3月27日，习近平在金砖国家领导人第五次会晤时的讲话。

主义现代化文化强国的要求，指出“要尊重世界文明多样性，以文明交流超越文明隔阂、文明互鉴超越文明冲突、文明共存超越文明优越”，也提出了通过对话向其他文明学习，通过学习吸收精华、经验，将其融入中国文化，推动中华传统文明的现代进步的任务。

第二，文明对话有助于中国文明的自我提炼。很显然，不同文明间才需要通过对话增进了解，因而参与文明对话的国家必须要凸显个性，这就必然促使我们重新回到中国传统文化的宝库中，去芜存菁，细心提炼中国智慧。比如源于儒家思想的和谐观作为中华民族独特的文化精神和生存智慧，为“一带一路”和当代世界的和平、发展、合作提供可资借鉴的精神资源和文化财富。再比如中国儒释道三教合一的历史事实可以为“一带一路”和世界宗教和平对话提供榜样和经验。可见，在全球化的今天，中国的传统文化依然具有重要的时代价值，文明对话将助力我们更好开发传统文化资源。

第三，文明对话有助于中国文明的自我提升。中国文明能穿越历史长河，屹立至今，这种强大的生命力是和我们在发展的过程中不断地坚持本来、吸收外来紧密相连的。东汉来自印度的佛教文化，融入了中国的思想体系，才有了绚烂的中国佛教文化，完善了中国文化中人格道德修养的生活方式；唐代来自中亚中东地区的波斯文明和阿拉伯文明，融入了中国的音乐、绘画、雕刻，丰富了中国人的文化生活；明清来自西方的传教士带来了先进的科技文明，才有了近代文明最初的启蒙，才会有中西结合的圆明园……中华文明的发展史，本身就是一部“一带一路”的交流对话史，只有在不断的对话中，我们才可能学习融合其他文明的优点，实现中国文明的现代进步。

第四，文明对话有助于中国文明的智慧表达。中国文明可经由“一带一路”再进一步走向世界，关键在如何讲好中国故事，一个好平台至关重要。长久以来，中国对外文化输出模式比较刻板，比较单一。中国的文化影响力远远不及我们的经济影响力。一个典型的例子是西方国家对东方文明的印象，日本的文化符号依然是东方文明的代表，美国好莱坞大片中用来表示中国的元素符号往往源自日本文化，值得我们深思。开展文明对话可以通过扩大平台，创新宣传方式，改变输出模式等形式推动中国文化更好走向世界，帮助世界更了解中国，首先从“一带一路”做起。

过去四十年，中国通过对外开放取得了巨大经济成就，物质文明建设硕果累累，在新时代，开放与交流应该扩展到精神文化领域，通过文明对话推动中国文明的发展和现代进步。

二、开启“一带一路”文明对话符合世界各国的利益

人类社会向何处去？世界前途何在？进入新时期，这一问题愈益突出。中国倡导“一带一路”合作，倡导建设人类命运共同体，是世之大道，为世界所瞩目。人类发展和世界前途问题，终需多国共同面对，合作应对。

（一）文明对话是“一带一路”各国的共同利益、共同福祉，是建设人类命运共同体的光明途径

所谓文明对话就是不同文明之间开展交流，主要是为了了解对方，反思自我局限性，以能够相互理解、相互认同、相互学习，最终做到“各美其美，美人之美，美美与共，天下大同”。可见，文明对话的目的和人类命运共同体是一致的，因此，文明对话也成为破解“时代之问”的重要抓手。

此外，从上述文明对话的内涵中，不难发现，文明对话预设了人类文明的多样性，它承认平等和差异。没有平等，对话就缺乏共同的基础；没有差异，对话也就没有了必要。可以说文明的差异使得文明对话显得更加必要、富有意义。

一个基本事实是，人类往往过分关注差异性而忽视共性。于是肤色、宗教、语言、族群等因素构成了文明之间的鸿沟，于是在文明的边缘地带往往容易产生冲突。但是人类是存在共性的，“每个人自由而全面发展”的共产主义社会，是对人类解放和未来生活的最高概括。确实，对自由、对美好生活的向往是每个人的期望，也是全人类最朴素的愿望，这一点不分性别，不分族群，也不分国家。人类命运共同体正是对人类共同美好愿望的最大共识，是人类共性的具体呈现。它并非否认或者说消灭差异性，而是在遵从文明多样性的前提下，为逐渐分化的世界点燃起合作共赢的希望之火。要实现这一目标，构建一个合理的文明对话机制无疑是必要的，它的意义在于将我们的思维从差异性概念带入多样性概念，在承认现实世界文明多样性的前提下寻找文明的共性，才能在和而不同的背景下求同存异，通过对话逐渐引出人类和平与发展的根源意识，进而发展出人类命运共同体的意愿。在一个多元文明

的世界里，如果没有交流，各个文明就容易陷入排他的封闭主义，如果没有对话，“一带一路”合作就会面临困境，人类命运共同体的意愿就难以得到表达。

可见，文明对话是各国的共同利益、共同福祉，是推进“一带一路”合作，建设人类命运共同体的光明途径。只有通过文明对话，让各种不同的文明能够在和而不同的背景下共存，交流、融合，共同发展，才能建立平等相待、合作共赢的伙伴关系，才能营造公道正义、共建共享的安全格局，才能促进开放创新、包容互惠的经济发展；才能开展和而不同、兼收并蓄的文明交流，才能推动敬畏自然、珍爱地球的生态建设。

习近平主席指出：“纵观人类历史，把人们隔离开来的往往不是千山万水，不是大海深壑，而是人们相互认知上的隔膜。莱布尼茨说，唯有相互交流我们各自的才能，才能共同点燃我们的智慧之灯。”① 我们开启文明对话，就是要消除人民相互认知上的隔膜，就要用我们智慧之灯的光芒驱散一切无视各国共同利益、共同福祉的暗，照亮通向人类命运共同体的康庄大道。只要各民族能在尊重自己文化的同时尊重别人的文化，进而大家能互相理解、互相欣赏，必然能达到“天下大同”。推进“一带一路”合作，建设人类命运共同体正是这样一种理想，要在多样化的世界文明中实现这一理想，文明对话是必不可少的。也只有通过文明对话，我们才能凝聚不同民族、不同信仰、不同文化、不同地域人民的共识，共襄建设人类命运共同体大业。

（二）现有各种国际对话平台直接对应“一带一路”的少，方式过于直接，往往集中于热点、敏感问题

二战后的国际秩序最大的变化应该是各类国际组织的成立，此后半个多世纪以来，无论国际格局发生何种变化，国际秩序基本没有发生较大变化。比如现行的国际经济秩序就是以战后成立的 WB、IMF 和 GATT/WTO 为三大主要载体。不可否认这些国际机制和国际组织在维持世界政治经济稳定上发挥了巨大作用。一些美国的国际关系学者甚至认为，在霸权国家衰落后，各国政府可以通过国际机制的设计促成国际合作。然而需要看到的是，在战后框架下建立的各种国际机制和对话平台也存在着许多问题。

---

① 2014年3月28日，习近平在德国科尔伯基金会演讲时指出。

第一，现有涉“一带一路”对话平台的参与主体之间并不平等。当前的对话平台规则大多基于西方发达国家的设计、为西方国家的利益服务。尽管广大新兴国家的发展不断推动国际格局多极化，越来越多的国际对话平台需要发展中国家的参与，比如金融危机以后G20取代G8成为永久性国际经济协作组织，但这并不意味着发展中国家已经可以和发达国家平等。从G20的主办地和议程设置上，都可以明显看出，西方发达国家仍在掌控会议主导权；而在国际货币基金组织、世界银行等机构内，即使发展中国家的投票权和发言权有所提升，西方发达国家仍占据主导地位。可见，在当前的国际秩序以及其具体呈现的国际对话平台中，发达国家和发展中国家的地位是不平等的。就像冷战刚结束时，联合国几乎成为美国的一言堂，无论是对伊拉克还是叙利亚的战争，都赤裸裸地体现了现有国际规则难以遏制霸权、保证公平，西方发达国家依然处于优势地位，享有话语权，而广大发展中国家的合法权益往往难以得到保障。

第二，现有涉“一带一路”对话平台的内容偏重政治、外交、军事、经济和贸易等领域。不同时代国际对话主题是有不同的，在很长一段时间里，国家安全、经济交往、军事外交一直是国际对话平台的主题和热点。随着经济全球化的深入和人类命运共同体意愿的加强，越来越要求各国从人类共同利益和世界长远发展角度开展对话，也使得可持续发展、生态保护、反恐等新议题重要性愈加突出。然而，现有国际对话平台在这些问题上显得力有不逮。一方面，绝大部分主流国际对话平台，无论是APEC、G20还是金砖国家会议，其主题依然聚焦于政治经济，难以提供相关议题的有效支持。另一方面，此类新问题的解决需要更多地从长期考虑，而现有平台往往聚焦于热点问题，更擅于解决政治冲突和贸易摩擦等短期问题，难以达成长期有效的共识。

第三，现有涉“一带一路”对话平台的方式过于直接、尖锐，往往集中于热点、敏感问题。和东方文化讲究含蓄谦逊不同，西方文化的特点决定了西方人往往说话大胆，直截了当，这也直接影响了它们所主导的国际对话平台的方式。然而这种过于直接的对话方式，使得对话双方毫无缓冲余地，特别是在诸如民族、宗教等敏感问题上，更容易加剧冲突，伤害民族感情，有时候反而不利于问题的解决。

可见，面对不断变化的世界形势，目前国际对话平台无论在内容上还是形式上都难以解决不断凸显的新问题、新矛盾。国际格局的变化要求国际秩序向着更加公平合理的方向变革，这必然会导致作为承载主体的各种国际对话平台的变化。各国亟须探索一条新的国际合作道路，构建新的国际合作机制，丰富既有的交流和沟通方式，来应对当前各种困难。而“一带一路”文明对话大会将是一个有益的尝试。

（三）“一带一路”文明对话大会是个相对平等、温和、长期的软性交流平台，适合不同发展阶段、宗教信仰、意识形态、文化背景和社会制度的国家的共同需求

习近平主席在 2015 年博鳌论坛上就呼吁召开亚洲文明对话大会，已经前瞻性地认识到文明对话对于解决问题复杂的亚洲局势的帮助。关于“文明对话”，在此之前，虽有宗教力量、学术界、人文项目、青少年交流、民间国际组织甚至联合国等的长期积极推动，但缺乏由一个或多个国家政府积极倡导、主导举办、全面推动的交流对话。这对以国与国关系为基础关系的当今国际世界而言，文明对话不仅是创新性的第一步，也代表了中国在探索国际交流合作方面的新思维，乃至重建新型国际世界的新尝试。中国可以先行一步，跳出亚洲看世界，举办“一带一路”文明对话大会。

和聚焦高端政治与硬实力比拼的其他国际交流平台不同，“一带一路”文明对话大会是一个软性交流平台，是文化上的对话，软实力间的沟通，通过“文明对话”可以缩短人与人心灵间的距离、打破思想上的隔阂，从而真正不通过冲突而是通过交流，心平气和的探讨解决“时代之问”的难题。这无疑更贴合“和平与发展”的时代主题，也符合世界人民的期望。

那么，什么是文明对话大会呢?

“一带一路”文明对话大会首先是一个平等包容的交流平台。国家有大小，文明无高低。不同文明没有优劣之分，只有特色之别，无论何种文明，都有其闪光点，都值得其他的文明借鉴学习。因此平等是不同文明对话交流的基本原则，而当前国际主流对话平台难以保障这一点。必须另辟渠道，建立一个基于平等原则的文明对话平台。在这个平台上，国家之间的交流超越了政治经济关系，国家之间相互尊重、平等相待。在这个平台上，参与主体更为广泛，可能是宗教力量、民间团体、科研院校、媒体智库等各界人士，凡是一切有助于文明交流、文明进步的力量都被欢迎，都被包容。

“一带一路”文明对话大会也是一个温和的交流平台。由于历史遗留问题，文明之间的冲突是客观存在的现实，搭建文明对话大会这一平台也旨在消除矛盾，求同存异。因此，平台以营造温和包容的交流环境为己任。在大会的主题和议题设置上侧重抓住不同文明之间的共性，比如不同宗教都有教人向善的教义，不同的民族都有展现其审美的艺术形式，不同社会制度都在努力保障人的发展……从共性出发，包容差异，以利于缓和不同文明之间的矛盾，增进各国人民的感情和了解，增强共识。

“一带一路”文明对话大会还是一个长期的交流平台。文明对话的本意是促交流、聚共识，最终实现人类命运共同体。这决定了“一带一路”文明对话大会必须要长期存在，搭建“一带一路”文明对话大会平台也要抱有“功成不必在我”的决心，从长远来看待。未来随着文明对话大会的成功，其内涵外延将进一步扩大，将很有可能成为古今中外文明对话互鉴的基础平台，成为全面展示人类多元文明的“世界文明博览会”，甚至成为催生、培养人类未来新文明的首创典范与孵化中心。我们必须以绣花功夫去推进，通过长效机制予以维持。

正因为“一带一路”文明对话大会是个相对平等、温和、长期的软性交流平台，适合不同发展阶段、宗教信仰、意识形态、文化背景和社会制度的国家的共同需求，才有可能促进不同文明不同发展模式交流对话，在竞争比较中取长补短，在交流互鉴中共同发展，让文明交流互鉴成为增进各国人民友谊的桥梁、推动人类社会进步的动力、维护世界和平的纽带。

（四）世界尤其是“一带一路”沿线国家非常期待进一步了解中国对于未来发展、构建人类命运共同体的态度和立场；我国也十分需要能够与世界各国增进了解，释疑增信

今天，中国已经建设了全新的中国经济模式，并开始关注和建立自己在全球的位置，而我们国家的性质和使命决定了这一过程是对话交流而不是暴力冲突。通过举办“一带一路”文明对话大会，可以增进中国和世界之间的了解，释疑增信，才能与世界各国携手破解“时代之问”。

首先，让中国了解世界。近代以来，中国从被迫卷入世界市场到主动推进全球化，和世界的联系也越来越紧密，对世界的了解也越来越深入。但是中国的全球化

是经济全球化，我们看世界的视角大多是经济视角，而非文明视角，这就使我们容易陷入简单的利益观，正如习近平主席指出，我们应该树立正确的义利观和真实亲诚理念，加强同发展中国家团结合作。这绝非通过扩大进出口等经济行为就能做到的，而是需要推动全方位的开放格局，在更深层次融入世界。中央提出的“一带一路”倡议和“构建人类命运共同体”都不再仅仅是经济层面的国际合作，更多提出了文明的交流互鉴。这一切都迫切需要我们开展文明对话，通过文明对话大会这一重要窗口了解世界，从而能真正地使我们的倡议体现人类的共同愿景，在构建人类命运共同体当中凝聚人类的集体智慧，保护人类的共同利益。

其次，让世界了解中国。在过去的历史中，中国在很长一段时间里都是“背对”世界，这种封闭很自然地会让世界对中国的“面孔”感到陌生。最近几十年的快速发展使中国实现经济腾飞，每一个国家都会关注中国这一新的世界力量，而且会比关注一个普通的国家更加关注中国这一新的世界大国，实际上，国际社会对经济中国、意识形态中国背后的文化中国、文明中国是缺乏了解，更缺乏理解的。在让国际社会了解、理解中国的文明方面，还有许多值得改进的地方。不可避免地，无论大国还是小国都会对大国的发展有所忧虑，尤其是对于像中国这样“陌生”而又快速崛起的大国。尽管改革开放后中国对世界更加开放，开始面向世界，但我们仍然将重心放在经济发展，并未向世界展现全貌。通过文明对话，中国不再把“后背”面向世界，而是以一个全新的“面孔”面对世界，让世界进一步了解中国对于未来发展、构建人类命运共同体的态度和立场。

最后，在相互了解中解决“时代之问”的难题。“时代之问”涉及的主体不是一个国家、一个民族，而是全人类，涉及的内容不是单纯的经济政治问题，而是人类文明的发展去向。可见，“时代之问”本就应该从文明层面作答，并要兼顾全体人类的共同利益。以美国为代表的工业化、现代化先行国家，在新的时代之问面前，反而陷入简单地意识形态思维和霸权思维，逐渐地丧失了人类道义的高度。我们也注意到伊斯兰世界因内部冲突和外部矛盾引起的区域长期动荡不安，以及由此给文明对话带来的困难和挑战。中国适时地提出人类命运共同体，符合人类的共同利益和发展趋势。通过文明对话，有利于最大程度凝聚各文明共识，在坚持多样性前提下，找到最大公约数，画出最大同心圆，使得人类命运共同体能真正表达出全人类的愿望，从本质上解决问题。

“一带一路”文明对话大会，提供了一个超大的交流平台框架，为解答“时代之问”和实现人类命运共同体提供可行的途径，也将再次唤醒世界各国对于文明的重视。中国推动下的文明对话，将有可能为人类贡献出一整套更具综合包容性的、多元一体的文明思想理论体系，更好解决国际社会杂乱无章、裹足不前的文明冲突，为未来世界多元文明的对接、交流、互鉴作出更大的贡献。

（五）十九大后，我国已经率先启动了中国共产党与世界政党对话大会，举世瞩目，为世界文明对话做了很好的铺垫。

2017 年 12 月 1 日，中共中央总书记、国家主席习近平在人民大会堂出席中国共产党与世界政党高层对话会开幕式，并发表题为《携手建设更加美好的世界》的主旨讲话，强调政党要顺应时代发展潮流、把握人类进步大势、顺应人民共同期待，志存高远、敢于担当，自觉担负起时代使命。这虽然是一场世界性政党大会，但是意义重大。大会所取得的成果和共识，反响巨大。它的举办，至少给了我们三方面的启示。

第一，中国已经具备国际影响力和号召力来举办此类规模的大会。这次大会，一共吸引了来自世界上 120 多个国家近 300 个政党和政治组织的领导人共 600 多名中外代表参加。大会盛况空前，充分展现了中国共产党和中国的强大实力和号召力。大会提出的政党高层对话机制化倡议也得到积极响应，体现了世界各国期待中国能以大国身份在国际事务中有更多作为。

第二，中国已经具备举办类似大会的经验和能力。无论是 G20 杭州峰会、“一带一路”高峰论坛、金砖国家会议还是这次世界政党对话大会，中国已经具备丰富的承办和主办世界级大会的经验。同时，也对举办类似大会的流程、可能出现的突发状况及解决办法等有了较深的了解，这些都给予中国再次举办世界级对话大会足够的信心和支持。

第三，世界政党大会的一些不足值得我们关注。这次大会的一大遗憾在于缺乏来自主要发达国家的政党，也使得这一盛会的国际影响力略显不足。事实上，政治经济领域主要的世界级大会主办权依然掌握在西方发达国家手中，中国要在此类领域举办世界级大会，可能会引起西方国家的猜忌，难以得到响应，而没有西方主要国家参与的世界级大会很难说是成功的。

综合以上考虑，中国应当积极担当大国责任，回应各国期待，而“一带一路”文明对话大会就是一个极好的抓手，它有政党对话所不及的广泛、平和、中道的形象和作用。第一，通过文明对话，向世界释放中国平等、互鉴、对话、包容的文明观，也有助于中国建设人类命运共同体倡议的推进；第二，中华文明的悠久历史是我们的天然优势，在世界文明中有着举足轻重的历史地位，由中国召开“一带一路”文明对话大会名正言顺；第三，文明对话大会相比其他形式的对话会，更容易让西方发达国家共同加入对话，而大国的加入有利于更好解决问题。

中国共产党与世界政党对话大会的举办，给予我们信心和经验来办好“一带一路”文明对话大会。而“一带一路”文明对话大会的举办，将表征中国开创性地进入甚至占据文明视野下关于人类发展的世界话语高地，对进一步巩固政党对话会的成果、探索并且构建人类命运共同体大有裨益，也将为世界文明交流做出更大贡献。

三、西安具有举办“一带一路”文明对话大会的优越条件

“一带一路”文明对话大会致力于推动中华文明与世界其他文明互鉴互荣，在交流和碰撞中淬炼人类共同价值，构建人类命运共同体。从这个意义上说，大会不仅仅是一场论坛活动，而且是全世界的与会者近距离观察、体验、感受中华文明价值，进而实现文化交流的一场重要实践。因此，大会所在城市至关重要，其必须是中华文明的一个窗口，透过对它的观察能够真正了解中华文明核心特质，同时，该城市必须在历史发展、当下建设和未来规划上都具有典型性、代表性，让人能够深切体会到中华文明始终在传承、创新的蓬勃生命力。综合各种因素考虑，西安是举办“一带一路”文明对话大会最适宜的城市。

（一）历史中国的代表性城市

中华文明的价值内核，来源于中国悠久的历史文化。“一带一路”文明对话大会的举办地，必须是能够集中、深入展现中华历史文化之地。这方面西安的条件得天独厚：西安是中华文明的发祥之地，是当之无愧的盛世都城，是历史中国文化遗迹汇聚之地；西安拥有 5000 多年文明史、3100 多年建城史，是中国历史上历时最长的城市，也是与雅典罗马和开罗齐名的世界四大古都之一。在这样的文化高地中开展

世界文明对话，置身于浓郁的文化氛围之中，既能交流研讨、激活思想，又能凭吊古迹、摩挲遗产，增进对中国历史文化的感性认知。这构成了西安“一带一路”文明对话大会的显著特色。

一是独特的自然地理环境。西安位于八百里秦川腹地，北靠雄浑厚重的黄土高原，南倚国之龙脉、民族之脊、生态地理重地的秦岭山脉，西有陇山，东有黄河，形成天然不可逾越的屏障。同时，古长安东南西北四个方向被四座雄关牢牢围定，东面潼关、南面武关、北面萧关、西面大散关，得天独厚的地理优势使得西安成为古代帝王定都的首选。西安还是农耕社会的理想之地，渭水自西向东像一条宽带横贯关中，注入黄河。其间“荡荡乎八川分流”的长安八水，把关中平原滋润成一片丰腴沃土。《尚书》中称其为“田惟上上”;《史记》中赞其“左崤函，右陇蜀，沃野千里，南有巴蜀之饶，北有胡苑之利……此所谓金城千里，天府之国”；班固《西都赋》谓其为“陆海之地”。作为都城，不仅地理形胜、农业繁盛，还居于流通和辐射要津，使得政令、思想、文化、商业流通畅达。西安周边傥骆道，南面子午道、蓝武道、褒斜道，以及秦国直道与渭河水道，赋予了西安极佳的流通性，使得西安既封闭又开放，既守正又包容，成为中国古代最为理想的建都城市。

二是中华文明的发祥地。从西安及周边地区发源和兴盛的中华始祖文化、周秦汉唐文化构成了中华传统文化，留存数千年，影响深远，形成西安不可替代、无法模仿的历史标记。始祖文化在西安孕育，不仅有原始社会初期的蓝田猿人遗址，还是仰韶文化最集中的发现地，有最具原始社会氏族文化代表性的西安半坡遗址。有文字记载的中国历史最早可上溯到三皇五帝时期，而关中平原是炎帝、黄帝生活的重点区域，表明华夏文明在这里生根发芽。封建文化也在西安形成，周武王为维护分封制创建了一整套礼乐制度——周礼，将饮食、起居、祭祀、丧葬等社会生活方方面面纳入“礼”的范畴，使其成为系统化的社会典章制度和行为规范，在其基础上继承发展了以孔孟为代表的儒家学说。儒学也在西安成为主流意识形态，汉武帝采纳了董仲舒提出的“春秋大一统”“天人合一”和“罢黜百家，独尊儒术”思想，儒学由此被确定为封建统治的正统思想，作用于后世长达两千年之久，对后世中华民族文化传统、道德伦理、文化性格及制度的形成产生了深远影响。

三是盛世都城的世界影响力。西安拥有 1100 多年的建都史，先后有 21 个王朝和政权在此建都，是经历朝代最多的古都，包括中国历史上的四个伟大时代周、秦、汉、唐均建都西安，是历史上当之无愧的盛世都城。尤其是汉朝和唐朝时期，国家统一、文化昌明、武功强盛、国威远播，是中华民族发展历史中的一个高峰，至今汉唐文化仍然是中国历史文化的代表，也形成了西安城无与伦比的历史成就和影响力。汉长安城是中国历史上第一个真正拥有全国政治、经济、文化、国际交往中心地位的大都会：作为政治中心，汉长安“汉承秦制”，是统摄全境的皇权所在地；作为经济中心，汉长安是联系洛阳、宛、邯郸、临淄、成都等区域市场的总枢纽；作为文化中心，汉长安是全国学术高地，拥有当时最高学府（太学）、国家图书馆（未央宫天禄阁）和档案馆（石渠阁），诗赋歌舞、音乐绘画、建筑艺术等各个领域都达到了当时社会的巅峰；作为国际交往中心，以长安为起点的丝绸之路，开辟了东西方文明对话、文化交流、商业贸易的大道。唐长安城是中国古代最大的都城，鼎盛时期人口超过百万，是世界上第一个人口百万级城市。作为国际化大都市，唐长安城的开放体现在多个方面——外籍人口的开放、民族融合的开放、文化交流的开放、社会观念和民风民俗的开放、人才选拔的开放等，当时在长安求学、经商、做官的外国人超过 10 万，其中留学生就有 8000 余人，唐风对日本历史的影响尤深。由此形成的“华夷一家”理念不仅是对历史的超越，更对后世文明对话和交流产生了深远影响。

四是坐拥丰富的文化遗产。西安是国家历史文化名城，是首批中国优秀旅游城市。西安的文化遗产具有资源密度大、保存好、级别高的特点，西安周围共有帝王陵墓 72 座，其中有“千古一帝”秦始皇的陵墓，周、秦、汉、唐四大都城遗址，西汉帝王陵 11 座和唐代帝王陵 18 座，共有古建筑 700 多处。有六处被列入世界文化遗产：秦始皇陵及兵马俑是“世界第八大奇迹”，先后已有 200 多位国家领导人参观访问，成为中华文明的一张金名片，被评为世界十大古墓稀世珍宝之一；汉长安城未央宫遗址存世 1041 年，是中国历史上使用朝代最多、存在时间最长的皇宫；唐长安城大明宫遗址是唐帝国最宏伟壮丽的宫殿建筑群，也是当时世界上面积最大的宫殿建筑群，是唐朝的国家象征；大雁塔是现存最早、规模最大的唐代四方楼阁式砖塔，是古印度佛寺建筑形式融入华夏文化的典型物证，凝聚了中国古代劳动人民智慧结晶；小雁塔建于唐景龙年间，与大雁塔同为唐长安城保留至今的重要标志；兴教寺塔是佛教传播史上著名的人物、唐代高僧玄奘法师及其弟子窥基和新罗弟子圆测的舍利墓塔，是中国现存最古老的楼阁式塔。西安丰富的文化遗产，为中西方文明交流提供了最佳平台。

（二）世界宗教的交融之地

宗教文化的交流融合，在文化发展史上具有举足轻重的地位，也是当今世界性文明对话进程中不容忽视的重要议题。西安自古以来就是本土宗教文化与世界多元宗教文化交汇融合、弘扬光大的地方。佛教、道教、伊斯兰教、天主教、基督教五大宗教在西安并存，既有对中华民族影响根深蒂固的孔孟儒家思想，也有土生土长的道教，还有外来的佛教、伊斯兰教、基督教和天主教等，更有名目繁多、历史悠久的中国民间信仰和风俗习惯等。在西安，数千年的宗教文化融合共生，享有盛誉的事迹和人物众多，不仅留下了大量宝贵的宗教文化遗产，也深刻影响了西安的城市氛围、民风民俗、文化艺术等，构成了西安独特的文化宝藏。在西安举办“一带一路”文明对话大会，开展不同宗教文化间的深度交流，从各自文化宝库中挖掘普世价值和智慧，有利于凝聚共识，推动建设和谐世界，也更能彰显对话交流、释疑增信的大会主旨。

一是宗教传播历史悠久、包罗万象。西安是本土和外来各大宗教派别融合的代表性城市。道教起源可追溯到黄帝时期的原始社会，而黄帝长期活动在关中平原的西部，故西安是道教的主要起源之地；东周末年老子在周至县楼观台讲授《道德经》，为道教发展奠定了思想理论基础。佛教自公元前 1 世纪的西汉时期传入长安，至今已有 2000 多年历史，根据《三国志 · 魏书 · 东夷传》记载，公元前 2 年，大月氏使者伊存口授《浮屠经》给弟子景庐；从魏、晋、南北朝直到隋、唐时期，长安一直是汉传佛教重要的活动中心。伊斯兰教自唐代传入西安，据《旧唐书 · 大食传》记载，公元 651 年，阿拉伯第三任哈里发奥斯曼遣使到大唐朝贡，标志着伊斯兰教传入中国，此后大量来自阿拉伯、波斯和中亚的胡商蕃客伴随着丝绸之路来到长安，置田买宅、久居不归、繁衍生息，形成了独特的“围寺而居、依坊而商”的回坊文化。西安城中有东西两大高规格的清真寺及大大小小 20 多座清真寺，表明西安也是伊斯兰教的活跃地区。长安也是基督教在汉地的首传之都。基督教（唐朝时基督宗教还未形成三大派别，称作景教，是基督宗教中的聂斯托利派）于唐太宗贞观九年（公元 635 年）传入西安，景教教士叙利亚人阿罗本来华传教，唐太宗派宰相房玄龄迎接，并允许其在长安义宁坊修建大秦寺，一时间法流十道、寺满百城。现藏于碑林的《大秦景教流行中国碑》记述了一千三百多年前景教在唐朝流传的盛况，反映出西安在宗教文化上包罗万象的气度和自信。

二是宗教文化底蕴深厚，名人辈出。西安宗教信仰文化可追溯到原始社会时期，东郊半坡的墓葬和陶器图案显示了当时人对天地的敬畏和对神灵的崇拜。到了黄帝时代，朴素宗教信仰和宗教活动已经相当发达，由此形成对后世影响极大的黄帝思想与黄帝崇拜活动。西周以后，西安逐渐开始作为中国的政治和文化中心，成为国家宗教信仰的核心地区，不仅形成了浓厚的宗教文化氛围，也涌现出了众多著名宗教人物，为人类文明发展史留下了浓墨重彩的一笔。道安、鸠摩罗什、玄奘等高僧在佛教经典引进、翻译方面做出了巨大贡献，许多在印度已经失传的佛教经典在中国却得以保存。大慈恩寺是玄奘专门从事译经和藏经的场所；周至楼观台是道教始祖老子撰写和讲授《道德经》的地方，是道教楼观派的发祥地；鄠邑区重阳宫是道教全真教祖师王重阳修道、创立全真教和仙蜕归葬之地；在伊斯兰教中，明朝嘉靖年间著名经师胡登洲开创的经堂教育“陕西学派”，在中国伊斯兰教经堂教育各派中影响最大，我国穆斯林尊称胡登洲为“胡太师”；在天主教中，周至教区主教李伯渔是中国天主教反帝爱国运动的发起人之一，其爱国爱教的思想在中国天主教界产生了积极影响。在西安，不同宗教彼此交融的历史经验，宗教文化与城市文化的相得益彰，充分说明了宗教可以成为维护和平、增进友谊、推动发展的积极力量。

三是宗教遗产门类丰富、影响深远。深厚的宗教文化积淀，给西安留下了大量宝贵的宗教遗产，全市有 10 座佛、道教寺观被确定为全国重点寺观，有 26 处宗教活动场所是全国、省和市级重点文物保护单位。中国佛教的八大宗派中，有六个祖庭在西安（密宗祖庭大兴善寺、三论宗祖庭草堂寺、唯识宗祖庭大慈恩寺、净土宗祖庭香积寺、华严宗祖庭华严寺、律宗祖庭净业寺），对日本、韩国等国的宗教和文化仍然在产生重要影响。青龙寺是唐代外国僧人尤其是日本僧人留学的著名佛寺，是日本佛教真言宗的祖庭，著名“入唐八大家”中的六家：空海、圆行、圆仁、惠远、圆珍、宗睿，均受法于此，特别是空海（号弘法大师）创立了日本真言宗。周至县楼观台被尊为中国道教第一福地，鄠邑区重阳宫是举世公认的全真派道教祖庭，八仙宫以其“八仙”传说享誉海内外，在国内外道教信仰者中有广泛的影响。西安化觉巷清真寺大寺，建于明朝，至今仍吸引大量信众参观。高陵通远天主堂在晚清至民国初期的一百多年间，是天主教在西北最具有影响力的传播中心，当时通远坊堂区素有“东方小罗马”的美誉。西安城南的终南山，被美国汉学家比尔·波特在《空谷幽兰》一书中誉为“隐士的天堂”，历代高僧大德、当今众多修禅者或出家人都乐于在此住山修行，号称“终南修道，天下为冠”。在西安举办“一带一路”文明对话大会，通过参观、了解宗教遗产，更能体会宗教在促进人类文明和历史发展上的积极作用。

（三）“一带一路”的起点城市

作为古代陆上丝绸之路、海上丝绸之路及沙漠绿洲丝绸之路的延续，“一带一路”倡议承载着新的使命，形成由点连线、由线成面的区域经济开发与合作的体系，以实现区域经济的新发展，这关乎中国未来的改革发展、繁荣稳定以及中华民族伟大复兴的中国梦的实现。举办“一带一路”文明对话大会，是在文化上响应“一带一路”倡议的重要举措，不仅能够回溯历史，深入挖掘丝路文化、丝路精神的价值内核，也能够推动其融入时代发展，重新焕发生机。作为古丝绸之路起点城市和新丝绸之路经济带关键节点，西安在举办“一带一路”文明对话大会、推动“一带一路”沿线国家和地区文化交流上拥有无可比拟的优势。

一是丝路精神的代表城市。习总书记指出，古丝绸之路绵亘万里，延续千年，积淀了以和平合作、开放包容、互学互鉴、互利共赢为核心的丝路精神，这是人类文明的宝贵遗产。这十六个字，精准概括了中国自古以来致力于寻求文明对话、推动文明发展的精神特质。西安是丝绸之路发展繁荣的推动者、见证者和欧亚大陆多元文化汇聚融新的中心，拥有厚重的丝路文化遗产和丝路文明交往经验，更在丝路精神、丝路文化中浸润上千年，形成了独具魅力的城市精神品格。丝绸之路是“使者相望于道，商旅不绝于途”的贸易往来通道，更是世界不同文明对话、碰撞、新生的文化土壤。佛教、伊斯兰教及阿拉伯的天文、历法、医药传入中国，中国的四大发明、养蚕技术、儒道思想也由此传向世界，各种文明在交流中得到传承，发扬光大。在“一带一路”倡议的指引下，西安的丝路文化将重新焕发生机，承古开新的丝路精神将在全球化合作中重新绽放光彩，成为西安走向世界的文化品牌和城市符号。

此时在西安举办“一带一路”文明对话大会，重新挖掘整理丝路精神的历史价值和当代价值，以丝路精神倡导文明对话、合作共赢，有助于推动世界文明从冲突转向合作，构建人类命运共同体。

二是丝路合作的典范城市。“一带一路”覆盖 60 多个国家及地区、惠及世界 40 亿多人口，是一个包容性强、涉及面广、影响深远的巨大发展平台，为西安深化对外开放带来了重大机遇。为了全面融入“一带一路”大格局，西安通过加速构建丝路大通道、搭建多层次合作交流平台、推动经济文化领域交流合作等举措努力打造内陆开放高地。西安与丝路沿线国家的交流不断拓展，截至目前，西安已与全球二十多个国家的 31 个城市缔结了友好城市关系，丝路“朋友圈”不断扩大，位居我国副省级城市前列；西安有外国总领事馆 4 家、外国签证中心 17 家，也是西北首个对 51 个国家公民实施 72 小时过境免签的城市。西安的国际文化交往越来越多样化，丝路国际艺术节、丝路国际电影节、丝路旅游国际博览会等文化交流活动陆续举办，“一带一路”海关高层论坛、丝绸之路旅游部长会议、二十国集团妇女会议和农业部长会议等国际论坛会议相继登场，对外传递西安声音、讲好西安故事、展示西安形象。西安的国际知名度不断提升，自 1979 年以来已有英女王、美国总统等 200 多位外国领导人来西安访问，每年有大量海外人士来旅游、经商、学习，西安成为外国人眼中除了北京外必去的另一个中国城市，古丝绸之路起点城市正重新显露出“国际范儿”。借助西安蓬勃增长的城市影响力，“一带一路”文明对话大会能够吸引更多国家和地区参与，拓展文化交流的深度和广度。

三是全方位开放的国际化大都市。加快国际化进程，建设国际化大都市，是西安矢志不渝的价值追求和城市理想。从 1999 年获批的西安市第三次城市总体规划中首次提出“国际性现代化大城市”以来，到 2015 年起践行国家“一带一路”倡议、建设丝绸之路的新起点城市，再到 2018 年关中平原城市群发展规划中再次明确了“国际化大都市”的目标，西安市坚定走对外开放的道路，走出了一条步伐坚实、成效斐然的改革开放道路。交通设施方面，西安国际港务区的成立、“长安号”国际货运班列的开行、西安（咸阳）国际机场口岸实行 72 小时过境免签政策、西安新筑综合物流中心提上日程等，大大提升了交通国际化水平，其中“长安号”国际货运班列自 2013 年开行以来，往来中亚 5 国 44 个城市和站点运输货物，截至 2018 年 6 月“长安号”已开行 514 列，单月开行量、货运量、重载率都是全国第一，成为丝绸之路经济带上最受欢迎的经贸交流“新使者”。商贸设施方面，“一带一路”倡议推动两个国家级的创新改革试验区、自贸试验区在西安先后落地，为西安吸引贸易投资、引进国际人才创造便利，给中国企业“走出去”带来了全新的机遇，同时西安与中亚、南亚、西亚沿线国家合作建立并扩大了一批产业经济园区，形成电子信息、新能源、高端装备制造、航天航空等新型产业集群，区域经济合作走上新高度。教育文化方面，“一带一路”为西安人才国际化交流提供了契机，越来越多的西安高校开展与国际高校的教学科研合作或联合办学，让国外留学生走进西安，让西安高校学生走出去，推动西安教育与国际接轨。西安不断提升的对外开放水平，不断完善的各项设施条件，为中华文明“走出去”、世界文明“走进来”创造了便利。

（四）中国复兴定篇的国家中心城市

国家的发展本质上是城市的发展，国家之间的竞合本质上是城市之间的竞合。国家中心城市处于我国城镇体系的最高层级，是居于国家战略要津、体现国家意志、肩负国家使命、引领区域发展、推动国家文化交流、代表国家参与国际合作竞争的现代化大都市。2018 年 1 月，国务院批复了《关中平原城市群发展规划》（简称《规划》），标志着西安市成为继北上广深等城市之后的第九个国家中心城市。《规划》明确指出，西安建设国家中心城市，要强化面向西北地区的综合服务和对外交往门户功能，提升维护西北繁荣稳定的战略功能，打造西部地区重要的经济中心、对外交往中心、丝路科创中心、丝路文化高地、内陆开放高地、国家综合交通枢纽。纳入国家中心城市，不仅说明国家层面对西安城市发展优势的充分认可，也意味着西安市将肩负着更加重要的职责，要在西部地区乃至全国形成引领、辐射、集散态势，未来要发展成为全球的经济、贸易、科技、文化中心。为此，西安市委十三届五次全会将大西安建设目标更明确聚焦为：建成欧亚合作交流的国际化大都市。作为正在崛起的国家中心城市，西安文化交往功能日益强化，具有举办“一带一路”文明对话大会的独特优势。

一是区域文化中心地位。西安是西部地区发展后劲爆发的集中体现。自 21 世纪初西部大开发战略实施以来，经过 15 年的开发建设，西部地区人力资源不断积累，文化优势日益凸显，市场环境不断优化，发展动力加快转换。随着我国城市化逐步转型，京津冀、长三角、珠三角等发达区域开始控制用地供给，推动部分城市功能和产业疏解，其优质的人才、企业、文化资源将逐渐向发展潜力巨大的西部城市溢出，因此西安将成为承接世界顶级文化交流论坛活动的优越之地。以西安为核心的关中平原城市群，历史文化底蕴深厚，南依秦岭、东跨黄河，具有独特的文化和地理标识，发源和兴盛于此的始祖文化、汉唐文化是中国元素的重要组成部分。西安、咸阳、宝鸡、天水、平凉、运城、临汾等城市历史悠久，拥有大量珍贵的历史文化遗产和丰富的人文自然资源。城市群内各城市文化同源、人缘相亲、民俗相近、交流合作密切、区域认同感强，赋予了关中平原城市群鲜明的文化特色、浓厚的文化氛围，也成为世界文明对话交流的区域文化优势。

二是区域交通枢纽地位。西安是全国重要的交通枢纽，是西南向北出川、西北进入内地的必经之路，是我国向西进行国际交流合作的枢纽城市。在交通体系建设上，西安处于全国前列：西安咸阳机场是中国北方第二大门户枢纽机场；西安铁路枢纽是全国铁路六大枢纽之一，西安北客站为亚洲最大火车站（18 站台 34 线），是全国仅有的三个（另外两个是郑州站和武昌站）可直达全国各个省会城市的市级车站之一；西安公路枢纽是全国公路六大枢纽之一，基本形成了“米”字形高速公路网和“一环十二辐射”为主骨架的公路网；西安也是全国“国际运输走廊”和“国际航空枢纽”重要城市之一，对外交通便捷。得益于交通区位优势，西安举办的国际会议会展数量仅次于北京、上海和大连。2017 年国务院印发《“十三五”现代综合交通运输体系发展规划》，将西安定位为“国际性综合交通枢纽”，陕西省、西安市正在实施《大西安立体综合交通发展战略规划》，到 2030 年大西安国际性综合交通枢纽将全面建成，成为举办世界顶级文化交流论坛活动的强大引擎。

三是区域创新中心地位。历史上西安就通过古丝绸之路向国外输出当时最具代表性的科技产品——丝绸和瓷器，古代长安就是当时“科技创新中心”。而现在西安市科教创新实力依然雄厚，不仅综合科技实力居全国前三名，是西部唯一的国家综合性高技术产业基地城市，也是国内重要的科教地区之一，拥有丰富的高校教育资源与优质的人才储备。西安拥有各类科研机构 3000 多个，两院院士 60 多位，科技大军 100 多万人，聚集了全国航空航天、兵器三分之一以上的科研单位、专业人才及生产力量，还拥有西安交通大学、西北工业大学、西安电子科技大学、西北大学等一流高校。新时期西安市提出打造“全球硬科技之都”，确定了光电芯片、新能源、新材料、智能制造、信息技术、生命科学、人工智能、航空航天等“八路军”为主攻方向，进一步抢抓新技术革命机遇，占领全球创新制高点。在西安，不仅能够充分欣赏以历史文化遗产为代表的传统文化，还能体验到以高科技前沿、以创新为代表的先锋文化，观察二者如何融合互促，推动城市焕发蓬勃生机和独特魅力。

（五）温厚守正包容的城市文化形象

文化形象是城市的“魂”，是人们对一个城市的文化气质的整体认知与印象，主要来源于城市的自然地理、景观环境、建筑风貌、道路交通等硬件条件以及社会秩序、价值观念、城市精神、市民素质、管理制度等软件条件，文化形象将对城市发展起到潜移默化的作用。西安的城市文化形象，既有历史上延续下来的如“十三朝古都”“古丝绸之路起点”“世界四大古都之一”“汉唐遗址”“关中八景”等传统形象，又有近年来树立起来的“硬科技之都”“设计之都”“国际美食之都”“全国文明城市”等新潮形象，正因这些新旧文化形象的树立、融合，彰显了西安独特的城市文化魅力，也更加符合“一带一路”文明对话大会倡导的传承、融合、创新的文化主题。

一是源于历史的温厚形象。温厚，是西安作为十三朝古都所积淀下来的鲜明文化形象。西安文化之温厚建立在不断开放、融合、变革、创新基础上，从西周的礼乐文化、大秦的进取文化，到汉唐的盛世文化，西安曾经是当之无愧的世界文化中心，使得西安社会文化中天生带有一种温厚感，呈现出海纳百川的文化气度。这种温厚不仅仅体现在城墙、古城、历史建筑的古朴典雅上，更是深刻影响了西安的社会风气，赋予了西安人忠诚、大度、正直、无私、淳朴、刚毅、勇敢的性格特征。古代西方国家称中国人为“秦人”，“南方才子北方将，陕西冷娃排两行”，朱子《秦风》诗云“雍州土厚水深，其民厚重质直。以善导之，则易兴起而笃于仁义；以猛驱之，则其强毅果敢之资，亦足以强兵力农而成富强之业，非山东诸国所及”。“秦人”所表现出的诚实、忠厚、朴实的正气，担当、实干、冒险的精神，成就了“六王毕，四海一”的伟业。现代西安人继承了秦汉人大度、心怀天下、“勇于公仇而怯于私斗”等品质，并升华成为“忠义仁和、开拓进取、敦厚诚信”的西安人精神，这是今天西安人“追赶超越”的底气之所在。

二是基于自信的守正形象。守正，是西安城市文化形象的重要特点。西安城市格局就是守正文化的生动呈现，西安城从周代开始就根据《周礼·考工记》“方九里，旁三门，国中九经九纬，经涂九轨”布局模式营建，形成典型九宫格局；汉长安城“城南为南斗形，城北为北斗形”，遥相呼应；唐长安城采用严格里坊制，平面布局方正规则，每面开三门，皇城左右布局有祖庙及社稷，发扬了守正的城市规划传统。新中国成立后，西安市的历次城市总体规划均沿袭了棋盘式路网、轴线对称的空间布局模式，以显示唐城的宏大规模，保持明城的严谨格局，保护周秦汉唐重大遗址为特点，选择了新区围绕旧城发展的结构模式，形成了较为理想的中心城市的完整形态。守正文化不仅影响了西安城市格局，更深刻渗透进西安经济社会文化各个领域。守正于西安，就是通过守住文化根基来把好城市文化发展之“舵”，这一文化根基就是西安漫长历史发展过程中创造和积累下来的优秀文明成果，包括文化、思想、道德等，这是西安人的立身之本。《陕西通志》卷十四云关中“人多醇朴，立本务农，士尚气节、刚直不屈”，西安人深受周礼、儒家文化的浸润，数千年来一直秉持着“仁义礼智信”的精神品格。正因为守住了这些文化正道，才能够抵御住各种旁门左道，在城市文化发展中更有“主心骨”，更有定力和自信。

三是立足开放的包容形象。包容，是西安城市文化形象不断与时俱进、融合创新的关键。文化要与时俱进才会焕发生机活力，与时代同步的文化才具有生命力和价值。正如西安市委书记王永康在最近西商大会上总结的：西安大地，开放是传统，包容是基因。西安始终坚持守正与出新相结合，传统文化与现代文化相契合，把握传承、创新、现代、时尚、活力之间的关系，不断推动优秀传统文化融入国民教育、道德建设、文化创造和生产生活，为优秀传统文化披上富有时代感的“外衣”，让传统文化更具现代感，更好更深地融入现代西安人的生活和思想。在传统和现代的结合上，西安在曲江、大明宫等地探索出了城市发展和遗产保护双赢的模式和经验，在优化城市功能的同时又再现了一系列恢宏的历史景观，将西安文化形象推向世界。西安作为历史文化名城的风貌不仅没有在快速城市化中销蚀，反而与现代城市风貌、空间环境、城市结构机理融为一体。在城市文化形象上，既突出了中华民族最强盛时期大气恢宏、雄伟壮丽的文化元素，又彰显了新兴国际化大都市现代、时尚、活力的鲜明形象，让温厚西安、守正西安、包容西安成为显著标识。

（六）具有举办世界性大会的设施和经验

举办世界性会展活动的数量和质量，成为衡量一个城市或地区综合实力、国际化程度和经济社会发展水平的重要标志。经过多年的发展，西安市在举办世界性大会上已经创出一流品牌，无论会展规格、规模还是质量都位居全国城市前列，在全世界都颇具影响力，可谓形成了世界性大会的“西引力”。在新时期，随着“一带一路”倡议和国家中心城市建设，西安市的历史文化、交通区位等优势将会更加凸显，有条件打造成为开放程度、品牌知名度更高的区域性国际会展中心。无论是会展经验、设施水平，还是城市管理服务各方面，西安都具备了举办“一带一路”文明对话大会的条件。

一是已成功举办多场世界性活动。仅2017年，西安市就举办了超过270场大小规模的展览、会议及节庆活动，其中国际性展览11项、全国性展览22项，国际性会议37项、全国性会议43项，国际性、全国性节庆赛事7项。2017欧亚经济论坛、2017丝绸之路国际博览会、2017中国国际通用航空大会、国际新材料大会、国际机器人大赛、欧亚国际文化艺术展等会展活动已经形成了国际影响力。其中，欧亚经济论坛是国务院批准成立的、以上海合作组织国家为主体，面向广大欧亚地区的高层次、开放性国际会议，永久会址设在西安，每两年举办一届。2017年欧亚经济论坛由22个国家部委、国际组织和陕西省政府主办，西安市政府承办，邀请了国内外知名人士、专家学者1000余人参加，采取“论坛+博览会+投洽会”三位一体架构，举办会议活动40余项，已成为中国打通向西开放的窗口、与欧亚国家共建“一带一路”的重要平台。2017丝绸之路国际博览会以“新平台·新机遇·新发展”为主题，吸引了全球42个国家和地区参与，活动内容涉及“一带一路”沿线地区投资和经贸、旅游文化、商标品牌、教育合作、中小企业合作等领域，在推动中国与丝绸之路经济带相关国家合作上发挥了重要作用。2018年，西安相继举办了西安年·最中国新春节庆活动、第三届丝绸之路国际博览会、2018创新创业博览会、第二届世界西商大会、第六届丝绸之路经济带城市圆桌会议、中华文化论坛、硬科技发展大会、文旅大会等重要会展活动，会展数量和规格不断提升。

二是会展设施及服务功能持续升级。2018年以来，西安以建设丝路国际会展中心为突破口，构建了“一个中心、两个产业园区、四个特色功能区”的会展产业空间结构：“一个中心”即西安丝路国际会展中心；“两个产业园区”指以曲江国际会展中心为核心的曲江国际会展产业园区、以绿地笔克国际会展中心为核心的高新技术产业会展区；“四个特色功能区”分别为临潼高端会议及旅游特色会展区、大唐西市文化展览展示区、阎良航空产业会展功能聚集区和国际港务区体育综合会展区。其中，已经开工建设的丝路国际会展中心占地约1500亩，总建筑面积60万平方米，其中展览中心40万平方米、会议中心及配套酒店20万平方米，预计2020年建成，将成为西部地区最大规模的会展、会议集群之一。丝路国际会展中心以欧亚经济论坛为依托，围绕国家“一带一路”倡议，按照“国家级、国际化”水准，打造“西北会展产业新极核，西安会展经济新引擎”，带动浐灞成为聚集会展、会议、酒店群、金融商务、创客中心、特色小镇、生态旅游等多种产业为支撑的现代会展城，成为中国新丝路的开放窗口，大型高端国际会议举办地及外事活动承办地。管理上，西安先后出台了《关于进一步促进会展业发展的若干意见》《西安市会展专项资金管理暂行办法》《西安市会展业促进条例》《西安会展业“十三五”发展规划》等政策、法规和规划，形成了涵盖宏观指导、奖励扶持、协调服务、人才培养等多领域、全方位的政策扶持体系，服务大型论坛活动的能力不断升级。

三是城市功能整体不断优化。举办世界性大会，对一个城市的产业基础、管理水平、城市环境、市民素质是一次有效检验，同时也是一次大的促进和提升。近年来西安市积极探索“会展+”模式，提出全域会展的新理念，充分发挥世界性大会对其他领域融合、辐射和带动作用，推动“会展+文化”“会展+科技”“会展+旅游”“会展+物流”等诸多业态有机融合，提升各项城市功能，让世界性大会与城市生产、生活、生态实现协同、交互发展。西安已经具备了良好的国际性会展综合服务承载力。借助欧亚经济论坛等世界性大会产生的多重带动效应，使西安城市综合服务功能得到迅速提升，光纤、数字微波、卫星等现代化电信通信网络逐步完善，物流、媒体、电力、通信、能源等公共基础设施水平不断提高，国际化酒店、餐饮、住宿、购物等功能加快配置，为西安建设区域性国际会展中心提供了强有力的支撑，更倒逼城市管理体制机制不断优化，助推产业发展、城市建设、人居环境、市民素养等多方面实现了跨越发展。在西安，“办好一个会，成就一座城”理念深入人心，西安政府和社会各界迫切希望通过举办更多的世界性大会，将充满创新发展活力、日益国际化现代化的西安城市形象传播到世界各地。从城市功能和社会氛围来看，西安市已经具备了承办“一带一路”文明对话大会的条件，大会的举办也有助于西安城市功能再升级，增加国际知名度和吸引力，加快建成区域性国际会展中心。

四、西安举办“一带一路”文明对话大会的具体构想

举办“一带一路”文明对话大会是事关西安当下和未来发展的大事，应举全市之力系统谋划、缜密部署。先要着手开展前期研究，本研究课题立项即基于此考量。而要开展世界文明对话，研究之重点，要明确以下事项。

（一）对话大会宗旨和目标

“一带一路”文明对话大会定位为官方、非营利、定期、定址的国际化、全国性会议活动。

大会宗旨建议为“包容互鉴、开放合作、创新发展、共建共赢，以文明交流超越文明隔阂、文明互鉴超越文明冲突、文明共存超越文明优越”。

包容互鉴——每一种文化都是独特的，没有高低、优劣之分，都值得尊重和珍惜。针对由于国情、历史、文化、制度的不同带来的差异和分歧，我们应以宽广的胸怀、开放包容的心态，充分尊重文化的多样性，尊重“一带一路”不同文明、价值体系和社会制度的差异性，学习借鉴，博采众长，在多样中求大同，在差异中求和谐，构建多元文化相生相长、偕行共进的良性关系，实现各美其美、美人之美、美美与共。

开放合作——文明交流合作的根基在民众，希望在青年，必须长期坚持、锲而不舍。我们要以更加积极的态度，构建官民并举、多方参与的交流格局，坚持面向人人，拓宽民间特别是青年间的文化交流途径，通过对话交流、语言学习、人员往来，以及教育、科技、文化、经贸等领域的紧密合作，进一步推动各国人民多形式的交流交往，使人民成为国家间友好关系的坚定支持者、积极建设者和真正受益者。

创新发展——文化延续着一个国家和民族的精神血脉，既需要薪火相传、代代守护，更需要与时俱进、勇于创新。特别是随着经济全球化的深入推进，任何一个国家和民族文化的传承创新都越来越具有世界意义。我们要充分挖掘丰富而独特的文化资源，在继承和弘扬优秀文化传统的基础上，不断推陈出新，增强文化自觉自信，为各国经济社会发展、为人类社会共同进步增添动力。

共建共赢——推动建设持久和平、普遍安全、共同繁荣、开放包容、清洁美

丽的世界，是各国人民的共同愿望。在人类生存和发展高度依存的今天，我们尤其需要丰富多彩的文化对话与互动，摒弃零和博弈思维，在谋求自身发展中促进“一带一路”各国的共同发展，共同应对全球性挑战，让和平与友谊代代相传，为人类社会进步，为世界的和平、繁荣、和谐，为构建人类命运共同体奉献智慧和力量。

大会目标建议设定为：通过多种形式、多个维度、持续推动跨文明交流，努力把“一带一路”文明对话打造成中国政府高度重视与支持，陕西省委省政府全力支持，西安市委市政府组织举办，继中国博鳌亚洲论坛、“一带一路”高峰论坛之后，旨在推动世界性文明交流互鉴、促进“一带一路”建设、助力中国发展的开放、包容、多元的高端对话平台。

（二）对话主题和内容

对话主题建议为“加强文明对话，促进‘一带一路’合作与人类命运共同体建设”。

对话将紧紧围绕世界多种文明的价值观、道德观、国家观（国际关系）、文化艺术观以及对神灵世界的认知和把握等议题进行。主要内容初步构想如下。

一是人类文明解读与对话。包括人类文明起源探秘与审视；文明史的解读与欣赏；西方文明的现代转型和成果及其经验教训；不同洲际和地域的文明、不同发展阶段的文明、不同宗教背景的文明的价值及其相互之间的理解、包容、学习和共同进步等。

二是“一带一路”和西安友好城市文化交流。“一带一路”沿线国家的文化交流史、当前的文明交流及可能的融合方向和路径；“一带一路”沿线城市，特别是西安、罗马、雅典、德里、开罗等五个世界文明古国代表性城市的对话交流。鉴于当前国际局势骤变，美欧日谋结零关税同盟，前路复杂，文明对话可分步实施，也可从日本着手。2018 年是西安唐都建立 1400 周年和日本京都建城 1300 年，可优先考虑在西安、京都两城间进行城际历史文明交流，比如，全球公共伦理与人类命运共同体建设研讨会等，具体活动待研。适时再考虑与缔结的三十多个国际友好城市开展基于文化文明的对话交流活动。

三是中华文明的价值。包括中华文明起源与传承；中华文明历史上的地位作用与影响；中国古代政治文明传统及其价值；东亚文明圈的今昔和未来；中华教育文明历史的评析等。

四是商业文明与文明转型。包括西方商业文明与商业革命；中华历史商业文明特征；近代中西商业文明的碰撞；全球化与现代商业文明新建构；海外华商、海外中国城、商业文明反思等。

五是新科技时代与人类文明融合前景。包括生态文明与中西方自然观比较；互联网、人工智能、生物基因工程与人类伦理难题及人类未来前瞻；海洋文明、极地开发、太空利用与未来世界等。

六是宗教文化与当今世界。包括儒释道基督伊斯兰等中西方主要宗教的文明观交流等等。宗教对话过于敏感，本报告仅以文明对话当及于宗教因而将其列入，但在各方面条件和时机未成熟时，具体工作方案不宜涉及。

（三）组织机构和章程

“一带一路”文明对话大会组委会设在中国西安。作为立足西安、面向全国、联络世界的官方组织，将整合利用海内外的人才、机构等资源，以多种多样的文化活动，形成东西方文化交流发展的大平台，研究和传播中华民族优秀传统文化、推动和谐世界的建设，提升中国文化建设的思想格局，使其和当前国际政治、经济、科技、文化格局变化发展紧紧联系在一起，探索一条建立全国性、国际化文化建设大平台的新路子，对中国文化建设起到推动性作用。组委会先以开展文明对话为目标，设立一个精干、适用的班子。组委会下设办公室、财务管理部、研发中心、外宣部等。同时明确组委会指导单位、主办单位、承办单位和支持单位。活动举办成功后，再根据相关情况，待各方面条件成熟时，可以考虑成立理事会。理事会设主席一名、副主席若干名，常务理事若干名，秘书长和常务副秘书长各一名，副秘书长若干名。

理事会章程由组委会协商制定，可以包含七章内容。

总则，明确大会的名称，由什么单位和个人发起设立和组成，大会的宗旨，大会遵守宪法、法律、法规和国家政策、社会道德风尚的原则，大会的业务主管单位、业务指导和监督管理单位。明确大会住所设在西安市。

业务范围，规定通过举办年会、研讨会以及其他重要的文化会议与活动，讨论中国及世界在文化发展过程中面临的重大问题；提出地区性或全球性的倡议，促进和加强中国与世界其他国家的政府、企业以及学术界在文化艺术领域方面的广泛交流与深入合作；独立或合作开展与大会有关的展览、培训、教育等活动，成为具有国际影响力的研究及培训中心；通过论坛建立的工作网络，开展各行业和领域的文化高峰会，探讨文化与社会各行业、阶层的关联，以文化的力量推动行业变革，增进中外文化企业界的联系，促进中国文化企业及其产品品牌走向国际。

会员，明确单位会员和个人会员，规定会员条件、加入程序、会员权利义务、会员退会、会员资格终止等事项。

组织机构和负责人产生、罢免，明确组织机构包括哪些，组委会如何产生及其运行规则和程序，明确组委会制定和修改章程、选举和罢免理事、通过由主席提交并经理事会审议的年度工作报告和财务报告等权力，明确会员大会主席由理事会主席兼任，确定会员大会法定人数及投票规则、会员大会任期及换届事宜，明确理事会以及常务理事会的性质、职权等事项，规定组委会日常办事机构的职责和权力。

资产管理、使用原则，规定大会经费来源包括会费、捐款、政府资助、在大会业务范围内开展活动和服务的收入、利息等合法收入，明确大会按照国家有关规定收取会员会费，提出大会财务管理规则，明确资产管理必须执行国家规定的财务管理制度，资产来源属于国家拨款或者社会捐赠、资助的，必须接受审计机关的监督，并将有关情况以适当方式向社会公布。

章程修改程序，明确主席提前两个月向理事会、常务理事会提交章程修改议案，章程修改案在获得常务理事会、理事会同意后，提交会员大会讨论通过。通过后 15 日内，报业务主管单位审查，经同意，报社团登记管理机关核准后生效。

大会终止程序。大会完成宗旨或自行解散或由于分立、合并等原因需要注销时，由理事会或常务理事会提出终止动议。大会终止动议须经会员大会表决通过，并报业务主管单位审查同意。大会经社团登记管理机关办理注销登记手续后即为终止。

最后，在章程附则里规定，本章程经何年何月何日会员大会表决通过。本章程的解释权属理事会。本章程自社团登记管理机关核准之日起生效。

（四）与会代表邀请原则

邀请我国党和国家领导人、“一带一路”国家政要、部长级官员、地方领导人、国际组织代表、大型文化组织负责人及大型国内外企业负责人、知名专家学者出席大会。参会人员，属于中央领导和外国政要的，可以报请中央办公厅、国务院办公厅、中宣部、文化部、外交部、商务部等国家部委及相关国际组织邀请，其他兄弟省市、地方领导、企业领导和专家等，可以由陕西省委省政府、西安市委市政府邀请。

（五）会议规模和分主题设计

大会年会规模建议为1000名左右（博鳌亚洲论坛2018年年会来自63个国家和地区的2000余名嘉宾参会，可以比照参考）。

分主题可以包括“一带一路”的历史文化、民族信仰、商业文明、生态文明、科技创新等内容。

同时可以借鉴“丝绸之路”数千年“始于器物、止于认同”的历史经验，增加参观拟建设的“一带一路”文明博览会环节，以此既丰富会议的形式和内容，又增强会议对相关设施建设的带动作用。

（六）选址和会期

综合考虑会议性质、规模、与会者情况以及会址的住宿、交通、接待条件等因素，建议在西安市域内选择能够体现中国文化特点和西安文化特色、具有较大空间的区域，如浐灞新区、曲江新城或沣东新城建设大会永久会址。为保证进度，可以考虑利用现有的区域和会场进行适当改扩建。

会期建议安排两天，第一天上午开幕式及圆桌会议，下午主旨演讲，晚上安排招待晚宴，第二天上午和下午安排相关专题会议。下午安排闭幕式。

（七）其他

以西安市委市政府为主体，做好论坛相关的对外宣传、氛围营造、城市环境美化、会议接待、交通保障等工作。

做好配套的“一带一路”文明博览会选址和筹办工作。

五、西安举办“一带一路”文明对话大会的实现路径和相关工作

（一）将课题成果转化为西安市委市政府的决策，形成申办文件

按照规定的时间节点完成调研成果后，要高度重视成果转化，在现有战略研究报告的基础上，有关部门及时将成果报送西安市委市政府决策，作为重要的决策依据。市委市政府一经决定申办“一带一路”文明对话大会后，应迅速组织相关人员成立申办机构，认真研究有关法规和政策，研判国内外形势，对会议主题、会议内容、会议流程、会议选址等，再行详研，形成可行的工作方案，编制好大会申办文件，及时报送上级有关部门批准。申办文件是大会能否成功举办的重要文件，编制工作要坚持高标准、高质量、高要求，充分吸纳前期研究成果，确保申办文件成为打开举办“一带一路”文明对话大会大门的“金钥匙”。

（二）争取陕西省委省政府支持，积极与国家相关部委合作举办

对话大会是一项立足西安和陕西，面向世界的国际大型活动，必须争取省委省政府的支持，必须在举西安全市之力的同时，举全省之力，积极与国家相关部委合作，共同举办文明对话大会。

（三）与国家有关部委共同成立申办机构，开展有成效的申办活动

要广泛整合资源，抽调精干力量成立大会申办专班，深入细致地做好申办工作。举办活动一径决策，即要开展具体工作方案制定。西安市与省里和国家有关部委成为共同的主办单位，开展前期立项及后续的组织协调等工作。

（四）组织专家支持团队，开展专题研究工作，为会议做好思想和学术准备

在全国范围内物色和整合一批水平高、懂实务的专家，做成咨询顾问团，在总课题研究基础上，组织开展若干个专题研究工作，充分发挥专家的决策智囊作用。要在大会申办前，有计划地推出若干篇有影响力的研究文章，充分宣传西安的特色

和优势，充分阐释西安举办“一带一路”文明对话大会的必要性和可行性，为大会举办做好充分的思想准备。

（五）研究落实会址和相关配套设施

尽量整合利用现有的设施，研究确定对话大会的相对固定会址。鉴于对话大会是世界性的盛会，要保证会议设施环境的高标准。主会场，可以设址于位于浐灞的西安丝路国际会议中心，该区域有相对完整的国际会议配套设备。可随势策划筹备世界文明博览会，做好各国文明物质载体和特色产品的展示工作。

（六）改善交通等基础设施，改善大气和市容环境，优化城市门户形象

1. 成功举办国际大型会议，必须有良好的基础设施保障和软环境保障

一要解决好道路、水、电、气、热等方面问题。落实《品质西安建设补短板三年行动方案》，持续推进“强基增容”工程。加快建设国家综合交通枢纽，推动空港、陆港、高铁港“三港联动”，不断提升西安的枢纽地位。二要加快建设“2 环 +12 辐射”对外高速公路大通道，全面提升大西安交通通达能力。加快地铁在建项目建设，抓紧报批第三期地铁规划并组织实施，进一步提升地铁运营水平。抓好已立项的高等级道路和立交工程建设，加快打通断头路。优化公交线网布局，力争公共交通出行分担率达到 60% 以上，开工建设一批公交场站和停车位，提升公交便利度，缓解停车难问题。三要加快实施智能电网、户表集中改造、老化供水供热管网改造工程。建成投用第二气源，启动建设气化三期。四要加快高新、曲江、浐灞、常宁新区等海绵城市试点，推进小寨地区海绵城市建设初具规模。推进火车站、幸福路等城市片区改造，提升区域功能和城市品质。五要加大地下空间综合开发利用，实施城市地下空间规划建设利用“三年行动”，增强地下空间互联互通性。

2. 提高生态环境建设水平，以天蓝地绿水净的良好形象示于海内外

一要坚持铁腕治霾，按照“治霾十法”，加大产业结构和能源结构调整力度，打好“减煤、控车、抑尘、治源、禁燃、增绿”组合拳。二要加快推进清洁供暖、燃气锅炉低氮改造和农村煤改气（电）等工作，强化重点排放企业全程监管。建成

“智慧环保综合指挥中心”，实现线上线下同步监管，不断提升网格化管理实效。三要加大关中平原城市群联防联控力度，合力打赢蓝天保卫战，全年优良天数不少于200天。加强常态化的城市道路洒水除尘，提高城市道路扬尘精细化管控水平。四要抓实抓好“河长制”“湖长制”，坚持“五策治水”，深化“8+5+2”河湖水系治理，实施“剿劣水”行动，推进渭河断面水质达标、渼陂湖等重点水利工程建设，加快恢复“八水绕长安”生态美景。五要在以铁腕整治秦岭北麓的违规别墅后，强化“四治一专两核查”常态化监管，建立多元化生态补偿机制，继续实施环山公路“三化”工程及特色节点建设，坚决守好国家生态安全屏障，不断增强“城市绿肺”功能。

3. 将烟头革命、厕所革命所引致的城市文明建设提升至更高的治理层面

一要增加公厕供给、改造提升、鼓励开放，进一步方便市民和外地游客，着力提升公厕文明。继续保持无烟头城区，严格管控不文明的抽烟行为，进一步提升城市的文明形象。二要强力推进“四改两拆”，加快推进城棚改项目，实施架空线缆落地，整治拆除违法建设，完成违法户外广告及牌匾标识拆除任务。实行生活垃圾处理区域补偿机制，加快生活垃圾无害化处理项目建设，建成八兴滩餐厨垃圾无害化处理厂。三要持续开展“五路”两侧增绿美化、“两路两侧三化”整治和“美丽西安·绿色家园”行动，要增建公园、绿地广场，新增城市绿地面积、立体绿化面积，植树造林，打造一路一景、三季有花、四季常绿的绿色之城、花园之城。四要支持西咸新区、浐灞生态区加快建设国家生态文明先行示范区，探索形成可复制、可推广的生态文明建设模式。五要加快能源消费结构调整，大力实施新能源替代，完善清洁能源基础设施建设，将电动汽车充电桩建设纳入城市社区改造和新楼盘规划。开展循环利用。鼓励低碳出行，新增公交、公务用车使用新能源车比例分别达至30%、50%。

4. 要以更高远的境界做好规划建设管理工作

一要加快建设西安国际空港、国际铁路港和国际公路港，拓展国际国内陆上物流网、空中物流网和空中客流网，形成“三港三网”开放新格局，努力将国际港务区建设成为中国最大的内陆港，打造连通世界的西部国际交通门户。二要启动西安

咸阳国际机场三期扩建，新开通 10 条国际客运航线和 4 条国际货运航线，力争机场客运量超过 4500 万人次、货运量达到 30 万吨，提高空港门户的档次和承载力。三要加强与沿海、沿边口岸通关协作，加快构建大通关综合服务体系，充分发挥向西开放、向东集散、辐射全国的门户作用，打造多元化开放“新门户”。四是规划、建设、交通、市容、环卫、园林等多部门工作要统一协调、统筹兼顾，注重科学性、前瞻性，实现通行、景观和生态效果的有机结合，真正把城市道路交通出入口打造成展示城市形象的一张名片，为提升城市的品位和形象，建设“宜居宜业”西安提供强有力的基础支撑。

（七）提升城市的治理水平、文明程度和市民素质

无论是北京奥运会、上海世博会还是博鳌论坛等重要国际大型活动，所在城市都十分注重城市治理和文明形象。

1. 尊重城市历史文化和居住生态，注重城市美学，统筹协调城市景观风貌，体现“大气、美观、绿色、特色”

一要正确处理古城保护与利用开发的关系，加强大遗址、历史建筑保护修复，守护城市特色。二要实施城市公共空间塑造计划，加快推进顺城巷、三学街、北院门等一批特色街区建设和背街小巷改造，打造一批精品道路、生态走廊和城市地标，不断完善城市生活功能。三要大力推动幸福路、徐家湾等城市片区改造提升，提高街道、公园、广场等城市公共空间品质，精心设计“城市家具”。四要科学布设人行立体过街设施，持续推进缓堵保畅。健全道路桥梁、景观照明等标准和规范，深化城郊区域环境治理，提升物业管理水平和覆盖率。五要加强物联网、大数据、云计算、人工智能等技术综合应用，创新城市发展模式，推进城市管理智慧化，营造普惠化智慧生活，建设一体化智慧政务，推进智慧新城、园区、小镇、社区、商圈建设，强化区域示范，打造新型智慧城市。

2. 推进“诚信西安”建设，逐步形成政府监管、公民自律、企业内控和社会监督“四位一体”的诚信体系

一要实施食品药品安全工程，让群众吃得安全、用得放心。二要严格落实安全

生产责任制，加强城市安全风险分级管控，开展交通、消防、燃气、危险化学品等重点领域，以及人员密集场所、建筑工地、城中村、高层建筑等重点区域安全专项治理，坚决遏制重特大生产安全事故发生。三要按照中央“五个坚持”要求，坚决打赢扫黑除恶专项斗争攻坚战。加强治安防控体系建设，依法严厉打击暴力恐怖、电信诈骗、非法集资和传销等违法犯罪活动，打造“平安西安”。四要完善交通指挥体系，持续开展“车让人”行动，大力整治三轮车、摩托车非法载客行为。规范提升共享单车运营服务，大力支持共享交通发展。五要做好气象预警、防震减灾等工作，提升突发事件应急处置能力，筑牢城市安全“防火墙”，确保人民安居乐业、城市安全运行、社会安定有序。

3. 高度重视、大力保护宝贵的历史文化遗产，充分发挥历史文化、盛世文化、丝路文化、红色文化、秦岭文化资源优势，建设丝路文化高地

一要深入挖掘周、秦、汉、唐优秀传统文化价值，开展“古镇、古村落”地名文化遗产认定，恢复好、保护好、展示好西安的古遗址、老街区、老宅院、名建筑，让市民“记得住乡愁”。二要展示好八路军西安办事处纪念馆遗址群、红军长征过境西安遗址群、西安事变纪念场馆遗址群等革命遗迹，树好西安红色文化之城形象。三要挖掘利用好秦岭自然、宗教、诗词文化内涵，打造山水文化、传统文化和现代休闲文化交汇融合的多元文化体验区。四要完善公共文化服务体系，加强社区文化中心、农村文化中心等基层文化阵地建设，促进全民阅读，打造“书香之城”。五要加强非物质文化遗产传承和发展，加快秦腔艺术博物馆、西安近现代历史博物馆、丝绸之路中国非物质文化遗产博物馆等建设，打造“博物馆之城”。

4. 紧紧围绕社会主义核心价值观，发展创新创造、优雅时尚、乐观包容、友善公益的城市文化，增强城市文化软实力和文化竞争力，让人文西安别样精彩

一要大力培育和践行社会主义核心价值观，大力弘扬民族精神和时代精神，巩固深化全国文明城市创建成果。二要大力实施市民文明素养提升行动，加强社会公德、职业道德、家庭美德、个人品德教育，推动家庭、家风、家教建设，深入开展“尚德西安”“西安好人”“最美西安人”和群众性精神文明创建活动，激发人民积极

向上的精神力量。三要用好用活西安丰富的党史资源，加强党对意识形态工作的领导，强化网上思想文化阵地建设，高扬主旋律、弘扬正能量，讲述西安好故事、传播西安好声音。

（八）推进城市全方位国际化，进一步塑造城市开放新形象

1. 以旅游业为抓手深层次融入国际化

全面提升国际交往便利度和交流合作紧密度，加快建设西部对外交往中心。一要用旅游国际化理念指导城市国际化建设，以大旅游、大企业、大学城等“三大”国际化为重点，以旅游产品、旅游服务、旅游合作和市民观念国际化为突破口，实施国际化标识改造工程，开设丝路频道，提升旅游服务国际化水平。二要以旅游带动文化大发展，实现旅游强市，推进西安全域化旅游和最具东方神韵的国际一流旅游目的地城市建设，实现景点内外一体化，人人是旅游形象，处处是旅游景点。三要实施“旅游产业倍增计划”，以构建大西安历史文化名城体系和大遗址保护为重点，加快临潼秦唐文化、古城旅游聚集区、小雁塔历史街区等十三个旅游聚集区建设，大力发展古城文化游、自然山水游、休闲度假游、乡村古镇游、农业观光游、工业遗存游、会展游、养生养老游等多元化旅游业态，培育一批旅游特色小镇。四要大力推进“旅游+”行动，促进旅游上下线深度融合发展。完善旅游交通标识，加快西安游客接待中心和旅游数据中心建设，打造“智慧旅游”城市。五要积极开展与丝绸之路沿线国家和周边城市旅游合作，打造精品线路，不断扩大西安旅游“版图”。用好“国际美食之都”金字招牌，大力发展美食经济，打造“舌尖上的西安”。

2. 精心组织运作好现有各种涉外活动和资源

积极筹办好“一带一路”国际合作高峰论坛，加快建设西安丝路国际会展中心，提升国际展览、国际会议、国际赛事承接能力。全力办好中法文化论坛、中德历史文化名城对话会、丝绸之路国际艺术节和电影节、全球无人机大赛等国际交流活动。鼓励更多本土文化企业、团队、人才“走出去”，传播西安新形象，争取更多引进外资机构和企业入驻西安。加快西安领事馆区建设，争取哈萨克斯坦总领事馆、尼日利亚商务中心年内启用。发展更多国际友城和友好合作关系城市，策划建设友城街

区，推动友城之间互设城市展示、产品展销平台，让西安的“朋友圈”越来越大。

3. 着力提高城市公共服务国际化水平

围绕外企人员聚集区，加快国际社区、国际医疗、教育、文化、体育、养老等营商生活设施建设。加快建设国际社区、学校、医院等国际化公共服务设施，积极引进国际商协会、国际中介服务机构，进一步完善国际标志标识，促进公共服务系统多语化建设，完善公共图书馆国际服务功能，提升市民国际化素养，深入开展外籍人士“家在西安”专项服务行动，让所有在西安的外籍人士都能感受到方便，体会到融洽，触摸到这座城市的温度，真正爱上西安，更好地融入西安。

（九）大力度提升科教和高端产业园区国际化水平

1. 要大力抢占科技创新制高点

更加注重依靠创新培育壮大新动能，提高全球市场集聚和配置创新要素的能力，推动科技创新同产业发展有机融合，让创新创造成为西安永续发展的强劲动力。全方位扩大与国内外一流高校、知名科研院所和大型企业战略合作，大力推动政产学研用协同创新平台建设。全力支持西安高校提升国际化办学水平，推动国际学术交流。坚持把人才资源作为第一资源，牢固树立“不唯地域、不求所有、不拘一格”的新人才观，大兴识才、爱才、敬才、用才之风，构筑国际化人才高地。探索建设海外人才离岸创新创业基地，规划建设一批国际高端社区，吸引和集聚一批世界一流的科学家和工程师、创新创业领军人才，打造国际一流的人才汇聚之地、事业发展之地、价值实现之地。支持大学发展留学生教育，大力推动人才国际化。大力支持开展国际化创业活动，办好 2018 西安国际创业节、西安国际创业大赛和“创业西安行”等活动，持续开展“百万大学生留西安就业创业”和“梦回长安——百万校友回归”活动。为国内外优秀人才创新创业提供更多的公共资源和政策支持，创造更多的成功机会，着力打造“一带一路”创新创业之都，让“镐漂”成为时代风尚。

2. 大力推动各类产业园区国际化发展

加快建设欧亚经济综合园区核心区、中俄丝路创新园、中欧合作产业园等国际产能合作项目，支持建立“一带一路”产业园区发展联盟。瞄准世界500强、国内500强、民企500强、新经济500强，努力引进一批大项目、好项目。围绕“3+1”万亿级大产业和优势产业集群，以龙头企业为依托，开展一对一联系、点对点衔接，实施产业链招商和资本招商，鼓励以商招商。全面落实与央企的战略合作，促进央企资金、技术、品牌优势与西安资源优势双向融合。发挥西安军工优势，建设好军民融合产业园。鼓励引导本土企业参与科技、教育、医疗、文化、体育等各领域的国际交流合作。高水平办好第2届世界西商大会、全球程序员节等重大活动。

3. 进一步提高自贸试验区建设的质量和档次

坚持以制度创新为核心，加快建设与国际投资贸易规则相适应的政务服务体系。全面落实自贸区改革试点任务，促进资本集聚、产业集聚，入区企业达到1万家以上。争取跨国公司及央企结算中心落地，加快跨境人民币结算中心建设，提升金融改革创新和便利化服务水平。发挥国际航空港和国际铁路港的聚合效应，建立“一带一路”互联互通合作机制，积极探索建设内陆型自由贸易港，让自贸试验区成为打造内陆型改革开放新高地的先导区，使西安由“跟跑”开放向“引领”开放转变。不断完善综合保税区功能，支持空港保税物流中心升级为综合保税区，加快国际贸易“单一窗口”推广应用。拓展“长安号”中欧班列业务范围，加密运行频次。积极构建现代化、智慧化物流体系，推动城市共同配送，促进人流、物流、资金流、信息流加速流动，打造区域“集散转运中心”。扎实做好国家现代物流创新发展和供应链体系建设“双试点”工作，推进西安港冷链物流仓储基地、新筑铁路综合物流中心、空港新城航空物流枢纽三大聚集区建设。

（十）适时适当开展宣传造势和城市国际营销

作为中国历史文化名城之一，西安的城市宣传营销相比其他城市，拥有了更多的先天优势。经过数年的耕耘，西安在全国范围内已拥有较高的知名度和美誉度，目前需要解决的是如何提升国际知名度和美誉度，从而为西安乃至陕西的发展赢得更多的竞争优势。

1. 西安宣传营销的重心是城市形象定位，这对于确立西安在全国乃至全球城市网络中所扮演的角色具有特殊重要意义

每个城市在历史文脉、城市理念、人文生态等方面有自己的“城市特质”。一方面需要确定西安对社会独到的贡献点和城市生长点，另一方面需要以独特的定位出现在全球舞台上去赢得竞争。在这个过程中，差异性原则是城市形象系统定位的关键。要立足于公众视角并获得认同，使城市营销“既与众不同，更大众认同”。在这方面，西安需要进一步来强化、演变、丰富“历史名城”“一带一路”理念。要积极组织开展“一带一路”沿线城市对话，打好“一带一路”文明对话的“城市”牌，让城市成为“一带一路”文明对话的新话题、新舞台。特别是要积极筹备、先期启动西安、罗马、雅典、德里、开罗等五个世界文明古国代表性城市的对话交流，让五大古都在横贯东西、穿越古今的深沉对话中激发出人类文明新火花，让西安的历史文化、文物活起来。

2. 主动设置议程，促成话题可持续性营销

要推动传播多样化。目前，我国很多二、三线城市都将宣传营销的重点放在中央电视台或者各级党报的广告投放上，但这样的传播范围仅限于国内。在全球化以及西安要走向世界的背景下，西安政府应更多与西安全力争取的“一带一路”目标区域国家的主流媒体合作，通过议程设置，有选择性地将西安的重大新闻，尤其是正面报道“讲给世界听”。这方面的外媒除了“一带一路”沿线国家的媒体之外，也要包括美国的《华尔街日报》《纽约时报》，日本的《读卖新闻》《朝日新闻》，法国的《费加罗日报》，英国的《泰晤士报》等等。这样的全球视野传播必将对提高西安的知名度、美誉度和吸引力产生极大的积极影响，同时起到极其正面的导向作用。除了报纸，航空杂志尤其是国际线路的航空杂志，应该是西安面向世界传播自身的极好舞台。航空杂志具有目标受众明确、格调高雅、制作精美等特点，同时漫长的国际航线能形成“强迫阅读”，因此西安政府层面应该有意识地充分使用航空杂志，将西安的形象和新闻以海外游客乐意接受的方式进行传播。无论采用何种媒体，对外传播的时候需要改变固有的意识，即进行传播而非宣传，要用更柔性、更人情味的风格进行传播，摒弃居高临下式的官腔宣传。在新媒体形态下，新的信息传播

平台不断涌现。要紧跟新媒体发展形势，采用如微信、微电影、微视频等手段，将西安的各个方面如文化、旅游、人文进行更加直观感性的展示，从而增强西安的吸引力。热门电影对城市知名度提升的价值早已有目共睹。要通过在影视作品中植入西安元素，扩大传播效果。要利用机场、港口、车站做好聚焦世界文明对话的宣传，深化西安作为网红城市的深度和厚度。会展业是经济增长加速器、城市发展的助推器和城市形象的传播器。要大力开展会展推广营销、旅游推广营销、美食推广营销、民间机构推广营销等。在大会举办期间和前后，要建设开放媒体平台特别是新媒体平台，做好全方位的传播工作。

3. 以文化为媒开展宣传活动，大力推进丝路文化交流

积极承办和举办丝绸之路国际电影节等文化盛会，加强文化交流互访，提高西安文化辐射力。大力发展特色文化产业，围绕“文化 + 人脑 + 电脑”，用更好的文化、创意、技术、模式和机制推动文化产业大发展，让西安陈而弥香的文化“家底”四溢飘香。促进“文化 +”与生态、旅游、科技、金融、会展深度融合，加快发展一批动漫、音像、传媒、视觉艺术等文化创意产业园区，加快建设高新、曲江国家级文化和科技融合示范基地、国家数字出版基地和国家广告产业园，创建国家对外文化贸易基地，建设全国文化创意中心。持续推进“名城、名家、名作”工程，做强做精做优西安影视、仿唐乐舞、西安鼓乐、秦腔等特色文化品牌，加快推出一批反映城市精神气质、文脉底蕴的“大戏、大片、大剧、大作”，用文化艺术的形式演绎新时代大西安的精彩崛起，谱写中国文化走向世界的“西安华章”。

结　语

开展文明对话，是人类发展和进步的最大公约数，是人类必须勇敢面对，智慧求解，真诚推进的世纪性课题。西安作为“一带一路”起点城市，举办“一带一路”文明对话大会，既是重大的历史契机，也是难得的自我期许和自觉担当。既是欲待当下实现的工作目标，也是准备较长时期努力实现的方向和选择。西安应当积极创造条件，有所作为，力争举办成功。

第二部分
科技发展

西安发展“硬科技”的再思考与优劣势分析

无论是对“深科技”“黑科技”，还是对“硬科技”，都必须处理好应用研究与基础研究的关系。鉴于此，基于“巴斯德象限”模型，从科技成果产业化的过程和周期视角对“深科技”“黑科技”“硬科技”三者间的关系进行了重新思考，并探讨了西安“硬科技”发展的创新模式。在此基础上，采用专利数据，识别出了西安“硬科技”发展的创新主力军，并通过与成都的对比分析，析出了西安在“硬科技”领域的优势与劣势。结果表明：西安在“硬科技”八大领域中，在人工智能、航空航天、信息技术三大领域较成都具有相对优势，但在生物科技、光电芯片、新材料、新能源和智能制造五大领域较成都而言相对较弱。最后，从加大“硬科技”领域经费的投入力度、建设“硬科技”领域的八类新型研发机构、构建“硬科技”领域八大专利池、实施“专利服务”提升工程、推进“硬科技”领域一流学科建设、举办“硬科技”大众创业万众创新活动周六个方面提出了建议。

引　言

随着科学技术的快速发展，科技创新成为经济社会发展和变革的重要源动力，于是基于不同角度和维度描述科技创新的科技名词不断涌现，“深科技（Deep Technology）”“黑科技”“硬科技（Hard & Core Technology）”等先后被提出。“深科技”这一概念虽最早于1995年被提出，但直到2016年以后美国波士顿咨询公司才对“深科技”做了较为详细的解读，指出深科技创新是建立在独特的、受保护的或难以复制的科学或技术进步基础上的解决方案，实际应用还有较长时间，并且应用效果也有较大的不确定性，如位于贵州的500米口径球面射电望远镜（FAST）是较为典型的深科技技术，即难以复制且属于技术基础上的破坏性解决方案，与美国

Arecibo 300 米望远镜相比，FAST 灵敏度高 2.25 倍[①]。“黑科技”最早来源于日本动漫《全金属狂潮》的术语，是指远超越现今人类科技或知识所能及的范畴，缺乏目前科学根据并且违反自然原理的科学技术或者产品。现在日常生活中常说的“黑科技”更多的是指高科技泛滥之后演变出来更强大或者更先进的技术以及创新、软硬件结合等，也包括基于现有技术的改进升级和改进产品的使用体验等，也泛指生活中一切让大家感到不可思议的新硬件、新软件、新技术、新工艺、新材料等[②]，如“墨子号”量子卫星首次实现了卫星和地面之间的量子通信、中科院光量子计算机是世界上第一台超越早期经典计算机的光量子计算机及克隆猴“中中”是世界首个体细胞克隆猴等[③④]。

“硬科技”是西安光机所创办的中科创星创始合伙人米磊博士于 2010 年提出的理念。他认为未来 30 年，科技创业将是中国经济发展的主旋律，科研院所将成为中国创新创业的重要力量。“硬科技”是区别于由互联网模式创新构成的虚拟世界，属于由科技创新构成的物理世界，是需要长期研发投入、持续积累才能形成的原创性技术，具有极高的技术门槛和技术壁垒，难以被复制和模仿，是以人工智能、生物科技、航空航天、信息技术、光电芯片、新材料、新能源和智能制造（硬科技“八路军”）为代表的高精尖科技，是包括技术硬、精神硬和志气硬等特征在内的核心科技，是对人类经济社会产生深远而广泛影响的革命性技术，是推动世界进步的动力和源泉[⑤]。“硬科技”的概念得到了李克强总理的认可。他在 2018 年 12 月 6 日召开的国家科技领导小组第一次会议中强调：突出“硬科技”研究，努力取得更多原创成果[⑥]。西安是“硬科技”的诞生之地，2017 年 11 月 7 日至 8 日举行了以“硬科技改变世界，硬科技引领未来，硬科技发展西安”为主题的全球“硬科技”创新大会，“硬科技”正式走进公众视野。2018 年 10 月 28 日首届“硬科技”创新创业大赛在伦

---

① 搜狐，“一文解析‘硬科技、深科技、黑科技’”，https：//www.sohu.com/a/198650 048_324615。

② 王旭东：“硬科技 VS黑科技 VS深科技”，《西安日报》，2017年6月20日（2版）. http：//epaper.xiancn.com/xarb/html/2017-06/20/content_486329.htm。

③ 百度百科：“黑科技”，https：//baike.baidu.com/item/黑科技/10563341？fr=aladdin。

④ 弘毅：“2018最具创新力的黑科技TOP20”，《互联网周刊》，2018年第15期，第14～15页。

⑤ 仓基武：“硬科技及其成果转化生态模式研究”，《贵阳市委党校学报》，2018年第4期，第27～36页。

⑥ 中国政府网，“李克强主持召开国家科技领导小组第一次会议”，http：//www. gov.cn/guowuyuan/2018-12/06/content_5346334.htm。

敦开幕[①]，11 月 8 日 2018 全球“硬科技”创新暨“一带一路”创新合作大会在西安举行且得到国际顶级期刊 Nature 的聚焦，标志着“硬科技”在国际上的影响力快速提升。

总之，“硬科技”“黑科技”“深科技”，都是当今科技革命时代前沿的科学技术的代名词，不同的名词和概念只是从不同角度对科技的一种理解和划分，它们不是非此即彼的关系，一种技术可能既是“硬科技”“黑科技”，也是“深科技”，只有从不同角度去观察时，才能分成不同的种类。但无论是对“深科技”“黑科技”，还是对“硬科技”，它们的发展需要不断地创新，否则必将成为“无本之木，无源之水”。鉴于此，本文基于“巴斯德象限”对“深科技”“黑科技”“硬科技”三者间的关系进行了重新思考，并重点探讨了“硬科技”发展的创新路径。在此基础上，采用专利数据，识别西安“硬科技”发展的创新主力军（哪些大专院校做得好？哪些企业做得好？哪些科研单位做得好？），并通过与成都的对比分析，析出西安在“硬科技”领域的优势与劣势。最后，从资金、载体、服务等方面提出了若干建议。

一、西安发展“硬科技”的再思考

（一）“硬科技”发展创新模式构建——基于巴斯德象限模型

“硬科技”的发展离不开创新，那么创新的模式是什么呢？是选择基础研究导向的创新，还是选择应用研究导向的创新？实质上是要解决如何处理好基础研究与应用研究关系的问题。早在 1945 年，美国科学研究发展局（OSRD）局长布什（Vannevar Bush）出版的《科学：没有止境的前沿》一书，提出了“基础研究→应用研究→开发→生产经营”的研发线性模型（见图 1），他坚持基础科学与应用科学两分法，认为技术创新是一种线性模型，即基础研究引起应用研究与开发，再转接到生产与经营活动中，“基础研究是技术进步的先驱”[②]。

---

① 人民网，“首届‘硬科技’创新创业大赛在伦敦开幕”，http://world.people.com.cn/n1/2018/1030/c1002-30370424.html。

② 陈红喜，姜春，袁瑜等：“基于新巴斯德象限的新型研发机构科技成果转移转化模式研究”，《科技进步与对策》2018年第11期第36~45页。

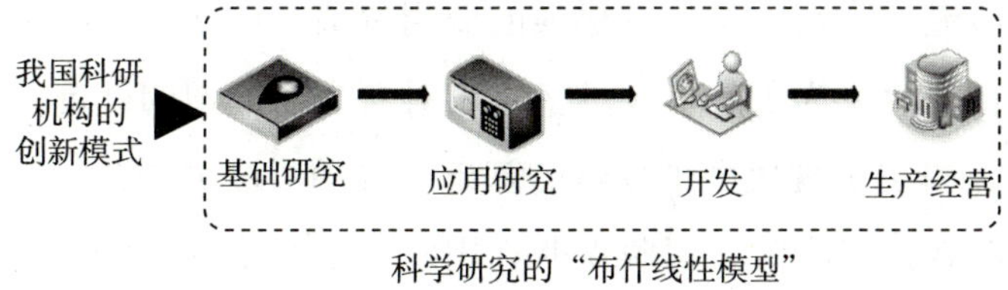

图 1 线性创新模式

注：张守华：“基于巴斯德象限的我国科研机构技术创新模式研究”，《科技进步与对策》，2017 年第 20 期，第 15 ~ 19 页。

但是科学史上的众多实例表明，布什的线性模型观点存在着缺陷，如《科技日报》曾经撰文指出：科研院所的研发和运行经费、物资设备、人力资源等完全由政府按计划统一调配，其研发任务不是来自企业，而是来自政府管理部门，大量研发成果在生产中不能直接使用，有些成果经过后续开发也不能使用，形成科技创新的“死亡之谷”①②。因此，发展“硬科技”必须探索新的创新模式。事实上，科学研究与技术创新的快速发展，使得基础研究与应用研究的关系具有复杂性、双向互动、动态性、系统性等特征。在这种背景下，美国学者司脱克斯在《巴斯德象限：基础科学与技术创新》中提出了科学研究象限模型 [见图 2（a）]③，其中巴斯德象限源于巴斯德的微生物学研究。

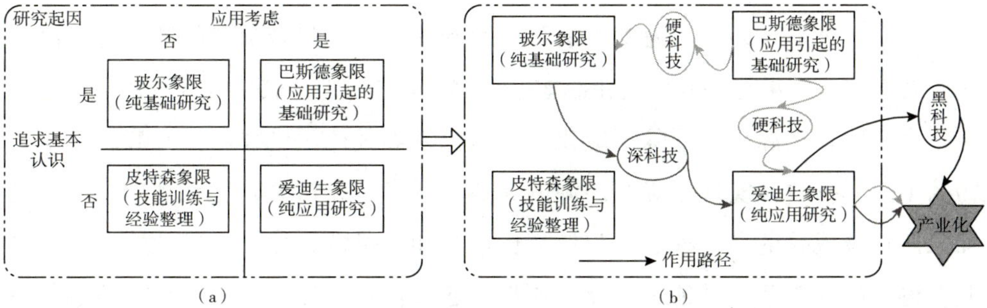

图 2 巴斯德象限模型

巴斯德在生物学领域许多前沿性基础工作的初始目标是为了解决实际难题，其

① 张守华：“基于巴斯德象限的我国科研机构技术创新模式研究”，《科技进步与对策》，2017年第20期，第15 ~ 19页。

② Markham S K，Ward S J，Aiman-Smith L，et al. The Valley of Death as Context for Role Theory in Product Innovation[J]. Journal of Product Innovation Management，2010，27（3）：402-417.

③ 斯托克斯：《基础科学与技术创新：巴斯德象限》，科学出版社1999年版。

研究既是对基础研究的丰富，又具有很强的应用价值。例如，为解决酿酒业关于酿造、发酵的难题，同时也为了满足自己多年来对微生物知识的好奇，巴斯德发明了“巴斯德杀菌法”，奠定了现代微生物学的基础，推动了法国公共卫生运动，实现了科学、产业和社会效益三丰收。司脱克斯利用巴斯德微生物学研究的特点，说明了基础研究与应用研究有着区别于二分法所界定的关系，认为其是“应用引起的基础研究”，即科研问题的选择和研究方向通常由社会需要引起，而不是简单由基础到应用，科学研究中追求基本认识的知识增量与解决实际问题的应用方案能有效结合。

基于巴斯德象限模型，从科技成果产业化的过程和周期视角看，“深科技”“黑科技”和“硬科技”三者的产业化路径具有一定的差异性［见图2（b）］。“深科技”更加强调科技成果的独特性和产业化的高风险性，可以认为其仍然是遵循着传统的线性创新模式，即相关创新主体通过开展基础研究、申请专利，取得独特的、受保护的或难以复制的科技成果（即波尔象限），在此基础上还需要通过长期的应用研究（即爱迪生象限）才有可能实现科技成果的产业化，正如美国波士顿咨询公司指出的那样，“深科技”的成果实际应用还有较长时间，并且应用效果也有较大的不确定性。“黑科技”更加强调科技成果的前沿性和在普通大众眼中的“魔幻性”[①]，通常具有很强的实际应用背景和商业化潜力，可以认为“黑科技”主要是侧重于基于应用研究的持续性创新（即“爱迪生象限”），是前沿、先进科技成果的产业化，比如西安交通大学的“煤炭超临界水气化制氢发电多联产技术”，成功将煤炭化学能直接高效转化为氢能，从源头上根除了硫化物、氮化物等气体污染物以及PM2.5等粉尘颗粒物的生成和排放，实现了煤炭能源的高效、洁净、无污染转化和利用。“硬科技”更加强调科技成果的自主性、高门槛、长期性和战略性，往往由极少数先发国家或企业取得突破并垄断，其他国家或企业难以通过技术引进消化吸收或模仿创新短时间掌握，是体现竞争实力、推动技术进步、引领经济社会长远发展的科技“重器”，是国家间相互保密的“战略武器”[②]，可以认为“硬科技”是面向国家重大战略需求的

---

① 王旭东：“硬科技 VS黑科技 VS深科技”，《西安日报》，2017年6月20日（2版）. http：//epaper.xiancn.com/xarb/html/2017-06/20/content_486329.htm。

② 仓基武：“硬科技及其成果转化生态模式研究”，《贵阳市委党校学报》，2018年第4期，第27～36页。

科技创新（即巴斯德象限），科技成果既对基础研究有重大推进作用，同时又具有很强的实际应用潜力。如在通信领域，光纤通信属于高科技，而量子通信则属于“硬科技”，在新材料领域硅晶体属于高科技而石墨烯则属于“硬科技”。

因此，“硬科技”的发展是瞄准国家重大战略需求，以国家需求为驱动力所开展的基础研究，取得的前瞻性、独创性“硬科技”成果将反过来支撑国家重大战略需求。同时，国家需求导向产生的“硬科技”应用成果，能够为经济发展培育新动能、为产业结构优化升级厚植新优势、为科技企业持续健康快速发展提供新支撑（见图3）。从宏观层面看，一个国家或地区想要培育经济发展新动能，关键在于构建技术“先发优势”、推动技术进步，而真正能够体现“先发优势”的便是“硬科技”。从中观层面来看，产业结构升级是产业结构改善和产业效率的提高，必须依靠技术创新，而“硬科技”是自主创新的高科技，是难以模仿的技术，最能代表一个国家或地区科技发展的程度，是促进产业结构升级的根本保障和特色优势。从微观层面来看，当前我国在关键基础材料、核心传动器件、核心电子元器件、高性能传感器、

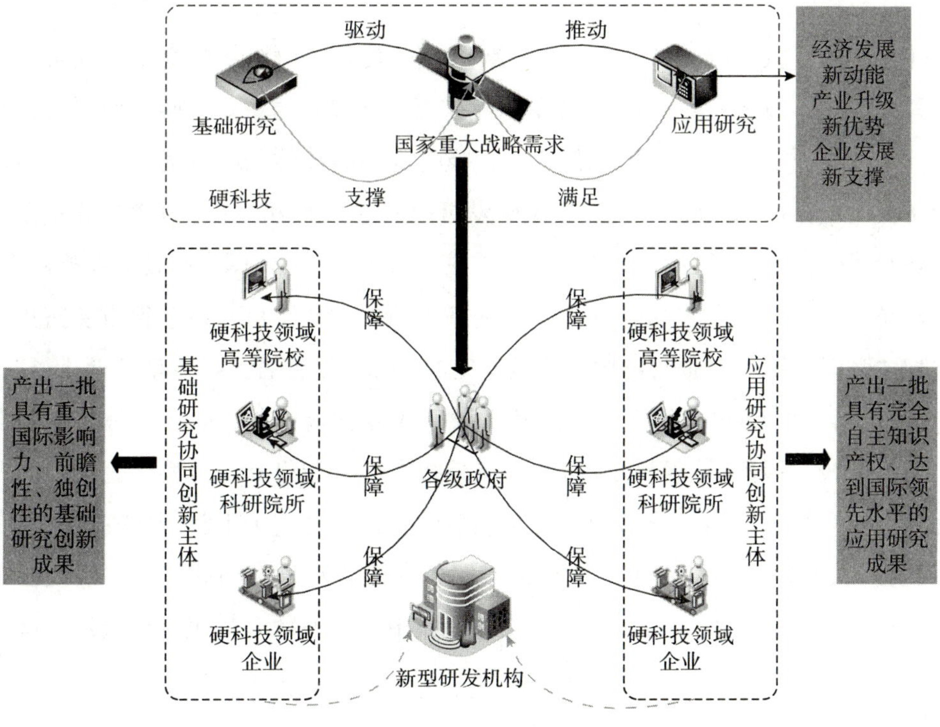

图3 “硬科技”发展的创新模式

高端制造装备等方面长期依赖国外，国内相关科技企业发展受制于人，在市场竞争中处于弱势地位，这就要求科技企业通过自主创新掌握“硬科技”，打破国外技术封锁与垄断，形成自有技术和市场门槛，满足和引领市场需求。而要推进“硬科技”创新，需要各级政府、高等院校、科研院所及企业共同参与构建“协同创新主体”，实现“政产学研用”的深度融合，建设一批“硬科技”领域的新型研发机构，特别是要建设符合西安特色优势的新型研发机构，产出一批具有重大国际影响力、前瞻性、独创性的基础研究创新成果和一批具有完全自主知识产权、达到国际领先水平的应用研究成果。例如，西北工业大学建设的新型研发机构——西安柔性电子研究院，以黄维院士为首席科学家，已聘国际知名学者 23 人，将通过发展柔性电子颠覆性技术，把西安打造成世界级柔性电子“硬科技”产业基地，为国家产业升级提供科学技术支持和高素质人才保障。

（二）特色新型研发机构建设助力西安“硬科技”发展——以西安电子科技大学工程技术研究院为例

随着我国科技体制改革的深入，一种有别于传统科研组织的新型研发机构凭借其将科学发现、技术发明和产业发展三者有机结合起来的“三螺旋”模式，在我国创新体系中崭露头角并取得了不俗成绩，成为我国科技体制改革的标杆以及经济实现创新驱动发展的新动能[①]。虽然新型研发机构早在 1990 年左右便于我国东南部沿海地区开始建设，但直到 2016 年 7 月国务院发布《“十三五”国家科技创新规划》（国发〔2016〕43 号）提出“培育面向市场的新型研发机构”后，各个省市才密集出台系列相关政策支持新型研发机构的建设与发展。如，江苏省科技创新“四十条政策”第 35 条指出：“鼓励知名科学家、海外高层次人才创新创业团队、国际著名科研机构和高等院校、国家重点科研院所和高等院校在苏发起设立专业性、公益性、开放性的新型研发机构，最高可给予 1 亿元的财政支持。”《重庆市新型研发机构培育引进实施办法》（2016 年 9 月）提出“试点股权让渡。对政府财政资金‘拨改投’方式参股设立的新型研发机构，可以将政府持股中部分份额，依照合同约定、项目完

① 周恩德，刘国新：“我国新型研发机构创新绩效影响因素实证研究——以广东省为例”，《科技进步与对策》，2018年第09期，第42～47页。

成情况和科技成果评价情况让渡奖励给做出重要贡献的人才（团队）”。《苏州市支持新型研发机构建设实施细则（试行）》（苏科规〔2017〕1号）提出，对于符合条件的新型研发机构，“可在建设期内依据创新水平、投资规模等分期分档最高给予1000万元联动支持，建设期一般不超过三年”。《北京市支持建设世界一流新型研发机构实施办法（试行）》（2018年1月）提出：对新型研发机构实行个性化合同管理制度，赋予其人员聘用、经费使用、运营管理等方面的自主权，在确定的重点方向、重点领域、重点任务范围内，自主确定研究课题，自主选聘科研团队，自主安排科研经费使用，创新财政科技经费管理模式，探索实行负面清单管理。西安虽未出台专门支持新型研发机构发展的相关政策，但于2017年便启动了新型研发机构的试点建设工作，但建哪些、建多少、如何建等问题，是西安发展新型研发机构面临的问题。

显然，西安要建设和发展新型研发机构必须和西安的特色优势结合起来。西安是中国高校密度和受高等教育人数最多的城市，在全国具有重要地位，是中国五大教育、科研中心之一，拥有高等院校63所，研究生培养单位46家，两院院士60余人，在校大学生120万人，每年毕业生超过30万人。高校中有“985工程”高校2所，“211工程”高校7所（含空军军医大学）。西安民办高校实力亦不容小觑，在“校友会2018中国民办大学排行榜150强”的前30位民办高校中，西安占5所。因此，依托高等院校建设特色新型研发机构是西安探索走出一条不同于重庆、苏州等发展之路的新选择。然而，需要注意的是，新型研发机构是以市场为导向、以创新创业为动力、以驱动经济创新发展为目标，采取投资主体多元化、建设模式多样化、运行机制市场化、管理制度现代化的企业化运作模式，实行独立核算、自主经营、自负盈亏、可持续发展的新型法人组织，这使得直接依托高等院校建设特色新型研发机构很难达到理想状态。在这种背景下，西安要大力支持依托高等院校建立的各类创新载体，通过培育使其成为支撑西安发展“硬科技”的重要力量。以西安电子科技大学工程技术研究院有限公司（下称工程技术研究院）为例，其在促进学校科技成果转移转化、知识运营、服务企业等方面取得了显著成效，为西安依托高等院校建设特色新型研发机构提供了新模式。

工程技术研究院成立于2016年10月，是由西安电子科技大学全资设立的科技成果转化与双创运营平台公司。目前，工程技术研究院形成了创新的“4+1”业务模式，如图4所示。

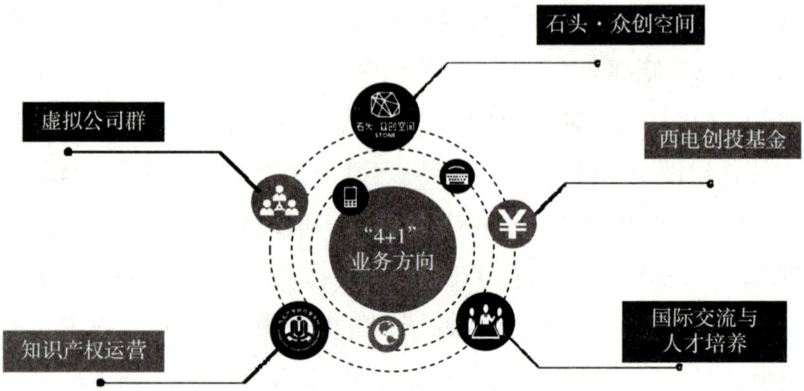

图 4　工程技术研究院的"4+1"模式

虚拟公司群是依托于学校教师科研团队建设的市场化成果转化集群，各个虚拟公司是以真实的教师科研项目或学生创业项目为基础，以降低直接投资创业风险为目的，在企业注册、材料采购、生产管理、市场营销、人事分配、财务监管等具体企业运营环节提供全真实践，以此来评估教师、学生的创新创业能力。目前，已签订各类项目合同金额近千万。石头·众创空间是专注于 TMT+ 移动互联网领域的分布式众创空间，目前建成并运营约 5700 平方米，获批陕西省级知识产权示范众创空间、西安市级众创空间。西安电子科大创投基金是由工程技术研究院发起设立总额为 3000 万的一支带有一定公益性、以市场化驱动的微种子基金，以保本为原则，不追求高额投资收益，重点支持高校师生创新项目。知识产权运营建立"1 选 1 育 3 管理"的高价值专利培育机制，为学校科技成果的转移转化提供了重要保障。国际交流与人才培养中心分设留学服务中心、无人机人才培训中心、艺术教育中心、翻译中心四个子部门，重点服务于学校"人才培养国际化"。

二、西安"硬科技"发展的优势与劣势分析——基于专利数据

知识产出能力是创新活动水平和创新能力的重要体现，集中反映了一国原始创新能力、创新活跃程度和技术创新水平，其中专利授权情况是反映知识产出能力的重要指标[①]。专利是对发明人的一种保护，可以激励人们继续研究发明，推动社会科

① 胡志坚，玄兆辉："稳步迈向创新型国家行列"，《光明日报》2018年03月12日（14版）. http：//news.sina.com.cn/o/2018-03-12/doc-ifysests9566593.shtml。

技发展。专利强则企业强，企业强则经济强。“青蒿素之痛[①]”启示我们，西安“硬科技”的发展，必须让专利“硬”起来。因此，通过专利数据的分析一定程度上能够反映出西安“硬科技”的创新基础和创新主体。同时，鉴于西安与成都同为西部国家中心城市，且成都是西安全面对标学习的对象，通过对二者“硬科技”八大领域专利数据的对比分析，有助于识别出西安与成都相比存在的优势与不足，实现有目标地追赶超越。

由于当前专利分类号中没有专门针对“硬科技”八大领域的分类号，为便于采集数据，通过小组讨论并结合特殊规则[②]建立了表 1 所示的“硬科技”八大领域专利 IPC 分类号。“壹专利”是具有独立自主知识产权的检索分析数据库，囊括了全球 104 个国家和地区的一亿多条专利数据，以“硬科技”涉及的八大领域 IPC 分类号为基准，对近十年西安和成都的国内授权专利数据进行采集。

表 1　“硬科技”八大领域专利 IPC 分类号[③]

领域	IPC 分类号
人工智能（Artificial Intelligence）	A01 A47 B01 B25 B60 F16 F24 F25 G05 G06 G9
生物科技（Biotechnology）	A61 C11 C12 C30
航空航天（Aerospace）	B04 B05 B25 B64 C06 F03 F25
信息技术（Information Technology）	F41 G05 G06 G08 G09 G11 H01 H02 H04
光电芯片（Photoelectric Chip）	B81 G02 G03 G12 H03 H05
新材料（New Materials）	B05 B23 B29 E04 C04 C08 C09 H01 H05
新能源（New Energy）	C02 C10 C40 F23 F28 G21
智能制造（Intelligent Manufacture）	B06 B21 B22 B23 B24 B25 B26 B41 B60 B61 B62 B63 F01 F02 F16

① 中国是第一个发现青蒿素可以治疗疟疾的国家，对于这样一项对科学技术有突出贡献又有巨大市场前景的技术，本来应该在新的化合物（青蒿素）、制备方法（乙醇提炼）和用途（治疗疟疾）方面及时申请多个专利，但研发单位无一对青蒿素技术的知识产权进行保护，中国失去了从应用广泛的青蒿素药物市场中获得垄断利益的机会。余瀛波：“青蒿素基本专利旁落 因知识产权意识薄弱”，网易科技，http：//tech.163.com/15/1008/15/B 5DOE4ES 00094O5H.html。

② 如人工智能，涉及范围较广，很难根据IPC分类名称进行归类，此时采取特殊规则——按照：标题=（人工智能）or 标题=（Artificial Intelligence）的规则进行检索，以相关度由高到低排列，选取前50项专利，摘取IPC分类二级码。

③ 由于IPC采用了功能和应用相结合，以功能性为主、应用性为辅的分类原则，而“硬科技”八大领域综合性较强，因此IPC分类号与“硬科技”八大领域对应关系不一定准确，相关结论仅供讨论。

（一）西安“硬科技”发展创新主力军

1. 人工智能

人工智能领域西安近十年涉及有效专利 6122 项，其中大专院校 4504 项，企业 1384 项，科研单位 259 项。与成都相比，总量较成都多 1593 项（如表 2 所示）。

表 2　　人工智能领域西安与成都对比

西安		成都	
总量	机构	总量	机构
6122	大专院校（4504） 企业（1384） 科研单位（259） 个人（130） 事业单位（6） 机关团体（3）	4529	企业（3053） 大专院校（1133） 个人（248） 科研单位（180） 事业单位（11） 机关团体（2）

大专院校中，西安电子科技大学、西北工业大学、西安交通大学、西安工程大学和西安理工大学位列前五位。其中西安电子科技大学具有明显优势，专利总数达 1997 项，较位居第二位的西北工业大学专利总数 777 项多了 1220 项；西安交通大学专利总数 545 项，西安工程大学专利总数 282 项，西安理工大学专利总数 226 项。相关专家中，西安电子科技大学的焦李成教授成果最多，专利数达 1007 项。

企业中，中国航空工业集团公司西安飞机设计研究所、西安费斯达自动化工程有限公司、中国航空工业集团公司第六三一研究所、中国西电电气股份有限公司和西安热工研究院有限公司专利拥有量位居前五位。其中中国航空工业集团公司西安飞机设计研究所具有明显优势，拥有专利总数 128 项，超第二位西安费斯达自动化工程有限公司 61 项。

科研单位中，西安空间无线电技术研究所、中国科学院西安光学精密机械研究所、中国飞机强度研究所、西安航天动力试验技术研究所和西安应用光学研究所位居前列。其中西安空间无线电技术研究所具有明显优势，专利总数达 46 项，中国科学院西安光学精密机械研究所专利总数 20 项，中国飞机强度研究所专利总数 18 项，西安航天动力试验技术研究所专利总数 15 项，西安应用光学研究所 15 项。

2. 生物科技

生物科技领域西安近十年涉及有效专利 429 项，其中大专院校 155 项，企业 143 项，科研单位 27 项。与成都相比，总量较成都少 566 项（如表 3 所示）。

表 3 生物科技领域西安与成都对比

西安		成都	
总量	机构	总量	机构
429	大专院校（155） 企业（143） 科研单位（27） 个人（78） 事业单位（42）	995	大专院校（151） 企业（669） 科研单位（98） 个人（35） 事业单位（57）

大专院校中，中国人民解放军第四军医大学、西北农林科技大学、西安交通大学、西北大学和陕西科技大学位列前五位。其中，中国人民解放军第四军医大学具有明显优势，专利总数达 50 项，西北农林科技大学专利总数 34 项，西安交通大学专利总数 20 项，西北大学专利总数 19 项，陕西科技大学专利总数 14 项。

企业中，陕西佰美基因股份有限公司、陕西北美基因股份有限公司、陕西延长石油（集团）有限责任公司研究院、陕西中烟工业有限责任公司和神舟太空产品高科技成果推广中心集团有限公司专利位居前列。其中，陕西佰美基因股份有限公司具有明显优势，专利数达 14 项，陕西北美基因股份有限公司专利总数 9 项，陕西延长石油（集团）有限责任公司研究院专利总数 6 项，陕西中烟工业有限责任公司专利总数 6 项，神舟太空产品高科技成果推广中心集团有限公司专利总数 6 项。

科研单位中，陕西省微生物研究所、陕西省科学院酶工程研究所、杨凌农科大无公害农药研究服务中心、陕西农产品加工技术研究院和西北有色金属研究院位居前五位。其中，陕西省微生物研究所专利数 8 项，陕西省科学院酶工程研究所专利数 5 项，杨凌农科大无公害农药研究服务中心专利数 4 项，陕西农产品加工技术研究院专利数 2 项，西北有色金属研究院专利数 1 项。

3. 航空航天

航空航天领域西安近十年涉及有效专利 307 项，其中大专院校 42 项，企业 210 项，科研单位 49 项。与成都相比，总量较成都多 93 项（如表 4 所示）。

表 4　　航空航天领域西安与成都对比

西安		成都	
总量	机构	总量	机构
307	大专院校（42） 企业（210） 科研单位（49） 个人（6）	214	大专院校（14） 企业（200）

大专院校中，西北工业大学、西安交通大学、陕西科技大学、西安工程大学、西安航空学院位列前五位。其中，西北工业大学具有明显优势，专利总数达 26 项，西安交通大学 4 项，陕西科技大学 3 项，西安工程大学和西安航空学院均为 2 项。相关专家中，西北工业大学的宋笔锋教授是最为高产的专家，专利数达 6 项。

企业中，中国航空工业集团公司西安飞机设计研究所、中航飞机股份有限公司西安飞机分公司、西安飞机工业（集团）有限责任公司、西安航空动力股份有限公司、西安航空制动科技有限公司位列前五位。其中，中国航空工业集团公司西安飞机设计研究所具有明显优势，专利总数达 90 项，中航飞机股份有限公司西安飞机分公司专利总数 32 项，西安飞机工业（集团）有限责任公司专利总数 9 项，西安航空动力股份有限公司专利总数 6 项，西安航空制动科技有限公司专利总数 6 项。

科研单位中，中国飞机强度研究所、中国飞行试验研究院、中国航空工业第六一八研究所、长庆石油勘探局技术监测中心、中国科学院西安光学精密机械研究所位列前五位。其中，中国飞机强度研究所具有明显优势，专利总数达 37 项，中国飞行试验研究院专利总数 5 项，中国航空工业第六一八研究所专利总数 3 项，长庆石油勘探局技术监测中心专利总数 2 项，中国科学院西安光学精密机械研究所专利总数 2 项。

4. 信息技术

信息技术领域西安近十年涉及有效专利 8947 项，其中大专院校 5663 项，企业 2796 项，科研单位 477 项。与成都相比，总量较成都多 325 项（如表 5 所示）。

大专院校中，西安电子科技大学、西北工业大学、西安交通大学、西安理工大学和长安大学位列前五位。其中，西安电子科技大学具有明显优势，专利总数达 2776 项，西北工业大学专利数 835 项，西安交通大学专利数 733 项，西安理工大学专利数 299 项，长安大学专利数 216 项。

表 5　　信息技术领域西安与成都对比

西安		成都	
总量	机构	总量	机构
8947	大专院校（5663） 企业（2796） 科研单位（477） 个人（264） 事业单位（6） 机关团体（4）	8622	大专院校（1888） 企业（6303） 科研单位（274） 个人（336） 事业单位（13） 机关团体（2）

企业中，西安诺瓦电子科技有限公司、中国航空工业集团公司西安飞机设计研究所、西安智海电力科技有限公司、西安西电捷通无线网络通信股份有限公司和中国航空工业集团公司第六三一研究所位居前五位。其中，西安诺瓦电子科技有限公司具有相对优势，专利总数达 255 项，中国航空工业集团公司西安飞机设计研究所专利数 124 项，西安智海电力科技有限公司专利数 109 项，西安西电捷通无线网络通信股份有限公司专利数 97 项，中国航空工业集团公司第六三一研究所专利数 92 项。

科研单位中，西安空间无线电技术研究所、中国科学院西安光学精密机械研究所、西安近代化学研究所、西安电子工程研究所和中国飞机强度研究所位居前列。其中，西安空间无线电技术研究所具有相对优势，专利总数达 103 项，中国科学院西安光学精密机械研究所专利数 30 项，西安近代化学研究所专利数 26 项，西安电子工程研究所专利数 19 项，中国飞机强度研究所专利数 18 项。

5. 光电芯片

光电芯片领域西安近十年涉及有效专利 470 项，其中大专院校 105 项，企业 311 项，科研单位 24 项。与成都相比，总量较成都少 1266 项（如表 6 所示）。

表 6　　光电芯片领域西安与成都对比

西安		成都	
总量	机构	总量	机构
470	大专院校（105） 企业（311） 科研单位（24） 个人（31）	1736	大专院校（107） 企业（1469） 科研单位（129） 个人（45）

大专院校中，西安工程大学、陕西科技大学、西安电子科技大学、西安科技大学和西北工业大学位列前五位。其中，西安工程大学具有明显优势，专利总数达 13 项，陕西科技大学专利数 9 项，西安电子科技大学专利数 9 项，西安科技大学专利数 8 项，西北工业大学专利数 8 项。

企业中，中国航空工业集团公司第六三一研究所、陕西亚成微电子股份有限公司、西安特锐德智能充电科技有限公司、中国航空工业集团公司西安飞机设计研究所和中国航天科技集团公司第九研究院第七七一研究所位居前五位。其中，中国航空工业集团公司第六三一研究所具有相对优势，专利总数达 17 项，陕西亚成微电子股份有限公司专利数 15 项，西安特锐德智能充电科技有限公司 13 项，中国航空工业集团公司西安飞机设计研究所 12 项，中国航天科技集团公司第九研究院第七七一研究所 12 项。

科研单位中，西安电子工程研究所、中国科学院西安光学精密机械研究所、陕西省电力设计院、西安微电机研究所和中国飞行试验研究院位居前五位。其中，西安电子工程研究所具有相对优势，专利数达 17 项，中国科学院西安光学精密机械研究所专利数 3 项，陕西省电力设计院专利数 1 项，西安微电机研究所专利数 1 项，中国飞行试验研究院专利数 1 项。

6. 新材料

新材料领域西安近十年共有有效专利 2395 项，其中大专院校 974 项，企业 1178 项，科研单位 188 项。与成都相比，总量较成都少 275 项（如表 7 所示）。

表 7　新材料领域西安与成都对比

西安		成都	
总量	机构	总量	机构
2395	大专院校（974） 企业（1178） 科研单位（188） 个人（94） 机关团体（2）	2670	大专院校（362） 企业（2211） 科研单位（49） 个人（75）

大专院校中，西安电子科技大学、西安建筑科技大学、长安大学、西安交通大学、西京学院位列前五位。其中，西安电子科技大学具有明显优势，专利总数达

271 项，西安建筑科技大学 180 项，长安大学 123 项，西安交通大学 112 项，西京学院 60 项。

企业中，西部超导材料科技股份有限公司、西安航天动力机械厂、西安航空动力股份有限公司、西安北方光电科技防务有限公司、西部超导材料科技有限公司位列前五位。其中，西部超导材料科技股份有限公司具有相对优势，专利总数达 32 项，西安航天动力机械厂专利数 25 项，西安航空动力股份有限公司专利数 24 项，西安北方光电科技防务有限公司专利数 22 项，西部超导材料科技有限公司专利数 20 项。

科研单位中，西北有色金属研究院、西安电子工程研究所、西安空间无线电技术研究所、陕西省建筑科学研究院、中国航空工业第六一八研究所位列前五位。其中，位居第一位的西北有色金属研究院具有明显优势，专利总数达 81 项，西安电子工程研究所专利数 34 项，西安空间无线电技术研究所专利数 16 项，陕西省建筑科学研究院专利数 14 项，中国航空工业第六一八研究所专利数 10 项。

7. 新能源

新能源领域西安近十年涉及有效专利 437 项，其中大专院校 115 项，企业 290 项，科研单位 27 项。与成都相比，总量较成都少 478 项（如表 8 所示）。

表 8　　新能源领域西安与成都对比

西安		成都	
总量	机构	总量	机构
437	大专院校（115） 企业（290） 科研单位（27） 个人（33）	915	大专院校（67） 企业（622） 科研单位（182） 个人（57）

大专院校中，西安建筑科技大学、西安交通大学、陕西科技大学、西安科技大学、西安理工大学、西安石油大学位居前列。其中，西安建筑科技大学具有明显优势，专利总数达 41 项，西安交通大学专利数 31 项，陕西科技大学专利数 14 项，西安科技大学专利数 5 项，西安理工大学和西安石油大学专利数均为 4 项。

企业中，西安西热水务环保有限公司、西安热工研究院有限公司、陕西华祥能源科技集团有限公司、华能集团技术创新中心和中国大唐集团科学技术研究院有限公司西北分公司位居前列。其中，西安西热水务环保有限公司具有明显优势，专利总数达 29 项，西安热工研究院有限公司专利数 17 项，陕西华祥能源科技集团有限公司专利数 9 项，中国大唐集团科学技术研究院有限公司西北分公司专利数 7 项。

科研单位中，陕西省石油化工研究设计院、华能集团技术创新中心、陕西省环境科学研究院位居前列。其中，陕西省石油化工研究设计院具有明显优势，专利总数达 14 项，华能集团技术创新中心专利数 8 项，陕西省环境科学研究院专利数 4 项。

8. 智能制造

智能制造领域西安近十年共有有效专利 855 项，其中大专院校 170 项，企业 654 项，科研单位 41 项。与成都相比，总量较成都少 369 项（如表 9 所示）。

表 9　　智能制造领域西安与成都对比

西安		成都	
总量	机构	总量	机构
855	大专院校（170） 企业（654） 科研单位（41） 个人（14） 机关团体（2）	1224	大专院校（58） 企业（1134） 科研单位（16） 个人（18）

大专院校中，西安交通大学、西北工业大学、西安科技大学、西安理工大学和陕西科技大学位居前列。其中，西安交通大学具有明显优势，专利总数达 94 项，西北工业大学专利数 28 项，西安科技大学专利数 11 项，西安理工大学专利数 6 项，陕西科技大学专利数 4 项。

企业中，西安航空动力股份有限公司、西安铂力特增材技术股份有限公司、西安铂力特激光成形技术有限公司、中航飞机股份有限公司西安飞机分公司、西安航天动力机械厂位列前五位。其中，西安航空动力股份有限公司具有相对优势，专利数总数达 32 项，西安铂力特增材技术股份有限公司专利数 30 项，西安铂力特激光成形技术有限公司专利数 29 项，中航飞机股份有限公司西安飞机分公司专利数 29 项，西安航天动力机械厂专利数 27 项。

科研单位中，西北有色金属研究院、中国航空工业第六一八研究所、西安电子工程研究所、中国科学院西安光学精密机械研究所、长庆石油勘探局技术监测中心位列前五位。其中，西北有色金属研究院具有相对优势，专利总数达 14 项，中国航空工业第六一八研究所专利数 12 项，西安电子工程研究所专利数 4 项，中国科学院西安光学精密机械研究所专利数 3 项，长庆石油勘探局技术监测中心专利数 2 项。

（二）西安“硬科技”发展的优势与劣势

与成都相比，“硬科技”八大领域中，西安在人工智能、航空航天、信息技术领域三大领域专利拥有量具有相对优势。人工智能领域专利拥有量超成都 1593 项，其中大专院校超 1451 项，企业超 251 项，科研单位超 79 项；航空航天领域专利拥有量超成都 93 项，其中大专院校超 28 项，企业超 10 项，科研单位超 49 项；信息技术领域专利拥有量超成都 325 项，其中大专院校超成都 3775 项，科研单位超 203 项。不难看出，人工智能、航空航天、信息技术领域西安在大专院校和科研单位专利拥有量上具有明显优势，科研实力和创新能力相对较强。然而，需要指出的是，在信息技术领域，西安专利总量虽然占优，但成都企业拥有专利量超西安 3775 项，一定程度上反映出西安企业在研发创新能力、知识产权保护方面与成都比相对较弱。

相反，在生物科技、光电芯片、新材料、新能源和智能制造五大领域，西安与成都比相对较弱。生物科技领域专利拥有量较成都少 566 项，其中大专院校少 4 项，企业少 526 项，科研单位少 71 项；光电芯片领域专利拥有量较成都少 1266 项，其中大专院校少 2 项，企业少 1158 项，科研单位少 105 项；新材料领域专利拥有量较成都少 275 项，其中企业少 1033 项；在新能源领域专利拥有量较成都少 478 项，其中企业少 332 项，科研单位少 155 项；在智能制造领域专利拥有量较成都少 369 项，其中企业少 480 项。在新材料、新能源和智能制造领域，西安专利拥有量在大专院校方面分别超成都 612 项、48 项和 112 项。在新材料和智能制造领域，西安科研单位分别超成都 139 项和 25 项。由此可以看出，西安在相对较弱的五大领域中，高校和科研单位层面较成都仍然具有相对优势，但企业方面较成都短板明显。

从个人专利拥有量看，西安在生物科技（78 项）和新材料（94 项）两大领域具有相对优势，生物科技领域个人专利拥有量超成都 43 项，新材料领域个人专利拥有量超成都 19 项。然而，在人工智能（130 项）、航空航天（272 项）、信息技术（264 项）、光电芯片（31 项）、新能源（33 项）和智能制造（14 项）六大领域个人专利拥有量较成都相对较少，其中人工智能领域较成都少 118 项，航空航天领域较成都少 21 项，信息技术领域较成都少 72 项，光电芯片领域较成都少 14 项，新能源领域较成都少 24 项，智能制造领域较成都少 4 项。个人专利拥有量数据一定程度反映出，“硬科技”八大领域成都大众创业万众创新的积极性较西安更高，是西安今后亟待加强的重要工作。

三、西安发展“硬科技”的几点建议

第一，加大“硬科技”领域经费的投入力度。“硬科技”以“自主研发为主，需要长期研发投入、持续积累形成高精尖原创技术”的特点决定了“硬科技”发展需要长期高强度的经费投入。按照“政府引导，社会参与”的原则，设立“硬科技”产业发展基金，重点投向“硬科技”八大领域，积极培育壮大经济新动能，推动高质量发展，加快建设现代化经济体系。2017 年由西咸新区、长江陕西校友会和长江内蒙古校友会发起成立的西安第一只 5000 万“硬科技”产业基金，可为“硬科技”的发展提供一定的经费保障，但显然远远不够。因此，建议充分挖掘相关高等院校、科研院所、企业、金融机构等在“硬科技”领域资金的潜在优势，围绕人工智能、电子信息、生物科技等“硬科技”领域特定方向，设立“校企”“院企”“校企金”等产业发展基金，按照市场化、法治化的原则规范运作，为“硬科技”发展提供有力的资金支撑。同时，优化配置“省、市、区、县”资金优势，由西安发起设立“省市”“市区”“区县”产业发展基金，重点支持“硬科技”发展。

第二，建设“硬科技”领域的八类新型研发机构。“硬科技”创新是以国家需求为驱动力的科研活动，属于巴斯德象限，取得的科技成果对于基础研究和应用研究均有着显著的推动作用，这客观上就要求在“硬科技”领域建设一批不同于传统科研组织形态的（特色）新型研发机构。新型研发机构是新时期建立以企业为主体、市场为导向、产学研深度融合的技术创新体系，是提升原始创新能力、聚集高端创新资源、开展产业技术研发和成果转化的重要载体。围绕“硬科技”八大领域，实施“新型研发机构建设百强工程”，以专利数据析出的西安“硬科技”发展创新主力军为载体，鼓励其与国际科研机构、高等院校、世界 500 强企业、知名实验室和创新中心等创新资源和人才团队合作，共同在西安设立（特色）新型研发机构（人工智能类、电子信息类、智能制造类等），汇聚世界科技创新资源，补齐西安在“硬科技”领域研发机构（特别是企业）不足的短板，解决制约“硬科技”产业发展的关键核心技术问题，为西安提升原始创新能力、促进产业结构优化升级、推进高质量经济发展提供重要支撑。

第三，构建“硬科技”领域八大专利池。专利池是一个由若干专利权人组成的专利集合体和许可交易平台，平台上专利权人之间进行横向许可，或以统一条件向第三方开放进行横向和纵向许可，这一方式不仅消除了池内企业专利实施中的许可障碍，显著提高专利相互许可的便易程度，同时对池外企业采取统一的许可协议和收费标准，可极大地节约知识产权交易的成本，减少专利纠纷。考虑到西安“硬科技”领域“高校院所专利强，企业专利弱”的结构特点，加强“硬科技”专利池建设迫在眉睫。以专利数据析出“硬科技”发展创新主力军为对象，组建“硬科技”专利联盟“八路军”，建设“硬科技”领域八大专利池（人工智能专利池、电子信息专利池、智能制造专利池等），为组成联盟的“硬科技”骨干企业实现专利技术共享、互换等提供了可能，同时有助于在国际市场技术竞争中集体发力，为“硬科技”专利领域处于弱势地位的西安争得更多话语权，更有利于西安“硬科技”企业抱团应对专利纠纷，促进自主知识产权成果应用，带动产业整体发展。

第四，实施“专利服务”提升工程。随着社会经济的快速发展和国际竞争的日益激烈，企业逐渐意识到知识产权对企业发展的重要性。比如，西电捷通董事长兼总经理曹军呼吁，要加强保护中小企业的知识产权，给它们创造更好的营商环境。然而，专利数据析出“硬科技”领域西安企业在专利方面是“短板”。因此，进一步完善专利信息供给，及时、准确、全面地向企业提供多元化的专利信息以及数据服务。充分利用现代化传播手段，吸收新媒体时效性强、精准度高、信息量大、可互相交流和自主推送等特点，建设“硬科技”领域专利公众号等，实现专利信息更高效的传播和利用。围绕“硬科技”八大领域，加强专利信息人才培养，形成专业化的人才队伍，提升专利信息分析人员的能力素质，实现专利信息公共服务的标准化，提高服务的质量和效率，推动开展专利信息的检索服务、专利分析服务、专利数据服务、专利数据库服务等，为专利信息服务业的健康发展提供标准范式，为企业实现“专利倍增”提供保障。

第五，推进“硬科技”领域一流学科建设。专利数据析出“硬科技”领域西安高校院所具有明显的优势，按照做大做强优势领域的原则，围绕“硬科技”八大领域优选一批高校院所，打破传统学科之间的壁垒，以优势特色学科为主体，以相关学科为支撑，整合相关传统学科资源，促进基础学科、应用学科交叉融合，在前沿和交叉学科领域培植新的学科生长点，不断推进“硬科技”领域一流学科建设。引导“硬科技”领域高校院所实现学术探索与服务国家需求紧密融合，以国家和区域发展战略为驱动力，凝练提出学科重大发展问题，加强对关键共性技术、前沿引领技术、现代工程技术、颠覆性技术、重大理论和实践问题的有组织攻关创新，实现前瞻性基础研究、引领性原创成果和建设性社会影响的重大成果突破，申报并获得一批“高质量、高价值”的国际专利。

第六，举办“硬科技”大众创业万众创新活动周。专利数据析出“硬科技”领域西安大众创业、万众创新与成都仍有不少差距，特别是在“硬科技”支撑成为“双创”主流的背景下，西安作为“硬科技”的发源地，要紧密围绕“双创”开展系列活动，将西安打造成为“硬科技”领域创新创业的首选地。举办“硬科技”大众创业、万众创新活动周，依托“硬科技”发展创新主力军，围绕孵化平台、成果转化、实体经济转型、科技金融融合、政府服务、创新创业服务及人才活力等主题，举行各类高水平、高规格论坛，打造“硬科技”+“双创”的西安品牌活动。比如，人工智能领域，支持西安电子科技大学、中国航空工业集团公司西安飞机设计研究所和西安空间无线电技术研究所等举办“国际人工智能‘硬科技’双创论坛”；生物科技领域，支持中国人民解放军第四军医大学、陕西佰美基因股份有限公司和陕西省微生物研究所等举办“国际生物科技‘硬科技’双创论坛”。

西安市人工智能产业发展现状及发展建议

人工智能是新一轮科技革命和产业变革的重要驱动力量，加快发展新一代人工智能是事关我国能否抓住新一轮科技革命和产业变革机遇的战略问题。西安作为全国重要的装备制造业基地、高新技术产业基地、国防科技工业基地，应抢抓人工智能发展的重大战略机遇，大力促进人工智能产业发展，突破重点领域，推动人工智能和实体经济深度融合，构筑西安人工智能发展优势，努力打造“硬科技之都”，推动西安在新一轮产业变革中实现赶超发展，助力国家科技跨越发展、产业优化升级、生产力整体跃升。

一、新一代人工智能正在全球范围内蓬勃兴起

（一）人工智能成为国家战略制高点

世界主要发达国家把发展人工智能作为提升国家竞争力，维护国家安全的重大战略。美国、欧洲、日本等发达国家先后发布一系列人工智能战略，推进人工智能向前发展（表 1）。

表 1　国际人工智能战略规划及政策

国家	政策内容
美国	2010 年起，DARPA 长期扶持人工智能在各领域应用 2013 年设立了《推进创新神经技术脑研究计划》，计划未来 12 年在该领域研发投入 45 亿美元 2016 年白宫密集出台人工智能战略，先后发布了《为未来人工智能做准备》《国家人工智能研究与发展策略规划》和《人工智能、自动化和经济》 2017 年发布《国家机器人计划 2.0》，制定机器人路线图，发展协作机器人
欧盟	2013 年发布《欧盟人脑计划》，获取 10 亿欧元的资金支持，为期十年。主要任务是收集和整合不同类型的神经科学数据，从而使用计算机技术在不同层面上重建人类大脑，从神经元内部到整个大脑功能，并且还要对大脑进行仿真模拟

续表

国家	政策内容
日本	2015 年发布《机器人新战备》，三大核心目标——“世界机器人创新基地”“世界第一的机器人应用国家”“迈向世界领先的机器人新时代”

数据来源：北京人工智能产业发展白皮书（2018）。

美国发布的人工智能政策着力点在于应对人工智能蓬勃发展的大趋势，欧盟以及以德、英、法为代表的欧洲国家，着重关注的是人工智能带来的伦理和道德。日本的人工智能政策发布较晚，政策预期在国家层面建立起相对完整的人工智能研发促进机制。

中国人工智能政策在初期偏向于互联网领域，因此相关产业偏重于应用层，如计算机视觉、自然语言处理、智能机器人和语音识别。因此，目前中国的人工智能战略坚持人工智能研发攻关、产品应用和产业培育“三位一体”推进，强化人工智能对科技、经济、社会发展和国家安全的全面支撑（表 2）。

表 2　　主要国家和地区人工智能重点研发和应用领域

	重点研发领域	重点应用领域
美国	特朗普总统 FY2019 预算要求是美国历史上第一个指定人工智能和自主、无人系统作为行政研发重点的预算。特朗普政府的《让美国再次伟大的预算蓝图》中对国土安全、军事国防、医疗给予重点支持	国土安全领域：脸部识别，FLOOD APEX PROGRAM 项目，可穿戴警报系统等（国土安全局已出台《人工智能白皮书》,《就有关新兴技术战略执行概要向总统的报告(拟)》） 医疗影像（已出台《医疗影像研究和发展路线图》，有提到人工智能和医学影像的协调） 国防军事（特别项目通告 //2018 海军研究办公室 // 基础研究机会：“促进海军领域的人工智能研究”）
欧盟	数据保护；网络安全；人工智能伦理；数字技术培训；电子政务	超级计算机；数据处理；金融经济；数字社会；教育
德国	人机交互；网络物理系统；云计算；计算机识别；智能服务；数字网络；微电子；大数据；网络安全；高性能计算	智能交通（陆海空）；健康护理；农业；生态经济；能源；数字社会
英国	硬件 CPU；身份识别	水下机器人；海域工程；农业；太空宇航；矿产采集
法国	超级计算机	生态经济；性别平等（对女性的 AI 教育）；E-Government；医疗护理

续表

	重点研发领域	重点应用领域
日本	机器人、脑信息通信、声音识别、语言翻译、社会知识解析、创新型网络建设、大数据分析等	生产自动化、物联网、医疗健康及护理、空间移动（自动驾驶、无人配送等）
中国	关键共性技术体系经“1+N”计划： “1”是指新一代人工智能重大科技项目，聚焦基础理论和关键共性技术；“N”是人工智能的理论研究、技术突破和产品研发应用。 加强人工智能前沿领域交叉学科研究和自由探索的支持	智能制造；智能农业；智能物流；智能金融；智能商务；智能家居；智能教育；智能医疗；智能养老；行政管理；司法管理；城市管理；环境保护 在深海空间站、健康保障等重大项目，以及智慧城市、智能农机装备等国家重点研发计划重点专项部署中，加强人工智能技术的应用示范

数据来源：《中国人工智能产业发展报告 2018》（清华大学中国科技政策中心）。

目前，苹果、谷歌、微软、IBM、英伟达五大巨头都在人工智能领域部署更多的资源。国际巨头呈现出全产业链布局的特征，包括基础层、应用层均有布局。国际巨头收购公司、拼抢人才、强化技术储备，构建生态；人工智能的平台化、云端化

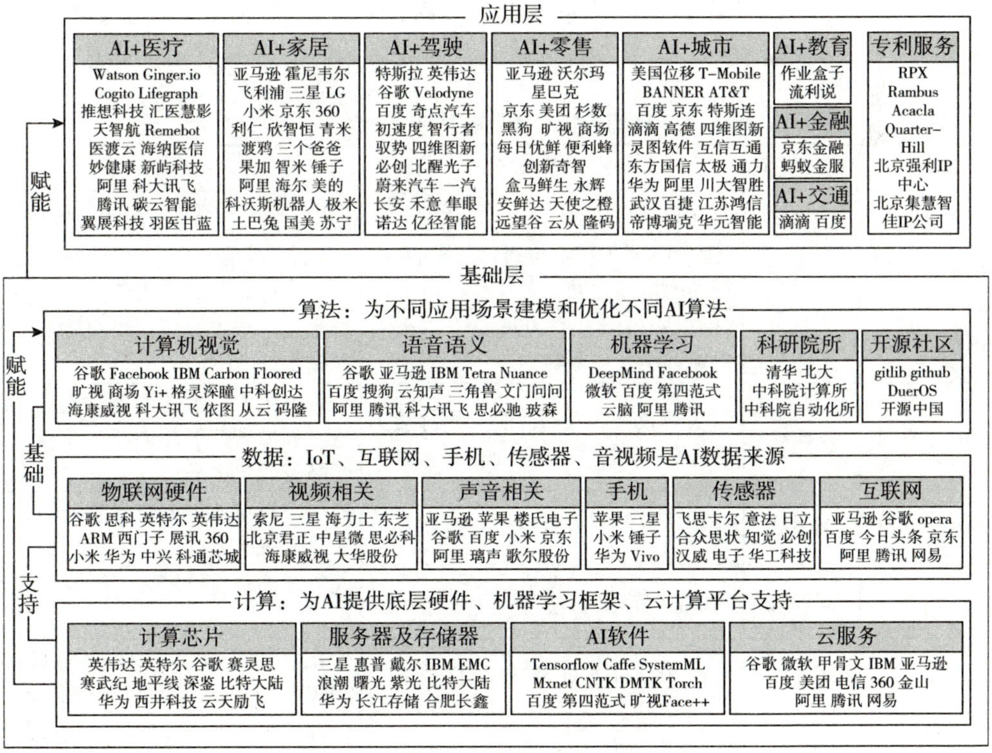

图 1 国内外人工智能产业应用图谱

将成为全球发展的潮流。国内互联网巨头 BAT 积极布局人工智能。中国互联网巨头凭借场景和数据优势，利用计算机视觉、语音语义、深度学习等技术，在应用层的创新处于世界领先水平，但在核心技术层，特别是原始创新技术、芯片等底层技术方面和发达国家仍存在较大差距。

（二）我国人工智能发展迅速

1. 产业发展政策体系逐步完善

近年来，我国在国家层面密集出台一系列政策措施助推人工智能产业发展。2017 年，人工智能先后出现在政府工作报告和党的十九大报告中，国务院发布《新一代人工智能发展规划》，“人工智能 2.0”纳入“科技创新 2030—重大项目”，标志着人工智能进入“国家战略”时代。工业和信息化部发布《促进新一代人工智能产业发展三年行动计划（2018—2020 年）》，发展改革委、科技部、财政部等也已陆续出台系列相关政策，从人工智能产品研发、应用领域推广、技术创新、平台建设、产业集群、产业生态建设、保障体系建设等方面，对人工智能的产业化发展进行系统性的支持、规范和引导，为人工智能企业和产业快速发展奠定了基础（表 3）。

表 3　　中国人工智能战略规划及政策

时间	行政机关	规划及政策	内容
2015 年 5 月	国务院	《中国制造 2025》	提出“以推进智能制造为主攻方向”
2015 年 7 月	国务院	《国务院关于积极推进“互联网 +”行动的指导意见》	将人工智能作为“互联网 +”的十一个重点布局领域之一
2016 年 3 月	国务院	《国民经济和社会发展第十三个五年规划纲要（草案）》	提出要“重点突破新兴领域人工智能技术”
2016 年 5 月	发改委	《“互联网 +”人工智能三年行动实施方案》	培育发展人工智能新兴产业，推进重点领域智能产品创新，提升终端产品智能化水平
2016 年 7 月	国务院	《“十三五”国家科技创新规划》	提出“重点发展大数据驱动的类工人智能技术方法”
2017 年 3 月	国务院	《政府工作报告》	人工智能首次被写入《政府工作报告》
2017 年 7 月	国务院	《新一代人工智能发展规划》	提出了“三步走”的战略目标，2030 年抢占人工智能全球制高点
2017 年 12 月	工信部	《促进新一代人工智能产业发展三年行动计划（2018–2020 年）》	促进人工智能产业发展，提升制造业智能化水平，推动人工智能和实体经济深度融合

2. 先进地区持续性发力

政策方面，北京中关村、上海、武汉、浙江、安徽等地区纷纷发布人工智能产业发展规划。总体来看，人工智能政策正在从中央传导至地方，AI 政策自上而下开始发酵，我国已经进入 AI 产业的“黄金窗口期”，预计未来将有更多地方的政策文件出台，从而形成多点齐放的局面。产业集聚方面，我国人工智能企业主要分布在北上广三地，北京远超其他地区。此外，浙江、江苏两地人工智能企业也较多。

3. 技术创新与应用加速

我国人工智能总体处于爆发增长阶段，新技术迅猛发展，算法和算理的突破为技术创新奠定了良好的基础。2017 年，人工智能芯片、计算机视觉、语音识别等技术的持续创新成为产业发展引擎。从国内人工智能企业来看，有高达 42% 的企业应用计算机视觉相关技术，其次是语音和自然语言处理，两者占比总和 43%。在目标市场行业中，人工智能 + 企业（融合医疗、金融、教育和安防等领域）总计占比 40%，位居第一；其次是智能机器人行业、智能驾驶和无人机。与国外相比，国内企业更多关注人工智能应用环节。

4. 创新火热度保持旺盛

近年来，我国人工智能产业规模保持稳步增长。据新华网报道，2017 年，我国人工智能市场规模达到了 216.9 亿元，比 2015 年增长了 52.8%。目前，我国人工智能投融资额占全球总量的近 35%，达到 635 亿元。其中，计算机视觉与图像、自然语言处理和自动驾驶三大领域投融资额占国内人工智能投融资总量的 60% 以上，成为资本热捧的焦点。此外，北京、广东、上海、浙江、江苏和四川等省市的投融资基础相对较好，是资本最为聚集的地区。

（三）未来人工智能产业的发展趋势

1. 认知性应用将成为亮点

芯片和算法的优化将进一步提升计算机视觉和语音识别的应用成熟度。人脸识别将成为计算机视觉技术的竞争热点，格灵深瞳等创新企业有望在动态视觉检测中取得关键突破。科大讯飞等国内语音识别技术商将利用数据优势，推动语音识别技术平台化，进一步提升多场景下的语言识别准确率。人工智能技术可能迎来新的质变契机，浅层次感知应用将与更高水平的认知智能融合发展，能够在逻辑判断基础上实现认知推理、情感互动、辅助性决策的认知性应用将成为业界亮点。

2. 行业资源整合持续推进

国内人工智能基础层企业将通过技术创新扩大规模，技术层和应用层企业数量将保持稳步增长。国内平台层面资源将加速整合，大企业将通过投资并购迅速获得相应细分领域中的前沿核心技术，降低研发失败的风险，在行业资源整合中发挥越来越重要的作用。

3. 与实体经济融合将加速

新一代人工智能技术将与实体经济持续渗透融合，为零售、交通、医疗、制造业、金融等产业带来提效降费、转型升级的实际效能。无人商店、无人送货车、病例细胞筛查、数字孪生、智慧工厂、3D 打印、智能投顾等新产品、新服务将大量涌现，从而加速培育产业新动能，开拓实体经济新增长点，有力推动我国经济结构优化升级。

4. 资本支持方向趋向集中

2018 年，国内人工智能领域的投融资总量稳中有增。今后资本将更多聚集在应用层细分领域的龙头企业，投资事件数量将减少，单笔投融资数目将增大，马太效应将日益凸显。投资焦点将从应用层逐步下移，AI 芯片等基础层和深度学习算法应用等技术层将获得资本市场的更大关注，投融资层次将更为丰富。

5. 人工智能产业将成为独角兽集中地

人工智能产业集中着非常多的优秀创业公司，优秀的人工智能创业公司有着成熟的团队配置、先进的技术能力、健康的现金流等，同时受资本方的认可度较高，人工智能作为最具前景的产业，将成为新的独角兽集中地。

6. 人才储备将成为制约中国人工智能发展的重要因素

从目前来看，虽然相关机构的研究表明华人的人工智能学术成果占全球一半以上，但中国人工智能技术和产业在大部分领域仍落后于全球一流水平。虽然中国在数据积累和传统产业基础上有一定的优势，部分细分领域有领先成果，相关研究投入不断加大，但整体上的人才储备落后于美国，在基础研究、产业链等方面存在较大挑战，将成为制约人工智能发展的重要因素。

二、西安市人工智能产业发展基础条件

（一）人工智能产业生态格局偏向应用层面

西安市经过“十二五”时期的大力建设和“十三五”期间的良好发展，包括信息技术、高端装备制造等在内的一批具有现代特色的产业已初步形成，并为形成多层次的“互联网 +”人工智能产业创新发展模式提供了基础。目前，西安市拥有人工智能企业 120 余家，产值约 110 亿元，涵盖人工智能各主要产业领域。百度、华为、平安集团、科大讯飞等 10 家全国人工智能百强企业已进驻西安，另有海航集团、浪潮集团、吉利汽车等在人工智能领域有重点布局的大型企业已经与西安市签约。

西安市从事人工智能产业的企业在整个产业框架中更多关注人工智能应用层面，产业发展主要表现为大企业偏底层切入，全产业链覆盖，创业企业偏上层应用，垂直发展。呈现出以百度、科大讯飞、云从科技、华为等为代表的产业巨头抢占人工智能产业制高点，以“机器换人”为代表的制造企业转型升级促进人工智能技术与机器人深度融合，以“后发优势”为特征的初创型企业逐渐成为人工智能行业的新兴势力的人工智能企业生态格局（图 2）。

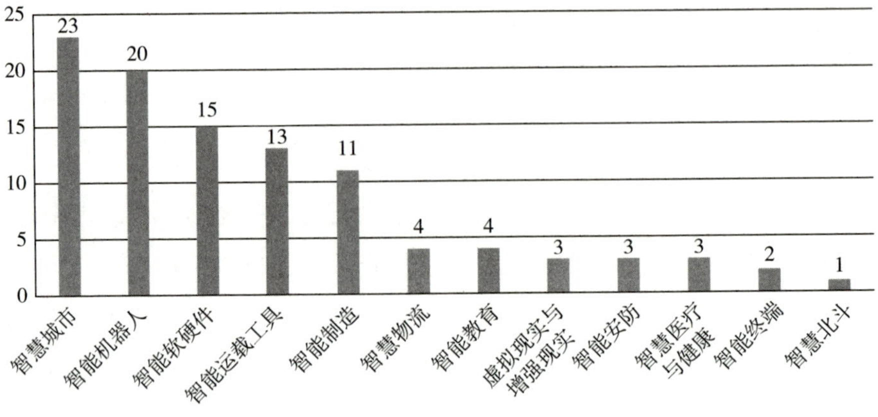

图 2　西安市人工智能企业生态格局

（二）人才储备及平台基础形成有力支撑

多年来，西安电子科技大学、西安交通大学、西北工业大学、中科院西安光机所等高校及科研机构，在人脸画像识别、智能机器人、无人驾驶车、智能无人系统、光学成像等领域都取得了突破性的进展。西安市在电子科学与技术、信息与通信工程、控制科学与工程、计算机科学与技术四大与人工智能紧密相关的一级学科均具有全国排名全 10 名的高校，有 31 所高校从事人工智能相关专业人才培养，每年培养相关专业研究生 5200 余名，本科生 9500 余名，是全国人工智能产业人才的重要培养基地。同时，西安市具有人工智能相关国家级研发平台 11 个，省部级平台 33 个，在人才储备及平台基础方面为人工智能产业发展形成有力支撑（表 4）。

表 4　西安市人工智能重点研发平台

序号	平台名称	依托单位
1	视觉信息处理与应用国家工程实验室、人工智能与机器人研究所	西安交通大学
2	无人机特种技术国防科技重点实验室	西北工业大学
3	智能感知与图像理解教育部重点实验室、人工智能学院	西安电子科技大学
4	瞬态光学与光子技术国家重点实验室	中国科学院西安光学精密机械研究所
5	无人机系统国家工程研究中心	西北工业大学
6	西安市工业无线网络工程技术研究中心	西安爱生技术集团公司

（三）人工智能相关的上下游产业发展迅速

西安市作为人工智能发展基础的计算机、通信和其他电子设备制造业、互联网和相关服务业、软件和信息技术服务业，均保持40%以上的增速（图3、图4）。

其中，计算机、通信和其他电子设备制造业规模以上工业企业工业增加值保持持续增长态势，到2016年达到220.42亿元，行业固定资产投资到2017年达到131.48亿元，是2014年的2倍。2016年互联网和相关服务业、软件和信息技术服务业规模以上服务业营业收入分别是2014年的6.2倍和40.5倍。

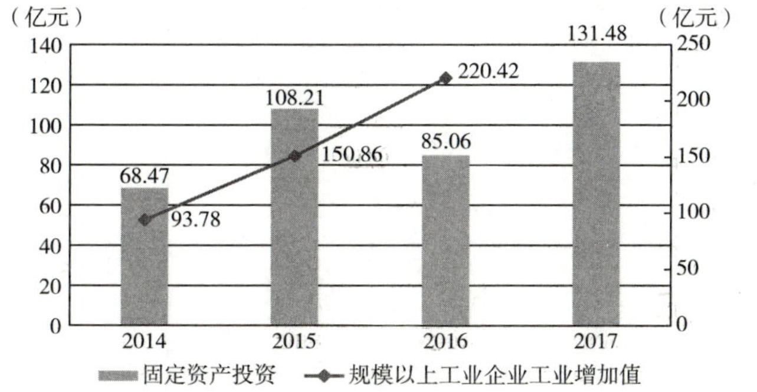

图3　计算机、通信和其他电子设备制造业规模以上工业企业工业增加值及固定资产投资

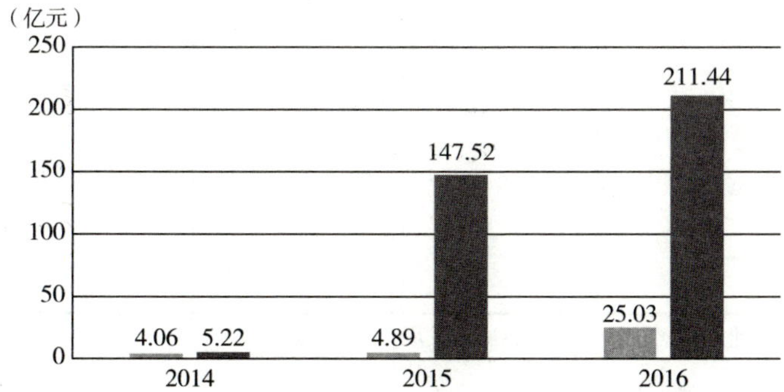

图4　互联网和相关服务业、软件和信息技术服务业规模以上服务业营业收入

三、西安市人工智能产业发展存在的不足

相较于北京、广东、上海、浙江、江苏等人工智能重地，西安市在人工智能领

域尚还缺少“独角兽”企业和“名片级”典型人工智能应用，在基础理论、核心算法以及关键设备、重大应用系统等方面差距较大。赛迪研究院 2018 年 8 月发布《中国人工智能城市发展白皮书》，通过对近 40 个人工智能重点城市进行评价，排出了中国人工智能城市十五强。北京是全国人工智能的领军城市，上海位居第二，杭州超越深圳，进入人工智能发展前三名“新一线”队伍，合肥则凭借科研、政策的优势异军突起进入榜单前五，西安位列第 12 名（表 5）。

表 5　　中国人工智能城市十五强榜单

城市	排名	总得分
北京	1	9.2
上海	2	8.1
杭州	3	7.4
深圳	4	7.2
合肥	5	7.2
广州	6	7.1
重庆	7	7.0
苏州	8	6.8
武汉	9	6.7
南京	10	6.3
成都	11	5.9
西安	12	5.9
天津	13	5.7
厦门	14	5.5
沈阳	15	4.3

数据来源：赛迪研究院《中国人工智能城市发展白皮书》。

（一）政策体系还不完善

如前所述，国内北京、上海、广东、安徽、福建、南京、成都等省市纷纷发布人工智能产业发展规划，并且南京、广州等城市已经发布三年或五年行动计划，西安虽然已经编制发展规划，但已经明显滞后于发达地区，顶层设计、体系设计、政策法规、基础设施等亟待改善。从政府层面分析，北京、上海的政策力度和创新力度的优势明显，杭州、合肥、武汉位于第二梯队，西安在政策环境方面排第 14 位（图 5）。

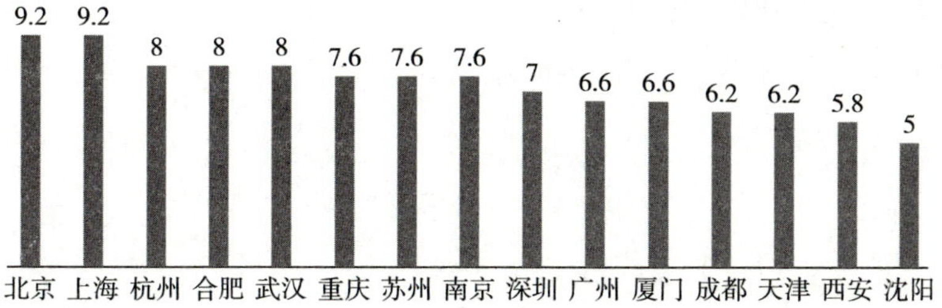

图 5　人工智能政策环境排名

数据来源：赛迪研究院《中国人工智能城市发展白皮书》。

（二）产业发展水平不高

尽管西安市人工智能产业在三个层面上都有所涉及，但总体处于零星散点式的发展状态，尤其是人工智能自主研发领域内，没有形成规模聚集效应，缺少具有行业影响力和带动力的龙头企业、大型企业和核心企业。

根据清华大学《中国人工智能发展报告 2018》，截至 2018 年 6 月，全球共监测到人工智能企业总数达 4925 家，其中美国人工智能企业数 2028 家，位列全球第一。中国（不含港澳台地区）人工智能企业总数 1011 家，位列全球第二；其中，北京 395 家，全球第一；上海、深圳、杭州在国内分别排第 2、3、4 名（图 6）。

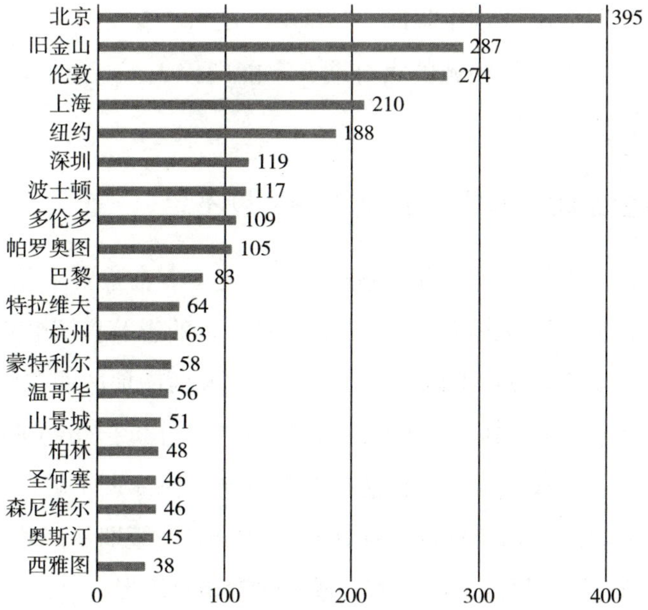

图 6　全球人工智能企业数量 TOP20 城市

数据来源：清华大学《中国人工智能发展报告 2018》。

相比于国内人工智能领先城市，西安市人工智能企业数量较少，企业总体规模偏小，整体产业发展水平在全国位列第 12 位，需要进一步加大人工智能产业培育（图 7）。

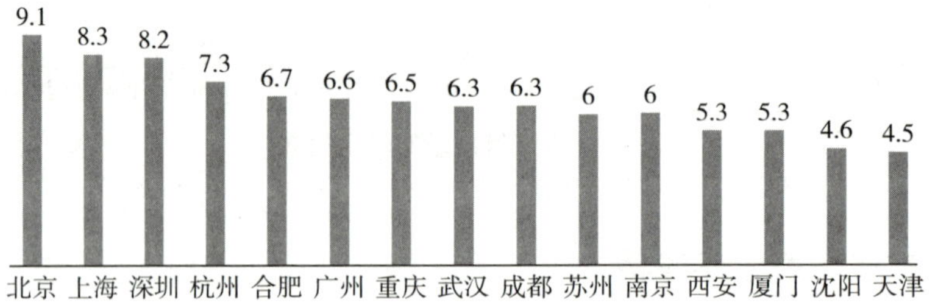

图 7　人工智能产业水平排名

数据来源：赛迪研究院《中国人工智能城市发展白皮书》。

（三）应用层企业数量较多，基础层领域开拓不足

西安市人工智能企业的产品和服务主要处于智能制造、智能无人机、智能机器人等应用层，集中在终端制造领域，主要为涉足人工智能领域的传统制造企业，通过“机器换人”的方式进入该领域，主要目的还是为了完成已有产业的升级换代。对人工智能核心技术的掌握不足，从事计算机视觉、AR/VR、语音识别等技术层的企业仅 8 家，从事人工智能芯片器件、系统等核心部件研发生产的基础层企业仅 4 家，缺乏能够专注人工智能领域的大企业，不能把控人工智能产业发展的主动权，支撑产业核心竞争力的形成。

（四）初创企业成长较慢，资金支持力度不足

目前人工智能产业的消费级市场还未形成，支持资金主要来源于风险投资、产业基金、政策资金等。全国获得人工智能领域投融资的省及直辖市共 17 个，主要分布在华东、华南沿海经济发达地区，京津地区，以及西南地区的四川、重庆和贵州。其中，北京优势明显，浙江其次，上海、江苏、广东也比较突出（图 8）。

西安现有风险投资基金对人工智能等新型领域的关注还不够，导致人工智能初创企业融资规模和频次都相对较低，存在相关企业追求短期经济效益，不能积极投入前沿技术研发的现象，导致发展乏力，成长速度相对缓慢。

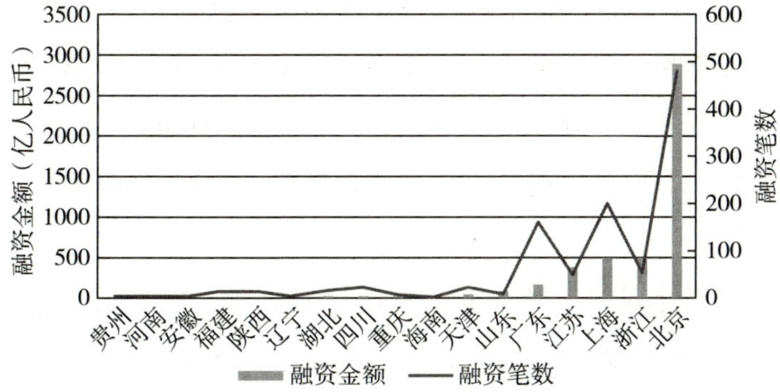

图 8　2017 年国内人工智能领域投融资地区分布

（五）产业化进程不够充分，行业引领者缺位

与国内顶级人工智能研发机构相比，西安市人工智能企业多数处于应用层，既缺少具有行业影响力和带动力的龙头企业、大型企业和核心企业，在初创企业中能成长为独角兽的企业也较少，尚未形成完善的生态圈和产业链，不能很好支撑西安人工智能技术优势向产业优势的转变。

综合来看，西安市人工智能发展尚处于起步阶段，人工智能技术支撑层、产品层和服务层与北上广深均存在较大差距。

四、促进西安市人工智能产业发展的对策建议

（一）超前布局攻关核心技术，形成原始创新重大突破

结合西安市人工智能基础，针对人工智能发展的迫切需求、薄弱环节和核心技术差距，关注全球人工智能发展动态和前沿技术、前瞻布局可能引发人工智能重大变革的基础研究，促进人工智能与大数据、云技术等技术的融合，努力实现西安市新一代人工智能前沿技术的重大突破。

一是前瞻布局人工智能前沿领域。重点布局量子信息与量子计算、类脑智能计算、深度机器学习等跨领域基础理论研究。推动人工智能与神经科学、认知科学、量子科学、心理学、数学、经济学、社会学等跨学科交叉融合。

二是持续支持西安优势技术领域。在西安具有优势的机器学习、图形识别、智

能终端、智能运载工具、智能机器人、智慧遥感和移动通信网络、视觉信息处理与应用、智能感知与图像理解、瞬态光学与光子技术等领域持续取得技术突破，形成核心技术优势。依托中科院光机所、西安交通大学、西北工业大学、西安电子科技大学、西安爱生技术集团公司等重点单位，形成产学研合作主体和系列原创技术成果。

三是加强与国家计划的衔接。重点加强与国家新一代人工智能重大科技项目、国家科技重大专项等国家计划的衔接，协同推进人工智能的理论研究、技术突破和重大应用研究。

四是积极推动和国际顶尖机构的双向合作。吸引国际顶级机构和人才在西安自建和共建研发机构，鼓励与西安市创新主体开展重点合作。依托重点大学和科研院所等优势单位，重点开展国际研发和联合研发，在原始创新和重大基础理论方面取得重大成果。

（二）以名企壮大人工智能产业规模，形成高端产业集群优势

引进与培育相结合，促进人工智能企业集聚发展，大力发展以智能驾驶、智能机器人、智能硬件为重点的人工智能新兴产业，形成产业集群优势。

一是集聚一批人工智能骨干企业。引进与培育相结合，瞄准全球人工智能重点企业，积极争取人工智能领域重大项目落户，培养和扶持产业链各层关键领域重点企业，拓展人工智能基础层、技术层、应用层的产业边界，力争培育若干全球领先型的人工智能龙头企业。

二是支持特色创新创业企业发展。发挥西安市科研、企业、技术、人才优势，建设人工智能众创空间和众创基地，推动科技成果转化、孵化加速、产学研合作，促进一批高成长创新企业发展。

三是布局高端产业链，形成巨头企业和创新企业协同发展整体优势。加快人工智能技术转化应用，促进技术集成与商业模式创新，推动重点领域智能产业创新，完善人工智能产业链。

四是建设人工智能产业园，形成具有国际影响力的产业集聚。围绕高新区、经开区、航天基地、西咸新区等重点地区，汇聚国际水平的人工智能示范企业和项目，建设人工智能产业园区，形成具有国际影响力的人工智能产业集群。

五是推动产业智能化转型升级。围绕汽车、轨道交通、节能环保等重点优势产业，推动智能感知、模式识别、智能控制等人工智能技术的深入应用，通过远程运维、智能控制、能耗监测、数据分析等功能服务升级，推动产品向智能化、数字化、网络化发展。推动智能生产线、智能工厂、数字化车间各信息系统间数据的互通与互认，提升生产现场的自主决策、人机协作、装备健康管理等智能化管理能力。推广农业智能传感与控制系统、智能化农业装备、农机田间作业自主系统等，建立完善天空地一体化的智能农业信息遥感监测网络。建立典型农业大数据智能决策分析系统，开展智能农场、智能化植物工厂、智能渔场、智能果园、农产品加工智能车间、农产品绿色智能供应链等集成应用示范。

（三）推动人工智能广泛应用，建设智能社会和智慧城市

大力推动人工智能技术广泛应用，以应用促发展，以市场带动产业，建设智慧社会和智慧城市。

一是围绕医疗和养老等迫切民生需求，加快人工智能创新应用。推广人工智能医疗新模式、新手段，建立快速精准的智慧医疗体系，显著提升医疗效率，优化医疗人工智能审批流程，建立国家医疗大数据平台。同时，加强群体智能健康管理，建立健康大数据。

二是利用人工智能提升公共安全保障能力。推动智慧安防应用，建设智慧小区，形成公共安全和局域安全联动体系。进一步提高智能交通管理水平，加快建设交通共享数据平台。长线布局和重视无人驾驶领域发展，近期重点解决无人驾驶测试场地、系统数据本土化和标准化问题，远期关注无人驾驶立法和安全防控，确保无人驾驶安全、可靠、可控发展。

三是利用人工智能助推居民消费升级。鼓励智能终端和智能家居应用，加强人工智能技术与家居建筑系统的融合应用，解决智慧家居协议标准等难题，支持智能家居企业创新服务模式，培育智慧家居龙头企业。鼓励人工智能在新零售行业应用和推广，积极探索无人超市或者智能售卖新模式，形成新型服务业。

四是开展人工智能创业应用试点示范。选择智慧医疗、智慧城市、智能终端、智能家居、智慧建筑、智能零售等代表性创新模式和创新产品，进行集中展示及示范推广。鼓励智慧金融、智能教育、智慧物流、智能农业的创新应用及集成应用。

五是加快智能政务建设步伐。利用图像识别、声音识别等人工智能技术，深化在社会治安管理、交通流量控制、社会舆情分析等领域的应用，提升公共服务的效率和水平，支撑政府科学化决策。推动各类服务机器人在政府热线、门户网站、服务窗口的应用，提升政府公共服务效能。

六是推进数据资源开放共享。加快推进政务数据资源合理有序开放，制定公共数据资源开放清单，依法有序向人工智能企业开放教育、医疗、旅游等重点领域数据信息，建设文献语言、图像图形、环境传感、地图位置等多类型行业大数据训练库，满足人工智能深度学习的数据需求。开发宏观经济决策分析和公共需求精准预测应用场景，开放、开发适于政府服务与决策的人工智能平台，推动研制面向开放环境的决策引擎，提升战略决策水平。

（四）建设多层次培养体系，聚集人工智能尖端人才

针对人工智能领域高端人才，探索制定个性化政策，开通落户绿色通道，积极搭建各类人才交流平台，深化与国内外高校、科研院所以及龙头企业的合作，集聚一批人工智能领域高端人才和团队。

一是放大各类专业平台的人才集聚效应。利用国家双创示范基地等双创平台，推动全球人工智能龙头企业、人才团队在示范基地内建立区域总部、创新中心、孵化基地。在现有欧亚经济论坛、丝博会、全球硬科技大会等平台中增设人工智能分会场，同时积极争取在西安承办全球性人工智能人才峰会、高层论坛、专题讲座、创投路演，搭建高端化、国际化、专业化的企业合作平台，并进一步提升影响，形成聚才平台。

二是加快引进全球顶尖人才。把高端人才队伍建设作为发展人工智能核心目标。开辟专门渠道，实现高端人才精准引进，加快引进全球顶尖人才和青年人才，形成人工智能人才高地。

三是培养高水平创新人才和团队。坚持培养和引进相结合，吸引和培养具有发展潜力的人工智能领军人才。鼓励和引导国内创新人才和团队，加强与全球顶尖机构合作互动。

四是搭建有国际影响力的人工智能人才交流合作平台。高质量、高标准举办“西安国际人工智能高峰论坛”，全面展示最新人工智能理念、技术、装备和解决方

案，通过机器人、智能硬件、工业软件等人工智能领域成果展示，加深西安市企业与国内外企业、机构在人工智能领域技术人才和项目交流合作，打造西安市人工智能企业品牌。鼓励企业和研发机构举办有影响力的人工智能专业会议，提升西安市人工智能名城的影响力和知名度。

五是加强人工智能教育体系。依托西安市丰富的教育资源，完善人工智能基础教育体系，创新人工智能培育模式，加强人才储备和梯队建设，加快人工智能人才培养步伐，形成多层次人才培养体系。同时，支持高校、科研院所、产业联盟和骨干企业合作建设面向重点行业应用的人工智能人才实训基地，组织开展人工智能创新创业技能竞赛。

（五）构建公共平台和服务体系，完善行业生态体系

一是建设开源服务平台和公共数据库，提供平台支持。加快推动政府数据开放，支持龙头企业建立基础数据资源平台和面向制造、商务、交通、医疗、教育等行业的数据共享、知识图谱开放和智慧物流大数据等行业数据资源共享平台。支持高校、企业申报建设国家重点实验室、国家技术创新中心、工程研究中心、企业技术中心等国家级协同创新和成果转化平台。

二是高度重视专利和标准化工作，争夺国际话语权。目前人工智能标准几乎是空白，要鼓励和推动西安市高校、科研院所、行业组织、重点企业积极与国家人工智能标准工作组对接，参与人工智能综合标准化体系研究，研究建立人工智能系统的智能化水平评估标准。加强大数据、物联网、智能家居、智能机器人、虚拟现实等热点细分领域的网络、软硬件、接口、系统等标准化工作，推进自主人工智能相关标准国际化。积极争取国家信标委人工智能标准工作组工作会议、论坛在西安落地召开。

三是组建西安市人工智能产业技术创新联盟，提供公共服务。依托西安交大智能机器人创新研究院等创新研究中心，汇聚人工智能领域科研院所、行业龙头、创新企业、投融资机构、孵化加速、教育培育、产业园区等众多创新要素组成西安市人工智能产业技术创新联盟。联盟的作用是连接政府和产业，连接产业链资源，共同解决行业发展难题。依托联盟在行业公共平台、数据库建设、专利保护等方面提供公共服务，为行业生态的打造提供实施主体。

（六）完善政策体系，加大政府引导和投融资支持力度

一是统筹使用各项财政专项资金，从技术攻关、平台搭建、应用推广、创建示范应用等方面给予重点倾斜，支持人工智能企业发展。

二是对人工智能领军企业实行“一企一策”政策，精准服务企业发展需求，培育具有国际影响力的龙头企业。

三是对符合条件的人工智能企业相关产品，给予本市装备首台套、软件首版次、新材料首批次相关政策支持。

四是发挥中小微企业政策性融资担保基金作用，加大人工智能领域企业信用担保力度。鼓励和推动有条件的金融机构设立人工智能信贷专项。

五是发挥政府投资基金撬动作用，引导社会资本设立千亿规模人工智能产业发展基金。支持人工智能领域中小企业向“专精特新”发展，培育壮大一批细分领域隐形冠军和创新标杆企业。

六是加大适应人工智能发展的基础服务供给，用好国家加快基础设施领域补短板政策，加快 5G 网络、数据中心、新型城域物联专网等新一代信息基础设施建设。

第三部分

产业强市

加快推动产业发展迈向“双高端”

——全面提升西安经济发展质量

高质量发展是新时代我国经济发展的鲜明特征，也是未来中国经济发展的主攻方向。党的十九大和中央经济工作会议都强调要“推动我国经济高质量发展”，这要求有强大竞争力的产业体系作为支撑。但同时，在中高端领域，发达国家牢牢把控重点行业和领域的关键核心技术，以品牌质量稳占竞争高地，并在创新设计、关键技术创新、国际标准制定等方面掌握着话语权，中国产业迈向中高端面临严峻挑战。

具体到西安，我们要推动经济高质量发展、加快实现大西安追赶超越的目标，就必须依托自身资源禀赋，围绕打造“高端产业和产业高端”，既要做大我们的总量，又要做硬我们的“拳头”，使西安市产业发展“既有满天星斗，更有明月辉映”，全面提升经济发展的质量和效益。

一、产业发展迈向“双高端”的内涵及特点

（一）基本内涵

产业发展迈向“双高端”，本质上是产业通过转型升级实现高经济效益化，即要逐步摆脱在全球价值链低端分工、被发达国家全面锁定的不良格局，在技术创新、技术进步和生产率不断提升的基础上，逐步实现高附加值化和高经济效益化的发展，推动产业在产业链环节、价值链的地位不断地向高端攀升。

对西安来说，产业发展迈向“双高端”，就是要以量质并举为主线，将提升存量和做强增量相结合，加紧对高端领域布局，大力发展新经济，打造高端产业和产业高端，促进西安产业迈向全球价值链中高端。

新经济是相对于传统经济而言的一种新的经济形态。此概念最早由美国在 20 世纪 90 年代提出，是指建立在信息技术革命和制度创新基础上的经济持续增长与低通货膨胀率、低失业率并存，经济周期的阶段性特征明显淡化的一种新的经济现象。在不同的历史时期，新经济有不同的内涵。2016 年 3 月 16 日，李克强总理在会见采访十二届全国人大四次会议的中外记者时，解读了“新经济”:“新经济”的覆盖面和内涵是很广泛的，它涉及一、二、三产业，不仅仅是指三产中的“互联网 +”、物联网、云计算、电子商务等新兴产业和业态，也包括工业制造当中的智能制造、大规模的定制化生产等，还涉及一产当中像有利于推进适度规模经营的家庭农场、股份合作制，农村一、二、三产融合发展等等。这里，我们一般将具有新产业、新技术、新业态、新商业模式的行业定义为“新经济”。要大力推动互联网、大数据、人工智能和实体经济深度融合，促进模式创新、业态创新、服务创新和跨界融合，重塑产业链、供应链、价值链，抢占经济新高地，形成增长新动力，拓展发展新领域。

高端产业是指能代表科技革命和产业发展方向、对经济社会全局和长远发展具有重大引领支撑作用的产业，具有技术知识密集、附加值高、成长性好、关键性强、带动性大、低污染、低排放的特点。要瞄准全球生产体系的高端，大力发展具有较高附加值和技术含量高的战略性新兴产业和先进制造业。

产业高端是指产业体系链条中“前端”的研发、设计和“后端”的销售、物流、售后服务，即“微笑曲线两端”，本质是通过创新推动传统产业和低技术含量产业转型升级。要立足传统产业基础，注重产业价值链两端，以新装备、新材料、新技术、新工艺和新模式等改造提升全部产业，推动产业向微笑曲线的两端延伸拓展。

（二）主要特征

打造高端产业和产业高端，推动产业迈向“双高端”，应具备以下五个特征。

一是全要素生产率的提高。提高全要素生产率，以更少的投入获取更大的回报，减轻发展对资源环境构成的压力，保持居民收入的持续快速增长，应是产业迈向“双高端”的最突出标志，也是推动经济高质量发展必须始终围绕的一条主线。

二是产业结构的平衡协调。产业迈上“双高端”，必须通过扩大现代服务业规模、提高服务业质量，为第二产业的进一步发展提供有力支撑，同时要通过做优、做强、做大第二产业，推动一、二、三产融合，为服务业的现代化提供需求支撑和技术支持。

三是产业技术水平的中高端化。产业技术水平是决定生产率高低的最重要因素，也是决定产业能否迈上中高端水平的最关键因素。西安市的产业技术水平与国际前沿技术还有很大差距，这种差距存在于各产业领域，但主要存在于制造业领域。打造高端产业和产业高端，必须把实现产业技术水平的中高端化作为核心任务。

四是价值链的中高端位置。高端产业和产业高端处于价值链的高端，推动产业迈向“双高端”，必须发展高附加值产业和产品，从低技术、低附加值的环节提升到中高技术和中高附加值的环节，从价值链“微笑曲线”的底部向两端提升，在全球分工体系中攀升到价值链的中高端位置。

五是经济的辐射带动性。高端产业和产业高端既要有量的积累，更要有质的提升，对区域经济的发展影响较大，带动形成完整的产业链、供应链和空间链，增强辐射带动功能。

二、西安产业优势与潜力分析

打造高端产业和产业高端，是一个相对的概念，产业本身并无高低之分，高端的产业也有低端的环节，传统产业也一样有高科技含量，本质上是产业处于价值链的高端，拥有前沿高端技术，产品具有高附加值。因此，推动产业发展迈向“双高端”，应着眼于全产业，涵盖西安市全部一、二、三产业。由于篇幅和数据所限，本文重点选择战略性新兴产业和文化、旅游、金融等产业进行分析研究。

（一）战略性新兴产业

2016 年，西安规模以上工业战略性新兴产业共有企业 443 家，实现总产值 2151.05 亿元，同比增长 25.5%，占地区生产总值的 34.37%，占规模以上工业的比重为 40.8%，对规模以上工业增长的贡献率为 128.7%，拉动规模以上工业增长 8.9 个百分点，战略性新兴产业已成长为规模以上工业增长的新引擎。

表 1 **2016 年规模以上工业战略性新兴产业发展情况**

	企业数（个）	产值在 10 亿元以上的企业（个）	战略性新兴产业总产值（亿元）	分产业比重（%）	增速（%）	主导行业	主要产品
规模以上工业战略性新兴产业	443		2151.05		25.5		
节能环保产业	84	4	168.51	7.8	-7.4	风机风扇制造、原油加工及石油制品制造、其他输配电及控制设备制造、环境保护专用设备制造等	节能型风机、炼油企业废气综合利用、节能型电站锅炉等为主
新一代信息技术产业	71	7	631.58	29.4	51.6	集成电路制造、通信终端设备制造、雷达及配套设备制造、光电子器件及其他电子器件制造、电子元件及组件制造等	以集成电路中的高性能传感器用关键芯片、3G 及以上智能终端、液晶显示屏等为主
生物产业	64	4	204.53	9.5	9.1	化学药品制剂制造、生物药品制造、中成药生产	以片剂、冻干粉针剂等药品、中成药胶囊、心血管系统用药和麻醉用药等为主
高端装备制造业	98	0	402.12	18.7	9.8	飞机制造、航空航天相关设备制造、石油钻采专用设备制造、轨道交通装备、航天器制造等	以飞机及相关组件零件、航天运载动力、卫星测绘、北斗导航、超高压、特高压产品、轴流压缩机、空分压缩机等为主
新能源产业	44	8	398.57	18.5	53.0	配电开关控制设备制造、信息化学品制造、发电机及发电机组制造、光伏设备及元器件制造、半导体分立器件制造等	以智能型电抗器、高压和超高压开关、集成门极换流晶闸管（IGCT）、太阳能电池片生产设备、3 兆瓦及以上风力发电整机等为主
新材料产业	81	6	238.24	11.1	2.4	高性能复合材料、有色金属冶炼和压延加工业、非金属矿物制品业、化学原料和化学制品制造业等	高性能航空用钛合金丝棒材、纳米吸波、碳纤维、陶瓷基、高纯超高纯锌、高品质钛材新型石油化工催化剂
新能源汽车	11	0	107.51	5.0	57.5	汽车整车制造、锂离子电池制造、汽车零部件及配件制造	以纯电动汽车、插电式混合动力汽车（包括增程式电动乘用车）、新能源汽车用能量型锂离子电池等为主

从七大产业发展情况看，可以划分为三类：第一，新一代信息技术产业和新能源产业对战略性新兴产业贡献最大。二者总量较大，增速较高，占战略性新兴产业产值的 47.9%，同比增长 52.1%，对战略性新兴产业的增长贡献率为 80.7%，拉动增长 20.6 个百分点。第二，新能源汽车产业和高端装备制造产业正在发展壮大。新能源汽车产业增速最大，高端装备制造产业总量排第二位，二者占战略性新兴产业产值的 23.7%，对战略性新兴产业的增长贡献率为 17.2%，拉动增长 4.4 个百分点，特别是新能源汽车正在加速崛起。第三，节能环保产业、生物产业、新材料产业贡献较小。这三个产业总量较小，增速较低，共占战略性新兴产业产值的 28.4%，同比增长 1.6%，对战略性新兴产业的增长贡献率为 2.1%，拉动增长 0.6 个百分点。

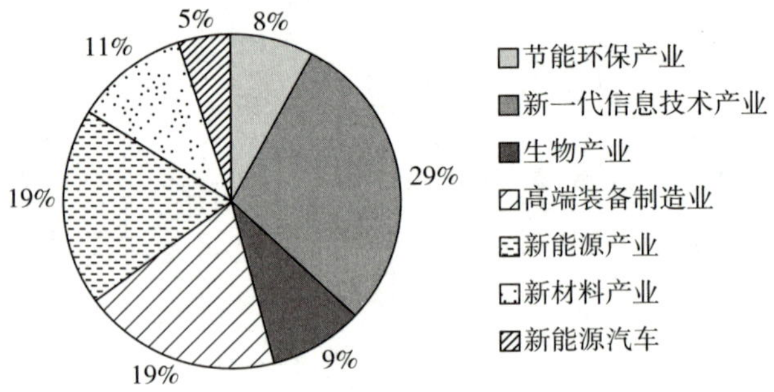

图 1　分产业占规模以上工业战略性新兴产业比重图

1. 新一代信息技术是助推工业新旧动能转换的强劲引擎

新一代信息技术产业是西安市具有优势的高端产业。2016 年，西安市规模以上工业新一代信息技术产业实现总产值 631.58 亿元，占战略性新兴产业总产值的 29.4%。规模以上工业战略性新兴产业的增长有将近一半是新一代信息技术产业拉动的结果，增长贡献率达 49.1%。目前，西安市共有 71 家规模以上工业新一代信息技术企业，其中产值在 10 亿元以上的重点企业有 7 家，已成为新一代信息技术产业快速发展的核心城市。三星存储芯片产业园、软件新城、西部云谷等产业园区逐步形成规模。

表 2　新一代信息技术产业发展情况

重点产业	主要产品	发展基础
集成电路	存储芯片、高性能传感器用关键芯片	①形成了集成电路设备设计、加工制造、封装测试及半导体支撑等完整的产业链 ②拥有涵盖通信、微处理器、信息家电、半导体照明、消费电子、设备制造、器件研发等多个领域的自主知识产权

续表

重点产业	主要产品	发展基础
智能终端	3G 及以上智能终端	①中兴通讯智能手机制造项目、比亚迪高端手机配套项目投产，多家配套企业入驻，智能终端产业链初具规模 ②聚集华为、中兴通讯、酷派、TCL 等众多国内外著名企业，形成了完善的智能终端研发与生产产业集群
北斗卫星导航	北斗导航产品	①云集了航天五院西安分院、中国兵器、国家授时中心、中科院遥感与数字地球研究所等实力国企 ②成立了卫星应用产业联盟、搭建研发中心、建设北斗导航位置综合服务平台、成立卫星导航产品检测中心、西安“北斗 +”众创空间等平台 ③投资建设有“丝绸之路北斗智慧文化旅游信息服务系统”等示范项目
物联网	物联网核心芯片 RFID 技术 传感网技术	①技术和产品涵盖全产业链，整体实力处于国内第一梯队 ②成功研发国内首颗物联网核心芯片“唐芯一号” ①③西安港的建设为物联网产业发展提供了基础保障、应用环境及项目保障 ④成立有陕西（西安）物联网产业联盟
软件产业	软件研发 行业应用软件 嵌入式软件 信息服务外包	①拥有通信核心技术的自主知识产权 ②软件新城研发空间投用超过百万平方米，研发人员超 3 万人，地铁三号线开通
大数据处理与云计算服务	秦云工程	①西北地区首家国家级云计算服务平台 ②西安大数据特色小镇项目 ③成立有陕西省大数据管理与服务中心

2. 高端装备制造产业发展重点突出，航空航天产业占比近八成

2016 年，西安规模以上工业高端装备制造产业实现总产值 402.12 亿元，占战略性新兴产业总产值的 18.7%，同比增长 9.8%；其中，航空航天战略性新兴产业产值所占比重达到 78.2%。98 家规模以上高端装备制造企业中，产值在 5 亿元以上的有 16 家企业。主要分布的工业行业为：飞机制造、航空航天相关设备制造、石油钻采专用设备制造、航天器制造等行业；龙头骨干企业主要从事飞机及相关组件零件制造，产品以飞机及相关组件零件为主。西安高端装备制造产业中航空航天产业特色鲜明。

主要产品优势：

①输配电设备：输配电设备成套能力国内最强，自主研发能力国内领先，其中

超高压、特高压产品国内市场占有率 70% 以上。

②重型装备产业：陕鼓生产的轴流压缩机、空分压缩机、能量回收透平装置目前国内市场占有率分别达到 90%、65% 和 80% 以上。

③航空工业：集中了全国航空产业 1/4 的总资产，涵盖从飞机设计、制造到试飞三位一体的航空产业链，聚集西飞公司、三角航空、燎原液压等一批航空骨干企业，配套企业 100 多家，形成航空整机制造、大部件制造和零部件加工产业体系，行业资产规模、生产总值、科技成果已经占到全国 1/4，综合实力位居全国前列。

④民用航天产业：在国内市场占有率达到 50% 以上，其中，西安微电子所生产的星载箭空间计算机国内市场占有率已经达到 80% 以上，航天基地已经成为全国最大的民用卫星之都和航天动力制造基地。

3. 新能源汽车产业发展迅猛，增长强劲

2016 年，西安新能源汽车产量为 4.81 万辆，占全国（45.9 万辆）的 10.5%，排名全国第二。规模以上工业新能源汽车产业实现总产值 107.51 亿元，占战略性新兴产业总产值的 5.0%，同比增长 57.5%。11 家规模以上新能源汽车企业中，产值在亿元以上的有 4 家企业，分别为比亚迪、陕汽、金龙、三星环新，共实现总产值 105.42 亿元，同比增长 62.0%，占新能源汽车产业产值的比重为 98.1%，对新能源汽车产业总产值增长的贡献率为 103.0%，拉动新能源汽车产业增长 60.0 个百分点。

主要产品优势：

①比亚迪：目前是全球唯一一家同时掌握新能源汽车电池、电机、电控及充电配套、整车制造等核心技术并拥有成熟市场推广经验的企业，掌握了电动汽车动力电池、电控、电机三大核心技术，电动车技术研发方面具有国际先进水平。

②陕汽控股集团：已成为我国新能源物流车重要生产基地，具备新能源商用车系统集成及核心零部件开发能力，在 LNG、甲醇、二甲醚等节能重卡方面技术全国领先，并拥有多项专利，领域市场占有率超过 45%，产品销量全国第一，纯电动码头牵引车成功进入美国市场，实现了中国重卡产品在欧美发达国家市场的突破。

另外，2017 年以来，吉利、开沃、宝佛麟等一批重大项目相继落户西安，全市新能源汽车产业迎来新一轮的高速增长。

4. 新能源产业增速较高，是助推工业转型升级的又一强劲增长极

2016年，西安规模以上工业新能源产业实现总产值398.57亿元，占战略性新兴产业总产值的18.5%，同比增长53.0%，高于上年34.5个百分点。44家规模以上新能源企业中，产值在10亿元以上的有8家企业，在40亿元以上的有4家企业，分别为西安隆基硅材料股份有限公司、乐叶光伏科技有限公司、中国西电集团公司、西安普瑞新特能源有限公司。主要分布的工业行业为：配电开关控制设备制造、信息化学品制造、发电机及发电机组制造、光伏设备及元器件制造、半导体分立器件制造五个行业；龙头骨干企业主要从事变压器、整流器和电感器制造，电子工业专用设备制造，风能原动力设备制造等；产品以智能型电抗器、高压和超高压开关、集成门极换流晶闸管（IGCT）、太阳能电池片生产设备、3兆瓦及以上风力发电整机等为主。

主要产品优势：

①隆基硅材料股份有限公司：全球生产规模最大的单晶硅产品制造商，拥有120项授权专利，单晶产品技术和金刚线切割工艺处于国际领先地位，在行业内率先实现单晶硅片100%金刚线切割。

②乐叶光伏：单晶组件全球产销第一，单晶占有率超过25%。

5. 新材料产业发展前景广阔

2016年，西安规模以上工业新材料产业实现总产值238.24亿元，占战略性新兴产业总产值的11.1%，同比增长2.4%。81家规模以上新材料企业中，产值在5亿元以上的有11家，产值在10亿元以上的有6家企业。主要分布的工业行业为：有色金属冶炼和压延加工业、非金属矿物制品业、化学原料和化学制品制造业等行业；龙头骨干企业主要以高性能材料为重点，大力发展以稀有金属、纳米吸波、碳纤维、陶瓷基等为主的高性能复合材料及化学试剂和助剂制造等；产品以超高纯锌、高品质钛材、新型石油化工催化剂等为主。其中，西部超导材料公司是我国航空用特种钛合金材料的主要研发生产基地，也是国际上唯一的低温超导合金棒材及线材全流程生产企业。

6. 生物医药产业蓄积发展动能，发展后劲增强

2016 年，西安规模以上工业生物产业实现总产值 204.53 亿元，占战略性新兴产业总产值的 9.5%，同比增长 9.1%，共有 64 家规模以上生物产业企业，产值在 5 亿元以上的企业有 10 家，产值在 10 亿元以上的大企业有 4 家。主要分布的行业为：化学药品制剂制造、生物药品制造、中成药生产。龙头骨干企业主要从事化学药品制剂制造、中成药生产、化学药品原料药制造等；产品以片剂、冻干粉针剂等药品、中成药胶囊、心血管系统用药和麻醉用药等为主。

主要产品优势：

①强生全球供应链生产基地：加强小分子药物研发，重点推进化学药物新产品和新制剂的产业化。

②巨子生物基因技术股份有限公司："类人胶原蛋白"荣获 2013 年度国家技术发明奖二等奖，成为全球唯一的类人胶原蛋白生产厂家，拥有类人胶原蛋白生产技术的完全知识产权。

③西安新通药物：肝靶向化学 1.1 类新药甲磺酸帕拉德福韦，成为世界首个乙肝靶向治疗新药。

7. 节能环保产业增速和占比都较低，但发展潜力较大

2016 年，西安规模以上工业节能环保产业实现总产值 168.51 亿元，占战略性新兴产业总产值的 7.8%，增速同比下降 7.4%，共有 84 家规模以上工业节能环保企业，产值亿元以上的企业有 24 家，产值过 10 亿元的大企业有 4 家，主要行业分布在风机风扇制造、原油加工及石油制品制造、其他输配电及控制设备制造、环境保护专用设备制造等领域；龙头骨干企业主要从事风机、风扇制造，原油加工及石油制品制造，高效节能通用设备制造等；产品以节能型风机、炼油企业废气综合利用、节能型电站锅炉等为主。

根据以上调查分析，西安市战略性新兴产业发展中的突出问题主要有：一是单位企业规模小。西安市 443 家规模以上战略性新兴产业企业中，产值总量在 10 亿元以上的企业仅有 33 家，企业平均产值仅为 4.86 亿元。2016 年，西安市主营业务收入超百亿元工业企业 8 户，其中陕汽最高约 360 亿元，而成都最高的近 700 亿元。

二是产业链条延伸不长。从制造业与服务业融合发展看，只有陕鼓等少数企业从产品制造企业转型为服务型制造企业，而绝大多数企业仍处于单一的产品加工制造阶段，由制造环节向服务环节延伸不足，产业链条形成、延伸、配套发展不够。

三是自主知识产权和大品牌少。从掌握核心技术来看，在新能源、节能环保、新材料、生物医药等多数行业能达到国际国内领先水平的技术和产品不多。从企业大品牌看，主要有以陕鼓、西电、法士特、西飞、西航等为核心的品牌企业，尽管引进了三星、中兴、华为等品牌，但仍存在本地知名品牌塑造较少，龙头企业带动辐射能力不强，吸收相关配套企业能力较弱，产业配套关系不紧密的现象。

（二）文化产业

2016 年，西安市文化产业增加值 501.54 亿元，同比增长 11.1%，占全市 GDP 的比重为 7.98%，占全省文化产业增加值总量的 62.49%。截至 2017 年 6 月，西安市规模以上文化企业营业收入 237.91 亿元，同比增长 23.4%；营业利润 8.95 亿元，同比下降 28.3%。西安市有着丰富的文化资源禀赋，但文化产业发展还处在相对较低的水平。一是文化产业主体不大不强。主要是规模以上文化企业数量少，行业覆盖率小。当前全市规模以上文化企业 331 家，但与成都 503 家、长沙近 1000 家、广州近 2000 家相比，差距较为明显。二是文化创意产业发展滞后。如，在西安市文化产业主要承载区曲江新区，文化产业主要以传统产业门类为主，约占 85%，新兴融合类、新兴创意类产业只占 15%。再从 2017 年上半年文化产业十个大类看，营业收入增速低于全国、全省的只有文化创意设计服务和文化艺术服务两个行业。三是产业链不长、不优、不发散。截至 2017 年上半年，西安市规模以上文化单位有 329 家，涉及了文化产业 120 个行业小类中的 57 个，行业覆盖率不到 50%。还没有企业能像迪士尼、环球影城一样有强大文化渗透性的源头产品，也不能在文化产业全产业链形成完整的产业链条。

表 3　　2017 年上半年全市规模以上文化产业单位营业收入

	绝对额（亿元）	西安增速（%）	全省增速（%）	全国增速（%）
总计	237.91	23.4	22.6	11.7
新闻出版发行服务	24.07	13.6	17.4	5.9
广播电视电影服务	8.62	27.8	30.9	0.3

续表

	绝对额（亿元）	西安增速（%）	全省增速（%）	全国增速（%）
文化艺术服务	4.53	13.4	17.1	14.7
文化信息传输服务	21.47	75.6	69.4	32.7
文化创意和设计服务	23.45	6.2	7.7	6.3
文化休闲娱乐服务	13.10	44.0	41.3	16.8
工艺美术品的生产	51.29	32.4	36.7	10.5
文化产品生产的辅助生产	34.80	21.5	27.5	10.5
文化用品的生产	55.32	12.1	5.7	13.2
文化专用设备的生产	1.25	58.0	2.7	2.2

数据来源：西安市统计局。

（三）旅游产业

2016 年，西安市接待海内外游客 1.5 亿人次，同比增长 10.4%；旅游业总收入 1213.81 亿元，同比增长 13.1%，相当于全市 GDP 的 19.4%。

表 4　　西安与部分城市旅游产业比较

城市	2016 年基本情况		旅行社数量	A 级景区数	5A 级景区数	博物馆数	世界遗产数	5 星级酒店
	旅游总收入（亿）	接待游客数（亿人次）						
西安	1213.8	1.5	410	72	3	98	6	15
杭州	2571.8	1.4	717	70	3	—	2	24
成都	2506.9	2.0	466	87	1	—	2	18

注：西安高端酒店数据来源为陕西旅游政务网。

西安市是旅游资源大市，但却不是旅游强市。主要问题有：

一是旅游发展理念陈旧。目前西安市对全域旅游的认识还不深刻，大旅游格局尚未建立，突出表现在景点压倒城市。从表 4 可以看出，西安市世界遗产、5A 级景区、博物馆、接待游客数都较多，但旅游总收入却较低，不到杭州和成都的一半，在副省级城市中排名第十。比如，临潼区兵马俑景区受条块思维制约，周边配套设施落后，整体环境差，服务水平低，严重影响游客体验感，离世界一流目的地的水准差距非常大。

二是高端化多元化旅游业态不足。旅游活动的基本要素，传统上传播最广的概念是“吃、住、行、游、购、娱”，后来又有“商、养、学、闲、情、奇”的新旅游六要素：“商”是指商务旅游，包括商务旅游、会议会展、奖励旅游等；“养”是指养生旅游，包括养生、养老、养心、体育健身等健康旅游；“学”是指研学旅游，包括修学旅游、科考、培训、拓展训练、摄影、采风、各种夏令营冬令营等活动；“闲”是指休闲度假，包括乡村休闲、都市休闲、度假等各类休闲旅游新产品和新要素，是未来旅游发展的方向和主体；“情”是指情感旅游，包括婚庆、婚恋、纪念日旅游、宗教朝觐等各类精神和情感的旅游新业态；“奇”是指探奇，包括探索、探险、探秘、游乐、新奇体验等探索性的旅游新产品。无论是从传统六要素看，还是从新六要素看，西安市的旅游综合配套服务设施服务能力和水平都不高，导致会展、探奇、休闲等高端旅游业态不足。比如，在“住”方面，西安市五星级酒店只有15家，低于杭州（24家）和成都（18家）；在“商”方面，目前西安市现有展馆室内面积不足7万平方米，会展场次185次，同杭州（展馆室内面积33万平方米，会展场次290次）相比差距明显；在“闲”方面，都市休闲明显不如成都。这反映出西安市综合配套设施有待完善，特别是在住宿、休闲、商贸、会展等方面的服务能力和水平都亟须提升。

三是智慧化、国际化水平有待提升。西安市不少景区缺乏完善的交通配套设施和旅游信息发布预警机制，信息化管理水平不高，在旺季时期景区、景点停车场、厕所拥挤爆满，而在淡季的时候又出现资源闲置浪费，管理成本高。旅游景区智慧化设施建设进展也比较缓慢，对现代高新技术的运用能力不足，缺乏对VR技术、可穿戴技术、全息影像技术等高新技术的使用，致使游客体验服务感知效果较差，无法借助现代化的技术手段全方位地游玩感受和充分了解景区特点。

（四）金融业

2016年西安市实现金融业增加值724.35亿元，位居副省级城市第8位。金融业增加值占GDP的比重为11.5%，在15个副省级城市中仅低于深圳（14.8%）和南京（11.8%），排名第3位，拉动GDP增长1.1个百分点。金融综合竞争力居全国城市第12位，居副省级城市第7位，共有境内外上市公司179家。金融业作为西安市的主导产业对西安市经济增长的主导作用和拉动力较强。

表 5　　西安与成都金融业比较

	金融业增加值（亿元）	占 GDP 比重（%）	金融机构数量					上市企业数量		
			银行业机构	保险业机构	融资性担保公司	小额贷款公司	外资银行	境内上市企业	境外上市企业	新三板挂牌
西安	724.35	11.5	43	55	66	37	5	33	24	122
成都	1385.57	11.4	80	85	127	121	16	66	16	215

但通过分析发现，西安市金融业要高端化发展，还有很长的路要走。第一，金融产业增加值总量及机构总量偏小。从表 5 中可以看出，2016 年成都市实现金融业增加值 1385.57 亿元，在副省级城市中排名第 3 位，西安市金融业增加值仅相当于成都的一半左右。虽然西安市已基本形成了门类齐全的金融机构体系，但与成都相比，银行业机构、保险业机构的数量与成都差距明显，金融业总量偏小和金融机构总量偏少是制约西安市金融产业高端化发展的根本因素。

第二，金融业发展不均衡，银行行业一家独大。2016 年，西安市银行、保险、资本市场及其他金融业的增加值比重为 78.5 ∶ 9.5 ∶ 5.1 ∶ 7.0，银行信贷主导地位的融资结构降低了债券、股票等其他金融资源对产业结构调整的贡献度。在资本市场方面，西安市共有境内上市公司 33 家，成都有 66 家，是西安市的 2 倍。西安市境内上市公司总市值仅相当于成都的 76.1%，融资企业数量与融资总额均有待提高。

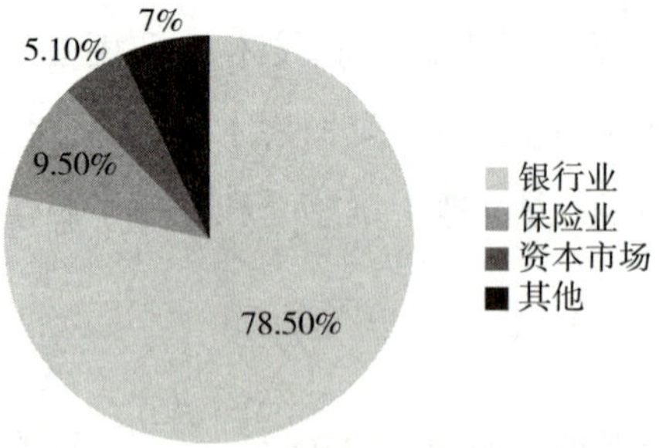

图 2　2016 年西安市金融业增加值比重

第三，金融业辐射力和外向度不强。从贷款流向来看，2016 年末，西安市金融机构本外币境内贷款余额 15518.71 亿元，而境外贷款余额只有 23.68 亿元，仅占各项贷款数据的 0.2%。另外，西安市只有 5 家外资银行，15 家外资保险机构，成都分别达到 16 家和 17 家。可以看出，西安金融机构服务范围多限于全市、全省、西北地区，对“一带一路”沿线国家的辐射力和外向度还有待提高。

第四，新型金融业态发展缓慢。西安市大数据金融、科技金融、绿色金融、投贷联动、投保联动等新金融业力量薄弱，难以为小微企业的发展提供更加便捷、优质、灵活的金融服务。

三、西安推动产业发展迈向“双高端”的发展重点

根据以上对西安市部分重点产业发展的优势与潜力分析，结合西安实际及国内外产业发展新趋势，建议重点从以下六个方面推动产业发展迈向“双高端”。

（一）打造国际一流旅游目的地

旅游是一种动力产业，是一种自由的、主动的、积极的文化活动，既是文化消费过程，也是文化创造过程，对经济社会的带动性很大。当前，旅游业正在从封闭的旅游自循环向开放的“旅游 +”融合发展方式转变，“旅游 +”正以强大活力与其他产业磨合、融合、组合，不断衍生新产品、新业态、新供给。这既为旅游业自身发展拓展了广阔空间，也为带动其他产业发展提供了巨大动能。西安文化旅游资源得天独厚，发展潜力巨大，应是我们优先发展、重点打造的“拳头产业”。

1. 树立全域旅游和大旅游理念

旅游业是综合产业。要加快更新发展理念，以“全域旅游化、全生产要素旅游化、全产业链旅游化”为路径，围绕传统六大要素（吃、住、行、游、购、娱）和新六要素（商、养、学、闲、情、奇），实现点线面有机组合和全域拓展，形成全域旅游发展新格局，充分发挥旅游业的经济属性和社会属性，全面体现旅游业在推动经济转型、提升生活品质、促进精神文明建设和生态文明建设等方面的重要作用。

2. 大力发展高端化多元化旅游业态

推动旅游与文化、科技、会展、商贸、体育、工业、医养、情感、探奇、研学等深度融合。围绕历史文化、红色文化、秦岭文化、宗教文化等领域，促进文化旅游融合发展。充分运用新科技，打造高品质科技旅游产品。依托欧亚经济论坛、丝

博会、“一带一路”国际峰会、世界马拉松赛等，完善配套休闲旅游设施，联动会展旅游、商贸旅游、休闲旅游、赛事旅游等相关产业的发展。围绕旅游精品线路和特色农业资源，发展生态农业、观光农业以及休闲度假农业。依托西安装备制造业优势，发展旅游设施装备和商品制造工业，推进以观光工厂为核心的工业旅游发展，打造一批工业旅游景点。充分利用西安的医疗优势资源和温泉、中医药养生资源，开展国际医疗旅游，培育形成大规模康复养生集聚区。依托丰富的高校资源，开展学术交流、留学、科考、培训、拓展训练、摄影、采风、各种夏令营冬令营等活动，发展研学旅游。依托浐灞生态区婚庆小镇、佛教八大宗派祖庭等，发展婚庆、宗教等情感旅游。依托秦岭山脉资源，发展探索、探险、探秘、游乐、新奇体验等探奇旅游。

3. 打造具有国际吸引力的旅游精品

突出“西安·世界古都”“长安·丝路起点”“秦岭·世界名山”三大品牌，深化丝绸之路经济带旅游合作，推动旅游产品、购物、服务和营销全面执行国际惯例和标准体系，融入国际旅游市场产业链，全面提升西安旅游国际化、全域化、产业化水平。

4. 提升旅游综合配套服务水平

强化旅游门户功能，推进全市旅游集散中心体系、旅游咨询服务体系、城市道路旅游导识系统、离境退税体系、自驾车营地服务体系建设，提升西安的旅游交通集散功能。吸引国内外旅游服务机构进入西安，引进国际知名酒店品牌、高端酒店集聚，发展经济型酒店、特色主题酒店、乡村度假酒店，推进旅游休闲购物街区和旅游购物商店建设，完善城市国际化生活服务配套体系。加快智慧旅游建设，实现信息化对旅游营销、游客服务、行业管理、景区建设等的有效支撑。

5. 打造文化创意名城

文化创意产业代表着产业的高端水平，也是促进文化旅游业发展的重要抓手，根据西安市文化创意产业增速较慢、发展滞后的现状，应大力发展文化创意产业，重点发展音乐、影视动漫、数字游戏、文博旅游、出版发行、非物质文化遗产、版权服务等文化创意产业，推进动漫小镇、文化艺术创意小镇、广电小镇等特色小镇建设，形成一批具有较高美誉度的文旅品牌和文旅商品。

（二）在战略性新兴产业领域率先打造新一代信息技术和新能源汽车等两个“拳头产业”

1. 打造国内新一代信息技术第一城

新一代信息技术产业是西安市最具优势的高端产业，在战略性新兴产业中总量最大（631.58 亿元），占比最高（29.4%），增速也达到了 51.6%。目前，西安市共有 71 家规模以上工业新一代信息技术企业，在集成电路、智能终端、北斗导航、软件研发等领域优势突出，已成为新一代信息技术产业快速发展的核心城市。应围绕三星、华为、美光、中兴等龙头企业抓好配套跟进，依托西安国家软件产业基地、国家软件出口基地、国家集成电路产业基地和国家服务外包产业基地等，努力构建一条从研发、设计、生产到销售服务的完备生产链，重点发展集成电路设计和制造、智能终端、大数据应用与云计算服务、物联网、下一代移动通信以及嵌入式软件系统，率先形成千亿级产业集群，打造全国重要的新一代信息技术产业基地。

2. 打造全国新能源汽车制造重镇

西安市新能源汽车产业发展势头迅猛，目前年产量位居全国第二，增速在战略性新兴产业中位列第一，高达 57.5%。随着吉利、开沃等重大项目相继落户，应抓住机遇、顺应趋势，加速发展新能源汽车产业。以陕汽、比亚迪、吉利、开沃、宝佛麟等企业为龙头，主要在高新、经开、阎良、高陵等区域布局，重点发展插电式混合动力、纯电动、液化天然气、甲醇、二甲醚等节能与新能源汽车，提升整车设计、整车安全、智能控制、电子通信、系统集成以及轻量化研究等核心技术的工程化和产业化能力，加强动力电池、驱动电机及控制系统等关键核心零部件的技术攻关，加快节能与新能源汽车生产线装备建设，形成节能与新能源汽车整车制造与相关零部件的规模化生产，打造节能与新能源汽车千亿级产业集群和全国乃至全球著名的新能源汽车制造基地。

（三）积极培育发展硬科技“八路军”产业

由于“八路军”产业中光电芯片和信息技术产业与战略性新兴产业中的新一代信息技术产业有较大重合，所以我们重点围绕人工智能、航空航天、新材料、新能源、智能制造、生物医药等6个领域提出发展思路。根据前文分析，应分层次推进产业梯次发展，形成多元支撑格局。

1. 突破发展新能源和航空航天产业

在战略性新兴产业中，新能源产业总量第三（398.57亿元），增速第二，发展良好；航空航天优势突出，占到了高端装备制造业近八成，总产值314.46亿元，实现突破具有良好基础和巨大潜力。

航空航天：依托航空基地、航天基地、西飞集团以及中航工业第一飞机设计研究院、中国飞行试验研究院、航天六院、航天五院西安分院、航天九院771所等相关科研院所，积极提高自主创新能力，扩大产业规模。围绕大中型、支线、通用飞机、北斗行业应用等项目，打造航空航天千亿级产业集群。

新能源：围绕航天基地、经开区的光伏产业，加快在全产业链上的生产布局，致力于“高纯多晶硅料—电池组件—系统集成—电站建设运营”的全生产链建设。依托永电金风、盾安电气、捷力电子等风电骨干企业，壮大产业集群，延展产业链，重点发展发电机制造、控制系统、零部件制造等。继续引进一批集成能力突出的龙头企业，包括整机企业、控制系统和核心零部件企业等，进一步提升产业系统集成能力，加快配套项目引进，形成具有一定规模的产业集群。

2. 提升发展新材料和生物医药

新材料和生物医药产业总量不大，分别为238.24亿元和204.53亿元，但有一定的比较优势，要加快产品产业化和应用，推动产业发展壮大。

新材料：重点在经开区、高新区、未央区等区域布局，依托西部钛业、西部超导、隆基硅、西部金属、陕西稀有金属科工集团等大企业，进一步提高自主研发优势，突破关键技术瓶颈，不断提高产业链上企业之间的相互配套能力，加大聚集化发展效应。以高性能材料为重点，发展壮大现有优势高性能材料，加大技术创新力度，大力发展复合、纳米、智能、LED荧光粉等材料，打造新材料千亿级产业集群。

生物医药：依托空军军医大学、博恩生物、蓝港数字、杨森、力邦、利君等骨干企业和高新区为生物医药研发区，抓好国家分子医学转化科学中心、医用3D仿生骨研制、美国强生供应链生产基地、利君制药生物基地等项目，重点发展化学药、现代中药、生物医药、高端医疗器械等产业，加速生物产业集聚发展，打造生物医药千亿级产业集群。

3. 高度重视人工智能和智能制造产业

人工智能和智能制造都是西安市相对较弱的产业，同时也是前沿未来产业，要加快布局，力争异军突起，形成新的增长点，抢占未来科技和产业发展先机。

智能制造：依托西安中科微精光子制造科技有限公司、西安航天动力研究院、西安智熔金属打印系统有限公司等，围绕超快激光微加工技术、金属3D打印实现增材制造等重点项目，大力发展高端精密机械及数控机床、工业机器人、无人机、增材制造等智能制造装备，开发一批精密、高速、高效数控机床及柔性成套生产线制造系统，加快发展智能制造装备产业。同时，在制造业领域推动企业智能化改造，推广普及智能工厂、数字化车间，加快企业流程再造、信息集成、智能管控、组织优化。

人工智能：制定人工智能产业发展路线图，依托西安交通大学人工智能研究所、西北工业大学第365研究所等，搭建科技创新平台，组建产业技术联盟，重点在西咸新区、高新区积极开展人工智能基础和应用技术研究，加快推进认知计算、模式识别、自然语言理解、类脑智能信息处理等人工智能核心技术研发和产业化。同时，要加强人工智能人才储备，推动驻西安高校科学建设人工智能学科，鼓励深度交叉学科研究与人才培养，精准引进一流研究机构和领军人才。

（四）打造丝路国际金融中心

金融业作为西安市的主导产业，2016年实现增加值724.35亿元，占GDP比重达到了11.5%，对拉动西安市经济增长作用较强。但同时也是西安市“十大短板”之一，对西安市建设国家中心城市和国际化大都市的支撑作用不强。要加大金融创新力度，着力于构建层次多样的金融服务体系，打造千亿级现代产业。一是扩大行业规模。围绕打造丝路国际金融中心和以高新科技金融区为核心，以沣渭能源金融区、曲江浐灞文化金融、新金融试验区为支撑的金融区，积极引进境内外金融机构，加快建设科技、文化、军民融合三个金融示范区和能源、物流、绿色三个金融功能区，大力发展融资租赁、科技金融、能源金融、文化金融、大数据金融等新兴金融业态，推进高端金融和新兴金融集聚发展。二是构建多层次资本市场体系。不断拓展金融市场的广度和深度，优化金融市场参与者结构，大力发展非银行金融机构，鼓励组建或引进高水平的财务公司、金融租赁公司、基金管理公司等新型金融机构，以及会计、法律、资产评估等中介机构。通过构建区域性信贷市场、债券市场、期货交易市场、保险市场和股票市场，扩大债券和股权融资的规模，提升直接融资比重，构建多层次融资体系，促进金融产业均衡发展。构建包括货币市场、资本市场、外汇市场等门类齐全的多层次金融市场体系，为区域经济发展提供多元化的资金支持。三是开展西安特色的金融创新。依托自贸区，扩大离岸金融、能源金融等领域开放合作，推动跨国企业集团跨境人民币、外汇资金集中运营业务试点以及服务贸易创新发展试点。积极发展普惠金融、供应链金融、绿色金融，开展第三方支付、网络保险等金融创新业务，形成多元金融服务链条。

同时，为促进西安市服务业整体跃升，也要重点推动科技、信息、物流等重点领域生产性服务业向专业化和价值链高端延伸，突出发展科技研发、创意设计、市场营销、商务咨询、现代营销、检验检测等高端环节。

（五）提升都市型现代农业发展水平

要积极实施乡村振兴战略，以服务城市、富裕农民为中心，以转变农业发展方式为主线，大力推进农业供给侧结构性改革，提高发展质量效益和竞争力，不断释放农业发展活力，让农业成为有奔头的产业。具体来讲要走“五个发展”之路。

1. 由“单向性”向“融合性”发展，走好一、二、三产融合之路

用工业理念发展农业，以制度、技术和商业模式创新为动力，推进农业供给侧结构性改革，着力构建农业与二、三产业交叉融合的现代产业体系。延伸农业产业链，发展农业生产性服务业，鼓励开展代耕代种代收、大田托管、统防统治、烘干储藏等市场化和专业化服务。推动农产品深加工发展，加快农产品冷链物流体系建

设，健全农产品产地营销体系，推广农超、农企等形式的产销对接，鼓励在城市社区设立鲜活农产品直销网点。加强统筹规划，推进农业与旅游、教育、文化、健康养老等产业深度融合，建设一批具有历史、地域、民族特点的特色旅游村镇和乡村旅游示范村。

2. 由“机械化”向“信息化”发展，走好智慧农业引领之路

积极推进“互联网 + 品牌农业”，推进现代信息技术应用于农业生产、经营、管理和服务，鼓励对大田种植、畜禽养殖等进行物联网改造。采用大数据、云计算等技术，改进监测统计、分析预警、信息发布等手段，健全农业信息监测预警体系。大力发展农产品电子商务，完善配送及综合服务网络。

3. 由“粗放型”向“精细型”发展，走好农产品“高附加值”之路

扶持发展一镇（县）一业、一村一品，加快培育乡村手工艺品和农村土特产品品牌，推进农产品品牌建设。健全农业社会化服务体系，在特色产品的生产、开发、扩大销售渠道、品牌培育等方面给予技术支持和专业服务。鼓励农产品产销合作，建立技术开发、生产标准和质量追溯体系，设立共同营销基金，打造联合品牌，实现利益共享。推动科技、人文等元素融入农业，发展农田艺术景观、阳台农艺等创意农业。鼓励发展农业生产租赁业务，积极探索农产品个性化定制服务、会展农业、农业众筹等新型业态。

4. 由“石油化学型”向“生态生物型”发展，走好循环发展之路

大力发展绿色农业、“白色农业”，实现农业资源高效、循环利用。完善种养结合循环农业，开展畜禽规模养殖场、屠宰场等的标准化改造，改善养殖和屠宰加工条件，完善粪污处理等设施，推进循环利用。以畜禽规模养殖场为重点，建设大型沼气工程、生物质燃气提纯利用及有机肥加工设施，发展以沼气为纽带的生态循环农业。

5. 由“农场式”向“公园式”发展，走好创新发展之路

做强“农业两区 + 特色小镇”，创新现代农业示范区建设。在西安市 470 个“资

源变资产、资金变股金、村民变股东”改革试点村的基础上，持续加大改革推进力度，推进“田园综合体”建设，首先在临潼、高陵、灞桥三区开展田园综合体试点示范。

（六）大力发展新经济

新经济的蓬勃发展给西安市带来机遇的同时也带来了挑战。一方面，为西安市产业走向中高端奠定了技术经济基础，指明了发展方向；另一方面，西安市对新兴技术和产业领域全球竞争的制高点掌控还不够，支撑产业升级的技术储备明显不足。因此，我们必须进一步增强紧迫感，紧紧跟上这一潮流，根据西安资源禀赋、产业基础以及未来发展方向，大力实施新经济、新业态壮大计划，推动模式创新、业态创新、服务创新和跨界融合，推动物联网、人工智能、虚拟现实、增强现实等新技术与实体经济深度融合，重塑产业链、供应链、价值链，抢占经济新高地，形成增长新动力，拓展发展新领域，努力实现由跟跑变为领跑。除了要发展数字经济、智能经济、绿色经济、共享经济等新经济业态外，当前，我们要按照省上部署要求，重点发展枢纽经济、门户经济、流动经济。

一是以建设“国际运输走廊”“国际航空枢纽”为目标，积极发展综合交通、枢纽交通，加快形成航空高端带动、高铁与地铁等交通无缝衔接的现代化交通体系。二是依托高铁站、机场和高速公路网，高水平建设国际空港枢纽、国际铁路枢纽、国家级高速公路枢纽，拓展“长安号”中欧班列业务范围，大力发展高铁经济、临空经济，形成完整的枢纽产业链条。三是依托空港新城、国际港务区，打造“中国孟菲斯”，积极探索建设内陆行自由贸易港。四是构建全方位立体口岸开放体系，进一步完善西安国际陆港、航空港、海关特殊监管区、口岸等四大平台功能，积极融入全国通关一体化。五是依托西安港冷链物流仓储基地、新筑铁路综合物流中心、长安航空营运基地三大聚集区和京东全球物流总部、中通西北电商物流产业园、高铁新城等项目建设，构建智慧物流发展体系。六是加快建设现代供应链，依托自贸试验区搭建全球供应链要素集成平台，促进更多跨国企业建设以西安为核心的供应链，变内陆腹地为开放前沿。

四、西安推动产业发展迈向“双高端”的强化支撑措施

推动产业发展迈向“双高端”，要求坚持质量第一、效益优先，以量质并举为主线，以产业高端化为导向，加强招商引资、科技创新、质量品牌、人才培养、土地供给等，为推动产业沿微笑曲线向价值链两端延伸，提升产业国际竞争力和可持续发展能力，提供强有力支撑。

（一）强化招商引资

要强力推进招商引资“一号工程”，围绕要重点打造的文化旅游业、新一代信息技术、新能源汽车、硬科技“八路军”、现代金融、都市型现代农业等产业以及新经济，组建六大招商团队，制定有力的招商计划，筛选引进一批“高大新特优”项目，切实增强发展后劲。

（二）强化科技创新

创新是产业迈向“双高端”的核心动力。要依托西安市富集的科教、人才资源和两个“国字号”创新改革试验示范，围绕要打造的“拳头产业”和重点产业部署创新链，依托科研院所和产业领域龙头企业深化产学研合作，重点打造一批国家级重点实验室、工程（技术）研究中心等科技创新平台，突破一批重大关键共性技术，培育一批竞争力强的创新型领军企业，加速聚集各类创新要素，在全社会营造良好的创新生态，实现从“西安制造”向“西安创造”的跨越。

（三）强化质量品牌

质量和品牌是产业迈向“双高端”的重要标志。要着力打造质量强市，实施名牌产品战略和标准化战略，支持“拳头产业”、硬科技“八路军”、现代农业等领域龙头企业参与国家、行业、地方和联盟标准制定，以高标准引领质量提升。优化知识产权保护环境，培育一批专利密集产品，形成一批知识产权优势企业，提升行业知识产权整体风险防范能力，为产业发展保驾护航。不断增加产品品种，培育一批有特色、有价值、有底蕴的西安品牌和金字招牌，提高产品附加值，提升产业核心

竞争力，推动西安产品向西安品牌转变。

（四）强化人才培养

人才是推动产业发展“双高端”的基础。针对西安市产业发展迈向“双高端”重点产业和大项目建设急需紧缺的国家级专家、优秀企业家等高层次人才，加大柔性引进力度，探索建立海外引才工作站。实行更加开放的人才政策，在大力培养创新人才的同时，更加积极主动地引进一大批具有国际水平的战略科技人才、科技领军人才、青年科技人才和高水平创新团队。强化校企合作，大力发展职业教育，建设一支适应产业转型升级、拥有工匠精神的新型技能劳动大军。鼓励支持区县、开发区和市级部门与发达地区双向交流培训，加大高级人才双向聘任工作力度。

（五）强化土地供给

努力争取中省支持，多渠道争取用地指标，新增建设用地计划重点向“拳头产业”、高端产业等对产业高端化带动作用明显的领域倾斜，优化用地供给，不断提升土地资源供给效益。加大“三个处置”，加大批而未供、未供即用和闲置土地的处置，实现空间换地。加快“四改两拆”拆改土地利用，推进标准厂房建设，开展对空余或闲置工业厂房、仓储用房存量房地资源挖潜节地行动，不断提高土地利用效率。

关中平原城市群产业发展问题研究

2018 年 1 月，国家批复关中平原城市群发展规划，明确西安建设成为国家中心城市。西安在关中平原城市群的核心作用，乃至在全国城市中的地位和作用再次突出和强化，西安的发展已进入一个新阶段。西安在加速极化自身中心城市地位、建设大西安城市圈的同时，需要更深入地研究城市群的状况，更多关注、推进、服务城市群的发展，更大地展现辐射力、带动力，以体现作为国家中心城市、"一带一路"起点城市的担当，同时也要为自身未来的发展创造更好的发展空间。

国内外经验都表明，一个中心城市要实现高水平持续发展，最终要依赖并推动城市群协同发展。而产业结构和产业发展合作水平则是城市群协同发展的基础，是城市群得以共存共兴的主要内容，甚至直接决定城市群的未来，必须加以重点研究。

本课题组对关中平原城市群产业发展问题进行专门研究，旨在更好推进、提升关中平原城市群的产业发展。

一、关中平原城市群简要背景

关中平原城市群以西安为中心，是华夏文明重要发祥地，中古时期的荣兴之地，承载着中华民族的历史荣耀和厚重记忆。关中平原城市群有较好的发展基础，发展潜力很大，是国家已批复的七个城市群之一，在国家现代化建设大局和全方位开放格局中，尤其是在中国特色社会主义新的历史进程中具有独特战略地位。

（一）规划由来

2009 年，发展改革委编制《关中－天水经济区发展规划》，并报请国务院批准，这是关中区域进行国家级规划的开始。2009 版关天经济区规划实施迄今已经十年，有了一定成效。为适应新时期发展需要，国家对《关中－天水经济区发展规划》进行扩充、提升和加强，形成新的城市群规划，即《关中平原城市群发展规划》（下称“新规划”）。原有关天经济区规划只涉陕甘两省，“新规划”范围扩至陕甘晋三省，新增甘肃庆阳、平凉两市，还包括了山西的临汾全市和运城大部分区县；而且定位和目标提升，规划内容也进行了刷新。新版城市群规划总国土面积共 10.79 万平方公里，人口约 3867 万，城市数量 18 个，建制镇 687 个，2018 年地区生产总值约为 1.52 亿元。

（二）“新规划”城市群范围

包括陕西省的西安、宝鸡、咸阳、铜川、渭南 5 个市，杨凌农业高新技术产业示范区及商洛市的商州区、洛南县、丹凤县、柞水县。山西省的运城市（除平陆县、垣曲县），临汾市的尧都区、侯马市、襄汾县、霍州市、曲沃县、翼城县、洪洞县、浮山县。甘肃省的天水市及平凉市的崆峒区、华亭县、泾川县、崇信县、灵台县和庆阳市区。

表 1　　关中平原城市群各行政区概况

城市		辖区县
关中各市	西安	未央区、新城区、碑林区、莲湖区、灞桥区、雁塔区、阎良区、临潼区、长安区、高陵区、鄠邑区，蓝田、周至县
	宝鸡	渭滨区、金台区、陈仓区，凤翔县、岐山县、眉县、陇县、千阳县、麟游县、凤县、太白县
	咸阳	秦都区、渭城区、兴平市、三原县、泾阳县、乾县、礼泉县、永寿县、彬县、长武县、旬邑县、淳化县、武功县
	铜川	王益区、印台区、耀州区、宜君县
	渭南	临渭区、华州区、潼关县、大荔县、合阳县、澄县、蒲城县、白水县、富平县、韩城市、华阴市
	杨凌示范区	杨凌区
	商洛	商州区、洛南县、丹凤县、柞水县
陇东片	天水	秦州区、麦积区、清水县、秦安县、甘谷县、武山县、张家川县
	平凉	崆峒区、泾川县、灵台县、崇信县、华亭县
	庆阳	西峰区
晋南片	临汾	尧都区、曲沃县、翼城县、襄汾县、洪洞县、浮山县、侯马市、霍州市
	运城	盐湖区、临猗县、万荣县、闻喜县、稷山县、新绛县、夏县、芮城县、永济市、河津市

（三）关中平原城市群总体格局

“新规划”在空间上构建了“一圈一轴三带”的总体格局。

“一圈”指由西安、咸阳主城区及西咸新区为主组成的大西安都市圈。这是该城市群的核心区域，重点推动西咸一体化发展，合理调整行政区划，建设成为具有国际影响力的现代化都市圈。

“一轴”即沿陇海铁路和连霍高速的主轴线。规划目的是强化西安的综合枢纽地位和辐射带动作用，增强重要节点城市的人口和产业集聚能力，形成现代化的产业带和城镇集聚带。承东启西，进一步提升陆海双向开放水平，强化对新亚欧大陆桥国际经济走廊的战略支撑作用。

“三带”即包茂发展带、京昆发展带、福银发展带，形成了以西安为中心的“米”字形交通和空间发展格局，连通长江经济带、辐射宁夏。

“一圈一轴三带”的总体格局安排，为关中平原城市群产业合作发展和优化布局提供了很好的空间和交通条件，以及未来比较充分的可拓展余地。

（四）战略定位和发展目标

国家明确关中平原城市群是向西开放的战略支点、引领西北地区发展的重要增长极、以军民融合为特色的国家创新高地、传承中华文化的世界级旅游目的地、内陆生态文明建设先行区。要求到2035年，城市群质量实质性大幅提升，建成经济充满活力、生活品质优良、生态环境优美、彰显中华文化、具有国际影响力的国家级城市群。

（五）产业结构和基础

关中地区有很好的现代产业体系，工业体系完整，是全国重要的装备制造业基地、高新技术产业基地和国防工业基地。航空航天、新材料、新一代信息技术等硬科技发展迅猛，文化、旅游、物流、金融业发展势头很好，产业结构处于快速提升期，正在迈向中高端。尤以西安的产业发展和提升有代表性，过去两年多来，西安致力于优化营商环境，以店小二精神、五星级服务改善商事，大力招商引资，成效显著。在国内外经贸面临考验的2018年，西安工业投资增长29%，互联网企业国内前十名有九家在西安有投资，中欧班列由 194 列猛增至 1324 列，增速惊人。历史经验表明，西安因向西而兴，唯因西启，才能承东，才能重兴，且今日西安还多了连南接北，路通货畅，城活必然。以西安重兴为代表，该区域展现了良好的发展前景。

（六）区域科技创新实力

科教资源、军工科技、功能园区均位居全国前列，拥有普通高校 99 所，在校大学生逾百万，两院院士 64 人，各类科研机构 1100 多家，国家重点（工程）实验室 25 家，国家级双创示范基地 4 家，拥有西北唯一的自由贸易试验区和一批国家级园区。区域也承担全面创新改革试验、自主创新示范、军民深度融合等多项国家重大改革创新任务，西咸新区是全国首个以创新城市发展方式为主题的国家新区。

（七）城镇体系支撑条件

该区域城镇化率达到 56%，西安常住人口已超一千万，为西北地区唯一的特大城市，宝鸡、临汾、天水等城区人口接近百万，城镇体系日益完备。区域已经具备产业加速发展的城镇支撑条件。

（八）区域不足之处

总体实力不强，与东部地区相比，城镇和经济的密度均显稀薄。中心城市西安与东部特大城市相比，经济发展水平与城市功能尚有差距，带动作用不够。城市群内协同发展机制不健全、科技军工资源条件共享和整合不深、创新潜力发挥不足、对外开放程度不够（FDI 低），民营经济发展滞后，企业数量少、规模小、实力弱。发展观念、市场意识和竞争能力不强。

上述几个方面构成了关中平原城市群产业发展和协同合作的基本面，应当明了，必须面对。如何借助“新规划”带来的机遇和推动力，如何使关中平原城市群能够乘势再跃上一个台阶，城市群各个成员城市都需要积极破题，西安首先责无旁贷，要走在前面，主动引领、担当。

二、关中平原城市群的产业发展演化、现状

关中平原城市群要实现比较好的产业协同发展，首先需要了解该区域既往的经济关系，产业形成的过程以及产业的结构和主要特点。关中平原城市群，除了狭义的八百里关中秦川，甘肃的天水、平凉、庆阳，古来也属秦文化圈内。天水是古秦人发祥地，自古就和关中往来频繁。从历史的角度来看，陇东这块地区和陕西的天然联系要多于甘肃。运城、临汾与渭南同居汾渭平原，运城在自然地理经济关系上一直与西安走得近，距离西安也比太原近。临汾稍远些，不如运城与西安关系近，但也有较多联系。国家制订关中平原城市群规划，包含甘晋上述两部分地区，有着多方面的依据和考量。

（一）历史上的关中经济圈

早在2000多年前的汉朝，以长安为中心，西到沣庆，东至大荔，形成了历史长河中的首个关中城镇群，按当时的规模标准，应是世界上最早的城市群之一。自中唐后，随着皇都长安的衰落，至宋及其后皇朝都城的迁建，关中平原城市群的发展逐渐式微，至明清更是凋敝。但其身后也留下了关陇和汾渭（也就是今日规划之城市群区域）的庞大身躯。

晚清时期，该区域总体是个典型的农业经济为主地区。区域中心西安也是以自然经济为主导的中国传统府城，依托传统农业社会经济基础发展，城市工业以传统手工业为主，只有几家大的官办军工厂局，工业技术革命的影响微弱，关中地区乃至更广大西北地区更是如此。

民国时期，西安开始推动农业文明向工业文明转变，有民企兴办，规模小，数量少，工业总体幼稚。1932—1945年西安作为陪都曾兴盛一时，1934年，陇海铁路通到西安，西安成为战时新工业建设地区之一。西安围绕火车站及沿线布局工厂，开始形成幼弱的近代工业雏形。但是，由于区域工业发展资源不够，大关中地区总体上仍只是有一些传统手工业的传统型农业经济社会。关中地区的经济联系也远不像东南沿海那样紧密，后者有较为便利的交通条件和长期的商品经济和市场基础，又有国外经济输入，而且有较好的城市工商业发展，大小城市和集镇之间形成比较

多的经济交往和联系。茅盾先生笔下的小说就很好地描述了那时江南以上海为中心，苏锡常、杭甬绍联动的经济图景。

新中国成立以前的关中地区，包括甘肃的天水、平凉、庆阳，山西的临汾、运城基本上是一个分散的传统农业经济为主，兼有传统手工业的区域，只有一些小规模的工业。区域经济联系也比较原始。

（二）新中国成立后状况

根据新中国成立后我国经济发展的重要历史节点，我们将关中平原城市群产业的发展进程大致划分为：计划经济时期（1949—1977 年）；改革开放时期（1978—2012 年）；中国特色社会主义新时期（2017 年 11 月十九大以来至今）三个阶段。

1. 计划经济时期（1949—1977 年）关中地区产业快速发展

——新中国成立初期。国家奉行重工业优先发展战略。出于国防安全的考虑，关中及陕西作为我国的战略纵深，获得了大量国家投资，成为重要的军事工业基地。“一五”和“二五”时期，国家在陕西投入了 57.7 亿，重点建设机械、军工、煤炭、电力、纺织等行业，苏联援建的全国重点建设的 156 项重工业项目中有 24 项建在关中，包括飞机制造、兵器工业、电子工业、电力机械、煤炭工业等。同时，国家还在关中地区安排了一大批配套建设项目。省市地方政府也安排了 145 个工业基本建设项目，主要分布在以西安为中心铁路沿线的咸阳、兴平、宝鸡等城市。与此同时国家在天水也兴建了以装备制造为主的一批工业企业，工业化的迅速发展，推动了关中地区城镇的快速发展，奠定了关中作为新兴工业基地的基础和我国中西部地区经济中心的基础。

——“大跃进”期间。关中城市的经济实力明显增强，城市规模扩大。20 世纪 60 年代初期曾经历了一段停滞时期。

——“三线建设”时期。陕西仍为全国重点建设地区之一，从 20 世纪 60 年代中期开始到 70 年代末，国家对陕西的固定资产投资以西安为中心，并沿陇海铁路向关中和陕南（主要是汉中地区）展开，形成了陕西经济建设的又一高潮。一大批东北及沿海工厂和科研单位内迁陕西，建设了公路、铁路、能源等一大批基础设施和产业建设项目。

经过30多年的经济建设，关中工业落后的面貌得以改观，基本形成以能源、原材料、机械、电子、轻纺、航空、航天等为主导的工业化体系，并建成了一大批工业城市（如宝鸡、咸阳、铜川、阎良、岐山、兴平、华县、耀县等）和工矿区（如韩城、澄城、蒲城）。甘肃的天水、平凉、庆阳，建立起装备制造、机械、军工、石油、化工等支柱产业，天水还成为西北地区重要的工业基地。临汾和运城新中国成立后与成立前相比产业也有不少发展，但是数量少、规模小、技术层次偏低。

整个计划经济时代，今天规划所及关中地区产业发展受国家规划支持，是个机遇期。

就区域产业布局和结构以及其协同和调适而言，都受计划支配，由国家计划安排布局，行业和产业领域，各地自主性不大。因为这一阶段发展特点，是各地发展资源普遍短缺的低层次的补缺性发展，并无协同问题困扰，基本上都由国家做主。更何况，这段时间国家发展对中西部实现倾斜，例如，国家对中西部地区的基本建设投资，“一五”时期为50.2%，“二五”时期为56.7%，三年调整时期为60.5%，“三五”时期68.6%，“四五”时期为56.2%。20多年里，中西部地区投资比例平均每一规划期保持在58.4%以上，关中地区得益甚多。其时沿海地区尤其是东南沿海地区前三十年几乎无像样的工厂投建，沿海大城市还一直支援内地，工厂内迁。

2. 改革开放时期（1978年12月至2017年10月）

十一届三中全会以后，国家实现改革开放，以经济建设为中心，发展重心转移，布局战略转向沿海地区，同时经济体制逐渐转向社会主义市场经济体制，所有制逐渐由公有制向多种所有制转变，同期我国还推行了国有企业股份制改革，借由投资主体的多元化增强市场活力。

——特区战略和“三沿”战略时期。因于沿海地区改革开放的先行优势，20世纪80年代以深圳为代表及珠海、汕头、厦门四特区开建，90年代的浦东开发，使得发展重点转向东部沿海地区，尤其东南部地区。这激活了该区域长期被压抑的市场经济基础，由此带来该区域巨大的乘数效应。接着国家实施沿海沿江沿边“三沿”战略，无论是引进外资、产业和税收政策，还是政府发展行为和社会人力资源管理制度，东部和“三沿”地区先试先行，当然也有许多主动的探索。大东部沿海地区初成为港澳台，后成为美日欧韩等国的投资热土，一时成为国际资本的竞逐场，中西部地区因国家改革开放总体进程的时序安排和自身的计划经济惯性、偏好，加之外生的投资流入有限，一时无以适从，总体进程落后于沿海地区。到 1994 年，固定资产投资东部地区比重上升为 65.7%，西部地区则下降为 12%。关中地区在比较长的时间里，都处于不适状态，西安的人才也大量东南飞。90 年代曾有一部小说《废都》描述西安的衰景。关中其他城市这个时期的发展与沿海地区相比都比较沉闷。但是总体上，随着改革开放的大潮流也在进步，也在发展，也有投资流入，只是相对速度偏低，增量不大，不是热点地区。

陕西这段时期也有亮点，1986—1990 年“七五计划”时期，共完成投资超过 313 亿元，比“六五”计划时期增长 1.35 倍，形成了陕西经济建设的又一投资小高峰。西安得天时地利之便，旅游经济发展飞快。秦始皇兵马俑被誉为世界第八大奇迹，促进和带动了关中旅游业的发展，西安成为全国旅游的热点城市之一，享誉海外。

这一时期，最为引人注目的是西安高新区的崛起。西安高新区创建于 1991 年 6 月，同年，西安高新区（试点）创造了 1.18 亿元收入，2950 万元利税。2008 年，西安高新区综合排名位居全国第五。集聚了一大批创新资源，并形成了以高新技术产业为主体，以大唐电信、东盛制药、比亚迪汽车为代表的电子信息、生物医药、装备制造三大主导产业集群。到 2017 年底，西安高新区创造的 GDP 已经突破 1200 亿元大关，在全国 164 个国家级高新区中，综合实力排名第四。

——实施“西部大开发”战略和加入 WTO 时期。关中平原城市群是“西部大开发”和“十一五”规划重点的双重点开发区域。西部大开发以来，国家加大了对关陇地区航天航空、电子信息类单位的投资，军工产业重新焕发生机。但是，历次国家出于战略或国防需要在关中平原城市群的投资所形成的产业往往都是资本、技术密集型的，规模优势较明显，植入性强，使大关中地区的产业结构呈现“重型化”“国有化”，对民营经济发展和市场力量的培育有利有弊，“国有化”在一定程度上阻碍了民营经济的发展。随着加入 WTO，沿海地区发展加速，关中平原城市群发展机会也增多，进入该区域内外资增大，但是相对发展速度变慢，经济发展与沿海地区差距进一步拉大，甚至山东和中原地区都比关中地区发展更快。以郑州为例，仅富士康就给郑州带来几百家企业集群，千亿级的产值规模。

此阶段从投资来源看，以陕西为例，还是国家投资、国有经济投资为主，非国有经济投资在全社会固定资产总投资中所占比重在全国30个省市中列24名。直到今天，国有经济还是主导，民企的实力和活力不够。

——科学发展观时期。科学发展观对于调整优化改革开放初期形成的粗放和野蛮发展方式是必要的，但是对于处于发展阶段相对落后，大部分地区还处于工业化中期甚至前中期的关中城市来说，要求实现与沿海发达地区一样标准的自然环境、空气、生态保护、劳动保护等要求，应当说还是有很大的压力。如同前几年中国难以实现国际社会所要求的与发达国家一样的排放标准一样，显然对中国的发展构成制约。对于正该接受东向西、南向北经济和产业双重梯度转移的关中平原城市群来说，环保巡查等高绿色的发展要求，确实抵销了相当的发展机会。

此外，国务院于2010年9月颁布了《国务院关于加快培育和发展战略性新兴产业的决定》，选择了节能环保、新一代信息技术、生物产业、高端装备制造产业、新能源产业、新材料产业、新能源汽车产业等7个产业作为战略性新兴产业。关中地区借助已有的军工、科技和高教优势，尤其是西安得到了一些新的发展机会，投资和项目进入关中地区明显增多。加之国家加快发展高铁，大大加快关中地区的交通基础设施条件，西安形成了“米”字形的交通结构，开始体现出了作为丝路枢纽的地位和未来前景，近几年在全国各种有关发展竞争力和前景的评价中，西安都有很好的表现。近年来，西安还成为全国网红城市，不断登上热搜。西安的国际影响力也持续增强，在多项国际排名中名列前茅，在“最具活力城市”中排名第一。最具代表性的是西安的房价在两年内翻了一番。西安房价过去确实过低，甚至不如洛阳，近期更多是补涨性质，况且，房价相当程度也是一个城市发展水平的度量，房价与城市的发展水平高度相关，有相当同步性，房价的补涨，反映了西安城市的预期。

经过四十多年的改革改制、调整结构、科技创新和优化升级，关中平原城市群各地产业都有不同程度的发展和进步。产业结构逐步优化。关中地区一、二、三产业比例呈现出以第二产业为主的“二、三、一”结构序列。核心城市西安的产业结构逐步调整成为以第三产业为主导的“三、二、一”结构序列。

天水作为西北重要的工业城市，也是国家的老工业基地。初步形成了以机械制造、电工电器、电子信息、医药食品、建筑材料、新型能源六大产业为主导、装备制造业为主体的工业格局。2017年，全市170户规模以上工业企业实现工业增加值

103.07 亿元，增长 6.8%，增速高于全省平均增速（–1.7%）8.5 个百分点，增加值增速位居全省第一位，增加值总量位居全省第四位；实现利税 20.3 亿元，增长 37.6%。主营业务收入上亿元企业达到 37 户，比 2008 年净增 20 户，上 10 亿元企业 3 户。27 户企业进入省、市级战略性新兴产业统计名录，其中 11 户企业入选全省战略性新兴产业骨干企业行列。临汾四十年来建立起煤焦化工钢铁为重点产业，同时兼有电子信息、新能源、新医药等新兴产业的现代产业体系。

关中各地最为明显的还是房地产业的发展。房地产既是个民生工程，又是一个拉动各地发展的巨大产业，而且产业链条很长。关中地区房地产业发展总体进程稍晚于沿海地区，2000 年前只有零星开发，其后逐渐加大，但总体规模要小一些，高档的商务和住宅项目偏少，总体房价低很多，很多购买力流向沿海一线城市，尤其是北京。区域房价近几年有开始补涨的势头，尤其是西安近两年来涨幅较大，逐渐与经济水平和城市地位相适，但仍属偏低价位城市，其他城市更是如此。与全国一样，房地产业财政也是关中各个城市的支柱。

3. 中国特色社会主义新时期（2017 年 11 月至今）

十九大以来，中央深化实施发展战略性新兴产业方略，继续鼓励创新创业。新一代信息技术产业、人工智能等成为未来产业发展的核心。

关中各市着力抓住国内发展产业梯度推移的良机，力争有所作为，在新一轮发展中抢占经济发展制高点，各地都在产业方面积极布局，努力建设创新体系，各市的政府报告在突出当地原有优势产业同时，都在强调大力发展战略新兴产业，各市产业经济都有不同程度增长。面对强大的新经济扑面而来，如何在战略层面、现实发展要求、招商引资具体成效几方面做好合理配合和安排，也显示出一定的趋同性、盲目性。关中平原城市群的产业发展不管从战略层面看，还是从实际的推进角度分析，正处于一个新的发展突破期。

西安进入新一轮产业高速发展期。作为国家中心城市、关中平原城市群的核心城市，西安近两年以来发展迅猛，以打造一流国际营商环境为抓手，以争做店小二\五星级服务为标准，发动全市在产业发展方面重点发力，统筹创新链、产业链、人才链、资金链、政策链，加快构建以电子信息为主的高新技术产业，以新能源汽车和航空制造、智能制造为主的先进制造业，以枢纽经济、门户经济、流动经济为主的商贸物流业，以及文化旅游大产业等“3+1”万亿级大产业为支撑，实体、科技、现代金融、人力资源诸业协同，富有竞争力的现代产业体系。2018 年从西安出发的中欧班列达 1300 余列，而返回西安的列车满载率达 90% 以上，这表明西安的货物集散能力得到了广泛的认可，西安经济发展具有持久活力和生命力。

同时把握未来发展趋势和西安的比较优势，打造硬科技八路军，制订硬科技发展和突围计划并与高校经济结合，统筹设立 1000 亿元硬科技产业发展基金和 500 亿元风险投资引导基金，意在打造西安交通大学中国西部创新港、西北工业大学西部翱翔小镇、西安电子科技大学中国西部军民融合谷、西咸新区西部云谷等十多个具有国际水准的硬科技小镇，建设硬科技之都。西安产业发展的一系列谋划引起国内外高度瞩目。

上面我们对关中平原城市群产业发展的历史过程进行了简要回顾，以便对关中平原城市群产业发展的现状有一个背景性了解。下面我们转入对关中平原城市群产业内部进行具体分析，以更真切地把握关中平原城市群产业的内在机理、未来趋势和前景

三、关中平原城市群产业特点

（一）总量和结构分析

关中城市经济总量和产业规模除了西安，普遍偏小。据 2018 年最新统计数据，西安在全国地级以上城市中排名居 21 位，增速较快，但与国家中心城市地位尚欠相配，其他没有一个城市进入全国地级以上城市前 100 位排名。关中平原城市群城市可分成四档：西安一骑绝尘，为一档。二档，咸阳和宝鸡，都超过 2000 亿元。咸阳总量 2376 亿元，与居全国第 100 位的山东枣庄 2404 亿元很接近，也是 100 名外了。第三档，渭南、运城、临汾，超过 1000 亿元。其他 6 个城市不足千亿，为第四档。人均 GDP，2018 年全国约为 9900 美元，只有西安约 1.3 万美元超过全国平均水平，宝鸡约 8800 美元，其他除了咸阳稍高些，都远低于全国平均水平。从产业结构和规模看，二产超过 50% 有 5 个城市，宝鸡和咸阳二产比例最高，其中宝鸡二产 63.3%。有七个城市一产超过 10%，天水高达 22.2%。说明区域的产业不仅规模小，结构层

次还比较低。

表 1　　2018 年关中平原城市群 GDP、人均 GDP 及产业结构

城市	GDP（亿元）	人均 GDP（元）	三次产业结构
西安	8349.86	86827	3.1 ∶ 35.0 ∶ 61.9
宝鸡	2265.16	59909	7.2 ∶ 63.3 ∶ 29.5
咸阳	2376.45	54306	12.0 ∶ 56.9 ∶ 31.1
铜川	327.96	39352	7.5 ∶ 43.2 ∶ 49.3
渭南	1767.71	32839	16.8 ∶ 42.0 ∶ 41.2
杨凌	150.46	72897	5.2 ∶ 55.0 ∶ 39.8
商洛示范区	824.77	34635	11.5 ∶ 53.5 ∶ 35.0
天水	652.05	19525	14.0 ∶ 30.6 ∶ 55.4
平凉	395.17	18705	22.2 ∶ 26.3 ∶ 51.5
庆阳	708.15	31383	10.0 ∶ 50.3 ∶ 39.7
临汾	1440.00	32100	6.5 ∶ 45.9 ∶ 47.6
运城	1509.60	28300	15.0 ∶ 36.8 ∶ 48.2

（二）主导和支柱产业

1. 主导产业

主导产业是自身增长性很高，并具有很高的创新率，能迅速引入技术创新，与其他产业关联度高，对经济增长具有很强的带动性和扩散性的产业，可以用来观察区域产业的活力和前景。

表 3　　关中平原城市群各城市主导产业

城市		主导产业
关中各市	西安	航空航天及配套产业、电子及通信设备、特高压输变电设备、汽车、轨道交通、工程机械和特种专用设备、太阳能电池、文化旅游产业、现代服务业
	宝鸡	数控机床、重型汽车制造、有色金属加工、文化旅游
	咸阳	电子信息、能源化工、医药制造、装备制造
	铜川	清洁能源、现代建材、农副产品加工、红色旅游
	渭南	装备制造、生物医药、现代农业技术、黄河华山生态旅游
	杨凌示范区	现代农业示范、现代农业科教和装备制造、生物医药、农产品加工
	商洛	现代中药、现代建材、电子元器件、现代物流

续表

城市		主导产业
陇东片	天水	加工制造、电子电工电器产业、医药产业、现代农业、文化旅游
	平凉	煤电化工业、装备制造业、草畜业、果菜业
	庆阳	机械装备制造业、中药材加工业
晋南片	临汾	新能源产业、新材料产业、煤层气产业、现代煤化工产业
	运城	轨道交通业、电子信息业、医药产业

由表3归纳分析得出关中平原城市群的主导产业为：航空航天及配套产业、汽车、专用设备、轨道交通、工程机械设备、数控机床、特高压输变电设备、电子及通信设备、新能源产业、历史文化旅游产业、现代服务业、现代农业技术。这些产业都有一定新度，未来可期，尤其是西安抢占硬科技高度，打造“八路军”，意欲前瞻布局产业。

2. 支柱产业

关中平原城市群各城市的行业结构中，支柱产业是产业规模在国民经济中占有较大份额、综合效益较高、产业关联度高、长期预期效果好、占有重要的战略地位，并起着支撑作用的产业。

表4 关中平原城市群各城市支柱产业

城市		支柱产业
关中各市	西安	食品加工、汽车制造、建筑业、金融业
	宝鸡	汽车及汽车零部件产业、有色金属、烟酒食品、能源化工、装备制造
	咸阳	煤炭电力、食品、农产品加工、医药产业、纺织服装
	铜川	煤炭开采和洗选业、金属矿物质品、有色金属冶炼及压延业、电力生产及供应
	渭南	冶金、建材、文化旅游、电子商务
	杨凌示范区	生物产业、食品工业、农机装备制造业
	商洛	现代材料、绿色食品
陇东片	天水	装备制造业、轻工纺织、能源产业、食品加工业
	平凉	能源化工、旅游业
	庆阳	建材业、农产品加工业、能源产业
晋南片	临汾	煤炭产业、冶金产业、焦化产业、电力产业、建材产业
	运城	汽车产业、化工产业、有色金属业、食品产业

从表4分析可得出关中平原城市群的支柱产业为：食品加工、农产品加工、汽车制造、装备制造、能源化工、煤炭电力、轻工纺织、建材、冶金、有色金属业。这些支柱产业中，数据经济、生物工程经济、智能化经济等缺乏。

3. 优势产业

再来看看关中平原城市群各城市在全国和行业占有一定优势和地位的产业有哪些。在发展竞争中，相对优势很重要。产业发展，要清晰定位城市的优势产业并纵向集聚企业，提高优势产业竞争力。优势产业是与其他区域、其他城市比较的概念。各城市优势产业如下。

表5　　关中平原城市群各城市优势产业

城市		优势产业
关中各市	西安	航空航天、特高压输变电设备、汽车、轨道交通、电子及通信设备、先进制造业、商贸物流业、文化旅游业
	宝鸡	汽车产业、能源化工、现代农业、高端食品、冶金建材
	咸阳	电子信息产业、生物医药
	铜川	制瓷业、建材业
	渭南	新能源产业、高端生物发酵产业
	杨凌示范区	食品工业、农业高新技术产业
	商洛	现代材料、现代中药、绿色食品
陇东片	天水	装备制造业、文化旅游业
	平凉	煤炭产业、旅游业
	庆阳	能源化工
晋南片	临汾	装备制造业、煤炭产业
	运城	汽车产业、有色金属业

从表5分析可得出关中平原城市群的优势产业主要有：航空航天、电子及通信设备、汽车、轨道交通、特高压输变电设备、文化旅游业、能源化工、数控机床、生物医药。下面分城市做简析。

西安：西安拥有许多个航空领域的第一。全国最大的飞机制造企业——西飞公司，全国唯一的大中型飞机设计研究院——一飞院，全国唯一的飞行试验研究鉴定中心——试飞院，全国唯一的飞机强度测试中心——强度所，等等。大力推行智慧城市在国内走在前列，市民和游客可以使用微信、支付宝、银联等移动支付乘坐公交、地铁。高新技术产业实力雄厚、创新活力强，截至目前中国排名前十的互联网公司中已经有九家入驻西安。2018 年中欧（亚）班列“长安号”共开行 1235 列，是 2017 年的 6.37 倍。2018 年，“长安号”的重载率、货运量、实际开行量三项指标均居全国第一。

宝鸡：冶金业，在 2012 年以“宝鸡·中国钛谷”钛产业集群成功跻身科技部首批全国创新型产业集群建设工程试点名单。高端食品业，以宝烟好猫、猴王、西凤酒、太白酒、青岛宝啤、得力康、惠民乳品等为龙头，支持其通过资产重组做大做强，走集约化、规模化发展之路，推进名牌战略，提升技术装备水平，做大做强酒类产业。

咸阳：咸阳高新区拥有西部唯一的国家级显示器件产业园，园区聚集了中电彩虹、咸阳彩虹光电以及国内最大覆铜板生产商生益科技等行业巨头和一大批配套企业。咸阳中医药文化底蕴深厚，医药资源丰富，地方名企聚集，步长制药、康惠制药等 16 家拥有 GMP 认证的知名药企在高新区扎根发展多年。

铜川：全市陶瓷黏土、紫砂土储量丰富，日用瓷、建筑用瓷、工业用瓷生产规模居西北五省之最；铜川市的声威、秦岭水泥是国家重点扶持水泥企业，2013 年全市水泥产能达 2000 万吨。

渭南：2016 年新能源电池产能达到 7.4GWH，占全国 32GWH 新能源电池产能的 23%。2017 年 2 月 10 日，渭南经开区“中国酵素城”核心区八个酵素产业项目集中开工，这个总投资 20 亿元的项目全部建成后，将成为集研发、生产、中试、检验检测为一体的高端生物发酵产业集群，年产值可达 100 亿元，成为中国生物发酵产业的硅谷。

杨凌示范区：杨凌农业高新技术产业示范区是中国第一个农业高新技术产业示范区。2017 年 6 月 28 日被评为“国家食品安全示范城市”。

商洛：商洛市有丰富的有色金属、黑色金属、稀贵金属及多种非金属矿产资源，依托陕西省国内唯一的钼材料研究国家级技术中心，在钼材料开发应用上具有先天优势。商洛是我国中药材最佳适生区之一，素有“秦岭药库”之美誉。截至 2016 年底，全市中药材基地总面积已发展到 182.5 万亩，年产量 40 多万吨，其中规模化种植 80 万亩，中药材种植面积居省内各地市之首，被陕西省列为中药材规范化种植基地。

天水：装备制造业是天水工业的支柱，总量占全市工业的一半以上，占全省装备制造业的四分之一左右，在全国同行业中具有较强的竞争优势。特别是电子封装测试的能力和水平居全国前列。

平凉：全市原煤产量、火电装机容量分别占甘肃全省的一半和五分之一，是全国 13 个大型煤炭基地之一、甘肃全省最大的煤电化产业基地。旅游资源遍布全市，境内有国家首批 5A 级旅游景区崆峒山、森林公园云崖寺、国家文物保护单位南石窟寺等自然景观 100 多处，被评为“中国优秀旅游城市”“中国顾客最满意的十大风景名胜区”和“中国最值得外国人去的 50 个地方”之一。

庆阳：油煤气资源富集，其中石油资源总量 48 亿吨，已探明地质储量 20 亿吨。煤炭预测储量 2360 亿吨，已查明资源量 215 亿吨；天然气、煤层气、页岩气预测储量约 5 万亿立方米，是正在建设的大型能源化工基地。

运城：大力实施“龙腾虎跃”“群星灿烂”“凤还巢”三个发展计划，推动国家级铝镁合金产业、中西部精品钢、汽车及新能源汽车“三大基地”建设。

临汾：临汾境内矿产资源丰富，煤、铁、石膏、石灰、白云岩、膨润土、花岗石、大理石、油页岩、耐火黏土等在省内及全国均占重要地位。矿产资源综合优势度为 0.73，居山西省第二。煤炭探明储量占全省的 14%，是我国优质主焦煤基地之一。依托华翔投资有限公司白色家电零部件行业全球排名第一和机械工程类单厂规模全国第一的优势，延伸产业链条，发展白色家电整机制造。

4. 重点企业

（1）上市公司情况

截至 2018 年 8 月 1 日关中平原城市群 A 股上市公司总共有 54 家，其中西安市 34 家，宝鸡市 5 家，咸阳市 4 家，铜川市 1 家，渭南市 1 家，杨陵区 1 家，天水市 2 家，临汾市 2 家，运城市 4 家。陕西省 46 家上市公司全部在关中平原城市群范围内，或者说，关中平原城市群基本囊括了陕西的经济和企业实力。

上市公司数量和市值直接反应区域经济的实力和企业的活力，2018 年关中平原城市群除了西安有 34 家上市公司，在全国城市中尚可一排，其他地级城市差距比较大。以浙江台州市为例，上市公司数量 53 家，不仅超过西安，还超过陕西全省，几乎与关中平原城市群 54 家旗鼓相当。

表 6　　　　截至 2018 年 8 月 1 日西安市 A 股上市公司名单

证券简称	股票代码	公司中文名称
国际医学	516	西安国际医学投资股份有限公司
陕国投 A	563	陕西省国际信托股份有限公司
供销大集	564	供销大集集团股份有限公司
ST 宏盛	600817	西安宏盛科技发展股份有限公司
广电网络	600831	陕西广电网络传媒（集团）股份有限公司
航发动力	600893	中国航发动力股份有限公司
曲江文旅	600706	西安曲江文化旅游股份有限公司
西安旅游	610	西安旅游股份有限公司
西安饮食	721	西安饮食股份有限公司
金花股份	600080	金花企业（集团）股份有限公司
中航飞机	768	中航飞机股份有限公司
陕西金叶	812	陕西金叶科教集团股份有限公司
标准股份	600302	西安标准工业股份有限公司
航天动力	600343	陕西航天动力高科技股份有限公司
博通股份	600455	西安博通资讯股份有限公司
建设机械	600984	陕西建设机械股份有限公司
西部材料	2149	西部金属材料股份有限公司
金钼股份	601958	金堆城钼业股份有限公司
陕天然气	2267	陕西省天然气股份有限公司
宝德股份	300023	西安宝德自动化股份有限公司
中国西电	601179	中国西电电气股份有限公司
陕鼓动力	601369	西安陕鼓动力股份有限公司
达刚路机	300103	西安达刚路面机械股份有限公司
坚瑞沃能	300116	陕西坚瑞沃能股份有限公司
中环装备	300140	中节能环保装备股份有限公司
通源石油	300164	西安通源石油科技股份有限公司
隆基股份	601012	隆基绿能科技股份有限公司
西部证券	2673	西部证券股份有限公司
陕西煤业	601225	陕西煤业股份有限公司
天和防务	300397	西安天和防务技术股份有限公司
蓝晓科技	300487	西安蓝晓科技新材料股份有限公司
环球印务	2799	西安环球印务股份有限公司
晨曦航空	300581	西安晨曦航空科技股份有限公司

表 7　　截至 2018 年 8 月 1 日宝鸡市 A 股上市公司名单

证券简称	股票代码	公司中文名称
烽火电子	561	陕西烽火电子股份有限公司
凯撒旅游	796	海航凯撒旅游集团股份有限公司
秦川机床	837	秦川机床工具集团股份公司
宝光股份	600379	陕西宝光真空电器股份有限公司
宝钛股份	600456	宝鸡钛业股份有限公司

表 8　　截至 2018 年 8 月 1 日咸阳市 A 股上市公司名单

证券简称	股票代码	公司中文名称
彩虹股份	600707	彩虹显示器件股份有限公司
炼石有色	697	陕西炼石有色资源股份有限公司
兴化股份	2109	陕西兴化化学股份有限公司
康惠制药	603139	陕西康惠制药股份有限公司

表 9　　截至 2018 年 8 月 1 日临汾、运城市 A 股上市公司名单

注册地	股票名称	公司全称
临汾	山西焦化（600740）	山西焦化股份有限公司
	山西路桥（000755）	山西路桥股份有限公司
运城	亚宝药业（600351）	亚宝药业集团股份有限公司
	*ST 南风（000737）	南风化工集团股份有限公司
	五矿稀土（000831）	五矿稀土股份有限公司
	永东股份（002753）	山西永东化工股份有限公司

（2）民营企业

关中平原城市群民营企业数量偏少和规模偏小，企业创新能力和活力也普遍不足。在民企 500 强 2018 年最新排名中，关中平原城市群只有 5 家进入排名。陕西有三家入列，宝鸡东岭集团和西安迈科金属排在第 35 和 44 位，西安荣民控股排在第 235 位，运城的大运九州排在第 401 位。

表 10　　关中平原城市群各城市部分重点民企

城市		部分重点民企
关中各市	西安	西安迈科金属国际集团有限公司、荣民控股集团有限公司、比亚迪汽车有限公司
	宝鸡	东岭集团股份有限公司、陕西长美科技有限责任公司、宝鸡力兴钛业集团

续表

城市		部分重点民企
关中各市	咸阳	彬县煤炭有限责任公司、陕西鸿建科技实业有限公司、陕西北方优钢有限公司
	铜川	铜川声威建材有限责任公司、陕西铭帝铝业有限公司、陕西耀州建筑工程有限责任公司
	渭南	陕西澄城华元实业有限责任公司、陕西桥陵塑业有限公司、载元派尔森新能源科技有限公司
	杨凌示范区	杨凌美畅新材料股份有限公司、杨凌酷凌食品科技有限公司
	商洛	陕西香菊制药有限公司、商洛正太能源科技有限公司、商洛天士力医药有限公司
陇东片	天水	天水众兴菌业科技股份有限公司、天水九龙山禽业养殖有限公司
	平凉	平凉中力新能源科技有限公司、平凉市新振辉再生资源回收利用有限责任公司
	庆阳	甘肃省庆阳市设备安装有限公司、甘肃宏达路桥建设集团有限公司
晋南片	临汾	山西华翔集团、临汾市康通达铸造有限公司
	运城	山西银光华盛镁业股份有限公司、中条山有色金属集团、山西建龙钢铁有限公司、大运九州

关中平原区域非公有制经济相对滞后，经济发展对外开放程度不足，民营企业总量不足且竞争力不强，首先，政府要创新体制机制，简化企业落地审批制度，配套减税降费优惠政策，鼓励金融机构为民营企业创新金融服务，便利融资渠道。加强与沿海地区交流合作，承接沿海地区产业转移。其次，城市在制定人才引进政策时，要多调研企业需求，尤其是解决民营企业人才匮乏问题，企业吸引人才落户是根本。

5. 产业集群和政府主导合作情况

（1）集群状况

关中平原城市群产业发展与沿海发达地区相似，产业发展园区化，园区发展集群化。目前已经形成若干个主业突出、特色鲜明、竞争力强的产业集群，如表 11 所示。

表 11　　　　关中平原城市群产业集群一览表

地区	产业类别	主要产业集群		
		成型	初期	潜在
西安	电子信息、航天航空、现代农业、生物医药、旅游、纺织、商贸流通	阎良航空产业集群、韦曲航天产业集群、西郊输变电产业集群、电子通信设备及元器件产业集群、东郊纺织产业集群	泾河工业园型汽车产业集群、高新区软件产业集群、医药产业集群、工程机械产业集群	关中旅游产业集群、北郊现代农业产业集群、新筑物流产业集群
宝鸡	装备制造、机械、有色金属	机床产业集群	有色加工制造产业集群	石油装备产业集群、蔡家坡汽车零部件产业集群
咸阳	生物医药、纺织、煤炭	医药产业集群、纺织产业集群	电子信息制造产业集群	彬长煤电产业集群、硅产业集群
铜川	建材、煤炭		煤电产业集群、建材产业集群	
渭南	化工、现代农业、有色金属	渭北煤炭产业集群	精细化工产业集群、果业及深加工产业集群	有色加工制造产业集群
杨凌	现代农业、生物医药		生物制药产业集群	高新农业产业集群

——输变电设备产业集群。国内实力最强、成套生产和试验能力达到国际先进水平，以西电公司为龙头，以西安西郊“电工城”为中心，以西安高新区、经开区和咸阳辅业制造园为重要节点，集合西安电力电子所、陕开、铜变、宝光等输变电、配电设备生产企业。

——汽车产业集群。主要在西安，以陕汽集团、比亚迪、法士特齿轮为龙头，重点开发生产自主品牌系列轿车、电动汽车、混合动力汽车、重型商用车，形成在西安高新区轿车、豪华客车、变速器，蔡家坡经开区专用车、零部件及配套产品基本格局基础上，大力支持比亚迪、陕汽、吉利、开沃、宝能等企业加大投资，打造300万辆规模全球新能源汽车重镇。

——数控机床产业。以陕西秦川机床工具集团、宝鸡忠诚机床为龙头，依托宝鸡高新区和西安高新区，建设西部最大的精密机床制造基地。

——航空产业集群。以颜良航空产业基地为平台，依托西飞公司、西航集团等航空骨干企业及一批国家级航空研究机构、重点实验室，构建起以民用飞机为主，航空发动机、机载系统、航空大部件为辅，零部件、转包维修业务等为配套的产业集群。

——航天产业集群。发挥西安航天科技产业基地优势，依托航天四院、六院等龙头企业。

在陕西，还有电子通信、煤化工、生物医药、软件、稀有金属材料等都有一定的集群规模。

此外，运城的汽车铝镁合金和医药康养，临汾的现代煤化工，天水的机械制造、电工电器，庆阳的陇东能化基地，平凉煤电化冶等都有一定规模。

尤其西安，最近两年以来，在产业集群方面，思路明确，发展力度空前，突出先进制造业强市、打造硬科技之都，着力军民融合。2018 年工业投资增长 24.8%，同比提高 46 个百分点，在国际经贸关系不确定情况下，非常难得。王永康书记在西安市委十三届第一次全体会议讲话中提出要发展以电子信息为主的高技术产业，以新能源汽车和航空制造为主的先进制造业，以枢纽经济、门户经济、流动经济为主的现代服务业和文化旅游等“3+1”万亿级大产业。西安在产业发展集群方面的系列决策、部署和行动已日见成效，在制造和产品市场上产生了效应，对区域的带动和影响将日益显现。

（2）政府主导合作情况

政府是城市群内城市合作的主体，是主要推动者。在关中平原地区，基于历史和现实的实际情况，政府主导有一定合理性。当前，市场更多的是跟进和放大政府决策的效应。

表 12 是关中－天水经济区规划以来政府合作的主要情况列表，反映了该区域过去一个时期政府层面的主要合作情况。关中平原城市群重新规划后，目前尚处于实施部署阶段，还未有具体的动作。

四、与其他部分城市群的比较

（一）与长三角、珠三角、京津冀比较

长江三角洲城市群、珠江三角洲城市群、京津冀城市群是老牌的三大国家级城市群，曾引领了东部乃至全国的经济发展，带动了全国的人、财、物向其流动。下面将从四个维度对关中平原城市群与这三大城市群进行比较。

表 12　关中－天水经济区政府合作主要协议及内容

时间	合作主体	合作协议	协议主要内容
2011 年 11 月 21 日	陕西省政府，甘肃省政府	《陕西省和甘肃省实施关中－天水经济区发展规划战略合作框架协议》	①建立健全两省联席会议制度，重大项目和重大问题共同争取国家支持 ②继续完善省直部门间、各市间的合作机制，加大协议项目建设力度
2010 年 2 月 10 日	西安、咸阳、宝鸡、渭南、铜川、商洛、杨陵区和天水市文化局	《关中－天水经济区文化合作与发展战略框架协议》	①“七市一区”建立联席会议制度，负责文化交流日常事务 ②每年召开一次“七市一区”文化局长联席会议制度
2011 年 10 月 26 日	陕西省科技厅，甘肃省科技厅	《关中－天水经济区科技合作协议》	①建立科技合作联席会议制度 ②在区域技术转移和知识产权保护，建立科技资源和科技专家库的开放和共享机制
2009 年 8 月 4 日	西安市人民政府，天水市人民政府	《关于进一步加强两市战略合作的框架协议》《西安市和天水市旅游合作协议》	①着眼区域共同发展，建立战略合作伙伴关系 ②积极推动两地产业合作，实现产业优势互补 ③加强现代物流合作，联手扩大对外开放 ④密切商贸金融合作，促进旅游互动发展 ⑤扩大科技教育交流，推进信息资源共享
2011 年 2 月 7 日	西安市文物保护中心，天水市博物馆	《关中－天水经济区文物保护修复合作框架协议》	①西安文物保护修复中心将在承接天水市博物馆文物保护修复项目的同时，对天水市博物馆参与人员进行培训 ②根据文物保护工作需要，西安文物保护修复中心将指导天水市博物馆的文物保护修复工作 ③天水市博物馆每年也将选派专业技术人员到西安文物保护修复中心参加文物保护修复实践工作
2011 年 12 月 2 日	甘肃省天水市、定西市；陕西省宝鸡市、杨凌示范区、咸阳市、西安市和渭南市等六市一区	《渭河流域环境保护城市联盟框架协议》	①建立渭河流域水环境保护联防联控，流域生态补偿、区域联席会商和信息共享、污染处理及生态保护项目申报联动、跨界环境事故协商处置等多项机制 ②六市一区将建立渭河污染防治联席会议制度，每年举办一次，由六市（区）人民政府轮流主持交流情况，通报信息，共同研究解决区域性和跨界性环境问题，形成“共保、共防、共治、共建、共享”的良好氛围
2011 年 8 月 26 日	陕西省人口计生委，甘肃省人口计生委	《关中－天水经济区人口计生服务管理合作协议书》	①强化宏观管理与决策调控机制 ②建立计划生育公共服务协作机制 ③创新人口服务管理协作机制 ④建立流动人口服务管理协作机制 ⑤建立人口信息互通机制 ⑥加强人口发展前瞻性研究

1. 基础设施互联互通水平

长三角城市群经济腹地广阔，拥有现代化江海港口群和机场群，高速公路网比较健全，公路铁路交通干线密度全国领先，立体综合交通网络基本形成。2018 年 12 月 1 日，上海、杭州、宁波三地地铁二维码乘车正式启动互联互通，覆盖 526 座轨道交通车站，1 万余台闸机，可见长三角的交通设施互联互通水平较高。

珠三角城市群不仅有四通八达的高速公路、铁路网，更有多个国际机场，大型的港口、桥梁及完备的城市轨道交通，是南方地区对外开放的门户。

京津冀城市群以北京和天津为核心城市，有首都机场、天津机场、北京新机场以及北京西站、北京南站、天津西站等火车站，但城市群内的交通互联互通仍有待加强，过境交通有待疏解。

而关中平原城市群地处我国内陆中心，是亚欧大陆桥的重要支点，是西部地区面向东中部地区的重要门户。贯通西部地区的南北通道和新亚欧大陆桥在此交汇，以西安为中心的“米”字形高速铁路网、高速公路网加快完善。无港口，机场很少，与海外的联系较为不便。

2. 生态环境共建共治状况

长三角是中国河网密度最高的地区，平均每平方公里河网长度达 4.8 ~ 6.7 公里。平原上共有湖泊 200 多个。长江三角洲河川纵横，农业发达，人口稠密，城市众多，在中国经济中占有重要地位，号称中国的“金三角”。由于地势低洼，历史上洪涝灾害异常严重。为了改变这种状况，国家投资兴修水利工程，西挡淮水，东挡海潮，开挖运河，增强排灌能力，使这个十年九涝的多灾区变成江淮流域的重要粮食生产基地。长三角依托江河湖海丰富多彩的生态本底，发挥历史文化遗产众多、风景资源独特、水乡聚落点多面广等优势，优化国土空间开发格局，共同建设美丽城镇和乡村，共同打造充满人文魅力和水乡特色的国际休闲消费中心，形成青山常在、绿水长流、空气常新的生态型城市群。

珠江三角洲是南亚热带性三角洲。与黄河不同，地貌水文上表现为多汊道的良好水网，气候上热量和辐射丰富，植被生长旺盛，种类众多，动物繁生，对工农业生产非常有利。珠江三角洲位于南亚热带，当地人民创造了“桑基鱼塘”“果基鱼塘”“蔗基鱼塘”等经营方式，即利用了优越的自然条件，又护养了农业生态系统。由于修筑堤防，建立电力排灌系统，防止了洪涝灾害和海潮侵袭，促进了农业的发展。

京津冀加强生态环境保护合作，在已经启动大气污染防治协作机制的基础上，完善防护林建设、水资源保护、水环境治理、清洁能源使用等领域合作机制。

而关中平原城市群冬春季沙尘暴频发，水土流失也比较严重，流域内水系污染等虽然有采取一定的修复防护措施，但生态治理情况始终未见根治。

3. 市场一体化进程

2018 年 11 月 30 日，上海徐汇及南京、杭州、宁波、绍兴、蚌埠等 6 个长三角市区在长三角文化金融合作论坛上正式签约，建立长三角文化金融合作服务平台，共同为长三角文化企业和文化产业项目的发展提供专业服务和支撑。长三角城市群加快推进简政放权、放管结合、优化服务改革，统筹综合配套改革试点和开放平台建设，复制推广自由贸易试验区、自主创新示范区等成熟改革经验，在政府职能转变、要素市场一体化建设、公共服务和社会事业合作、体制机制创新等方面先行先试。在提升利用外资质量和水平、扩大服务业对外开放、集聚国际化人才、探索建立自由贸易港区等方面率先突破，加快探索形成可复制、可推广的新经验、新模式，形成引领经济发展新常态的体制机制和发展方式。

珠江三角洲地区的国民生产总值约一半是通过国际贸易来实现的，外贸出口总额占全国的 10% 以上。不少企业的绝大部分产品供应国际市场。珠江三角洲地区发展外向型经济的基本途径是从境外引进资金，先进的技术、设备和管理。同时该地区有临近港、澳，面向东南亚的位置优势，有侨乡的优势，有多优良海港的优势和劳动力丰富等的优势，再加上国家为这里制订的优惠政策，使这里成为吸引外商投资和外企落户的风水宝地。

京津冀力图破除限制资本、技术、产权、人才、劳动力等生产要素自由流动和优化配置的各种体制机制障碍，推动各种要素按照市场规律在区域内自由流动和优化配置。

而在关中平原城市群中，西安已发展为西北地区唯一的特大城市，核心引领作用不断增强。西咸新区是全国首个以创新城市发展方式为主题的国家级新区，宝鸡、临汾、天水等市城区常住人口接近百万。2016 年城镇化率达到 55.06%，各级各类城镇联系日益密切，但整个城市群内的市场一体化水平还有待提升。

4. 公共服务状况

截至 2018 年底，科研方面，长三角地区国家工程研究中心和工程实验室等创新平台近 500 家，人力人才资源丰富，年研发经费支出约占全国的 30%，科学技术领域支出总额为 5887.9 亿元，其中上海 1397.2 亿元，安徽 630 亿元，江苏 2444.5 亿元，浙江 1416.2 亿元。专利申请受理量为 141.3 万件，其中上海 15 万件，安徽 20.7 万件，江苏 60 万件，浙江 45.6 万件。专利申请授权量为 69.3 万件，其中上海 2.1 万件，安徽约 8 万件，江苏 30.7 万件，浙江 28.5 万件。卫生方面，长三角城市群有各类卫生机构 9.6 万余个，省中医院卫生院上万个，新型农村合作医疗人口覆盖率达 100%。教育方面，长三角地区有普通高等院校 425 所，普通中等学校、小学和特殊教育学校 2 万余所。

2016 年，珠三角 9 个城市共吸纳 37.33 万高校毕业生就业。其中到广州市最多，有 16.32 万人；其次是深圳市，有 7.51 万人。广州作为国家自主创新示范区，汇聚了全省 70% 以上的科技人员、95% 的博士、97% 的国家重点学科、80% 的高校，新型研发机构 28 家，工程技术研发中心 813 家，重点实验室 337 家，数量均居全省第一。广州已建成华南规模最大的科技企业孵化器集群，7 家国家级科技企业孵化器被科技部评为优秀，数量居全国第一。广州天河二号超级计算机连续 6 次位居世界第一。

京津冀地区聚集着全国闻名的北京四中、南开中学、衡水中学以及北京大学、清华大学、天津大学、南开大学、河北大学等，吸引着全国各地的学子前来求学，科研氛围浓厚。

关中平原城市群科教资源、军工科技等位居全国前列。2016 年，研发经费投入强度超过 3%，拥有普通高校 99 所，在校大学生超过 100 万，两院院士 64 人，各类科研机构 1100 多家，国家级重点（工程）实验室 25 家，国家级“双创”示范基地 4 家，承担着全面创新改革试验、自主创新示范、军民深度融合发展等国家重大改革创新任务。因此，关中平原城市群在科教方面的服务设施水平较高，但在医疗、社会保障、金融机构引进方面与其他城市群还有很大差距。

5. 产业配套集群协作状况

长三角国际化程度高，中国（上海）自由贸易试验区等对外开放平台建设不断取得突破，国际贸易、航运、金融等功能日臻完善，货物进出口总额和实际利用外资总额分别占全国的23.3%和59.5%（截至2018年底）。江、浙、沪、皖三省一市地缘相近、血缘相亲、文脉相连，在旅游资源上具有很强的互补性。长三角利用宁合杭甬、沿江、沿海、沪杭金发展带，推动聚合发展。

珠江三角洲地区9个城市充分发挥毗邻港澳的地缘优势和侨胞遍及世界各地的有利条件，以国际市场为导向，以国内市场为依托，推动外向型经济高水平、快速度发展。珠三角是有全球影响力的先进制造业基地和现代服务业基地，也是全国科技创新与技术研发基地。珠江三角洲地区15个城市（含2县）已经完成了从传统的农业经济向重要的制造业中心的转变，并成功实现了第二、第三产业双重主导的经济社会全面联动发展。总体上看，珠江三角洲地区的产业结构已经实现了从传统农业到工业化，再到产业多元化发展的转变。

京津冀城市群全方位对接支持河北雄安新区规划建设，建立便捷高效的交通联系，支持中关村科技创新资源有序转移、共享聚集，推动部分优质公共服务资源合作。与河北共同筹办好2022年北京冬奥会和冬残奥会，促进区域整体发展水平提升。2018年11月，《中共中央国务院关于建立更加有效的区域协调发展新机制的意见》指出，以疏解北京非首都功能为“牛鼻子”推动京津冀协同发展，调整区域经济结构和空间结构，推动河北雄安新区和北京城市副中心建设，探索超大城市、特大城市等人口经济密集地区有序疏解功能，有效治理“大城市病”的优化开发模式。

关中平原城市群工业体系完整，产业聚集度高，是全国重要的装备制造业基地、高新技术产业基地、国防科技工业基地。航空、航天、新材料、新一代信息技术等战略性新兴产业发展迅猛，文化、旅游、物流、金融等现代服务业快速崛起，产业结构正在迈向中高端。有西北唯一的自由贸易试验区和一批国家级产业园区，为现代产业发展提供了重要平台和载体。然而，各产业配套集群的协作水平较低，需充分发挥政府职能完善配套设施。

（二）与成渝、长江中游、中原三个城市群比较

关中平原城市群周边的几个城市群——成渝城市群、长江中游城市群、中原城市群，近年来更是发展非常迅猛。接下来将进行比较分析。

1. 三个城市群基本情况

（1）成渝城市群

成渝城市群位于四川盆地，具体范围包括重庆和四川，是我国西部地区第一个国家级城市群，是我国西部地区崛起的重要引擎，成渝城市群以重庆、成都为中心，是西部大开发的重要平台，是长江经济带的战略支撑，也是国家推进新型城镇化的重要示范区。重庆和成都作为成渝城市群重要的“双核”，在成渝城市群的发展格局中共同作用，带动区域融合发展。2018 年上半年，重庆经济总量 9821 亿，成都 6870 亿，领跑中西部。

成都是西南地区唯一的特大城市，近年来的发展更是吸引了不少年轻人在这里就业，而且在新一线城市的评选中连续名列榜首；重庆自身实力强劲，已成为超大城市，人口规模超过 3000 万，而且还在强劲增长。

成渝城市群包括以成都与重庆为核心的 27 座城市群，是西部大开发的重要平台，城市群内电子信息、装备制造和金融等产业实力较为雄厚，具有较强的国际国内影响力。

（2）长江中游城市群

长江中游城市群，包括以武汉、长沙、南昌三大城市为中心的 31 座城市。它是世界上面积最大的城市群，是长三角的 3 倍，珠三角的 5 倍，经济总量却排在长三角、京津冀、珠三角之后，位列城市群第五。长江中游城市群承东启西、连南接北，是长江经济带的重要组成部分，也是实施促进中部地区崛起战略、全方位深化改革开放和推进新型城镇化的重点区域，在我国区域发展格局中占有重要地位。

先看武汉，2018 年前三季度，武汉实现地区生产总值（GDP）比上年同期增长 8.3%，增速同比提高 0.5 个百分点，比上半年提高 0.1 个百分点，连续 7 个季度加快，创 2015 年以来季度新高，分别快于全国、全省 1.6 和 0.4 个百分点。武汉作为中部地区崛起的领头羊，近些年的经济发展步伐不断加快。

再看长沙和南昌，2018 年前三季度，长沙 GDP 为 7906 亿元，南昌为 3718 亿元，襄阳以 2998 亿元的经济总量居湖北省第二位，岳阳以 2282 亿元居湖南省第二位，赣州以 1949 亿元居江西省第二位。这些城市的经济发展紧随其后。

在长江中游城市群内部，已经形成了三个具备活力和竞争力的区域型城市群。即以武汉、长沙、南昌为中心的武汉城市群，环长株潭城市群，环鄱阳湖城市群。在交通和人口方面，武汉的和长沙在交通建设方面不断发力，武汉则是在“抢人大战”中领跑全国，因此城市群的内部功能不断得到完善。

（3）中原城市群

中原城市群是北京、武汉、济南、西安之间，半径 500 公里区域内城市群体规模最大、人口最密集、经济实力较强、工业化进程较快、城镇化水平较高、交通区位优势突出的城市群，是中华民族和华夏文明的重要发祥地。

2017 年，中原城市群生产总值 67778.12 亿元，总人口 16353.17 万人。中原城市群的战略定位是：经济发展新增长极，成为与长江中游城市群南北呼应、共同带动中部地区崛起的核心增长区域和支撑全国经济发展的新空间、重要的先进制造业和现代服务业基地、中西部地区创新创业先行区、内陆地区双向开放新高地、绿色生态发展示范区、新亚欧大陆桥经济走廊极具发展活力的核心地带。

2. 比较分析

（1）基础设施互联互通水平

成渝城市群处于全国“两横三纵”城市化战略格局沿长江通道横轴和包昆通道纵轴的交汇地带，是全国重要的城镇化区域，具有承东启西、连接南北的区位优势。自然禀赋优良，综合承载力较强，交通体系比较健全。

长江中游城市群临江达海，经济腹地广阔，拥有一批现代化港口群、区域枢纽机场以及铁路、公路交通干线，基本形成了密集的立体化交通网络，综合交通枢纽建设取得积极进展，在全国综合交通网络中具有重要的战略地位。

中原城市群地处全国“两横三纵”城市化战略格局陆桥通道与京广通道交汇区域，交通条件便利，高速公路通车里程居全国前列，郑州等机场可实现与国内外主要枢纽机场的快速联通，“米”字形高速铁路网和现代综合交通枢纽格局正在加速形成，立体综合交通网络不断完善。

（2）生态环境共建共治状况

成渝城市群自然生态极好，森林覆盖面积广，是国宝大熊猫的主要活动区，可见共建共治的力度还是很大的。

长江中游城市群生态环境治理良好，工农业发展势头良好。

中原城市群地处南北气候过渡地带和第二阶梯向第三阶梯的过渡地带，自然景观荟萃，动植物资源丰富，气候兼有南北之长，人居环境优良。平原丘陵山地兼具，以平原为主，产业发展、城镇建设受自然条件限制较小。由于先天稳定的生态加之适当的人工治理，当地的生态环境相对比较稳定。

（3）市场一体化进程

成渝城市群各城市间山水相连、人缘相亲、文化一脉，经贸往来密切，区域交通、农业、商贸、教育、科技、劳务等领域合作不断加强，毗邻区域合作不断深化，川渝合作进程逐步加快，一体化发展的趋势日益明显。重庆、成都核心引领作用不断增强，一批中小城市特色化发展趋势明显，县城（区）和建制镇分布密集，每万平方公里拥有城镇 113 个，远高于西部的 12 个 / 万平方公里和全国的 23 个 / 万平方公里，各级各类城镇间联系日益密切。

长江中游城市群目前区域内跨省交流合作平台已达 30 余个，自 2012 年初签订长江中游城市群战略合作框架协议以来，基础设施、产业、市场、社会事业等重点领域合作迅速展开，各省会城市先后签署了《武汉共识》《长沙宣言》等协议，咸（宁）岳（阳）九（江）小三角、九江与黄冈跨江跨区合作开发、新（余）宜（春）萍（乡）与长株潭合作等重点地区一体化发展积极推进。以武汉、长沙、南昌为中心的武汉城市圈、环长株潭城市群、环鄱阳湖城市群发展迅速，形成了一批各具特色的中小城市和小城镇，生态环境容量较大，城乡区域发展趋于协调，2014 年常住人口城镇化率超过 55%。

中原城市群拥有特大城市郑州和数量众多、各具特色的大中小城市。城镇空间聚合形态较好，常住人口城镇化率接近 50%，大中小城市和小城镇协调发展格局初步形成，正处于工业化、城镇化加速推进阶段。

（4）产业配套集群协作状况

成渝城市群是西部经济基础最好、经济实力最强的区域之一，电子信息、装备制造和金融等产业实力较为雄厚，具有较强的国际国内影响力。人力资源丰富，创新创业环境较好，统筹城乡综合配套等改革经验丰富，开放型经济体系正在形成，未来发展空间和潜力巨大。

长江中游城市群人口众多、资源丰富，农业特别是粮食生产优势明显，工业门类较为齐全，形成了以装备制造、汽车及交通运输设备制造、航空、冶金、石油化工、家电等为主导的现代产业体系，战略性新兴产业和服务业发展迅速。

中原城市群产业体系完备，装备制造、智能终端、有色金属、食品等产业集群优势明显，物流、旅游等产业具有一定国际影响力。科技创新能力持续增强，国家和省级创新平台数量众多，人力资源丰富，劳动人口素质持续提升。合芜蚌、郑洛新自主创新示范区建设全面展开，郑州航空港经济综合实验区建设不断取得突破，引领开放、带动全局的效应日益凸显。城镇体系完整。

五、关中平原城市群产业发展存在的问题

综上所析，从关中平原城市群自身的产业结构、产业关系、产业发展水平来分析，以及与长三角、珠三角、京津冀城市群对比来看，关中平原城市群，尤其西安市具有比较大的发展潜力和后发空间，但群经济总量偏小，产业结构欠优，产业发展层次总体偏下，经济发展质量偏低，产业创新度尚不足，产业配套设施不够强，产业的集群效应也不够，作为西部的龙头作用还需要进一步突出。与成渝、长江中游、中原城市群对比，有些方面存差距，尚可追赶；有些方面水平相当；有些方面还有潜力并存有赶超优势。

（一）经济总量偏小，产业结构有待优化

区域产业合作协同水平，受制于经济发展水平。关中地区经济发展特征如下。

一是经济总量偏小，在区际竞争中处于不利地位。2018 年关中地区 GDP 为 1.523 亿元，区域经济综合实力规模较小，区域整体竞争力不强。

二是产业结构总体偏低，产业结构演进较慢。2018 年西安一、二、三产业比例为 3.1 ∶ 35.0 ∶ 61.9，为三、二、一的结构，其他城市第二产业增加值在各自 GDP 中的比重为 40% ~ 50% 之间，第三产业增加值的比重为 40% 左右，多为二、三、一的结构，处在产业结构演进的较低层次。

三是产业结构同构化，产业关联度小。各城市的支柱产业多是靠外来力量建立起来的，主要由计划经济时期“嵌入式”生成的，呈现出外生的特点，自成一体，城中相互之间没有明确的分工关系，经济联系松散，产业结构整体趋同化，产业前后关联效应不强，主导产业产品链条短，支柱产业中缺乏跨市域发展的企业。

四是政府职能转变尚未到位，市场体系有待健全。产业投入机制单一，国有经济比重偏大，国有企业对区域的实际贡献和带动未发挥应有作用。区域是全国军工重地，但军转民、军民融合效果不明显。发展的机制亟待创新，民营经济发展缓慢，尤其缺乏有带动力和放大效应、产业链长的民企，民营大企业成长难。上市公司数量少，候选上市企业种子不多。

（二）城市结构欠缺，产业体系和活力不足

一般来说，一个拥有完整等级结构的城市群应该包括四个层次：特大城市、大城市、中等城市以及小城市和城镇。而在关中平原城市群内，中心城市西安属于特大城市，其城市等级综合指数分值为 7.8413。而处于城市群第二位置的宝鸡只属于中等城市，其城市等级综合指数值为 0.0953，两个城市等级综合指数分值相差太大，高达 7.7460。可见西安与宝鸡间缺少大城市，亦即关中平原城市群在等级结构上出现了断层。由此导致中等城市直接受特大城市辐射，由于自身经济实力的限制，很难接受和消化产品、技术的转移，同时也无法向西安提供完善的资源基础和资源储备，削弱了增长极的辐射作用和中小城市对大城市的向心力作用。此外，关中平原城市群内中等城市数量少。中等城市主要起着承上启下的作用，要能够接受大城市的产品、技术转移，成为区域内众多的经济增长点。而关中平原城市群内中等城市数量少，发展水平低，吸收东部地区及国外投资能力弱，难以起到吸收大城市经济要素转移并且辐射小城镇的功能，不利于形成城市群内众多的经济增长点。更重要的是，县域和镇域经济和产业弱，也就是经济基础和细胞不强、缺活力，使得整个城市群难以呈现整体性的发展气势。

（三）分工不明确，产业结构趋同问题突出

关中平原城市群各城市职能主要集中在工业和旅游业，城市职能呈现较为综合的发展趋势，区域专业化分工程度不高，导致城市间产业发展的竞争多于合作，城

市间资金流、技术流、信息流、人才流等传导效应减弱，这也是各城市发展各自为政、缺乏经济联系的重要原因。

长期以来，关中平原城市群 5 个地级市均以机械、电子、纺织等为支柱产业，产业分工尚未形成梯度层次，中小城市间同质化竞争现象更为突出。特别是宝鸡与关中平原城市群其他城市的产业结构相似系数均达到 0.9 以上，城市间产业同构现象明显，关中平原城市群“小而全”“大而全”的产业发展方向必然造成邻近城市的重复建设和同质竞争。受计划经济影响深远，关中平原城市群各城市产业发展的“重型化”“国有化”特征明显，狭义关中片区与陇东、晋南片区都是如此，产业发展与布局尚未充分体现各城市比较优势和资源禀赋。特别是关中平原城市群各城市产业垂直分工和水平分工都不明确，产业互补性更多体现在功能和规模上的差异，并没有形成主导与配套的垂直产业关联，这导致城市群内部职能结构协调度较差，进而削弱城市间经济联系，影响城市群整体发展。

（四）产业联系较弱，中心城市辐射力不够强

由于城市等级规模结构发育不成熟，关中平原城市群城市间经济联系偏少，并且主要集中在陇海线和咸铜线，内部腹地开发建设力度不足，网络化空间发展格局尚未形成。其中，陇海线集聚了西安、咸阳、宝鸡、渭南、杨凌、兴平和华阴等 7 个城市和 20 个重点县，咸铜线集聚了西安、咸阳、兴平和铜川等 4 个城市和 10 个重点县。由于地理区位稍远，宝鸡与西安乃至渭南、铜川的经济联系就要少些，甘肃的天水、庆阳、凉州和山西的运城、临汾联系就更少。2017 年关中平原城市群的规模等级结构分维指数明显低于山东半岛城市群、中原城市群、辽中南城市群，表明关中平原城市群在地域结构上呈现更为明显的弱集聚特征，这也说明中心城市对周边区域的辐射带动效应较弱，城市间经济联系则更为薄弱、自成体系发展态势更为明显，远未达到区域一体化发展阶段。

同时，作为衡量经济圈的重要指标，中心城市的经济首位度数值越高说明中心城市的集聚与辐射效应越强。在关中平原城市群内，西安的绝对优势毋庸置疑，但与西部川渝城市群中重庆和成都的首位度相比，西安作为城市群的中心城市的带动辐射作用仍然有待提高。这也使城市群内产业合作有限，未形成理想的龙头城市带动效应，未来应有作为空间。

（五）各自为政，产业规划缺乏协调

综合来看，缺乏整体布局及整体发展的观念和规划，各城市的发展战略目标缺乏相互协调，部门分割、地区封锁、行业垄断等问题依然存在。关中平原城市群中的产业规划缺少基于彼此协调的全局观，关中地区产业的基底由计划经济铺就，又由于行政区域和管辖权利的分割，条块双重本位，致使各区域间的经济联系松散。沿海发达地区，恰是计划经济薄弱、市场基础较好的区域，这方面的问题不突出。与发达地区相比，关中平原城市群内的企业市场竞争力不强，城市群内的装备制造业呈现出布局分散，大而全、小而全、产业网络化程度较低的特点。这些特点造成企业经济规模偏小，缺乏带动力强的特大型企业集团。各个城市创建了各种开发区、产业园，但入园企业缺乏大型龙头骨干企业带动，上下游企业关联度小，整体企业链缺乏互动，没有产生明显的规模经济，产业布局存在高度重复的现象。另外，专业化生产和社会化协作不够发达，区域内的产业关联和协作程度较低，企业个体优势很难转化为群体优势，产业虽有集聚现象但并未形成联系紧密的集聚区，企业分布散，空间集聚效应不明显，难以发挥产业集群效应。关中平原城市群具有的高校资源也没有得到充分利用，产业与各高等院校没有良好的合作与沟通机制。最近两年来，西安在发挥院校尤其高校资源方面着力甚多，合作推进高校园区建设，西交大、西工大、西电分别立园，同时，举办百万校友回归西安活动，有声有色，成效明显。但是总体上，高校和科研院所的科研和智力资源开发利用仍然不足。

（六）外资占比较低，区域创新文化不足

关中地区是受小农经济、农耕文明、关洛文化、皇权观念影响深重的区域，受工业文明、海洋文明影响比较小。明朝初期出现至清末形成的山陕商帮（外地统称其为西商），主要也是晋商为主，晋商的影响更大。晋商讲义中取利，以祁县、太谷、平遥为中心；秦商讲先义后利，以泾阳、三原为根据地。西商有过一段盐业与茶马古道的繁盛时期。但整体看，关中地区商业文化底蕴不如农耕文化深，商业也是传统观念背景下的农耕型从商之道，清末以来逐渐输入的现代文明比较有限。至新中国成立，基于当时对国际形势的判断以及军事和战略考虑，关中地区一度成为几个五年规划和三线建设的重点区域之一，兴建许多基础设施，新建、迁建了大量

高校院所和厂矿企业。该区域的主要产业和军工科教资源就是该时期形成的。但行政权力支配下计划经济的方式，外部植入经济要素与该区域固有的传统观念结合，某种意义上强化了重权轻商、以权御商的地域文化，其表现之一就是创新文化、创新动力、创新人才、创意作为不足，这一点在今天西安及关中其他城市的双创发展中可以看得比较明显。另外，长期以来该区域外资流入一直较少。2018 年，西安直接利用外资 63.54 亿美元，成都 76.33 亿美元，武汉 109.27 亿美元，郑州 42.11 亿美元。现阶段，外资仍然体现了高端制造和高端服务业，对城市群的产业进步和提升意义重大。

六、关中平原城市群产业未来发展趋势和展望

（一）发展趋势

从世界范围看，18 世纪后，英国工业革命使伦敦和英格兰中部地区形成以伦敦至利物浦为轴线的大片城市带或城市群。19 世纪，欧洲大陆的兴起，使西欧在法国大巴黎地区、德国莱因—鲁尔地区、荷兰和比利时的中部地区，以巴黎、布鲁塞尔、阿姆斯特丹、波恩等大城市为中心形成了规模大小不等的城市群。进入 20 世纪后，世界经济增长中心从西欧转移至北美。在美国东北部和中部地区形成了波士顿 – 纽约—华盛顿城市群以及五大湖沿岸城市群，及旧金山 – 洛杉矶、达拉斯 – 休斯敦以开发高新技术产业为特色的新兴城市群。二战后，在日本东部地区形成了以东京 – 大阪为轴线的庞大城市群。进入 21 世纪后，中国成为世界经济发展的新增长极，中国的长三角、珠三角、京津冀城市群，包括关中平原城市群等应运而生。中国成为世界新的城市群勃兴的国度是改革开放应合了发展的一般规律，并且在具体的发展策略方面很好地把握了发展机遇使然。

要判断和把握关中平原城市群的发展趋势，主要内容和依据是以下四个方面协同的情况：一是经济总量和目标的协同；二是产业结构和分工的协同；三是经济布局和空间结构的协同；四是政府行为和发展政策的协同。

按照城市群合作发展的一般规律，关中平原城市群实现四个协同将要经历三个发展阶段：初级（发育和成长阶段）、中级（快速推进阶段）、高级（成熟和完善阶段）。

根据本报告对关中平原城市群发展各个方面的分析，结合国际上城市群发展历程判断，当前关中平原城市群所处发展阶段应当是初级向中级推进阶段。就大趋势而言，中国以与美欧相当的体量，当会给21世纪的世界呈现多个新的城市群落景观，其中包括关中平原城市群。

在这个推进过程中，我们也要注意，关中平原城市群的国家规划虽已经颁布，但是该区域现实的响应并不很热烈，各城市的反映相对平静，政府层面不如当初长三角、珠三角、京津冀区域的反响，民间有些期待，如陇东的天、平、庆三市有向东的动力。根本原因是关中平原诸城市虽有结群的条件和基础，但内在并未达到像长三角和珠三角当年那样的结群迫切要求，而外部也欠缺像京津冀结群那样的强劲推力和重大政策利好及市场力量适时地跟进和推捧。

从内在动力看，长三角、珠三角主要是域内各城市，甚至县镇村都有强劲动力，是发展力的自然推动，政府只是顺应这种要求，体现了最为自然的一体化进程。

而京津冀，外力一直在推波，但相当长时间里，都是宏大的战略思维下缺乏真实的内在协同动力的故事，内在的合作动力和合作方向其实未能拟合。从20世纪80年代中期开始环渤海经济圈构想，雷声大雨点小，更像是经济地理概念、地图经济区的产物。2014年由习近平主席揭幕京津冀协同发展，一方面京津冀区域本身的发展到了一定阶段，北京迫于城市病的压力，合作需求有比较大的提升，另一方面归因于强大的外部推力所致。

成渝城市群和长江中游城市群则是核心城市基于自身动力、发展压力、危机感和战略意识下的主动自觉谋划做大自身的产物。加强核心、捆绑周边，成渝和长江中游两城市群都有在传统就有较多联系的区域之内进行协同的特点。成渝本同为川省，传统联系紧密；大武汉，近代以来对周边两湖区域的影响力和辐射带动力很强，在全国大经济格局中，两湖可视为一板块。

关中平原城市群是历史上的关陇和汾渭两区域的连片，地缘人缘相近，城市群内经济和产业发展有一些联系，但内生动力不像长三角、珠三角，外部推力远不如京津冀。关中平原城市群的产业合作，有些像一群相对不发达的邻居之间，增加往来，互通有无，在中央的规划要求下，更多抱团取暖的意味。远不如早期的珠三角、长三角，它们都是在国家改革开放的初期和前期，区域内各城市主体基于放大共同的获利机会，冲开区域经济的长期禁锢，自发地寻求更大本位目标的原始动力，有明确可见的预期合作利益和野蛮动力。比如当年，浙江台州远离上海，总量一般，却努力挤入长三角城市群，把加入长三角城市群作为市策，当时台州主要领导叩会上门，那种努力，那份坚持，那份眼光，反映了长三角城市群的吸引力、内在的经济联系和合作动力。

而关中平原城市群，其区域状况、内在要求、协同动力、结群预期收益皆不可与之相比。关中平原城市群的陕西部分，因于一省之内，产业布局、产业定位、产业分工，诸市联系相对多一些，规划性要强一些，但也欠紧密。与陇东、晋南之间的联系其实还是较弱，关键还是该群属尚待后发的区域，群本身的体量偏小，一方面诸市之间可交换、分享的经济机会不多，另一方面属于该群的外部输入性发展机会还不足以让整个关中平原城市群激活。

河南三门峡市是个可喜的例子，2018 年关中平原城市群规划获新批后，三门峡并未纳入关中平原城市群规划，三门峡市基于自身独特的地理位置，与关中地区的深厚历史渊源、资源优势互补性以及官方、民间现有的密切交流基础，积极探索融入关中平原城市群建设。市委书记刘南昌高度重视三门峡市与关中平原城市群核心城市——西安市的融合发展，强调三门峡市要主动融入关中平原城市群，力争当好中原城市群与关中平原城市群交流互动的“联结点”和融合发展的“催化剂”，不断推动关中平原城市群和中原城市群的深度融合。

三门峡市发改委区域办在 2018 年积极促成《三门峡市 - 西安市人民政府政府战略合作协议》签署的基础上，积极促成出台了《三门峡 - 西安战略合作工作责任分工方案》，进一步牵头全市各成员单位深入开展各领域实质性合作。按照西安市建议，三门峡市发改委区域办下一步将积极探索对接与关中平原城市群其他城市间的交流与合作。据悉，目前在西安投资、创业、就业、购房、上学的三门峡人已超过 10 万人。

三门峡若能主动融入关中平原城市群，与渭南、运城、临汾一起，就把国家级黄河金三角经济区整体纳入关中平原城市群，形成《晋陕豫黄河金三角区域规划》叠加效应，共享多赢局面。

但是，关中平原城市群内甘晋诸城市对“新规划”响应似乎并不热烈，2018、2019 两年陇东、晋南片城市的政府工作报告都未提及关中平原城市群合作发展问题，陇东片三市都在着力建设工业强市和内部产业体系的自我完善；晋南则忙于园区升级扩大和实力的增强。甘晋两片区都高度重视招商引资，临汾、运城目光都向东，主要目标放在接入京津冀，招商重点除了京津冀，还有长三角、珠三角；天水、庆阳、平凉招商目光也在长三角、珠三角，两板块都强调央企和国内500强，两地对外资都不放在重点，或许缺乏信心，也因内资已有规模，且可引入性好。对关中平原城市群，甘晋板块的群成员并未表现出强烈的归入感，对可以从群当前和预期获得自身发展机会的判断和认可，与当年长三角、珠三角的境况，比如上述的台州，差距很大。尤其值得关注的是，陕甘晋三省省级层面行政系统的战略互动不如当年江浙沪主动、积极。省与省之间各有自身利益考量是正常和合理的。关中平原城市群对协同，商界和民间的看法和议论，有不少正面的期待，也有取冷观态度的。除了政府的反应和态度，观察甘晋两省与城市群相关的吧议，一方面对兰州和太原的发展和辐射不足感到不满，另一方面对融入西安为中心的关中平原城市群既无奈又认可，心态比较复杂。兰州也有向西辐射，发展兰西城市群的动向。太原也在加力做大，也有加强自身极化、对省域内城市吸紧的呼声。兰州和太原作为涉关中平原城市群的两个省会城市，自然也会有在自身行政区域成群的下意识，无可厚非。

总之，关中平原城市群，不管从区域的经济发展阶段的客观实际来看，还是从所涉三个省对于城市群发展的主动态度和认识高度，群内诸城市的交往、认同和合作的程度，以及坊间的群议等考量，都尚未达到或已进入良好的状态，还需要预热加温，加力推进。但这些都不足以对关中平原城市群的合作形成大的反向拉力，应该是正常的竞合状态。

追昔抚今，关中平原城市群是历史、自然与发展逻辑的多重使然。不管怎样，应当说关中平原区域的城市发展已经进入了一个历史性的新的发展阶段。着眼长远，将进一步强化以西安为中心的关中平原城市群，带动陕西及西北地区的整体发展，这是大势。

（二）未来展望

据统计，中国十大城市群（长三角、珠三角、京津冀、长江中游、川渝、山东半岛、海峡西岸、中原、关中平原城市群、辽中南）贡献了中国2/3以上的GDP。城市群经济是世界的昨日和今日，更是中国发展的未来。

从发展的过程看，我国的城市群崛起伴随着行政区域管辖的权变，经历了三个阶段。一是强化、固化行政区划阶段，各自为政，新中国成立到改革开放期间；二是强化经济协作区、淡化行政区划阶段，如改革开放后建立的环渤海经济带、珠三角经济带等；三是目前尚在进行的跨省域大区域城市群建设阶段。城市群具有聚集经济效应，为社会经济活动的空间集中提供了吸引力和推动力，无疑既是某种意义上的发展共同体又是个竞争的平台。

中国的城市群建设，体现了国家规划意志和经济自然发展的双重效应，这也是中国区域经济发展中的一个特色。

从全球及我国城市群的发展可以看出，城市群在聚集与辐射中能够带动区域经济整体发展，而聚集力和辐射力与城市群的发展水平成正比。不管未来全球化进程和国际经贸关系如何变化，互联网如何将城市和乡村组织到一起，资源的国际共享方式可能有调整，以超大城市为核心的城市群主导发展的格局不会改变。此中只有超大城市才具备与世界进行分工交流所需要的完善的基础设施和综合功能，尤其是超大城市对全球资源具有强大的吸引力、配置能力和规模效应，也只有超大城市才能有足够的产业集聚和经济规模参与全球性的城市间竞争。因此，未来全球竞争的必然趋势是超大城市统领下的城市群间的竞争。

展望未来，准确把握关中平原城市群产业关系，进行合理产业结构调整成为保证区域经济健康稳定发展的关键。

按照关中平原城市群发展规划要求，到 2035 年，城市群质量得到实质性提升，建成充满活力、生活品质优良、生态环境优美、彰显中华文化、具有影响力的国家级城市群。

可以预料，随着新时期中国特色社会主义事业推向前进，关中平原城市群的发展愈益呈现出明亮的前景。

1. 城市群意识和合作意愿会逐渐增强

随着“一带一路”合作和交往的扩大，国内经济向内向西转移并连通中亚和欧洲的要求和步伐会加快，与中亚和欧洲的陆路贸易通道愈加繁荣和重要。关中平原城市群作为“一带一路”陆上的关键部位，应当会迎来一个新的黄金时期。即便“一带一路”经济会遭遇国际战略竞争、地缘政治、宗教和意识形态等影响，毕竟“一带一路”经济发展本身能够实现更为实际的利益需要，更为根本和坚实的发展需要。关中平原城市群在此过程中，会扩充经济总量，流入关中平原城市群的发展资源也会增多，更重要的是，将会真正完成工业化的洗礼，只有工业化到了后中期，才会产生强烈的区域合作意愿。关中平原城市群的靠近拉紧、合作意识的强化，必因“一带一路”贸易的激活和区域工业化的完成，才会有关中板块紧密合作、互相协作的要求，这是可以期待的。

2. 经济联系和产业关系愈益加深

如上所析，关中城市大部分目前虽还处于自身寻求更多、更高工业化的时期，尚未形成大区域的整体工业化景象，与当年的长三角、珠三角那种大区域联动、气势如虹的气象不同。但近年来，西安在大力招大商、抓大产业、聚校友和抢人才等方面成效显著。西安曾经的标签是古都和历史名城，而最近两年，西安充分利用关注度经济，成为全国网红城市，成为时尚之城。而未来西安还将成为硬科技和黑科技之城。标签的变化不仅仅是知名度的提升，更重要的是表征和带动了整个区域整体形象的改变和竞争力的提升，同时也有力增强了城市群的整体吸引力、市场号召力和增进了产业的联系。

比如，咸阳作为接受西安辐射最强的城市，受益于西咸一体化，促进其打造为电子、纺织等技术密集型产业和旅游业为主的历史文化名城。

宝鸡作为重要的工业基地和交通枢纽，将电子信息、装备制造、材料制造、食品制造、旅游商贸等作为主导产业。城市群的建设和发展，有利于将其建设为西部先进制造基地、交通枢纽城市、创新型城市和跨省域旅游商贸中心。

铜川市虽为关中平原城市群的资源型城市，也在大力发展能源化工、机械制造和食品、医药工业等产业，努力建成跨关中、陕北的区域性经济、社会、文化中心。杨凌加快农业科技创新和成果转化步伐，加强农村基层农业技术服务，发挥农业科学城、示范区的辐射和带动作用。

陇东、晋南城市都在西安的持续网红和高关注度中受到鼓舞，产业联系总是从意识培育和意愿形成逐渐开始并得以加强。

3. 优势产业加强并逐渐配套成链

关中平原城市群是全国重要原材料工业基地和先进装备制造业基地。改革开放以来，已逐步形成包括飞机制造、兵器工业、电子通信、电力设备、汽车制造、有色金属冶炼、煤炭、化工、制药、纺织、食品等一大批优势工业部门。陇海通道沿线分布密集的军工企业，一批央地、部省、省市共建军民融合产业园居于其中，西安尤其突出，拥有较强的工业基础，是中国中西部地区科技实力最强、工业门类最齐全的特大城市之一，西安的军工科教实力在全国都数得上。副中心城市宝鸡是中国老工业基地，该地区工业基础雄厚、工业门类齐全，是我国工业重镇。咸阳、渭南的工业也有一定的基础，具有承接产业转移的良好条件。天水也是国家重要的工业城市，庆阳、运城、临汾也有一些特色产业。

关中平原城市群围绕着能源化工、高端装备制造、航空、航天、新一代信息技术、输变电、新材料、轨道交通等优势产业，以西安市全面创新改革试验为契机，可建立多层次协调机制，依托着各类国家级产业园区、中国西部创新港、国家工程研究中心等产业化平台，实施重大产业创新工程，着力突破产业链缺失环节、薄弱环节、延伸环节等的瓶颈，不断促进产业关键技术研发和先进技术成果应用，推动区域内产业配套成链，并由价值链低端向高端攀升。国家规划对关中平原城市群发挥产业优势和产业链打造精心谋划、寄予厚望。

4. 西安引领和带动作用将会明显体现

西安作为核心城市、西北地区重要的科技创新和技术研发基地，科学技术力量雄厚，综合开发技术能力在全国名列前茅，在航天、航空、电子、器械等行业具有明显的优势。西安高校众多，聚集了中国航天 1/3 以上的科研力量，“神舟”五号、六号火箭发动机和推进剂、箭载计算机和遥感装置等，都由西安研究制造。据统计，关中地区科技对经济增长的贡献率约达到 51%。

西安高新区作为首批国家级高新区，形成了以电子信息、生物医药、先进制造、现代服务业四大主导产业集群，是内陆城市发展高新产业的标杆。2017 年底，西安高新区创造的 GDP 已经突破 1200 亿元，在全国 164 个国家级高新区中，综合实力排名第四。西安高新区已成为国家先进高新区，成为西安乃至整个西部地区高新技术产业的前沿阵地、西安乃至关中平原城市群最强劲的经济增长点和对外开放窗口之一。

近年来，西安在先进制造、科技教育、旅游文化、物流商贸、金融保险、信息服务等产业发展上大手笔布局，东拓、西进、南控、北跨、中优，呈现全方位发展态势。西安未来将形成中心城市区和外围组团的组合型城市，它在工业生产、人口用地规模、科教、文化、交通、基础设施建设等方面将引领关中平原城市群发展。西康铁路的通车，西安—南京铁路的兴建以及西安航空港的扩建，西安米字形交通将更加便捷，西安与全国的联系将进一步密切，中心功能更加突出。

西安已具备带动关中平原城市群产业发展的能力。

5. 最终将形成比较合理和紧密的产业分工协作关系

产业是城市群持续发展最基础、最根本的支撑，区域产业集聚更是城市群形成和发展的最重要推动力。

国内外城市群发展的经验表明，随着城市群的整体产业水平的提升，城市群间交通网络的进一步完善，城市群统一市场将会形成，每个城市都会在突出自己的特殊产业职能，在发挥各自占优势的产业部门的同时，他们又紧密联系在一起。我国长三角和珠三角城市群，各个城市基于各自的资源特点和比较优势，逐渐形成城市定位和鲜明的经济特色，产业发展各有侧重，实现了错位竞争和分工合作。在长三角现代产业体系发展中，上海重点推进国际金融、航运和贸易中心建设，南京大力发展制造业，杭州的现代服务业占比过半，苏州的软件、外包业贡献最大；在珠三角工业发展布局中，广州以交通运输设备、化学原料及化学制品制造为主导，深圳以电子信息产业集聚为特征，珠海以电器机械及器材制造为重点。

关中平原城市群将会在共同市场的基础上，各种生产要素在城市群中流动，形成城市群巨大的整体效应。城市群内不同层级城市之间的产业联动、分工互补、协同创新、协同发展，促使了各类资源在更大范围内实现优化配置，进而全面推动城市群的快速崛起和协调发展。

七、推进关中平原城市群产业关系发展的若干思考和建议

关中平原城市群产业一体化发展需要立足当前，前瞻长远，积极作为，需要有针对性、操作性的措施。

总体上，按照“新规划”要求，关中平原城市群需要建设创新引领的现代产业

体系，要把握好现代产业的技术智能化、发展融合化、演进生态化、运行全球化、组织网络化的要求和趋势。长远目标：实现产业结构和产业布局一体化，产品市场和要素市场一体化，城市布局和城市体系一体化，基础设施和环境保护一体化，经济运行和管理机制一体化；制度框架和政策措施一体化。

（一）加强规划协调，发挥西安作为城市群龙头作用

西安作为关中平原城市群的经济中心，丝绸之路经济带起点城市，对整个城市群的发展发挥着辐射带动和整合作用。根据西安市所具备的优势和资源，要把大西安建成丝绸之路经济带新起点的核心和向西开放的枢纽，着力打造丝绸之路经济带的金融中心、商贸物流中心、科技教育中心、先进制造业中心、交通通信中心和历史文化旅游中心。应充分利用西安的区位、科技、文化等优势，强化城市群的集聚功能和综合服务功能，实现城市群经济资源的优化配置和经济整合。

应采取有效措施，扫除行政、地理障碍，发挥西安中心城市的优势，解决好产业的聚焦与扩散问题，以市场为动力，以效率为导向，以产业专门化为基础，对城市群地区内产业的空间布局进行重组，发展各城市间的产业配套关系，整合优势资源开发，促进产业升级换代。

应加快推进西咸一体化建设，打造以电子、纺织等技术密集型产业和旅游业为主的历史文化名城。进一步实现两地财政金融、人才交流和基础设施等更深层次的融合和对接，将其打造为关中平原城市群重要的区域贸易物流中心、区域性金融中心、能源金融贸易中心、国际旅游目的地以及高新技术产业和先进装备制造业基地。

应加速城市化综合进程，不断推动地区产业结构的高级化演进。以市场需求为导向，不断深化二、三产业分工，扩大二、三产业规模，在城市经济活动日益频繁的同时，逐步完善和规范市场体制和机制，提升经济主体的积极性，通过制度保障不断完善不断推动地区产业和经济的发展。

西安要着眼城市群发展，以更大、更长远的视野，结合规划修编、土地储备制度转型，编制相应产业发展用地计划，为发挥龙头和核心作用留足空间。

（二）完善机制，建立健全城市群各种合作联系平台

坚持关中一盘棋发展思路，探索建立区域产业协作利益共享和持续发展的长效

机制。打破行政区划壁垒，加速创新要素聚集和资源优化配置，建立关中产业发展投资促进协调机制，统筹协调重大项目布局。在原有关—天经济区各种政府合作平台基础上，进一步加强、完善关中平原城市群产业转移跨区域合作机制，支持城市间合作共建产业园区，鼓励以连锁经营、委托管理、投资合作等多种形式合作建跨区域产业园区，以此深化关中平原城市群城市间产业分工协作。强化关中平原城市群承接产业转移管理，制定统一的承接产业转移政策。随着丝路经济带能源金融贸易中心、中俄丝绸之路高科技产业园等重点项目的持续推进，打造新一轮产业转移的平台，推动关中平原城市群的产业升级。

同时，改革各城市的管理制度。一是在城市群内建立户籍联合管理机制，允许户籍登记地与管理地随着工作地点的变动而变动；二是以统一的户籍管理为基础，减少对非本地户籍人员，尤其是农民工子女教育收费歧视；三是完善社会保障制度，建立统一的社会保障体系，社会救济金、失业保险金的发放以工作地点为依据；四是加强各种横向经济机构的联合，设立主要着力于开展城市间横向经济合作的机构，鼓励发展各种非政府的横向合作机构，如区域性行业协会和企业联合会等，减少经济活动的摩擦，降低交易成本。

（三）建立创新产业联盟，发挥西安科研创新优势

完善关中平原城市群城市间创新驱动发展的联动机制，加快复制推广自由贸易试验区制度创新经验，共同打造全国知识创新、技术创新和成果转化的重要策源地以及具有全国影响力的新一代青年创新创业集聚区。

值得注意的是，陕西是我国高校和科研院所的云集之地，发展高新技术产业的人才资源优势明显。西安是西部高等院校和科研院所较为集中的城市之一，科技发达、创新力强，综合科技实力居全国前列。西安应依托制造业集聚优势与科技教育资源集聚优势，利用集聚效应推动区域制造业进一步发展，以产学研结合为手段促进区域生产性服务业不断扩张，并以这些区域为极点，通过产业转移和科技外溢等途径不断推动西北产业结构进一步高级化演进，通过合理的城市规划和产业规划，合理布局城市产业类型，利用城市化综合进程促进区内产业联动发展。

在关中平原城市群发展建设过程中，西安应抓住机遇，加强与丝绸之路经济带的各国合作，提高国际化程度，依托云集在西安的科研院所和各类开发区，提升西

安的整体竞争实力和辐射力。以开发区为主要载体，创新利用外资方式，加大招商引资力度。积极推进海关特殊监管区建设，发挥西安综合保税区和出口加工区的国际配送、采购、加工制造等服务功能，加强西安国际陆路口岸与天津、青岛、连云港、新疆等各口岸的通关合作。

（四）加强文化旅游合作，推动群内文旅产业提档升级

旅游业是我国国民经济新的增长点，在国民经济中所占的地位不断提高。关中平原城市群旅游资源丰富，旅游业保持快速发展，始终高出全国平均水平。首先，旅游产业实现协同发展相对容易。旅游的需求可推动区域总需求和总消费，促进当地就业和经济增长。其次，旅游业作为一个关联性很强的产业可有效带动包括文化、建筑、运输业、轻工业、商业、餐饮、工艺美术和农副业等多领域产业的发展。西安作为十三朝古都，有着丰富的历史文化遗存，是有待深度开发的文旅资源。作为“一带一路”的起点城市，西安应将这些历史文化资源进行产业化、项目化和具体化，实现区域旅游的共同发展，全面提升区域旅游的整体吸引力，实现区域旅游的可持续发展。构建以西安为中心的大关中旅游区圈，最终达到关中平原城市群内各城市旅游业整体联动发展。

以“走进历史、感受人文、体验生活”为思路，以名城、名山、名水、名文物景点为载体，围绕历史、文化、民俗、宗教、生态等主体整合资源，提高旅游产品、旅游环境和旅游服务的国际化程度，打造具有世界影响的特色旅游品牌。例如，对区域内佛道文化等旅游资源进行整合开发，形成文化遗产观光游、自然风光游、关中民族风情游、健康休闲娱乐游、现代科技文教等精品线路。实施文化艺术精品工程，打响曲江影视、长安古乐、宫廷餐饮、城隍信仰、民俗文化、祖庭文化、鄠邑区农民画、秦腔等西安文化品牌。依托曲江新区、秦汉新城等文化产业板块，建设全国文化产业基地和国家级文化产业示范城市。鼓励多种所有制博物馆、艺术馆建设，造就大西安成为博物馆之城。培育骨干文化企业和战略投资者，发展一批文化演艺中心、动漫和网络游戏研发制作中心、文化会展中心和古玩艺术品鉴赏交易中心。

（五）以园区为载体，加强群内优势产业集群成链

在强化和突出西安经济中心地位的同时，应正确处理和协调好各城市的关系，

加快生产要素的流通和重组，推动产业整合的专业分工与协作，造就大型企业，构筑关中平原城市群的产业集群，实现联合发展。

关中平原城市群在面对经济增速放缓导致的巨大产业分工变化压力时，需要发挥产业结构优势，对已经出现负增长的产业进行正确的引导调整，利用产业内分工不断深化的特点，以点带面保持专业化竞争力，推动区域产业向高端高效模式发展，刺激新兴科技发展，以区域创新政策促进区域产业革新。同时，应加强政策引导，促使区域内产业结构调整，避免走“单一化”发展的老路，深化产业间联系，以优势产业带动上下游及横向关联产业共同发展。此外，借由新常态下长三角、珠三角等区域出现的产业转移承载能力饱和，应利用自身区位优势，更好地发挥政策导向，促进产业间良性竞争，保持整体平稳健康发展。

西安应继续强化其先进制造、科技教育、旅游文化、物流商贸、金融保险、信息服务等主导产业功能。咸阳作为接受西安辐射最强的城市，应着力于西咸一体化建设，要按照“新规划”要求，按程序尽快合理调整行政区划，共同打造带动西北、服务国家“一带一路”建设、具有国际影响力的现代化都市圈。宝鸡作为重要的工业基地和交通枢纽，在今后城市群的建设和发展中，应强化电子信息、装备制造、材料制造、食品制造、旅游商贸等主导产业的功能，着力将其建设为西部先进制造基地、交通枢纽城市、创新型城市和跨省域旅游商贸中心。铜川市作为关中平原城市群的资源型城市，应在保持主导产业的基础上，积极发展能源化工、机械制造和食品、医药工业等产业功能，建成跨关中、陕北的区域性经济、社会、文化中心。渭南位于关中平原城市群东部，以发展化工、冶金等高耗水高耗能工业为主要优势产业。今后应改变其高消耗的发展方式，强化农产品加工、机械制造等产业功能以及综合性社会文化服务功能。杨凌农业示范区是以农业教育、科研和发展农产品深加工为主的科学城，关中平原城市群农业的发展需要发挥杨凌示范区的辐射和带动作用，加快农业科技创新和成果转化步伐，并加强农村基层农业技术服务。

美国硅谷以高新技术产业集群的形式取得了巨大的成功，证明产业集群已经成为影响高新区的重要因素。我国从 1988 年建设第一个高新区以来，经过二十多年的建设和发展，已经先后成立 105 个国家级高新技术开发区，高新区对区域经济的发展和产业结构的升级有极大的推动作用。我国最具有创造力的企业都汇集在高新区，目前在高新区已经形成了以企业为创新主体的科技创新结构。因此，应充分发挥西安高新区的带动作用，参照其成功模式建设关中高新带。

（六）发展各类市场，推进城市群各种统一市场形成

在新的历史时期下，关中各地区应当团结一致，建立关中平原城市群统一市场，消除各类市场封锁和地方保护，形成统一的商品和要素流通政策和贸易体制。推行统一的、合理的技术标准、检验体系，促进统一市场的形成。

坚持大中小城市和小城镇协调发展的方向，最终形成合理的城镇化空间格局和多元化城镇体系。城市群不是一种简单的形式上的组合，关键在于各个城市之间要有相对明确的产业分工与紧密合作，实现优势互补。真正使行政区经济转变为城市群经济，提升城市群的综合竞争实力。要重视培育产业集群，促进生产某种产品的关联企业、为这些企业配套的上下游企业以及相关的服务业，高密度地聚集在一起，形成若干产业优势地区。效仿美国东海岸城市群的例子，通过产业分工逐步实现各生产要素的统一市场。

城市群的中心城市在产业结构调整中往往起着先导作用。以纽约为例，作为一个老工业中心，纽约的制造业就业人口从 20 世纪初的 35% 逐步下降到 1950 年的 29.5%，与此同时，制造业的绝对就业人数仍是缓慢增长的。1950 年以后，由于金融、服务职能的增强，制造业就业人数无论是绝对量还是相对量都直线下降，1980 年仅占 17.4%。而同期第三产业占比从 54.7% 上升至 81.8%。与此同时，该城市群中各城市以港口发展为基础，逐渐转变为各港口间有合理的分工。

（七）提高农业产业化水平，加快农村现代化

建设关中平原城市群，必须要有坚实的农业基础。首先，提高关中地区的农业水平，要以科技物质投入和产业结构调整为主，挖掘农业生产的最大潜力。仅从农业结构本身来看，要以小麦和棉花为主，发展灌溉农业、旱作农业、城乡副食品生产基地建设以及边缘地带林果的综合经营，充分发挥杨陵农科城的优势，促进农业产业化，加强农业科技及农田基本建设，发展多样化的农产品，提高非种植业的比重，为农业发展奠定基础。其次，将大力发展乡镇企业作为推动农村经济发展的核心力量。关中地区的乡镇企业布局分散，规模小，难以形成规模。更重要的是技术含量低，资源消耗高，造成大量的环境污染。要把发展乡镇企业和建设小城镇相结

合，在交通便利，人才、技术和资金相对集中的地区建立乡镇工业区，发挥规模效应。通过发展乡镇企业，从而带动与之配套的第三产业的发展，可以吸纳更多的农村剩余劳动力，实现农村剩余劳动力的转移，推动农村非农经济的增长，实现城乡统筹发展、共同富裕的目标。

（八）重视环境和生态，促进城市群产业的可持续发展

经济高度发达，城镇和人口高度密集的城市群也是生态环境极易受到破坏的地区。随着城市群进一步发育和发展，需要按照“以人为本”的指导思路，采取措施切实解决好资源与环境保护。包括合理调度水资源，加强节水工作，优化水资源配置，加强废水的资源化利用，强化地表水供水及水环境保护；以提高土地产出率为主要途径来缓解土地资源供给的制约问题；大力发展循环经济，在关中地区率先建立可持续发展的经济体系；切实实施环境与发展综合决策，加强生态环境建设，重视生态敏感区的保护；构建城市间以生态绿地为主体，城市中以绿色公园为主体的绿化系统。使得西部城市群不仅是各种现代产业密集区，更是生态优美、环境洁净、人居环境良好的城市聚落。

结　语

新中国成立七十年来，尤其改革开放以来，关中平原城市群经历了规模由小到大，城市系统构架由单一到比较综合，城市关系由孤立到组合群体的历程，并发展起来一定的现代产业基础，内在已经产生合作的渴望并具备进一步加大合作的条件。关中平原城市群是整个西北地区最具有竞争力和代表性的区域，城镇连绵、经济发达、人口密集、产业密集、科教实力雄厚、文化繁荣，集聚着陕西省、山西省和甘肃省重要的社会经济资源，具有带动区域经济快速增长的巨大潜力，对辐射带动周边地区产业发展，促进区域经济协调至关重要。

产业是社会经济活动的动力和活力所在，产业的协同发展和进步是一个城市群共兴共荣的基础和根本，西安作为城市群的核心和龙头必将发挥历史性的作用。未来，关中平原城市群产业合作将会依循城市群发展的一般规律，经过中心极化到城市圈，再到小群，再到大群的过程，并将逐渐形成以西安为经济、政治、文化、科

教中心的关中平原城市群，从而带动周边地区的整体发展。

陕西省、山西省和甘肃省政府及各级地方政府应顺势而为，通力合作，积极进行制度创新，从上述方面为城市群的产业发展和进步提供政策资源，营造环境，创造条件。相信在可预见的将来，关中平原城市群一定会成为中国最具活力、富有特色的区域，成为“一带一路”对外交往高地、丝路文化高地以及内陆开放高地与综合交通枢纽，带动陕甘晋、西北乃至“一带一路”经济的大发展。

大西安发展背景下的土地储备转型及其实施模式研究

土地是城市最大的存量资产，是城市经济运行的基本载体，是城市建设和民生改善的重要物质基础。当前，西安正处在建设国家中心城市和欧亚交流合作国际化大都市的重要历史时期。大西安大发展需要城市在战略、政策、体制、治理诸方面有新的进步，也需要认真梳理西安以往的土地储备和供给方式，学习借鉴其他城市在土地储备机构职能、精细化土地管理、多源融资与风险防范等方面的好经验、新经验，构建大西安新的土地储备模式，管理好、经营好、利用好土地资源，确保经济效益、社会效益、生态效益三大效益的叠加和统一，兑现城市价值，推动大西安国际化和智慧城市建设具有重要意义。

因此本课题就有效发挥大西安的土地承载和支撑作用，建立适应的新的土地储备模式进行研究并对具体实施提出建议。

一、背景和意义

土地储备平台作为政府整合规划资源、国土资源、财政资源、城建资源、政策资源、社会资源的核心平台，在土地供给侧改革中将发挥越来越重要的统筹与集成作用。为解决旧城改造、国有企业改制中土地资产的处置和消化闲置土地问题，2002 年西安市成立市土地储备中心，2004 年实施了《西安市土地储备条例》(以下简称《条例》) 规范土地储备行为。在《条例》的 15 年运行过程中，国务院和国土资源部、财政部等相关部门对规范土地储备行为出台了许多新政策、新要求，明确土地储备工作只能由纳入名录管理的土地储备机构承担，不得再向银行业金融机构举借土地储备贷款，不得将储备土地注入融资平台公司，不得承诺将储备土地预期出让收入作为融资平台公司偿债资金来源，具备举债资质的地方政府可以发行土地储备专项债券。这些政策文件的出台为西安转变土地储备管理方式，拓展多源融资渠道，控制和避免土地储备风险提出了新的要求。

（一）西安土地储备的发展和现状

1. 西安土地储备机构

西安市土地储备经历了简单模仿、因地构建、竞相仿效的过程，形成了西安市土地储备委员会（市土地管理工作领导小组）领导下的“两级政府、两级管理”体制，建立了市区两级、以市为主的土地储备网。新城、碑林、莲湖、未央、雁塔、灞桥城六区辖区内的土地储备工作，在市土地行政管理部门的指导下，由市、区两级政府联合储备。县（含阎良区、临潼区、长安区、高陵区、鄠邑区）和开发区土地行政管理部门负责管理本辖区内的土地储备工作。

目前西安市市级土地储备机构 1 个，各区县、开发区共设立土地储备机构 25 个。

①市级土地储备机构 1 个，西安市土地储备交易中心与西安市城市改造建设有限公司一个机构两块牌子。

②县级土地储备机构 2 个，蓝田县土地收购储备中心、周至县土地储备中心。

③隶属于各区国土资源局的土地储备机构 11 个，长安分局土地储备中心、阎良分局土地储备中心、临潼分局土地储备中心、高陵分局土地储备中心、鄠邑分局土地储备中心、未央分局土地储备中心、雁塔分局土地储备中心、灞桥分局土地储备中心、莲湖分局土地储备中心、新城分局土地储备中心、碑林分局土地储备中心。

④隶属于各开发区的土地储备机构 12 个：西安高新技术产业开发区土地储备中心、西安经济技术开发区土地储备中心、西安曲江新区土地储备中心、西安浐灞生态区土地储备中心、西安国际港务区土地储备中心、陕西航空经济技术开发区土地储备中心、西安国家民用航天产业基地土地储备中心、西安市地铁建设土地储备开发中心、西安市三环路土地储备中心、西安市纺织城地区土地储备交易中心、西安市大兴新区土地储备交易中心、西咸新区沣东新城土地储备中心。

2. 市本级土地储备近五年情况

西安市土地储备交易中心在优化土地资源配置，盘活存量土地资产，加强政府对土地市场的宏观调控，落实规划，推进城市建设，促进社会经济的发展，保障民生用地等方面发挥了重大作用。

（1）市本级土地储备情况

近五年来，市土地储备交易中心共储备土地 16479 亩，其中储备集体土地 10168 亩，收购国有土地 6311 亩。由于市本级范围内可储备土地紧缺，市土地储备交易中心把工作重心放在支持重点民生工程、政府重大项目和挖掘存量国有土地上。

（2）市管棚户区改造项目基本情况

由市城改公司融资拨付资金的 11 个市管棚户区改造项目总体进展情况良好，回迁安置工作已基本结束。11 个项目总占地面积共计 1601 亩，其中可出让土地约 597 亩，已出让土地约 340 亩，待出让土地净用地约 257 亩。截至目前，11 个项目已累计支付资金约 54.8 亿元，预计后期还需支付约 1.2 亿元。

（3）土地交易情况

2015 年 1 月 1 日起，全市范围内的经营性用地全部采取网上挂牌交易方式出让。近 5 年来，全市共出让土地 1662 宗，出让总面积 102240 亩，成交总价 1491 亿元。其中市本级范围内共出让土地 190 宗，出让总面积 10463 亩，成交总价 276 亿元。

（二）土地储备机构制度规范的变迁

从 1996 年设立的上海土地发展中心开始，我国的土地储备机构经历了从无到有再到逐步规范的过程，全国共有 2459 家机构获批列入国土资源部 2016 年版土地储备机构名录，对土地储备机构的制度规范也同样是逐步的发展和完善。

1. 土地储备机构为土地储备工作实施主体，金融机构可为土地储备机构融资

2001 年 4 月，国务院发布《关于加强国有土地资产管理的通知》（国发〔2001〕15 号），提出有条件的地方政府要对建设用地试行收购储备制度。市、县人民政府

可划出部分土地收益用于收购土地，金融机构要依法提供信贷支持。

2007 年 11 月，国土资源部、财政部、人民银行发布《土地储备管理办法》（国土资发〔2007〕277 号），正式确立了土地储备机构作为土地储备工作的具体实施主体的地位，并规定商业银行及其他金融机构可以为土地储备机构发放贷款，对贷款期限也未做硬性要求。

此后的近十年间，土地储备在保障发展、落实调控等方面发挥了积极的作用，但运行中也暴露出诸多问题，突出表现在以城投公司为代表的类储备平台的职能泛化，以及沦为地方政府融资平台的功能异化，“土地财政”依赖下盲目的储备扩张不仅造成了土地资源的浪费，弱化了调控功能，也加大了地方政府的债务风险。

2. 实施名录管理，调整和加强金融机构对土地储备机构融资管理

为规范政府举债，防范金融风险，保障土地储备工作健康运行，2012 年 12 月国土资源部、财政部、人民银行、银监会联合发布的关于加强土地储备与融资管理的通知（国土资发〔2012〕162 号）提出建立土地储备机构名录，并明确土地储备机构融资应纳入地方政府性债务统一管理，执行地方政府性债务管理的统一政策，对贷款期限也做出了最长不超过五年的规定。

同样是在 2012 年 12 月，财政部、发展改革委、人民银行、银监会发布《关于制止地方政府违法违规融资行为的通知》（财预〔2012〕463 号），规定不得授权融资平台公司承担土地储备职能和进行土地储备融资，不得将土地储备贷款用于城市建设以及其他与土地储备业务无关的项目，从地方政府融资的角度加强对土地储备机构的融资和资金管理。

3. 剥离地方融资平台土地储备职能，不得举借贷款

2016 年 2 月，国土资源部、财政部、人民银行、银监会四部委联合发布规范土地储备和资金管理等相关问题的通知（财综〔2016〕4 号），进一步规定土地储备资金纳入政府性基金预算，不得再举借土地储备贷款，正式剥离地方融资平台的土地储备职能。比如曾被列入土地储备机构名录的重庆地产集团，在 2016 年 4 号文之后，也开始剥离土地储备职能，重庆市成立专门的重庆市土地储备整治中心，2017 年发布的《土地储备机构名录》（2016 版）中，储备中心正式成为土地储备机构名

录单位。

4. 规范土地储备全流程管理，发行土地储备专项债券为土地储备机构融资

2017 年 6 月，财政部印发《地方政府土地储备专项债券管理办法（试行）》（财预〔2017〕62 号），具备举债资质的地方政府可以发行土地储备专项债券，债券资金由土地储备机构专项用于土地储备。

2018 年初，国土资源部、财政部、人民银行、银监会四部委联合发布修订后的《土地储备管理办法》（国土资规〔2017〕17 号），强调要贯彻落实党的十九大关于加强自然资源资产管理和防范化解重大风险的要求，进一步规范土地储备管理，增强政府对城乡统一建设用地市场的调控和保障能力，促进土地资源的高效配置和合理利用。从储备计划、入库储备、前期开发、管护与供应、资金管理、监管协同等环节，提出深化和健全土地储备全流程管理。至此，土地储备回归制度设计本源，开始迈入内涵外延统筹提升的全新发展阶段。

（三）西安土地储备模式存在的弊端及其成因

西安市土地储备交易中心通过完善政策体系、深化制度建设、规范融资渠道、强化平台搭建等多种手段，在实践中取得了不少成效。不过，在这 15 年的运行过程中，国务院和国土资源部、财政部等相关部门对规范土地储备行为出台了许多新政策、新要求，西安市土地储备在机构职能、土地储备管理、调控市场、融资、风险防范等方面与这些新政策、新要求存在一些不衔接的地方。具体问题如下。

1. 管权分散，统权弱化

由于开发区体制和分灶财政体制，为了充分调动区（县）和开发区的积极性和主动性，采用“两级政府、两级管理”土地储备管理机制，西安出台了相关文件规定两级政府机构之间的关系、土地储备资金来源和土地收益分配比例等。但各类土地储备机构在职能上缺乏清晰分工，行政上、经济上相互独立，结果导致土地储备机构多而散，市本级储备运作空间极其有限，市土地储备中心对全市土地储备工作缺乏有效的统筹管理，在土地储备上形不成合力，甚至互相牵制。这从根本上不利

于政府对土地市场的调控，不利于贯彻“土地储备实行集中统一管理，储备土地供应实行集中统一供应”的原则，不利于落实“统一规划、统一收购、统一供应、净地出让、市场运作、资金集中”，不利于建立“一个渠道进水，一个池子蓄水、一个出口放水”的土地储备管理机制。

目前西安市 26 家土地储备机构中，纳入 2018 年国土部土地储备机构名录的只有 10 家，土地储备机构设置亟待规范。

2. 征购范围偏重增量，存量挖潜不足

土地储备的收储范围在《土地储备管理办法》中已有明确规定，要求土地储备来源为依法收回的国有土地、收购的土地、行使优先购买权取得的土地、已办理农用地转用土地征收批准手续的土地以及其他依法取得的土地。西安市面临国家中心城市发展的机遇，城市大发展和周边城镇化过程给土地储备工作带来非常大的挑战。近五年来，市土地储备中心 60% 以上的土地储备来自农村集体增量土地，城棚改游离于政府储备体系之外，存量盘活力度不够，收储土地主要规划为房地产开放经营性用地，产业用地保障不足，道路公园绿地等公益性用地重视不够，不利于城市有机更新功能升级，对城市存量土地储备较少。这使得原则上以存量土地回收和收购为主的土地储备制度，偏离成以增量土地征收为主。这与市委市政府提出的“推动土地利用由‘增量开发’到‘严控增量、挖潜存量’转变，加大批而未用土地处置，实现城市高质量发展”不符，也不符合国家要求的“优先储备空闲、低效利用等存量建设用地”。

3. 规划计划与储备供应不匹配

西安市“两级政府，两级管理”的土地储备管理体制，赋予各区县和开发区过多的土地储备入口权力，城六区由市、区两级政府联合储备，县和开发区负责管理本辖区内的土地储备工作。市土地储备交易中心可储备土地紧缺，工作重心主要在支持重点民生工程、政府重大项目和挖掘存量国有土地上，近三年，市本级土地储备交易约 5100 亩，约占全市土地交易总额的 9.9%。收购与出让方面，市土地储备交易中心均没有实现完全垄断土地一级市场，使全市范围内土地的储备和供应出现不匹配，土地资源储备供应与城市发展规划计划不匹配，土地资源未能实现高效配置和合理利用，土地市场的规模经济难以实现，城市开发建设效率低下，国有资产流失严重。

4. 储备供应价格不统一，价格信号不准

现行土地储备模式在土地储备过程中每个阶段都赋予区县、开发区土地储备机构过多的权限。在土地收储阶段，各土地储备机构补偿标准差异较大，使得原土地使用者产生抵触情绪，被收购者的不配合一定程度上增加了谈判难度，迫使土地回收周期延长，土地储备成本上升，形成收储土地成本不一致的问题。在招商引资土地出让阶段，各土地储备机构测算地价方式不一，且未全要素覆盖有形、无形成本，未能将征地拆迁安置补偿等直接成本和省市等各级政府提取的基金，以及片区基础设施、公共服务设施、生态设施建设等间接成本全部纳入土地储备成本，形成的出让价格不一致，且估价过低，未能有效彰显土地价值。

5. 法规不完备，流程不规范顺畅

土地储备的具体运作必须拥有充分的法律依据和理念依据来规范政府土地收储、出让行为。现有的《西安市土地储备条例》虽然经过两次修订，但依据落后于国家新的法律法规和西安市社会经济发展规划。西安市迫切需要出台新的土地储备条例，并以条例为上位法，针对土地储备规划、计划、土地一级开发、土地整理和管护、出入库标准、资金管理等工作，以政府令、规范性文件等形式配套出台相关实施细则，破解实际收储中的难题，规范化、标准化、精细化土地储备管理工作。

6. 存在资金风险，融资渠道狭小

土地储备，由于其项目体量较大、运作周期较长，尤其需要大额资金支持，也容易带来大的资金风险。财政部提出积极探索以企业为主体运作的土地储备机构发行土地债券的实践，作为政府发债的有益补充。受制于西安市自身金融业不发达、融资平台少等因素，除财政支持外，西安市目前土地储备资金主要依赖政府专项债券，造成政府土地储备资金压力较大。需要在防范资金风险的同时，探索包括土地一级开发、PPP 等政府和社会资本在土地储备领域的合作模式，拓宽融资渠道，形成多元化、可持续的土地储备资金投入机制，提高土地储备制度运作效率。

（四）西安发展迫切需要构建新土地储备模式

西安市具备追赶超越的巨大潜力，正处于率先全面建成小康社会的决胜期和初步建成国家中心城市和国际化大都市的关键期。国家战略对西安不断聚焦，“一带一路”战略、全面创新改革试验、国家自主创新示范区、陕西自贸区西安核心区、军民融合战略和新一轮西部大开发等一大批国家战略在区域叠加推进，全面深化改革、中国制造 2025 等政策红利陆续释放，特别是省委省政府支持大西安建设，将西咸新区划归西安管理，将有效拓展发展空间、提升城市能级、放大辐射效应，使西安自改革开放以来历史上第一次拥有了“大西安”的格局和体量。为实现《关中平原城市群发展规划》提出的“西安国家中心城市建设”战略目标，2019 年 1 月 2 日，西安市政府印发《西安国家中心城市建设实施方案》，指出大西安都市圈由西安、咸阳部分区域及西咸新区为主组成，实施“北跨、南控、西进、东拓、中优”空间战略，打造大西安“三轴三带三廊一通道多中心多组团”的空间格局。2020 年，确立国家中心城市基本框架；2035 年，建成“美丽中国”西安样板，全面建成国家中心城市。

西安进入了一个全新的发展时期，正站在加速转变经济发展方式和城市发展方式的重要节点上，土地储备和经济社会发展的矛盾日益突出。为加强统筹、强化保障，管理好、经营好、利用好土地资源，西安市成立了市土地管理工作领导小组（市土地储备委员会），2017 年、2018 年先后召开了 11 次市土地管理工作领导小组会议，高度重视土地储备管理工作。在领导小组第一次会议上，市委书记王永康强调：“管理好土地，核心是要强化政府的统筹主导，要坚持集约发展思路，树立‘精明增长’‘紧凑城市’理念，实施城市有机更新，加快土地管理向统一管理、集中储备、有序管理、集约管理、规划融合‘五个转变’，推动城市发展由外延扩张向内涵提升转型。”2018 年 3 月，酝酿已久的《西安市深化土地供给侧结构性改革实施方案》经市委、市政府批准同意，正式对外发布，从“完善管理机构设置、创新土地储备模式、严格土地储备规划管控、精细储备土地管理、科学管理储备资金”等方面对“理顺体制机制，加强土地储备管理”做出了系统性的制度安排。

因此，西安市迫切需要以国家土地储备相关法规政策为指导，借鉴国内外主要城市的土地储备做法和经验，解决西安市现行土地储备模式存在的弊端，构建适应大西安高速发展的新的土地储备模式，即政府主导的政市双拉动均衡模式，对土地储备组织机构、管理体系、储备流程、融资方式、信管监服平台等作出相应的改革调整和配套完善。

二、国内外主要城市土地储备做法、经验及评析

土地是财富之母。国内外各地区在探索实施土地储备开发的过程中，逐渐诞生了许多有代表性的模式和做法，系统总结和梳理各模式的基本做法与经验教训，对深入贯彻国家土地储备政策要求，建立符合大西安发展特色的土地储备开发模式具有很好的参考价值。

（一）国外做法和经验

1896 年，荷兰建立了世界上第一个土地储备制度。随后，19 世纪末期，以瑞典、法国、英国为代表的欧洲国家相继实行了土地储备制度。进入 20 世纪以来，加拿大、美国、韩国等国家也相继开始建立土地收购、储备与开发制度。经过长期实践，各国在土地储备实施方面取得一些成效，逐渐形成了一套相对完整、科学且有借鉴意义的方式方法，在促进城市有序发展、提高土地利用率方面，效果显著。

1. 职责明确的土地储备管理决策和执行机构

土地储备机构主要包括土地储备管理决策机构和执行机构。

普遍设立高级别土地储备管理决策机构，指导和监管土地储备工作。瑞典斯德哥尔摩市成立了不动产委员会，主席从市议员中选出，委员有六位，由各政党的市议员出任，主要职责在于：寻找土地；协议购买价格；筹措购买资金；指导土地开发；选择适当的开发者；政府兴建住宅的区位分配和选择。法国则直接由政府当局制定土地使用管制制度实现土地储备，1974 年则组织区域政务会对地方政府的土地储备进行辅助管理。区域政务会是一个法定机构，由区域的国会代表、区域的部门代表和区域的市议会代表组成。

土地储备执行机构基本上是某级政府机构的一部分或与某级政府机构有关，可能是政府直接组成并控制，也可能是由与政府有关的其他类型组织如公营企业或者公私合营企业运作。比如荷兰通过各个自治区的土地开发公司，瑞典和加拿大通过

土地银行参与城市土地市场管理。执行机构的性质、形态和运作方式是由土地储备制度的实现目标来决定。但无论如何，能有效完成土地储备政策目标的机构应该具有法律赋予的授权（征收、购买、处分土地的权利，以及与城市发展规划和土地利用计划的配合）、与其运作方式相适应的财政能力（政府预算、发行、债券、处分土地的收入等），以及超越现有行政单位的能力，进行企业化运作的能力。

2. 政府市场双重职能的土地银行统一收购、统一出让

土地银行是瑞典、荷兰和加拿大等国家实施土地储备的重要方式，具有双重职能，是具有半官方性质的独立经济主体。土地银行作为独立的经济主体，依靠土地开发获利而生存，收购、财产维护和资金筹集主要通过银行贷款和收购土地的开发收益，在这种情况下土地银行本质上是一个通常意义上的土地开发公司。土地银行作为政府直接领导和授权的机构，是政府参与城市土地市场管理的重要机构，政府通过土地银行将具有潜在市场价值的土地收归国有，经过适当的整理，增加土地的市场价值后，再提供到市场上。同时，土地银行也是国家干预土地市场的重要手段，国家在地价过高时通过土地储备抛售存量土地，在土地价格过低时回收部分土地，从而达到稳定土地价格的目的。

土地银行作为政府加强土地一级市场宏观调控的重要手段，是一种政府行为，政府必须发挥主导作用。政府的主导作用主要体现在两个方面：其一是政府对土地的统一收购权，即需要进入城市流转的土地都要由政府统一收购，而且政府收购土地要有一定的强制性，通过设立征收权和优先购买权，确保需要收购的土地能够顺利进入土地储备体系。其二是政府对土地的统一供应权，土地储备机构代表政府统一组织出让，城市土地以土地储备中心一个出口向市场供应，政府能够根据市场情况，有计划地把土地分散分批投入市场，能够对土地一级市场起到调控作用。

3. 土地储备与城市规划和土地利用计划相结合

为达到社会公益最大化和保持城市的有序发展的目的，土地储备制度也必须与城市规划和土地利用计划进行结合。法国将开发区域划分为未来发展区、优先发展区、集中发展区等不同类型，不同类型用地采取不同的土地储备方式，以实现规划目的。任何规划中的发展都需要选取一个特定的区域，如果将这些特定区域设计成

优先发展区，国家和地方会向该区投资用于基础设施建设，并且该区域的土地价格应该被公众优先购买权和购买行为控制。通过区域划定来推行土地储备制度，使得能通过优先购买权的行使，取得公共土地以控制未来城市的发展，实现规划目的并成功抑制土地投机。

4. 规范的土地储备运作模式

各国的土地储备运作模式各有不同，但是他们都制定了一系列的法律法规，来对土地储备的各个环节进行规范。在土地收购环节，在遵循市场经济规律的前提下，赋予政府土地储备的优先购买权。通过设立土地征用制度和土地优先购买权制度，保障土地储备的顺利实施。在土地整理环节，经过前期拆迁和修建基础设施，增加土地的市场价值后，经过合理规划后才能出让。在出让环节，各国通过分时、分量投入市场，确保土地市场供求平衡。在出让方式上，有土地所有权出让和土地出租这两种，并且根据土地使用性质的不同，确定不同的出租期限。

5. 健全的土地储备法规制度

各国在土地储备的收购、整理、储备、出让等环节都制定了相应的法规制度，增加了土地储备工作的透明度和规范性，确保了土地储备制度的顺利实施与土地市场的稳定。比如荷兰通过颁布《住宅法》，对住宅和城市规划做了明确规定，之后又通过修订《住宅法》，明确征收权和优先购买权的行使权限和范围。瑞典先后颁布的《征收权法案》和《优先权法案》为政府征收储备的土地提供了法律依据。韩国土地储备的相关法律体系有:《国家均衡发展特别法》《有关制定及管理开发限制区域的特别措施法》《国有财产法》《有关国土规划及利用的法律》《韩国土地公社法》等。

6. 广泛的土地储备融资渠道

从土地储备的资金来源渠道来看，大部分土地储备活动所需的资金是以中央政府补助、贷款以及发行债券的方式取得的，只有少数部分以地方政府税收为来源，各类财政金融手段的配合为土地储备制度实现提供了必不可少的资金保障。瑞典斯德哥尔摩市政府通过政府税收、政府贷款、养老保险基金、银行贷款、瑞典国家银行发行公债，以及土地银行出租和出售的土地收入等渠道来支付土地的征购费用。

荷兰土地储备的资金主要包括以各城市为股东的股份合作制荷兰银行的贷款、中央政府贷款、商业机构的贷款和政府的财政投入。荷兰在 1922 年将城市信用银行改组为荷兰城市银行，中央政府提供总资本的 1/2，中央银行同意对城市期票贴现，目前该银行已成为荷兰土地银行最主要的资金来源。

（二）国内做法和参考

发达国家在工业化进程中，为了解决城市人口急剧增加带来的住宅供给压力、地价急剧上涨等都市发展问题，或推行社会福利制度，采用土地储备制度弥补市场缺陷，形成了一些土地储备经验，虽然年代久远，但对我国乃至西安都仍有借鉴意义。

我国的土地储备运作模式始于香港。上海市组织专家考察了香港的土地批租制度，1996 年成立土地发展中心，建立起了“市场化”模式的土地储备制度。1997 年，杭州、青岛、南通等几个城市开始了以政府垄断为主导的土地储备制度创新。1999 年 6 月，国土资源部总结杭州与青岛两地城市土地储备过程中的经验并以土地管理系统内部通报的方式建议地方土地管理部门学习，以此拉开了城市土地储备制度在全国迅速推广的序幕。

1. 香港土地储备运作模式

在受英国殖民统治时，香港实行土地批租制度。回归后，根据《中华人民共和国香港特别行政区基本法》规定，延续了土地批租制度。这种土地批租制度严格限制土地所有权的转让，政府出让的只是土地使用权，通过土地契约将不同期限的土地使用权批租给受让人。任何单位和个人只能从政府手中取得一定年期的土地使用权，在土地所有权不变的情况下，使用权可以灵活处理。

地政总署主要通过招标、拍卖、私下协议和临时租约等方式将土地使用权批租给受让人。采取一次性地价 + 年租金的土地出让金收取形式。土地出让金由两部分构成，一部分是首次拍卖时缴纳的一次性地价，包括征地费、土地前期开发费和出让期限内各个年度“租金差值”的贴现值总和；另一部分是土地出让期内，每年根据应课差饷租值 3% 缴纳的年租金，每年根据评估值动态调整。

采取“勾地”制度稳定土地价格。2003 年后，由于土地拍卖市况不佳，香港政府推出了“勾地”制度。就是由地政总署于每年的二三月份公布“勾地表”，列明政府许可的土地用途资料，包括地块的基本状况、建设要求等。然后由有意向的开发商提出申请，并提出愿意支付的最低价。如果符合政府预期，这幅土地即“勾出”。之后进入招标拍卖程序，如果不符合政府的预期，则不进行出售。

成立香港土地基金，为特区政府提供长期战略储备资金。1986 年，香港特别行政区政府土地基金正式成立，该基金的主要任务是为将来的香港特区政府管理土地，实现过渡期内香港土地收益的归集。香港土地基金为经营型土地基金，它通过归集不同时期土地相关收益，实行专业化管理，并将基金用于金融证券投资，以有效地实现土地收益的保值增值。

2. 上海：从市场主导型到政府主导型的土地储备运作模式

1996 年，上海市为了解决未来房地产市场上土地的供应超量问题，成立了全国第一家土地储备机构上海市土地发展中心，该中心隶属于原上海市房屋土地管理局，是自收自支的事业单位。上海市政府在土地的收购、储备和出让方面并没有赋予其太多的权力，其运作轻强制性而偏市场化，成为市场主导型土地储备运作模式的代表。2002 年 11 月，成立上海地产（集团）有限公司，土地发展中心更名为土地储备中心，两者“两块牌子、一套班子”运作，自此上海市土地储备逐渐转变为“政府主导、市场运作”模式，依托政府支持及国有企业强大的资产、专业实力，基本垄断了当地的整个土地储备开发市场。

（1）多层次市区两级管理的土地储备组织管理体系

以“两级政府、两级管理”为原则，上海市实行决策、管理和执行三层次，市区两级管理的土地储备组织管理体系。

决策层面，设立土地管理工作领导小组，负责审核批准本市土地储备计划，协调解决土地储备中的重大问题。

管理层面分为两级。第一级是市规划和国土资源管理局，负责本市土地储备计划的组织编制，经市土地管理工作领导小组审核批准后分解下达；第二级是区（县）土地管理部门，主要负责本行政区域内土地储备计划执行情况的日常监督管理。

执行层面也分为两级，第一级是上海市土地储备中心，第二级是各区县政府设立和经市政府批准设立的其他土地储备专门机构。两级土地储备机构之间没有隶属关系，只有工作上的指导或往来关系，在各自职能范围内实施土地储备。

上海市土地储备中心与上海地产集团实行“一套班子，两块牌子”的运作模式，二者均为独立法人。上海市土地储备中心负责收购储备土地，地产集团则被定位为土地储备市场运作载体。2016 年 7 月，市土地储备中心职能由地产集团划转至市规划和国土资源管理局，成立新的上海市土地储备中心，为公益一类事业单位，主要承担本市土地储备事务性工作、市级土地储备项目资金管理、制定土地储备工作标准、滩涂造地工作、土地储备信息化平台建设以及行业指导等工作。集团属于国有企业，接受定向委托或市场业务，是运作载体。地产集团主营业务包括土地储备前期开发、滩涂造地建设管理、市政基础设施投资、旧区改造、房地产开发经营等。

（2）政府主导、市场运作、市区联手、分责共享的运作机制

上海土地储备机制实行“政府主导、市场运作、市区联手、分责共享”的运作机制，旨在增强政府对土地供给的宏观调控，盘活土地存量，规范土地市场，确保政府对土地的增值收益。

政府主导，政府通过土地储备作为调控土地一级市场的手段之一。根据国家宏观经济政策和城市经济发展需要，采取适度的土地储备管理政策来调节土地市场；制定适应城市发展和经济需要的土地储备中长期战略规划；制定土地供应计划和用地指标分配计划等；规范土地市场秩序；发挥“一个蓄水池”和“一个水龙头”的作用。

市场运作，土地储备机构在运作中采用市场化手段。在土地收购过程中采用土地市场评估来判断土地价值；采取双方协商谈判确定收购价格、交地条件和交地标准。这一点也正是上海被称为市场主导型土地储备运作模式代表的原因。

市区联手、分责共享，按照“联合、联手、分责、分享”原则，建立“责任明确、分工清晰、监管到位、利益兼顾”的市区土地储备机构合作机制，市土地储备机构发挥在资金、计划和指标等方面优势；区土地储备机构发挥拆迁等土地前期开发管理优势。

（3）来自财政拨款和银行贷款的单一融资方式

上海土地储备机构所需一级开发的投资资金主要来自财政拨款和银行贷款，融资方式比较单一。在土地储备开发完成后进行出让所得的价款中，属于土地使用权出让金的部分，由受让人支付给土地管理部门；属于土地前期开发费用的部分，由

受让人支付给土地储备机构，在扣除土地储备的成本开支和管理费后，余款的使用和管理则由各级储备、开发机构支配。

3. 杭州：政府主导型的土地储备运行模式

1997 年 8 月，杭州市成立了全国第二家土地储备机构——杭州市土地储备中心，副局级事业单位。1999 年 3 月 10 日，杭州市率先颁布了我国第一部正式出台的关于土地储备的政府规章《杭州市土地储备实施办法》，迈出了城市政府探索如何规范、有效地运用土地储备工具的重要一步。此后，杭州市不断推进“一个平台储备、两级主体做地、三个计划执行、四统三分落实”的具体做法，制定并不断完善“做精储优”的杭州标准，逐步形成了以“多个渠道供水、一个口子进水、一个水池蓄水、一个龙头放水”为特征的政府主导型土地收储和出让模式，实现了土地收储规范化、透明化、精细化，在调控土地市场、推进杭州城市有机更新等方面发挥了积极作用。

（1）分层次三级管理的土地储备组织管理体系

杭州市实行决策、管理、执行三层级管理的土地储备组织管理体系，实现一个平台储备、两级主体做地，确保政府主导土地储备工作并做到强有力的统筹计划。

决策层面，设立杭州市土地收购储备管理委员会，主要职责是研究制定有关土地收购、储备和出让的政策规章，协调各部门的关系，落实资金，确定年度计划及审查计划执行和资金运作情况、监控国有土地资产运作等。下设土地储备管理委员会办公室，设在土地储备中心名下。

管理层面，市规划和自然资源局负责全市土地储备管理工作。

执行层面，一个平台储备、两级主体做地。

一个平台储备：杭州市土地储备中心是杭州市主城区唯一的土地储备机构，受市政府委托在杭州市土地收购储备管理委员会指导和监管下，代表政府实施土地收购、储备和出让的前期准备工作。

两级主体做地：全市 14 个做地主体，包括市级做地主体 7 个市级国有企业和区级做地主体 7 个区政府（管委会）。各做地主体在市委、市政府指定区域范围内与市土地储备中心合作开展土地前期开发整理，具体负责实施地块的征地拆迁（补偿）以及根据地块的控制性详细规划实施地块内配套设施建设和场地平整等工作。

（2）三个计划执行、四统三分落实、做精储优的土地储供机制

三个计划执行：在充分沟通的基础上，每年编制经营性土地出让计划、储备计划和做地计划，对土地储备实行规范的计划管理，既保障了市场的需求又有效防范储备资金运行风险。

四统三分落实：统一规划布局、统一收储政策、统一做地标准、统一交易出让，做地分开、融资分开、监管分开。

统一规划布局，即根据城市总体规划、土地利用规划、城市发展规划和土地市场需求、产业发展政策等，统筹安排，统一布点、统一规划，引导经营性土地有序开发。

统一收储政策，即从项目启动到完成收储验收，市政府出台统一政策进行规范，包括项目审批手续、收益核拨比例等。

统一做地标准，出台《杭州市经营性用地收储标准》，制定 5 方面 21 条储备土地收储的标准。

统一交易出让，市区内所有经营性土地统一通过市土地储备中心向市场供应，确保政府对土地市场的统筹调控。

杭州做地标准：做精储优，2017 年出台《杭州市经营性用地收储标准》《杭州市区经营性用地收储验收管理办法》，坚持环评先行、配套先行、保护先行、美化先行、再利用先行，将收储标准分为前期手续、地块场地、地块权属、环境整治与基础配套 5 大方面 21 条具体标准，指导全市做地主体规范开展土地整理开发工作，推动杭州土地储备从“净地”向“优地”转变。

（3）采用基金、债券等多源土地储备融资渠道

注重加强并完善储备资金管理，做好全市一本账。高度重视土地储备资金管理工作，建立相应的资金管理制度，让资金管理有据可依。杭州土地储备资金从以下渠道筹集：一是市级财政部门核拨的土地开发补偿费；二是市级财政部门从国有土地收益基金中安排用于土地储备的资金；三是发行地方政府债券筹集的土地储备资金；四是经市级财政部门批准可用于土地储备的其他资金；五是上述资金产生的利息收入。不得向银行业金融机构举借土地储备贷款。

（4）建立土地储备信息系统

基于政府云和互联网，实现杭州市国土资源局与各做地主体、单位之间的土地

储备业务互动，土地储备迈入信息化、全程化、精细化管理轨道。

4. 南京：政府主导型的土地储备运行模式

2002 年，南京市土地储备中心成立，是直属于南京市国土资源局的副局级事业单位。南京市按照“统一储备、两级运作、收益分成、封闭运作”的思路，两级政府联动运作、各司其职、各负其责，充分调动区县积极性，保证征收工作顺利进行。

（1）分层次三级管理的土地储备组织管理体系

按照“统一决策，分工执行”的思路，南京市实行决策、管理和执行三层级管理的土地储备组织管理体系。

决策层面，南京市土地储备工作一直在市级层面统一决策管理，2014 年以前的决策管理机构是市土地储备与出让领导小组，2014 年及以后的决策管理机构分三个层次：土地出让与储备工作委员会，工作专题会，市政府常务会。

管理层面，市规划和自然资源局是全市土地储备的行政主管部门，负责制定市土地储备规划、年度土地储备计划，拟定并实施土地开发利用标准，管理和监督城乡建设用地供应、政府土地储备。

执行层面，南京市土地储备执行机构具体分为四个层面：市土地储备中心、六城区土地储备中心、市属平台板块土地储备分中心及新五区土地储备中心。其中市土地储备中心根据“统一规划、统一收储、统一整理、统一出让”的要求，扎口全市的土地储备工作，对全市土地储备工作进行业务指导。新五区土地储备中心享受县级权限，土地储备工作相对独立，一般接受各自区政府领导，在各自行政区域内进行收储运作。

（2）强化土地利用规划引领，统一编制储备规划、年度储备计划和出让计划

南京市土地储备坚持以规划为统筹，建立土地储备长期规划机制，实行统一储备、统一管理的原则。市国土局、市规划局、市土地储备中心根据国民经济和社会发展规划、城市总体规划、土地利用总体规划“三规合一”的要求，全面梳理土地储备资源，按照“深度全覆盖”原则，编制土地储备规划。通过土地储备规划的引领，对储备资源的规模梳理和时序安排，指导了土地储备工作有序开展，从全市范围内加强储备中心在一级土地开发市场中的主导作用。市土地储备中心会同各区政府编制年度土地储备计划和出让计划。通过年度储备计划和出让计划的管控，规范

了储备项目的前置审批程序，避免因盲目扩张收储面积，造成对土地资源的不合理利用。

（3）“城乡一体、集中统管”数据管理模式

南京市土地储备中心基于国土资源“一张图”建设应用，构建了“城乡一体、集中统管”的数据管理模式，在全国率先完成国土资源“一张图”基础数据平台、电子政务平台、综合监管平台、“多规合一”业务协同平台建设，实现城乡一体化地籍信息管理。

（4）建立城市建设发展基金

南京市土地储备中心建立城市建设发展基金，实现降低土地储备成本、分散土地储备风险。其中南京市土地储备中心以国有土地收益基金中拨付的启动资本金等为基金主要来源，以土地储备股权投资基金形式，广泛吸纳各类社会资金参与土地开发整理。同时，创立开放式、滚动化的储备地块“资产池”，建立储备地块“资产池”的入池标准，只有“资产池”中的储备项目可以使用基金，部分土地上市变现后，继续向“资产池”注入新的地块，相关回笼资金在基金到期前可滚动使用于“资产池”。

5. 厦门：政府主导型的土地储备运行模式

1997 年 6 月，厦门市委、市政府组建事业单位厦门市土地开发总公司，隶属于市国土资源与房产管理局，是正县级的全民事业单位，实行企业化管理，是厦门市唯一在国土资源部名录管理的土地收购储备机构，承担全市土地收购、储备、开发的职能，承担土地公开出让的具体工作。以“突出社会公共利益，兼顾经济利益”为原则，实现储备土地的规划、开发、储备、供应、出让各环节的规范化管理，建立“土地收储、土地整理、土地出让”三位一体的良性运行机制，为城市的转型发展、土地资源的合理配置以及房地产市场的健康发展发挥了重要的作用。

（1）分层次三级管理的土地储备组织管理体系

厦门市实行决策、管理和执行三层级管理的土地储备组织管理体系。

决策层面，设市土地管理委员会，负责全市土地储备计划和重大问题的协调。

管理层面，市住房保障和房屋管理局作为土地行政主管部门，负责土地储备、出让计划的组织编制和执行情况的监督管理，指导土地储备工作。

执行层面，厦门市土地开发总公司负责土地收购、储备、出让工作，并作为片区开发的建设业主负责片区开发。

（2）“统一规划、统一收储、统一开发、统一供应”的土地储供机制

土地储备和利用工作，实行“统一规划、统一收储、统一开发、统一供应”机制。结合全市土地利用的总体规划进行土地的统一征收、收购或置换，实现全市土地供应的“一个龙头进”；集中储备的土地整理开发后变成可建设的“熟地”，一部分提供作为城市基础设施、公益设施和民生项目，一部分通过土地市场公开出让供应产业项目和经营性项目，实现土地供应的“一个龙头出”。为政府做到土地高度集中统一管理、垄断调控市场、创造公平竞争机制提供条件，同时也为政府积聚发展建设资金提供了基础。市土地开发总公司实现土地收储、整理、储备、供应各环节的有机衔接。

（3）片区土地综合开发工作机制

片区的土地综合开发工作机制是以市政府为主导，发改、规划、财政、国土等市直部门、各区共同参与，指挥部负责统筹协调，市土总作为业主单位、国有企业作为代建单位负责具体组织土地整理、市政和公建配套等工作。土地一级开发后形成的“净地”出让所得全额上缴市财政专户，保证财政集聚财力开展城市基础设施建设。

（4）三级联动强化储备土地管理

市土地开发总公司对在管的储备土地，建立了三级管理体系，实施分级系统化规范化管理，即“地产管理员实施现场管理；物业公司负责组织实施，督察组定期全面检查；市土地开发总公司负责制定制度，按计划开展针对性抽查”，强化现场的管理、监督和控制。同时，开发了储备地产管理信息平台，利用手机App功能，及时通过文字、图片及语音方式真实还原土地管理现场情况，有效处理突发事件，防范被违法占用、违法建设等风险。此外，还与国土、执法、公安、社区等进行联动，建立储备地产联防机制，借助职能部门在建制上的优势，设置联防点协同处理突发事件，确保储备土地的管理安全。

（5）“四大平衡”的资金运作理念

“四大平衡”，是指“就地平衡、紧张平衡、积极平衡、综合平衡”。就地平衡，就是开发建设某一项目时必须努力实现其投入与产出的大体平衡；紧张平衡，就是

对拟建项目的资金筹措以及土地拍卖、银行贷款、建设工期等主要环节，坚持一环紧扣一环，通过紧张调度加以平衡；积极平衡，就是以积极进取的态度和精神，千方百计通过多渠道筹措建设资金来加快建设，创造项目完成所必要的条件，从而实现项目资金收支的基本平衡；综合平衡，就是要把一个项目的资金平衡与其他相关项目进行统筹考虑，综合运作，以达到整体平衡。

6. 武汉：政府市场混合型土地储备运行模式

1999 年 11 月，武汉市在原征地拆迁部门的基础上成立"土地整理储备供应中心"，县处级事业单位，承担土地储备供应的日常工作。2000 年 7 月，武汉市政府印发了《市人民政府关于建立土地储备制度的通知》，正式确立土地储备制度。逐步形成了以土地整理储备供应中心和土地交易中心为核心、土地储备制度和土地交易许可制度为支撑，以市场为纽带，具有"双核心双支撑一纽带"特点的政府市场混合型土地储备模式，实现了土地整理、收购储备、土地交易"一条龙"的管理体系。

（1）分层次三级管理的土地储备组织管理体系

武汉市实行决策、管理和执行三层级管理的土地储备组织管理体系。

决策层面，设立市土地资产经营管理委员会，负责统筹、协调、决定土地储备供应中的重大事项。

管理层面，市土地行政主管部门负责对全市土地储备工作监督管理。

执行层面，由市土地整理储备供应中心（现名为市土地整理储备中心）和东西湖、汉南、蔡甸、江夏、黄陂、新洲区以及武汉经济技术开发区、武汉东湖新技术开发区土地储备机构构成，各自承担规定区域的土地储备供应日常工作。市土地整理储备供应中心同时承担市土地资产经营管理委员会的日常工作，指导和监督各级土地储备机构和土地交易机构的工作。

（2）"三个进口、两种方式、一条渠道"的土地储供机制

以"双核心双支撑一纽带"为特点的武汉土地储备运行模式，通过"三个进口、两种方式、一条渠道"实现了土地市场的规范化管理。

"三个进口"，就是政府通过集体土地征用、存量土地收购和划拨土地使用权交易的方式，垄断土地一级市场，通过土地有形市场，实现政府对国有土地资产的集中、统一管理和经营。

“两种方式”是指土地整理中依据市场化和产业化要求实施土地整理将生地变熟地；通过农地整理方式，为土地征用提供耕地占补指标。

“一条渠道”是指通过土地招标、拍卖、挂牌方式，实现全市土地统一供应，以市场方式公开配置土地资源，由市场决定地价，市场决定开发单位。

（3）设立交易许可和先买权制度

交易许可和先买权的使用是武汉模式的鲜明特色。对于收储范围以外以及虽属收储范围以内但不宜收储的土地，土地使用者可以通过土地交易许可制度转让土地，但并不能自由转让，而是由土地使用者提交交易申请，获得政府许可后在公开的土地有形市场进行交易，其中政府可以采用先买权购买部分土地作为储备。

7. 政府主导政市双拉动是土地储备模式的必然选择

土地资源是有限的，是不可再生的，承载着社会和经济发展的多项目标。我国城市土地使用制度改革的目标是要建立与社会主义市场经济相适应的城市土地使用制度，在坚持城市土地公有制的基础上，提高城市土地资源的配置效率，实现土地收益的合理分配。这就需要在坚持市场对土地资源配置起基础性作用的同时，强化政府对土地市场的宏观调控，通过垄断土地一级市场，严格控制土地供应总量和调控土地供求关系。

从以上典型城市的土地储备实践，可以看出我国土地储备运行模式大体分为三种：一是市场主导型土地储备运行模式，即市场运作 + 行政指导的模式；二是政府主导型土地储备运行模式，即行政指导 + 市场运作的模式；三是政府市场混合型土地储备运行模式，即行政指导 + 市场运作 + 市场调节的模式。这三种土地储备运行模式都是政府运行模式和市场运行模式的结合，既有市场运作的成分，也有政府行政的因素，只不过是偏重“政府”或偏重“市场”的区别。市场主导型土地储备运行模式对土地收购的非强制性，政府市场混合型土地储备运行模式的土地交易许可，削弱了政府对土地一级市场的实际控制力，不利于实现土地一级市场的政府垄断，调控土地市场。政府主导型土地储备运行模式由于政府的垄断，制约了土地的市场化进程，而且强制要求储备范围内的土地全部要求纳入储备体系，在一定程度给储备中心带来了巨大的资金压力和金融风险。

因此为了从根本上克服土地一级市场多头供地的弊端，增强政府对土地市场的调控能力，提高城市土地资源的配置效率，以政府主导为基础，发挥好政府和市场两个作用，由政府和市场合力拉动土地资源市场，实现土地储备均衡发展，更符合我国国情，就成了我国各地土地储备模式的共同选择。

三、西安土地储备模式调整转型的指导思想、目标、原则

（一）指导思想

以习近平新时代中国特色社会主义思想为指导，贯彻新发展理念和高质量发展的总体要求，以大西安空间格局规划的“三带多轴多中心”为远景蓝图，按照聚焦“三六九”，振兴大西安的奋斗目标，遵循坚持“政府做地、企业做房，集约用地、节约用地，取之于民、用之于民，大项目带动土地开发，‘无形资产经营’与‘有形资产经营’并重”的理念，加快土地供给侧结构性改革，管理好、经营好、利用好土地资源，科学决策、规范管理、注重绩效、公开透明，确保经济效益、社会效益、生态效益三大效益的叠加和统一，兑现城市价值，推动大西安国际化和智慧城市建设，让市民群众生活得更方便、更舒心、更美好。

（二）目标

遵循“精明增长”“紧凑城市”理念，加快土地供给侧结构性改革，形成体制机制健全、体系运行顺畅、土地资源高效配置、城市价值充分体现的新的土地储备模式。有序搭建土地储备信息平台，建立一库多计划的全新土地储备管理制度，建立“一个渠道进水、一个池子蓄水、一个出口放水”的土地储备交易新机制，打造“政府主导、多规融合、统一储备、统一供应、净地出让、市场运作、资金集中”的土地统筹储备新格局。力争使西安成为内涵型、宜居型以及品质型的国家中心城市和国际化大都市。

（三）原则

一是政府主导、统筹管理。要坚持集约化发展思路，树立“精明增长”“紧凑城市”理念，加快土地管理向统一管理、集中储备、有序管理、集约管理、规划融合

“五个转变”，推动城市发展由外延扩张向内涵提升转型。

二是规划引领、市区联动。以“三带多轴多中心”的大西安空间格局为远景蓝图，以市区县“十三五”国民经济和社会发展规划为近期目标，以土地利用总体规划和城市总体规划融合管控为引领，市区两级上下联动，合力推进，全市“一盘棋”统筹配置土地资源，建立“一个渠道进水、一个池子蓄水、一个出口放水”的土地储备机制。

三是市场配置、优化结构。着力优化居住和商服，工业、仓储物流和现代服务业，公共服务设施和生态建设三方面“用地结构”，促进土地资源高效配置，实现生产空间集约高效、生活空间宜居适度、生态空间山清水秀。

四是严控增量、挖潜存量。推动土地利用由“增量开发”到“严控增量、挖潜存量”转变，推动城市有机更新，拓宽存量土地盘活路径，实施低效用地治理和退出，引导土地资源合理流动和高效配置，实现城市高质量发展。

四、西安土地储备调整转型的方向和模式

（一）兼顾现实需要与未来发展且可持续的土地储备模式

西安市正处于率先全面建成小康社会的决胜期和初步建成国家中心城市和国际化大都市的关键期，经济社会发展进入快速发展阶段，对用地的现实需求与计划供应的矛盾进一步突出，迫切需要调整土地利用结构和布局，转变土地利用方式和创新土地资源配置机制，建立兼顾现实需要与未来发展且可持续的土地储备模式。

着眼于可持续发展、大格局优化，以前瞻性的土地储备规划统领大西安“未来”；立足于有效性供给、结构化升级，以可控性的土地储备计划运筹大发展“现在”。结合生态保护红线、永久基本农田、城镇开发边界三条控制线划定工作，按照“统筹总体、覆盖全域、保障重点、均衡区域”的原则，综合考虑土地储备潜力及城市发展需求，准确预判市场趋势，合理确定储备规模，科学编制储备规划，用规划留够指标；有序实施储备计划，精准把控储备和供地节奏。以高质量的土地储备助推城市品质提升，促进土地利用与城市发展的协调统一。

同时在土地储备时，也要兼顾统一性和平衡性，充分考虑被收储单位的现实和

长远发展要求，依法保护被收储单位的合法权益。

（二）政府主导政市双拉动的土地储备模式

坚持“统一规划、统一收购、统一供应、净地出让、市场运作、资金集中”的原则，建立“一个渠道进水、一个池子蓄水、一个出口放水”的土地储备管理新机制，形成土地一级开发计划由市土地管理工作领导小组（市土地储备委员会）批准，各区县、西咸新区、各开发区负责落实，土地一级开发权由市土地储备中心管理，土地一级开发项目由各一级开发实施主体实施，完成一级开发的土地由市土地储备中心收储的土地储备新模式。该新模式是一个政府主导的政市双拉动均衡模式，具有政府主导、市场运作，统一规划、多规融合，统一储备、统一供应，统筹一级、净地出让，资金集中、融资多样等特点。

1. 政府主导、市场运作的土地储备模式

通过“政府主导、市场运作”，发挥政府对土地供给的宏观调控，规范土地市场，充分利用社会资源，对城市基础设施和城市土地进行一体化统筹开发和高效利用，对于实现“优地出让”、兑现城市价值、推动城市“精明增长”“有机更新”具有积极的作用。

土地储备是政府行为，要体现政府意志，实现政府对土地一级市场的集中统一管理。在完善土地储备开发配套法规、制定土地储备规划和土地利用计划、选择土地开发主体、指导和监管土地开发、土地交易等方面起主导作用。以增量土地储备为“抓手”，发挥政府的主导作用，优化增量要素配置结构。建立公开、公平、公正的土地交易秩序，掌握土地的“统一收购权”和“统一供应权”，实现“一个渠道进水、一个水库蓄水、一个龙头放水”，发挥政府对土地一级市场的调控。

政府主导不意味着背弃市场规则，要在土地征收，土地整理、开发、储备，以及土地出让等环节，遵循市场规律，采用市场化的运作手段。以存量土地储备为“推手”，调动原土地权利人的积极性，充分发挥市场的决定性作用，激发存量要素市场活力。探索通过政府购买服务和政府购买工程方式，由市土地储备机构和实施企业共同实施一级开发具体工作。统一收购时，既要尊重公民对土地所拥有的权利，采用市场化运作的规则确定土地收购价格，又要体现政府强制性意志，保障土地收

购工作的顺利开展。通过土地有形市场，以土地招标、拍卖、挂牌方式实现全市土地统一供应，充分发挥市场对资源配置的决定性作用。

2. 统一规划、多规融合的土地储备模式

按照“编制规划、一次储备，制定计划、滚动开发，分类使用、平衡发展，基础先行、熟地出让，有序供地、稳定市场”的总体要求，以规划为引领，超前规划、提前运作、弹性管理，合理确定规划期内土地储备近、远期目标，确保当期可实施、未来可持续。从而更好满足城市建设、产业发展和民生改善用地需求，确保土地市场平稳有序。

土地储备规划每五年编制一次，市土地储备机构应按照国民经济和社会发展规划、城市总体规划、土地利用总体规划“三规合一”的要求，在“多规融合”的基础上，科学编制全市土地储备规划，确保城市规划区范围内全部土地都进入市土地储备中心。

建立市级土地储备信息库，按照规划储备、指标储备、实物储备等类别，制订年度储备计划、年度土地前期开发计划、年度土地供应计划和年度资金计划。采用“一库四计划”对年度土地储备的总量、结构、布局与时序实行计划管理，滚动开发、分批使用，确保按计划有序推进土地储备供应工作。纳入土地年度储备计划的项目，方可办理土地征收报批和国有土地上房屋征收等手续；纳入年度土地供应计划的项目，方可办理土地供应手续。

土地储备信息库是指将土地储备过程中土地收储、土地开发、土地供应、土地储备融资等信息纳入市级统一构建的土地储备信息库。

年度储备计划是指根据用地需求预测及市场调控方向，对当年计划进行收储的土地规模、土地来源、土地类型等作出的安排。包括规划储备、指标储备、实物储备三个层次。

年度土地前期开发计划是指当年启动开发，并按时间要求可纳入土地储备信息库的城镇土地进行调查踏勘、预测计算、前期手续办理和收购整理等作出的安排。

年度土地供应计划是指当年按照市场供需状况对已具备供应条件的土地进行供应作出的安排。

年度资金计划是指当年收储、前期开发与供应过程中相关的投资规模、融资规模、资金来源、预计土地收益等作出的安排。

3. 统一收购、统一供应的土地储备模式

市土地储备中心统一管理全市各区县、各开发区土地储备机构，市区上下联动，合力推进，全市“一盘棋”统筹配置土地资源，科学调控土地供给。

建立全市统一的储备土地库，严格执行储备土地入库、出库标准和管理制度。对储备土地进行动态管理，对未纳入土地储备计划的土地一律不得进入储备土地库，不得储备、不得供应。

统一收购，市区范围内凡是需要盘活的存量土地和新增建设用地，都要由政府统一收购，统一纳入政府土地储备库，任何单位和个人都不能自行招商。

统一供应，市区内所有经营性土地统一由市土地管理工作领导小组（市土地储备委员会）审批，一律由市土地储备中心统一供应，确保政府对土地市场的统筹调控。

4. 统筹一级、净地出让的土地储备模式

全市土地在供应前均须纳入政府储备，统筹进行配套建设和整理，达到供地条件后实施供应。西安城市发展（集团）有限公司联合各区县、开发区等一级开发实施主体，构成政府主导土地一级开发权的强大平台和有力抓手，按照统一收储政策和做地标准，在市土地储备中心的管理下，具体实施土地一级开发工作。经整理达到入库标准的“净地”，一律纳入土地储备库统一管理。

统一收储政策，即市政府出台政策对从项目启动到完成收储验收的全过程进行规范，包括项目审批手续、收益核拨比例等。

统一做地标准，确保“净地”“优地”入库。坚持环评先行、配套先行、保护先行、美化先行、再利用先行，将收储标准分为前期手续、地块场地、地块权属、环境整治与基础配套五大方面制定具体标准，指导全市做地主体规范开展土地整理开发工作。

净地出让，各一级开发实施主体储备入库拟出让的土地，必须达到征收（拆迁）安置补偿落实到位、没有法律纠纷、土地权利清晰并已注销原土地权利证书、具备动工开发的基本条件，地块内原则上要达到无建（构）筑物的条件（文物及列入保护建筑除外），配套基本到位，把土地做成“净地”“熟地”。

5. 资金集中、融资多样的土地储备模式

土地储备资金收支管理严格执行财政部、国土资源部关于土地储备资金财务管理的规定。土地储备资金通过政府预算安排，实行专款专用、分账核算，并实行预决算管理。土地储备资金来源于下列渠道。

一是财政部门从已供应储备土地产生的土地出让收入中安排给土地储备机构的征地和拆迁补偿费用、土地开发费用等储备土地过程中发生的相关费用。

二是财政部门从国有土地收益基金中安排用于土地储备的资金。

三是发行地方政府债券筹集的土地储备资金。

四是经财政部门批准可用于土地储备的其他财政资金。

市级范围内土地招拍挂出让统一由市土地交易中心负责实施，土地出让收入全部缴入市财政国库。

（三）分层次两级管理的土地储备组织管理体系

西安市实行决策、执行两层级管理的土地储备组织管理体系，由市土地储备委员会（市土地管理工作领导小组）、土地储备管理委员会办公室、市土地储备中心和一级开发实施主体组成，市土地储备委员会办公室设在市土地储备中心名下。

1. 决策层面：市土地储备委员会

西安市土地储备委员会，与市土地管理工作领导小组合署办公，是全市土地储备工作的决策机构。负责研究制定土地储备相关政策，审查和批准土地储备规划、年度土地储备计划、储备土地供应方案、储备资金规模等，指导和监管全市土地储备工作。市土地储备管理委员会下设办公室，设置在市土地储备中心名下。

土地一级开发计划由市土地储备委员会（市土地管理工作领导小组）批准，各区县、西咸新区、各开发区负责落实。任何用地需求，统一由市土地储备委员会（市土地管理工作领导小组）审批，一律由市土地储备中心供应。

2. 执行层面：一个平台储备，两级主体开发

（1）一个平台储备

西安市土地储备中心是市级唯一的土地储备机构，长安、阎良、临潼、高陵、

鄠邑区以及高新、经开、曲江、浐灞、港务、航天、航空七个开发区（以下统称各开发区）的土地储备中心为市土地储备中心的直属分中心；西咸新区、蓝田县、周至县暂时保留土地储备中心，接受市土地储备中心的统一管理。

市土地储备中心受市政府委托在市土地储备委员会（市土地管理工作领导小组）的监督和指导下，代表市政府管理土地一级开发权，负责全市土地收购、储备和出让的前期准备工作，统筹、协调、指导、监管一级开发实施主体具体实施土地前期开发整理。

（2）两级土地一级开发实施主体

西安城市发展（集团）有限公司，作为市政府直属的国有独资企业，负责实施土地一级开发。同时，经市土地储备委员会（市土地管理工作领导小组）认定的其他市、区县、西咸新区、各开发区国有独资企业，也可实施土地一级开发。

各一级开发实施主体在市委、市政府指定区域范围内与市土地储备中心合作开展土地前期开发整理，具体负责实施地块的征地拆迁（补偿）以及根据地块的控制性详细规划实施地块内配套设施建设和场地平整等工作。

（四）土地储备流程

西安市土地储备包括统一规划、统一收购、统一开发、统一储备和统一供应五个阶段，整个过程中涉及的资金问题由融资主体负责，监管问题由监管主体负责。具体土地储备流程如图 1 所示。

1. 统一规划

编制土地储备五年规划。市土地储备中心牵头，会同市发改委、市财政局、市规划局等，按照国民经济和社会发展规划、城市总体规划、土地利用总体规划“三规合一”的要求，在“多规融合”的基础上，区分熟地、已征地、待征地等多种类型，完成未来五年、十年乃至二十年全市土地储备规划编制，提交市土地储备委员会审批。

编制年度土地储备计划。市土地储备中心牵头，会同市发改委、市财政局、市规划局等，围绕市委市政府确定的城市建设和经济发展蓝图以及土地储备五年规划，按照规划储备、指标储备、实物储备等类别，制订年度储备计划、年度土地前期开发计划、年度土地供应计划和年度资金计划，滚动开发、分批使用，确保按计划有序推进土地储备供应工作。年度土地储备计划由市土地储备委员会批准，各区县、西咸新区、各开发区负责落实。

2. 统一收购

各一级开发实施主体，在市委市政府划定范围内对拟储备土地按法定程序申请、协调政府相关职能部门完成新增城市用地的征收和存量城市土地的收购、置换、回收。实现“一个渠道进水”。

3. 统一开发

各一级开发实施主体在市委市政府划定范围内将收购集中起来的土地（生地或毛地）进行开发，按照统一的做地标准，通过拆迁、平整、归并整理和基础设施的配套建设，形成可供出让和出租的“净地”。一级开发整理后的土地必须达到土地储备入口标准。

4. 统一储备

入库：市土地储备中心严格执行土地储备入库标准，对一级开发实施主体开发整理的土地组织验收。实现“一个池子储水”。

管护与临时使用：市土地储备中心的内设机构或市土地储备中心按照相关规定选择管护单位，对纳入储备土地库的土地采取必要的措施予以管护，防止侵害储备土地权利行为的发生。并且市土地储备中心可将储备土地或连同地上建（构）筑物，通过出租、临时使用等方式加以利用。

5. 统一供应

土地供应阶段包括了预审和出让两个活动。

预审：所有用地需求必须经过土地出让预审，预审工作由市土地储备中心组织实施。

出让：具体出让工作由市土地储备中心统一按照国家和省市要求进行，且所有土地出让需求必须经过市土地储备委员会的批准。实现“一个口子放水”。

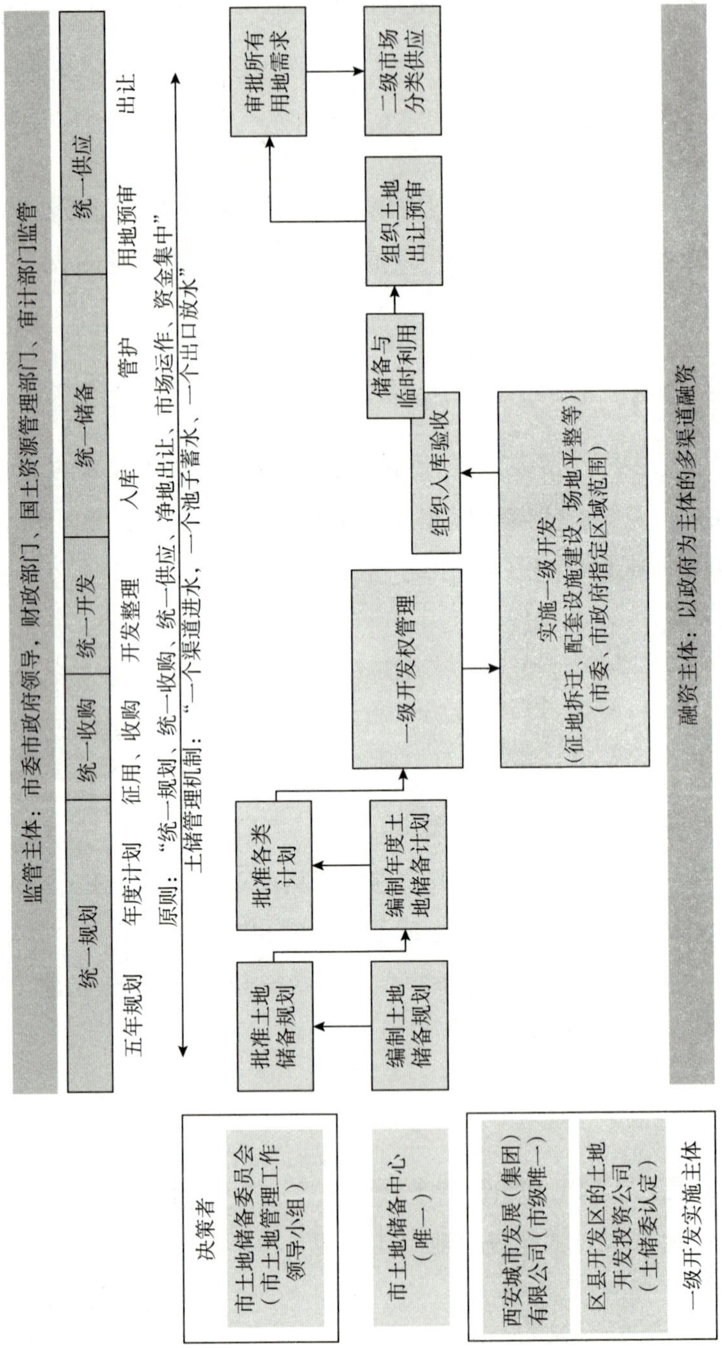

图1 西安市土地储备流程图

五、西安土地储备调整转型的实施路径及相关建议

结合新时期土地储备发展的新定位，从基础要素保障到城市资本运营再到供给侧资源整合优化配置，土地储备已经成为行政调控和市场调节的融合点、对接点、着力点。在回顾土地储备发展历程，借鉴国外和国内兄弟城市的先进经验基础上，与时俱进、传承与重构，对于大西安发展背景下西安市土地储备模式的转型及实施，我们有以下思考。

（一）完善管理体制，构建全市一体化土地储备新格局

按照一个平台储地、两级主体开发的原则，理顺土地储备机构设置，明确各主体之间的职责边界，构建全市一体化的土地储备新格局。

1. 理顺全市土地储备机构设置

进一步加强市土地储备中心机构和人员编制管理，西安市土地储备中心是市级唯一的土地储备机构，长安、阎良、临潼、高陵、鄠邑区以及各开发区的土地储备中心为市土地储备中心的直属分中心，西咸新区、蓝田县、周至县土地储备中心，接受市土地储备中心的统一管理。形成土地一级开发计划由市土地管理工作领导小组（市土地储备委员会）批准，各区县、西咸新区、各开发区负责落实，土地一级开发权由市土地储备中心管理，土地一级开发项目由西安城市发展（集团）有限公司等一级开发实施主体实施的土地储备新模式。

2. 明确各主体的职责边界

按照既体现统一管理又调动各区县、西咸新区、各开发区和土地一级开发实施主体积极性的原则，厘清市区两级政府、市区两级土地储备机构，以及土地储备机构与一级开发实施主体之间的权利责任和职责边界，制定科学的储备资金筹措、使用、监管制度和合理的土地出让收入分配办法，促进土地一级开发工作的高效开展。

在融合过渡期间，西咸新区的土地利用规划、土地储备规划和供应计划纳入全

市统一盘子，土地供应项目纳入市土地管理工作领导小组议题，土地收储和定价在落实全市总体原则和要求的基础上保留一定的自主权。

（二）加快实施多规合一，提高全市城乡建设品质

加快实施多规融合，编制“三级三类”规划，实施全域全类型的国土空间用途管制，加快完成大西安东西新轴线的详细规划设计方案及渭河两岸的概念规划方案，在土地出让前要严格落实规划条件审查，提高全市城乡建设品质。

1. 加快实施多规融合，实现规划“一张图”

适时组建西安市国土资源和规划管理机构，强化规划统筹引领作用。按照“东拓、南控、西进、北跨、中优”的城市空间发展战略，制定出台西安市城市发展开发多规融合指导意见和管理办法，逐步实现国民经济和社会发展规划、土地利用总体规划、城乡规划、环境保护规划相互融合，交通规划、产业规划、土地储备规划等专项规划和总体规划相衔接，形成系统、互补、协调的全域规划体系，实现规划“一张图”、管控“一盘棋”。从源头上治理全市“多头规划”“遍地开花”的痼疾，从上层设计、体制机制上实现全市规划管控一盘棋，真正体现城市规划“硬约束”作用，提高全市城乡建设品质。

2. 加强规划控制引导，实施全域全类型国土空间用途管制

重构西安市“三级三类”规划体系，编制市域、区县、街镇的三级规划和总体规划、详细规划和专项规划的三类规划，实施全域全类型国土空间用途管制。加快推进镇村规划，切实提高远郊区县、镇街、村庄规划设计水平，建设美丽城区、美丽县城、美丽镇街、美丽村庄。加快控制性详细规划全覆盖，通过城市设计提升城市环境品质、建筑品质，努力打造一流的公共服务、公共设施和公共空间。宗地的控制性详细规划要综合考虑周边的配套设施、便民设施和生态环境建设，并融入智慧城市、海绵城市理念。对不同用途高度关联、需要整体规划建设的项目用地，可以按照一宗土地编制控制性详细规划，并出具规划条件书，涉及混合两类以上城市建设用地大类的，必须明确各自比例或建筑面积。

3. 加快“两轴一带”规划方案设计

邀请国内外一流顶尖规划设计机构，加快完成大西安东西新轴线的详细规划设计方案及渭河两岸的概念规划方案。以适当提高容积率和建筑高度，提高地下空间开发利用率，提高绿化率，降低建筑密度，最大限度增加单位区域绿化覆盖率和人口生态承载力，提高土地利用水平和综合效益为原则，划定渭河、灞河、浐河、沣河及其他主要河流生态红线，同步组织编制渭河两岸控制性详细规划、城市设计和土地储备规划。着力实施跨河、拥河发展战略，着力拓展优化城市发展空间，着力增强城市辐射带动功能。打造“一河两岸”城市带、产业带、交通带、景观带、生态带和文化带，实现空间布局从钟楼、城墙时代向“一河穿城过”的嬗变，推进城市人口和产业北移，逐步形成以渭河为生态带的多核组团城市格局，实现跨河发展向拥河发展的大跨越，使城市格局迈入“渭河时代”，成为现代化新西安建设的样板。

4. 土地出让前要严格落实规划条件审查

采取图文并茂方式，结合项目规划图、现场踏勘图、卫星图片，逐项明晰规划设计条件，把好城市设计关，做强“中优”战略，体现西安城市特色，体现西安市、西咸新区建设一盘棋、管理一张网的一体化格局。

（三）以土地储备条例为上位法，配套完善土地储备制度体系

尽快颁发新的《西安市土地储备条例》，与国务院和国土资源部、财政部等相关部门规范土地储备行为的相关要求相衔接。以颁布出台的土地储备条例为上位法，以政府令、规范性文件等形式出台土地储备规划与计划、土地储备、开发整理与管护、土地供应等环节管理标准的配套制度措施，规范化、标准化、精细化土地储备工作。

1. 制定收储、做地、管护、供应标准，精细储备土地管理

制定统一的储备入库标准和做地要求，对入库土地的前期手续、场地情况、地块权属、环境整治、基础配套进行严格审核。同步基础设施配套，做精储优，土地

一级开发整理出的土地达到入库标准后，一律纳入土地储备库统一管理。建立健全储备土地整理管护工作的长效机制。加强宣传，全面提高对储备土地整理管护工作的重视，在此过程中推行目标责任制，加强网络监护管理，将储备土地整理管护的工作纳入“全天候”和“全民防护”网络中，同时创新推行合同管理制模式，明确管护主体、内容、目标、权责，形成整理管护工作全程的规范化和法制化运作。

2. 规范土地储备征迁补偿标准和流程，加快市场化和货币化进程

坚持“政府主导、市场运作、权益保障、增值共享”原则，加快土地储备征迁补偿市场化和货币化进程。完善国有土地和集体土地的储备征迁补偿安置办法，制定全市统一的货币化补偿标准，规范征迁安置补偿市场化评估定价，切实保障被征迁人合法权益；控制实物安置房面积，运用货币化补偿奖励和自购商品房房票补贴等各种激励手段，进一步均衡货币补偿与实物安置的获益，鼓励被征迁人选择货币化补偿；推行“阳光征迁”工程，坚持公开透明、和谐拆迁，强化全程监督；严厉打击违法违建、投机套利。

3. 制定土地出让管理意见，规范土地出让方式

加大土地供应信息公开力度，拓宽土地信息发布渠道，让更多市场主体了解信息、参与竞价，提高土地资源配置效率。全面落实划拨用地目录，严格限定划拨用地范围，扩大国有土地有偿使用范围。商品住宅和商服用地原则上以拍卖方式公开出让，其他经营性用地尽量也以拍卖方式出让，使土地价格真实反映土地价值，反映市场供求关系，反映资源稀缺程度，防止政府土地收益流失。制定防止围标串标相关规定，避免出现违规行为。

4. 加强地价体系管理，建立科学的土地价格监测体系

加快更新基准地价成果，研究制定划拨土地使用权基准地价，开展农村集体建设用地基准地价研究，逐步实现基准地价的城乡全覆盖。科学测算片区商品住宅用地、商服用地、工业用地、公共服务和基础设施配套用地价格。商品住宅和商服用地要按全成本覆盖原则，采用市场比较法测算并确定土地出让建议起价，全要素覆盖有形、无形成本，将征地拆迁安置补偿等直接成本和中央省市等各级政府提取的

基金，以及片区基础设施、公共服务设施（教育、医疗、公共活动场所等）、生态设施建设等间接成本全部纳入土地储备成本。制定新的房地产拍卖最高限价政策，既要显化土地价值、提高土地收益，又要防止房地产市场大起大落，确保平稳健康发展。

通过健全制度体系，依法依规开展土地储备，管理好、配置好、运营好宝贵的土地资源，以创新性的政策设计释放制度红利，有效激发市场活力，驱动全市经济发展方式转型升级和经济结构调整优化，促进城市“精明成长、有机更新”，实现城市发展动力的“换挡”提速追赶超越。

（四）优化提升产业用地配置效率，实行精细化管理

按照“管住总量、优化增量、盘活存量”的原则，加强增量产业用地规划引导，通过资源要素差别化配置机制，推动经济转型升级；拓宽存量土地盘活路径，引导土地资源合理流动和高效配置，为建设“品质西安”、国家中心城市和国际化大都市，推进西安可持续发展提供有力保障。

1. 引导产业规模化布局、集群化发展

招商引资时，要提前和发改、国土、规划部门对接，项目用地要符合土地规划和城市规划，选址要符合产业用地布局和结构，形成产业规模化布局、集群化发展、优势互补的良好格局。

2. 增量用地政策倒逼产业升级转型

学习借鉴浙江省“亩均论英雄”改革经验，加强产业用地规划引导，以亩产效益为核心，通过资源要素差别化配置机制，支持“创新强、亩产高、节能好、减排多”企业、2.5 产业、高品质特色酒店加快发展，推动经济转型升级。研究编制西安市产业用地指南，列出鼓励、允许、限制、禁止等类别的产业目录。优先供应“3+1”万亿级产业、军民融合、硬科技、新经济等项目用地。在符合政策、具备供地条件下，对重大先进制造业项目、战略性新兴产业项目等用地，优先在已完成征收的储备土地中安排用地，做到不让项目等土地，要让“净地”“熟地”等项目，提高项目落地效率。加快淘汰技术差、能耗高、有污染、低效益的企业，采取多种途径引导用地单位退出，腾出更多土地资源。通过用地政策倒逼产业升级转型，真正

发挥好土地在支持产业发展方面的作用。

3. 鼓励存量土地盘活利用，转型发展新兴产业

落实国家《战略性新兴产业重点产品和相关服务指导目录》《中国制造 2025》、"互联网 +"等产业发展新要求，鼓励传统产业部门利用现有存量用地、用房兼容发展新产业、新业态，在产业融合互动中培育经济增长新引擎。经投资或相关行业主管部门审查，规划国土部门登记备案后，在不改变用地主体、不重新开发建设的前提下，传统产业部门可内部灵活调整原用地结构，享受按原用途和土地权利类型继续使用土地 5 年过渡期政策。过渡期满需办理相关用地手续的，可根据企业发展业态和控制性详细规划，按新用途依法依规完善手续。研究制定城区工业企业旧厂区开发利用的政策措施，从土地出让金奖励、新厂区征地优惠、规划调整、用地性质变更等方面，鼓励城区工业企业实施搬迁改造退城入园或退二转三，盘活城区存量工业用地，改善城市容貌。

4. "增值共享"激励存量低效用地再开发

建立完善低效用地再开发激励机制，探索创新低效用地再开发预收储和再开发"增值共享"机制。落实"放管服"总体要求，更好地发挥政府土地储备平台的资源、资产、资本整合功能，因地制宜地采用自行改造、政府收储和社会投资等各种灵活多样的改造模式，畅通低效用地流转通道和社会资本投资渠道；在明晰各方责权利的情况下，同步实施收购储备与公开出让，促进土地资源和社会资本的"无缝对接"，缩短再开发周期，降低再开发成本，控制再开发风险，提升再开发效率，充分调动社会各方的积极性，共享再开发土地升值，合力推进存量低效建设用地的潜能释放。

5. 根据产业类别不同，灵活确定产业用地出让方式

坚持和完善工业用地有偿使用、市场配置制度。针对不同行业、不同类型工业项目特点，通过公开挂牌竞价，鼓励采用分阶段出让、弹性年期出让、"先租后让""带产业项目挂牌""标准地"等土地供应制度，满足工业发展用地需求。深入研究分析西安市工业用地占比下降问题，制定工业、仓储物流专项补助等优惠保障

措施，建立工业用地快速审批新机制，加大工业用地供给力度，满足产业发展需求。对具有龙头带动性或战略引导性的新兴产业项目用地，经市土地管理工作领导小组（市土地储备委员会）会议审议同意，其出让起始价可按西安市工业用地出让最低价标准和土地实际取得成本综合确定。

（五）探索农村土地制度改革三项试点工作的西安经验，加快实施乡村振兴战略

总结高陵区以农村土地制度改革三项试点为契机，通过农村土地制度改革，充分盘活农村资源，积极引入工商资本，发展精品民宿经济，构建田园综合体，加快实施乡村振兴战略的发展路径，形成农村土地制度改革三项试点工作的西安经验。

1. 出租农民闲置宅基地和闲置农房使用权打造共享村落

将农民闲置宅基地和闲置农房使用权，通过村集体在农村产权交易平台上向社会招租，农村集体土地所有权、农民宅基地、房屋所有权不变，出租的只是宅基地和农民房屋的使用权。鼓励“共享人”创新创业，用于发展乡村旅游、民宿、创意、文化、商贸、娱乐等产业，也可用于个人休闲居住及养老等用途，以盘活农村闲置资源，房屋共享年限不高于 20 年。符合创新创业条件的“共享人”，还可享受创新创业等扶持政策。

2. 宅基地自愿有偿退出，提升农村土地利用效率

对于传统村落采用“旧村原址改造提升”的模式。对于因历史原因造成的宅基地超占、一户多宅等问题，有条件可以一次性解决的村落，采取“整村退出、社区安置”模式。对于村庄规模无序扩张，但不具备一次性整村退出的，实施“零散退出，逐步社区化”模式。

3. 集体经营性建设用地入市建设田园综合体

依托资源禀赋，因地制宜、因势利导，按照将“村庄变社区，社区景区化，景区即创业孵化基地”的创建思路，“村民社区 + 共享农庄 + 旅游综合区”的空间布局，通过整体规划，精心设计，吸引工商资本下乡投资，打造新型农业、乡村旅游、

田园宜居三位一体的田园综合体。采用废弃工矿用地腾挪集中、闲置宅基地有偿退出等方式调整优化低效、闲置用地，由参与土地整理的农户利用确权后的宅基地及建设用地以作价入股的方式入市成立村集体资产管理公司，与企业合作成立合资公司，为田园综合体项目的发展提供空间。土地收益分配方面，合资公司需每年向村集体合作社支付保底分红，在支付原土地承包权的村民土地使用费之后，剩余盈利用于基础设施建设、社会福利事业和分配给村合作社全体股东。农村集体经营性建设用地入市后，土地资源盘活了，村集体经济有了长远收益，农民利益得到了保障从而实现城乡发展成果普惠共享。

4. 推进落实“两权”抵押贷款

设立了农村产权抵押担保、风险补偿、抵押物收储“三个基金”，出台了农村承包土地的经营权和农民住房财产权（“两权”）抵押贷款管理办法、抵押担保基金管理办法、风险补偿基金管理办法、不良贷款处置管理办法和收储基金管理办法等六个办法，从制度层面明确了推进落实“两权”抵押贷款试点政策要求，搭建了完整的工作框架，提供了具体操作办法。“三个基金，六个办法”共同形成了“两权”抵押贷款试点工作从事前风险防范到事后风险补偿，以及贷款管理和抵押物处置等各个重要环节的完整链条。金融机构制定了“两权”抵押贷款工作实施细则，开设“两权”抵押贷款专项服务窗口，实现了“金融机构 +‘两权’抵押 + 农户贷款”试点工作的无缝衔接。

（六）建设城乡统一的土地交易市场，提升土地资源整合效率

加快全市公共资源交易平台建设，把公共资源全部纳入平台交易。整合提炼西安市土地二级市场交易试点和高陵“三块地”改革试点经验，贯彻十九大提出的“深化供给侧结构性改革”“实施乡村振兴战略”“实施区域协调发展战略”等新发展理念，顺应当前国家修订《土地管理法》《城市房地产管理法》，推进城乡一体化发展的大势，以现有的土地储备交易平台为基础，加快推进国有土地一、二级市场联动互补，促进城乡土地要素顺畅流通，融合城乡土地统筹，建设全市统一集中的土地交易市场，打通土地资源、资产、资本转换通道，规范土地交易行为，保障土地

交易安全，实现包括国有土地出让、转让、抵押、出租，农村集体经营性建设用地入市、集体农用地承包经营权流转，以及“增减挂钩”指标地票交易等土地要素的多元化、市场化流通配置，提升土地资源整合效率。

（七）强化土地批后监管，依法依规处置三类土地

加强各类用地的供地前研判，切实预防批而未用、批而未供和闲置土地，强化土地批后监管，依法依规处置三类土地。

1. 落实土地供后协同监管

国土部门牵头制定《国有建设用地项目履约监管协议书》，严格土地出让合同和各类监管协议的履约执行，建立以土地出让合同和各类监管协议为载体的项目协同监管制度，对于供地方案中提出的自持比例、投资强度、亩均税收、产业准入等限制性条件，全部纳入项目批后监管，按照“谁提出、谁负责、谁监管”的原则，各区县政府、西咸新区、各开发区管委会相关职能部门各司其职协同监管，强化对受让人合同和监管协议履约情况全要素管控。投资主管部门要按照产业政策对建设项目行业准入、投资规模、投入产出强度等进行审核把关，严格监管。规划部门严格按照城乡规划出具规划建设条件，并严格核查建设项目开发建设强度执行情况。

2. 加大批而未用土地处置

各区县、西咸新区、各开发区，要对批而未供土地再次摸底清查，分类提出整改意见和措施，要加快批回土地征收拆迁速度，避免因征地拆迁影响土地供应和供后开发建设。同时，招商引资时要引导项目在已报批征收的储备土地中选址，加快消化批而未供土地。土地报批时，要符合土地利用总体规划、城市规划和产业规划，快速利用批回土地。市国土局按照自然资源部要求，严格落实新增建设用地指标与两个存量指标挂钩制度。凡是批而未供土地、闲置土地不能消除 15% 以上的区县、开发区，年底要调减下一年度用地指标。扣减指标全部纳入市级指标库，用于奖励和保障重大招商引资项目用地。

3. 加快消化批而未供土地

各区县、开发区是批而未供土地处置的主体。区县委、区县政府、西咸新区、开发区管委会（党工委）的主要领导要包抓项目、包抓地块、带领发改、规划、国土、文物、招商等部门，实行挂账销号清零制度，全力处置，加快批而未供土地的核减、供应和调整。

4. 依法依规处置闲置土地

市土地管理工作领导小组办公室负责，紧盯部省的考核指标抓落实，把批而未供和闲置土地逐批次、逐项目、逐地块，列出清单，建立台账，倒排工期、挂图作战，定期通报处置进展，确保完成任务。

（八）利用信息化手段精细土地储备管理

充分利用信息化和大数据手段精细土地储备管理工作，搭建系统化的土地储备管理信息平台和土地交易平台，规范土地储备管理和土地交易秩序，建立“亩产效益”综合评价大数据平台，为制定产业用地政策提供参考。

1. 搭建系统化的土地储备管理信息平台

为规范土地储备管理，促进土地资源的高效配置和合理利用，应建设全市统一的土地储备信息库，全局掌控土地储备“家底”。建立全市土地储备管理信息平台，充分利用信息化和大数据手段，实现土地储备管理全业务、全流程的网上办公、网上审批和网上服务，构筑以科技信息手段为支撑的土地储备管理运行体系。对土地储备规划计划、土地一级开发、储备土地管理供应、土地储备资金等实行信息化管理。在系统化的土地储备管理信息平台上，既有助于土地储备业务开展，也有助于实施有效的监管，利用大数据管理好全市土地资源。

2. 构建全市统一的土地交易信息管理系统

打通土地资源、资产、资本转换通道，健全服务和监管体系，完善土地交易规则，规范市场秩序，建立产权明晰、市场定价、信息聚集、交易安全的线上线下一体化的全市集中土地交易市场，提升土地资源整合效率。

3. 建立“亩产效益”综合评价大数据平台

考虑全产业链协作配套，从经济效益、环境效益、社会效益等方面建立工业综合评价体系。在此基础上建设市、区县两级企业“亩产效益”综合评价大数据平台，归集企业综合评价信息和年度数据，开展分产业（行业）、分区域、分指标、多层次的数据深度挖掘分析，为客观反映西安市产业转型升级、研判经济走势、合理制定产业政策等提供参考。

（九）防范资金风险，探索多源融资

按照国务院新颁发的《政府投资条例》、财政部《关于规范土地储备和资金管理等相关问题的通知》的要求，不违法违规举借债务筹措政府投资资金，政府投资项目也不得由施工单位垫资建设。平等对待各类投资主体，不设置歧视性条件。重大投资项目，投资主管部门及其他有关部门，应当在中介服务机构评估、公众参与、专家评议、风险评估基础上决定是否审批。还要强化政府投资概算约束力，加强对政府投资项目实施情况的监督检查，明确政府投资的法律责任。取消政府向银行业金融机构举借土地储备贷款，在强化土地储备专项债券作为地方政府土地储备资金需求的专项来源基础上，建立融资机制，拓宽融资渠道，同时防止过度融资、过度投资，防范资金风险，提高土地储备制度运作效率和安全。

1. 发行土地储备专项债券

土地储备专项债券，是在遵循市场规则的基础上，积极探索地方政府土地储备资金筹措的重大举措。土地储备专项债券实行额度管理，债券期限应当与土地储备项目期限相适应，原则上不超过 5 年。已立项，预期土地出让收入能够保障偿还土地储备专项债券本金和利息，并且当年项目的资金需求量不少于当年土地储备专项债券申请额度的项目可申请使用土地储备专项债券，由市县级财政部门会同本级国土资源部门、土地储备机构根据项目周期、债务管理要求等因素提出建议，上报省级财政部门及国土。

土地储备专项债券资金由财政部门纳入政府性基金预算管理，并由纳入国土资源部名录管理的土地储备机构专项用于土地储备项目，严禁用于土地储备以外的项目，任何单位和个人不得截留、挤占和挪用，不得用于经常性支出。并按照市场规则向投资者进行详细的项目信息披露，保障投资者权益，更好地发挥专项债券对地方稳增长、促改革、调结构、惠民生、防风险的支持作用。

2. 足额计提国有土地收益基金

为了遏制片面追求土地收益的短期行为，避免土地出让收入出现“寅吃卯粮”问题，设立国有土地收益基金。市、县财政部门要严格根据中省有关规定，从缴入地方国库的招标、拍卖、挂牌和协议方式出让国有土地使用权所得收入中足额计提国有土地收益基金，实行专户核算，资金封闭运转管理，专项用于地方政府国有土地收购储备。

3. 探索通过政府采购服务、采购工程或 PPP 方式进行融资

积极探索政府购买土地征收、收购、收回涉及的拆迁安置补偿服务，以及通过政府采购实施储备土地前期开发工程，包括与储备宗地相关的道路、供水、供电、供气、排水、通信、照明、绿化、土地平整等基础设施建设，并以此为基础进行融资。储备土地前期开发作为一种基础设施建设，也可以通过 PPP 模式由地方政府与社会资本进行合作。

土地储备项目相关的政府购买服务应严格按照《中华人民共和国政府采购法》确定的服务范围实施。严禁将通信、水电煤气等领域的基础设施建设、储备土地前期开发等建设工程作为政府购买服务项目。严禁将建设工程与服务打包作为政府购买服务项目。严禁将金融机构、融资租赁公司等非金融机构提供的融资行为纳入政府购买服务范围。

4. 创新应用“XOD+PPP”城市空间开发模式

以城市经济、社会、生态三大类基础设施和城市土地一体化开发利用为理念，将“XOD+PPP”模式创新应用到西安市的土地开发中，做大土地产业，提高城市土地资产的附加值和出让效益，创新融资方式，拓宽融资渠道，鼓励社会资本特别是民间资本积极进入城市基础设施建设领域。从而重塑城市空间结构，促进城市重点

片区开发建设，形成科学合理的网络化城市空间形态。

以 XOD 模式为导向，以 PPP 模式为手段，将 PPP 模式作为城市基础设施投融资“供给侧”改革的重要组成部分，引导社会资本从城市交通的 TOD 领域拓展到教育 EOD、文化 COD、医疗、体育 SOD、生态 POD 等城市基础设施的 XOD 领域。该模式一方面强调城市基础设施规划与城市土地利用规划一体化开发利用，通过土地的增值反哺城市发展，实现合理的城市布局。另一方面，通过 PPP 模式引入社会资本，创新投融资模式，有效缓解项目建设的资金压力，平滑政府的财政支出，使政府有限的财政资金可以分散地投入到更多的领域，提高财政资金的使用效率。通过土地融资和城市基础设施投资之间自我强化的正反馈关系，形成“钱从哪里来和往哪里去”这一问题的综合解决方案。

需梳理排摸一批“获利预期较好、有成功案例可借鉴”的试点示范项目，大力引进培育专业龙头企业，探索和输出“XOD+PPP”项目新型商业模式。从谁来推、推什么、怎么推方面出台推广“XOD+PPP”模式的政策意见。一是谁来推。明确发改、财政、国土、规划、住建等部门的主责，推动交通、商务、文化等部门积极参与，共建共享。二是推什么。加快 PPP 项目库中适宜项目的模式改造，新谋划一批大项目、好项目。三是怎么推。明确项目实施流程、绩效考核和招标管理办法，创新项目收益分配、政府服务购买、多区域多部门“会诊”难题等制度，配套推进项目规划、建设和运营管理“企业主导、一体化实施”的体制机制改革。

加强对“XOD+PPP”项目的监督监管。持续监督招标过程合法合理性，对国有资产的价值、参与招标企业的匹配度等重点内容，探索更为合理的评估方法；牵头部门定期督查协议履行情况，督促签约政府既不越权，又不失位；定期审计财政资金使用情况，包括启动引导资金、购买服务资金和其他资金；创新以功能为导向的项目绩效考核机制，对问题项目及时纠错等。

如果中标社会资本具备项目建设所需法定资质，则同时可以依法成为项目工程 EPC 承包商，此种情形下，“XOD+PPP”模式又可称为“XOD+PPP+EPC”模式。

5. 控制和避免土地储备风险

土地储备项目相关的政府购买服务应坚持先有预算、后购买服务，不得把政府购买服务作为增加支出的依据。土地储备项目的承接主体或供应商应当严格履行合同义务，按合同约定数额获取报酬，不得与土地使用权出让收入挂钩，也不得以项目所涉及的土地名义融资或者变相融资。

一级开发实施主体不得将储备土地预期出让收入作为其偿债资金来源，划清偿债责任，分清政府债务和企业债务的边界，切实做到谁借谁还，风险自担。严控地方政府隐性债务风险，坚决遏制以土地储备名义引起的债务增量。

西安市经济社会各种要素集聚指标排序情况分析

根据城市要素集聚能力构成，结合西安实际情况，我们构建了城市要素集聚指标体系，并对15个副省级城市（部分指标加入了郑州）的各种要素集聚指标进行了对比分析。

一、要素集聚指标体系

我们认为反映要素集聚能力和流动速度的指标一般应包括人力资源、金融资本、创新资源、开放发展、客货运流量等5个方面的要素。围绕这5大类，我们共选择了24项指标，基本框架和体系如表1。

表1　城市要素集聚能力指标体系

一级指标（5项）	二级指标（24项）
（一）人力资源要素	1. 常住人口（万人）
	2. 新增常住人口（万人）
	3. 城镇新增就业人数（万人）
（二）金融资本要素	4. 金融业增加值（亿元）
	5. 金融机构本外币存款余额（亿元）
	6. 金融机构本外币贷款余额（亿元）
	7. 银行业机构数量（个）
	8. 保险机构数量（个）
	9. 上市公司数量（个）
（三）创新资源要素	10. 国家级高新技术企业数量（个）
	11. 技术市场交易额（亿元）
	12. 每万人有效发明专利拥有量（件）
	13. 新登记市场主体（个）

续表

一级指标（5 项）	二级指标（24 项）
（四）开放发展要素	14. 实际利用外商直接投资（亿美元）
	15. 进出口总值（亿元）
	16. 中欧班列开行量（列）
	17. 接待国内外游客人数（亿人次）
	18. 旅游总收入（亿元）
	19. 入境游客人数（万人次）
	20. 引进世界 500 强企业数量（个）
（五）客货运流量要素	21. 空港客运吞吐量（万人次）
	22. 空港货邮吞吐量（万吨）
	23. 旅客周转量（亿人公里）
	24. 货物周转量（亿吨公里）

二、人力资源要素

（一）常住人口和新增常住人口

2017 年西安市常住人口为 961.67 万人，在 15 个副省级城市中位列第 6（图 1）；比 2016 年净增 78.46 万人，是 2016 年净增人口（12.65 万人）的 6.2 倍（图 2），在 11 个副省级城市（除沈阳、大连、长春、哈尔滨）中排名第 1（图 3），净增人口分别是武汉（12.67 万人）的 6.19 倍、成都（12.71 万人）的 6.17 倍、杭州（28 万人）的 2.8 倍。

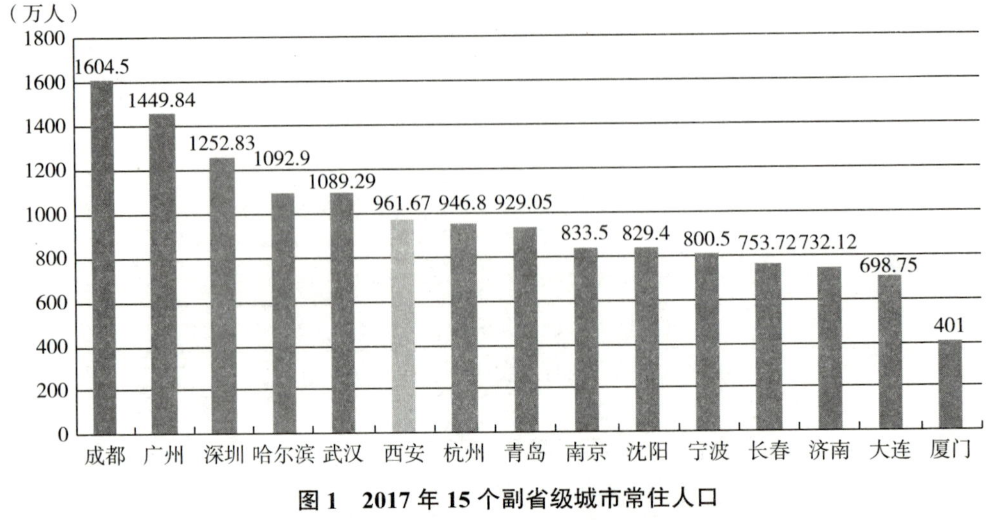

图 1　2017 年 15 个副省级城市常住人口

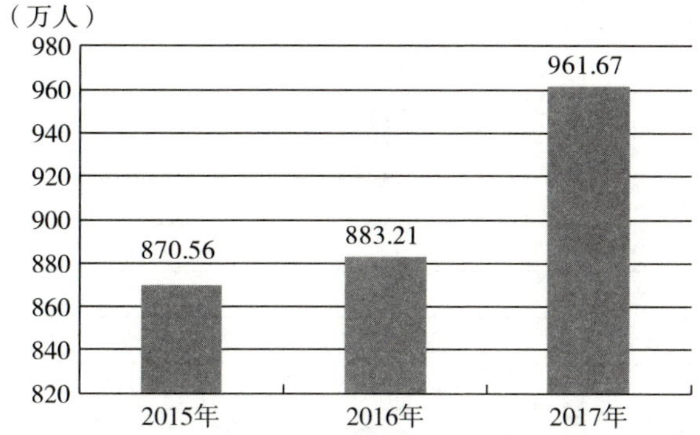

图 2　西安市 2015—2017 常住人口变化情况

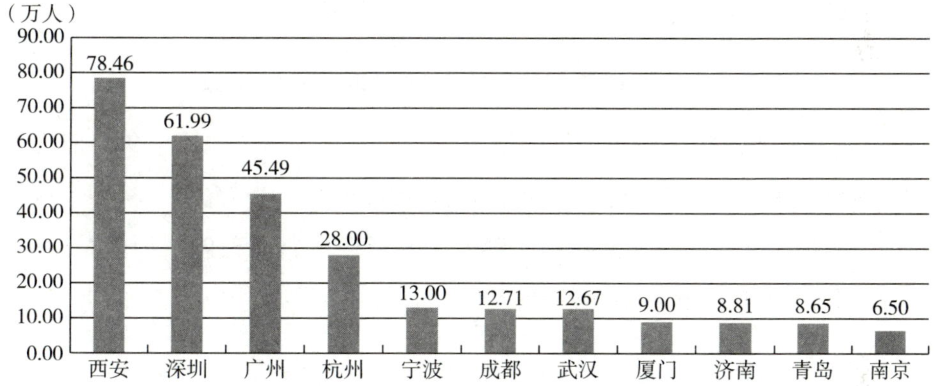

图 3　2017 年 11 个城市年净增人口数量

2017 年，自西安人才新政出台以来的 3—12 月，落户西安人数达 24.46 万人，同比增长 18.85 万人，增长率为 335.9%；其中，本科以上共计 64884 人，占学历落户的 56.89%。但与成都相比，本科以上落户人数比成都（11 万人）少约 4.5 万人。

2018 年，在西安人才政策不断创新完善下，上半年新增落户人数 51.5 万人，是 2017 年全年的 2 倍。其中，本科以上超过了 18 万人，是 2017 年 3—12 月的约 2.8 倍。人才引进约 2.3 万人。三季度末全市新增落户人数超过 63 万，是上年全年新增落户人数的 2.45 倍。其中，本科以上超过了 22 万人，人才引进 2.7 万人。

（二）城镇新增就业人数

2017 年，西安城镇新增就业人数 14.09 万人，在 15 个副省级城市中排第 11 位（图 4），一定程度上反映了西安经济发展拉动就业能力还需进一步增强，需要通过经济总量的不断扩大和经济结构的不断优化，特别是新产业、新业态的蓬勃发展，提供更多的就业岗位，吸引更多的年轻人到西安创业就业。

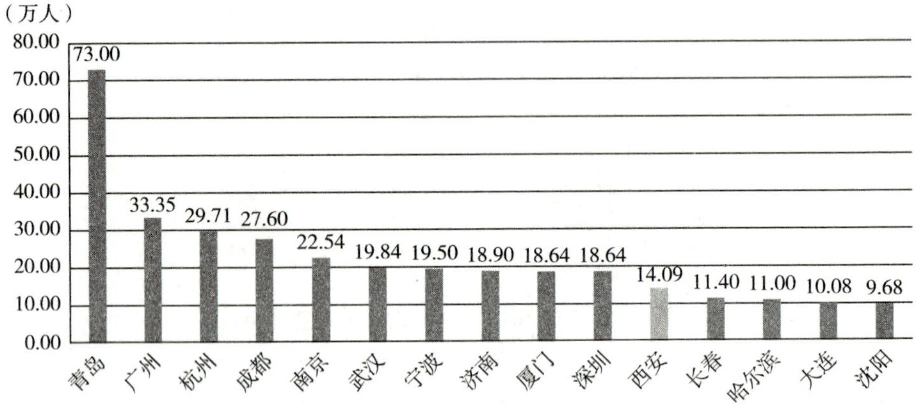

图 4　2017 年 15 个副省级城市城镇新增就业人数

从人力资源要素的 3 项指标排序情况看，西安在人力资源要素集聚能力上处于副省级城市前列，且对高学历人才吸引能力持续增强，但与深圳、杭州、成都、武汉等城市竞争激烈，需持续创新和完善人才发展环境，推动创新创业高质量发展，打造“双创”升级版，拓展更大的就业新空间，不断增强对高端人才的吸引力。

三、金融资本要素

（一）金融业增加值

2017 年，西安金融业实现增加值 800.94 亿元，增长 5.7%，增加值总量在 15 个副省级城市中位列第 7 位；金融业占全市 GDP 比重 10.7%，在 15 个副省级城市中位列第 6 位，比 2016 年后移 3 位（表 2）。与郑州相比，2017 年金融业增加值比郑州少 185.2 亿元，增速低 1.4 个百分点。

表 2　　2016—2017 年 15 个副省级城市金融业增加值情况

排名	城市	2016 年金融业增加值（亿元）	城市	2017 年金融业增加值（亿元）	城市	2016 年金融业占 GDP 比重（%）	城市	2017 年金融业占 GDP 比重（%）
1	深圳	2876.89	深圳	3059.98	深圳	14.8	深圳	13.6
2	广州	1800	广州	1998.76	南京	11.8	成都	11.6
3	成都	1385.6	成都	1604.3	**西安**	**11.6**	南京	11.6

续表

排名	城市	2016 年金融业增加值（亿元）	城市	2017 年金融业增加值（亿元）	城市	2016 年金融业占 GDP 比重（%）	城市	2017 年金融业占 GDP 比重（%）
4	南京	1241.76	南京	1355.05	成都	11.4	厦门	11.3
5	杭州	987.67	武汉	1097.58	厦门	11.2	济南	10.8
6	武汉	974.32	杭州	1055.18	大连	9.4	**西安**	**10.7**
7	**西安**	**722.85**	**西安**	**800.94**	广州	9.2	广州	9.3
8	青岛	668.8	济南	776	杭州	8.9	大连	9.3
9	大连	639.4	青岛	750.98	武汉	8.2	杭州	8.4
10	济南	506.54	大连	682.22	沈阳	7.8	武汉	8.2
11	宁波	432.48	厦门	491.44	济南	7.7	沈阳	7.8
12	沈阳	426.08	宁波	463.82	青岛	6.7	青岛	6.8
13	厦门	422.36	沈阳	458.46	哈尔滨	6.3	哈尔滨	6.6
14	哈尔滨	382.2	哈尔滨	418.3	宁波	5.1	宁波	4.7
15	长春	260.59	长春	274.94	长春	4.4	长春	4.2

2018 年上半年，西安金融业增加值 455.35 亿元，增长 4.5%，增速较一季度回升 1.4 个百分点，回升幅度分别高于全国和全省 0.7 个和 0.6 个百分点。

（二）金融机构本外币存、贷款余额

2017 年，西安金融机构本外币存款余额突破两万亿元（图 5），本外币存、贷款余额在 15 个副省级城市中分别排名第 7 位、第 8 位，增速分别排第 12 位、第 9 位（表 3）；2018 年上半年，西安金融机构本外币存、贷款余额在 15 个副省级城市中排名均为第 7 位（表 4）。

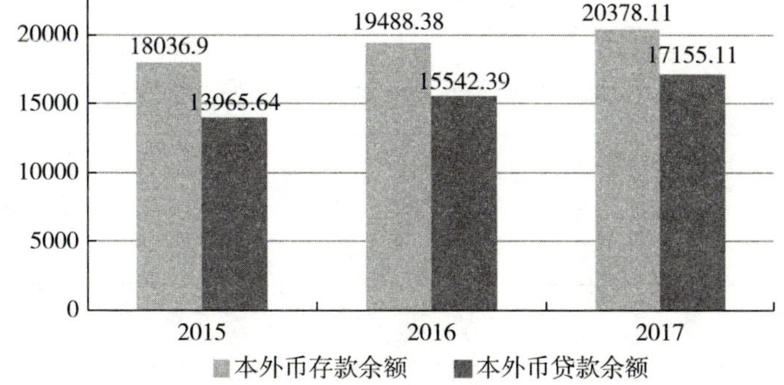

图 5　西安市 2015—2017 年本外币存、贷款余额

表 3　2016—2017 年 15 个副省级城市本外币存、贷款余额及增速

2016 年本外币存款余额及增速					2016 年本外币贷款余额及增速					2017 年本外币存款余额及增速					2017 年本外币贷款余额及增速				
排名	城市	本外币存款余额（亿元）	城市	同比增长（%）	排名	城市	本外币贷款余额（亿元）	城市	同比增长（%）	排名	城市	本外币存款余额（亿元）	城市	同比增长（%）	排名	城市	本外币贷款余额（亿元）	城市	同比增长（%）
1	深圳	59562.25	武汉	14.4	1	深圳	35165.46	深圳	24.6	1	深圳	64487.38	武汉	12.4	1	深圳	41046.78	武汉	23.5
2	广州	45937.34	杭州	12.1	2	广州	28885.54	武汉	21.0	2	广州	49332.53	成都	9.5	2	广州	33312.73	深圳	16.7
3	杭州	32514.64	长春	12.0	3	杭州	25464.83	南京	19.0	3	杭州	35321.94	沈阳	9.2	3	杭州	28573.63	广州	15.3
4	成都	31433.69	青岛	11.8	4	成都	25009.20	济南	17.5	4	成都	34423.00	厦门	9.0	4	成都	28359.00	厦门	14.3
5	南京	27633.55	济南	10.9	5	南京	21681.28	厦门	15.3	5	南京	29944.86	杭州	8.6	5	南京	24578.25	南京	13.4
6	武汉	21792.80	深圳	10.7	6	武汉	19386.30	成都	13.8	6	武汉	24499.41	南京	8.4	6	武汉	23947.76	成都	12.4
7	**西安**	**19073.96**	广州	10.5	7	宁波	15806.80	杭州	13.7	**7**	**西安**	**20047.62**	深圳	8.3	7	宁波	17125.29	杭州	12.2
8	宁波	16196.00	厦门	9.8	**8**	**西安**	**15282.65**	**西安**	**11.4**	8	宁波	17392.53	广州	7.4	**8**	**西安**	**16954.81**	青岛	11.5
9	济南	15032.80	大连	7.3	9	沈阳	12569.60	长春	11.0	9	济南	16560.60	宁波	7.4	**9**	济南	14350.30	**西安**	**10.9**
10	沈阳	14242.80	**西安**	**7.2**	10	青岛	11892.00	沈阳	10.8	10	沈阳	15559.20	哈尔滨	7.2	10	青岛	13265.00	哈尔滨	10.2
11	大连	14179.48	成都	6.7	11	济南	11370.20	广州	10.5	11	青岛	14388.00	济南	6.6	11	沈阳	12952.50	济南	9.6
12	青岛	14007.00	南京	6.7	12	大连	11004.80	青岛	10.4	**12**	大连	13562.20	**西安**	**5.1**	12	大连	11212.80	宁波	8.3
13	长春	11034.50	宁波	5.2	13	长春	9921.80	哈尔滨	6.6	13	长春	11467.60	长春	3.9	13	长春	10341.90	长春	4.2
14	哈尔滨	9804.00	沈阳	2.7	14	哈尔滨	9048.70	宁波	5.6	14	哈尔滨	10512.60	青岛	2.7	14	哈尔滨	9968.30	沈阳	3.0
15	厦门	9188.49	哈尔滨	1.2	15	厦门	7744.99	大连	4.2	15	厦门	10015.12	大连	-4.4	15	厦门	8850.58	大连	1.9

表 4　　**2018 年上半年 15 个副省级城市本外币存、贷款余额**

排名	2018 年上半年本外币存款余额		2018 年上半年本外币贷款余额	
	城市	本外币存款余额总量（亿元）	城市	本外币贷款余额总量（亿元）
1	深圳	71225.94	深圳	50512.12
2	广州	51888.10	广州	37143.97
3	杭州	39176.37	杭州	32610.53
4	成都	37800.00	成都	31300.00
5	南京	33620.21	南京	27239.65
6	武汉	25582.42	武汉	26375.01
7	**西安**	**21177.77**	**西安**	**18906.24**
8	宁波	18409.30	宁波	18903.18
9	沈阳	17193.00	济南	15436.20
10	济南	16750.30	青岛	15339.90
11	青岛	16081.30	沈阳	14018.00
12	大连	14408.70	大连	12420.20
13	长春	11657.84	长春	11140.00
14	厦门	11355.29	哈尔滨	10703.00
15	哈尔滨	11194.02	厦门	10289.12

（三）银行业机构和保险机构数量

截至 2017 年底，西安共有金融机构 156 家，其中，银行业机构 55 家，比 2016 年增加 5 家；保险机构 59 家，比 2016 年增加 4 家；证券期货业机构 42 家。境内上市挂牌公司 175 家（其中，境内上市企业 33 家），境外上市企业 24 家，融资性担保公司 67 家，小额贷款公司 36 家，网络借贷平台公司 16 家，网络小贷公司 6 家。

与 15 个副省级城市对比，西安市银行业机构和保险机构数量分别排第 8 位、第 9 位，分别比成都少 29 家、34 家（表 5）。

表 5　　**2017 年 15 个副省级城市银行业和保险机构数**

城市	银行业机构（家）	排名	城市	保险机构（家）	排名
深圳	123	1	南京	97	1
成都	84	2	成都	93	2
杭州	66	3	济南	90	3
大连	65	4	深圳	81	4
哈尔滨	64	5	杭州	81	5
宁波	63	6	武汉	75	6

续表

城市	银行业机构（家）	排名	城市	保险机构（家）	排名
沈阳	56	7	沈阳	68	7
南京	55	8	青岛	66	8
西安	**55**	**8**	宁波	59	9
济南	49	10	**西安**	**59**	**9**
长春	49	11	大连	49	11
厦门	44	12	哈尔滨	47	12
武汉	38	13	厦门	38	13
广州	—	—	长春	36	14
青岛	—	—	广州	—	—

（四）上市企业数量

2017 年，西安拥有境内上市企业 33 家，在 15 个副省级城市中排第 9 位，与成都（70 家）相比少 27 家，与郑州（47 家）相比少 14 家。2018 年上半年，西安上市企业数量没有变化，仍排第 9 位，排在前 8 位的城市都有所增加，其中深圳最多，增加了 8 家，南京增加 6 家，成都增加 5 家（图 6）。

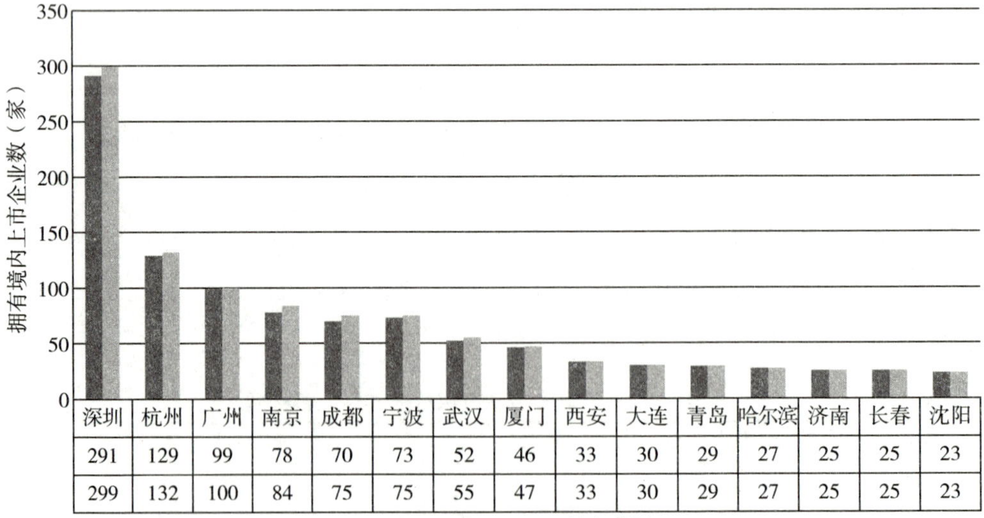

	深圳	杭州	广州	南京	成都	宁波	武汉	厦门	西安	大连	青岛	哈尔滨	济南	长春	沈阳
2017年	291	129	99	78	70	73	52	46	33	30	29	27	25	25	23
2018年上半年	299	132	100	84	75	75	55	47	33	30	29	27	25	25	23

图 6　2017 年及 2018 年上半年 15 个副省级城市境内上市企业数

另外，2018 年上半年，西安拥有中基协登记的各类私募基金管理机构数为 271 家（比 2016 年增加 46 家），在 15 个副省级城市中排第 8 位，与成都（520 家）相比少 249 家（图 7）。

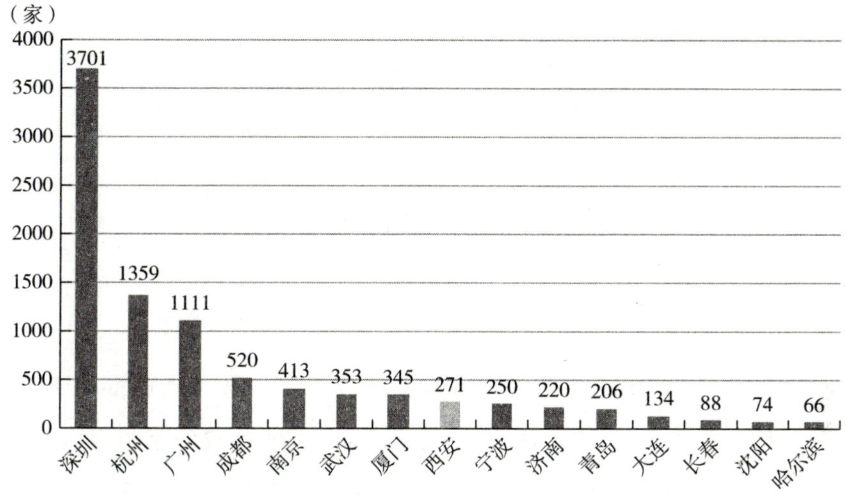

图 7　2018 年上半年 15 个副省级城市各类私募基金管理机构

根据金融资本要素的 6 项指标排序情况，西安金融业发展水平在副省级城市中处于中后位置，在 2017 年发布的中国金融中心指数排名中，西安金融综合竞争力位居副省级城市第 8 位。其中排名最前的是金融业占 GDP 比重，为第 6 位；排名最后的是保险机构数量和境内上市企业数量，均为第 9 位。成都除上市企业数量排第 6 位以外，其他指标都排第 4 位以前，总体发展水平位居 15 个副省级城市前列。与深圳、广州、杭州、成都、南京等先进城市相比，西安金融集聚能力和金融资本作用发挥水平还存在明显差距和不足，比如金融业增加值仅相当于成都的一半左右。下一步，要紧紧围绕西安打造丝路国际金融中心“三步走”战略，加大金融创新和金融招商力度，抢抓金融业开放力度加大的有利契机，积极融入区域合作和国际合作，不断增强服务实体经济和辐射“一带一路”的能力。

四、创新资源要素

（一）国家级高新技术企业

2017 年国家级高新技术企业达到 1839 家，新增 333 家，同比增幅达到 22.1%（图 8）。

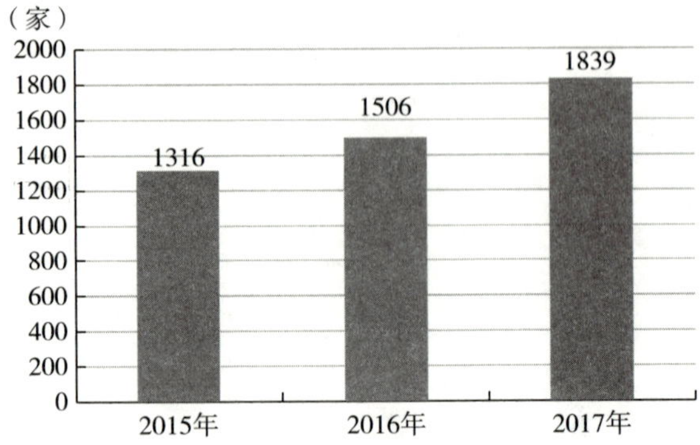

图 8 2015—2017 年西安市国家级高新技术企业数量

与 15 个副省级城市相比，西安国家级高新技术企业数和增速都处于中间位置，分别排在第 8 位、第 9 位，与深圳、广州、杭州、武汉等城市差距很大，比排在第 1 的深圳少 9149 家（深圳 2017 年新增了 5014 家，是西安总量的 26.5 倍）。与成都相比总量少 643 家，增速快于成都（17.9%）4.2 个百分点（表 6）。

表 6 2017 年 15 个副省级城市国家级高新技术企业数量

排名	城市	国家级高新技术企业数（个）	城市	增速（%）
1	深圳	10988	广州	85.1
2	广州	8700	深圳	83.9
3	杭州	2844	沈阳	53
4	武汉	2827	青岛	51.3
5	成都	2473	厦门	41.4
6	青岛	2053	武汉	29.9
7	南京	1846	杭州	26.1
8	**西安**	**1839**	哈尔滨	24.8
9	宁波	1479	**西安**	**22.1**
10	厦门	1425	成都	17.9
11	济南	1074	南京	8.8
12	沈阳	847	长春	—
13	大连	824	大连	—
14	哈尔滨	614	济南	—
15	长春	433	宁波	—

（二）技术市场交易额

西安技术市场交易额连续 6 年位居副省级城市第一，2017 年达到 848.42 亿元，同比增长 15.78%，反映了西安技术要素市场化配置速度加快，技术市场的流动性和活跃度持续增强（图 9）。与成都相比，西安技术市场交易额是成都的 2.3 倍，具有明显优势（图 10）。

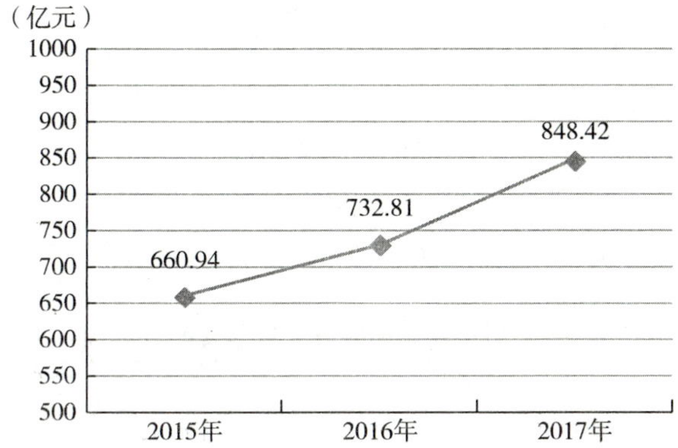

图 9　2015—2017 年西安市技术市场交易额

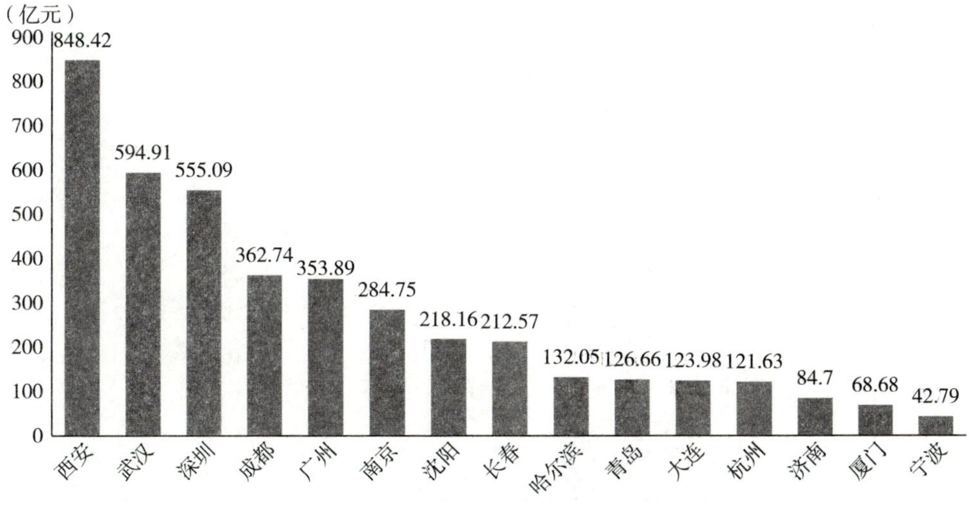

图 10　2017 年 15 个副省级城市技术市场交易额

（三）每万人有效发明专利拥有量

2017 年，西安每万人有效发明专利拥有量达 33.69 件，增长 22.11%（图 11）。

在 15 个副省级城市当中，西安排在第 4 位，每万人有效发明专利拥有量是全国（9.8 件）的 3.4 倍，比成都多 14.52 件，反映了西安科研产出质量和市场应用水平具有较大优势（表 7）。

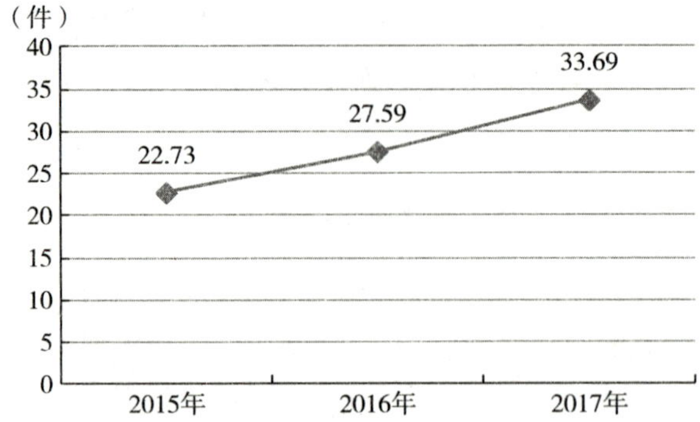

图 11　2015—2017 年西安市每万人有效发明专利拥有量

表 7　2017 年 15 个副省级城市每万人有效发明专利拥有量

排名	城市	每万人有效发明专利拥有量（件）
1	深圳	85.5
2	南京	50.14
3	杭州	47.71
4	**西安**	**33.69**
5	武汉	28.76
6	广州	28.1
7	宁波	25.9
8	济南	25.58
9	厦门	24.01
10	青岛	23.97
11	成都	19.17
12	哈尔滨	16.77
13	大连	16.29
14	沈阳	16.1
15	长春	11.7

（四）新登记市场主体

2017 年以来，西安新登记市场主体呈井喷式增长态势，2017 年末达 28.32 万户，同比增长高达 99.68%，成为全国第 7 个市场主体总量超百万的副省级城市（图 12）。2018 年上半年，全市新登记各类市场主体 21.99 万户，同比增长 69.79%，新增市场主体超过 2015 年和 2016 年的总和。

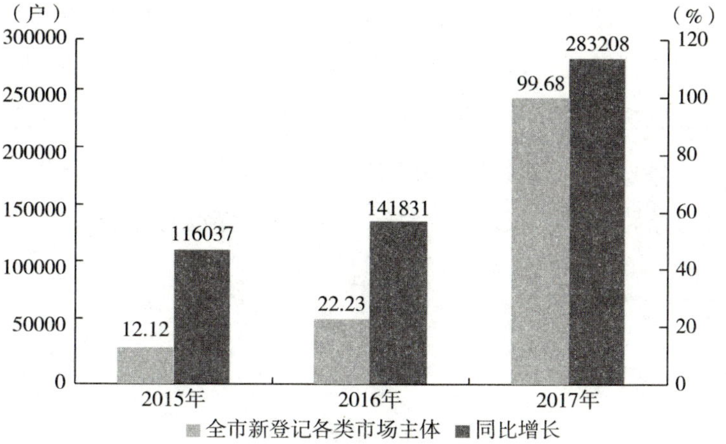

图 12 2015—2017 年西安市全市新登记各类市场主体及增速

在 15 个副省级城市中，西安新登记市场主体 2016 年列第 7 位，2017 年列第 4 位，2018 年上半年位列第 3 位，仅次于成都和深圳，排位上升明显。与成都相比，西安在绝对量上还有差距，但增速 2017 年、2018 年上半年分别高于成都 57.7 个百分点和 46.9 个百分点，差距进一步缩小（表 8）。

表 8 2016 年、2017 年、2018 年上半年 15 个副省级城市新登记市场主体情况

排名	城市	2016 年新登记市场主体户数	城市	2017 年新登记市场主体户数	城市	2018 年上半年新登记市场主体户数
1	深圳	560835	深圳	552223	成都	268007
2	成都	334679	成都	479151	深圳	247679
3	南京	250560	广州	327655	**西安**	**219880**
4	广州	245016	**西安**	**283208**	广州	211656
5	青岛	187224	青岛	251326	青岛	136466
6	杭州	169347	南京	204611	杭州	110328
7	武汉	146107	杭州	200201	南京	105073
8	**西安**	**141831**	武汉	182108	沈阳	91126
9	宁波	129569	沈阳	168620	武汉	90647
10	长春	122645	宁波	162690	宁波	85959
11	济南	115174	长春	153209	哈尔滨	76937
12	哈尔滨	105598	济南	126595	长春	70496
13	沈阳	103851	哈尔滨	122075	厦门	67095
14	厦门	96451	厦门	117467	济南	59382
15	大连	95845	大连	114288	大连	56987

从创新资源要素的 4 项指标排序情况看，西安在技术市场交易额、每万人有效发明专利拥有量、新登记市场主体等 3 项指标上具有较大优势，特别是在新登记市场主体方面增长迅速，反映了西安创新环境和营商环境进一步得到优化提升，催生了更多的市场主体。但在国家级高新技术企业数量方面西安与深圳、广州、杭州、武汉等先进城市差距很大，反映了西安创新资源优势没有充分发挥，需加快补齐创新能力转化短板，孵化催生更多科技型企业诞生。

五、开放发展要素

（一）实际利用外商直接投资

2017 年，西安实际利用外商直接投资 53.07 亿美元，同比增长 17.8%，比 2016 年增速高出 3.8 个百分点（图 13）。

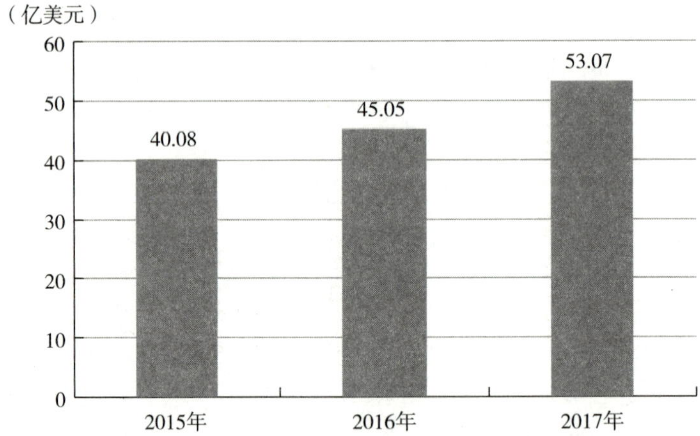

图 13　2015—2017 年西安市实际利用外商直接投资额

与 15 个副省级城市相比，绝对量排第 7 位，比 2016 年前进一位，与排在第 1 位的武汉（96.47 亿元）相差近一半，比成都（62 亿元）少 8.93 亿元；增速排第 2 位，高于成都 14.6 个百分点；2018 年上半年，西安实际利用外商直接投资 12.90 亿美元，增速为 -60.4%，在 15 个副省级城市排名分别为第 10 和第 14（表 9），同时也落后于郑州（21.92 美元，增速 6.9%）。

表 9　2017 年、2018 年上半年 15 个副省级城市实际利用外商直接投资情况

排名	2017 年				2018 年上半年			
	城市	总量（亿美元）	城市	增长速度（%）	城市	总量（亿美元）	城市	增长速度（%）
1	武汉	96.50	沈阳	24.1	武汉	62.11	沈阳	165.3
2	青岛	77.40	**西安**	**17.8**	青岛	52.64	济南	79.7
3	深圳	74.01	青岛	13.9	深圳	40.50	武汉	24.1
4	杭州	66.10	武汉	13.2	广州	38.23	深圳	20.5
5	广州	62.89	济南	12.6	成都	38.00	南京	12.1
6	成都	62.00	厦门	11.2	杭州	34.70	青岛	4.1
7	**西安**	**53.06**	广州	10.3	宁波	22.10	广州	3.0
8	宁波	40.30	深圳	9.9	南京	20.91	宁波	2.0
9	南京	36.73	长春	8.6	大连	19.20	成都	0.7
10	哈尔滨	34.40	大连	8.2	**西安**	**12.90**	哈尔滨	0.2
11	大连	32.50	哈尔滨	7.3	哈尔滨	12.60	大连	-8.8
12	厦门	23.70	南京	5.6	济南	70.10	杭州	-14.5
13	济南	18.71	成都	3.2	厦门	58.78	厦门	-43.9
14	长春	14.00	杭州	-8.3	沈阳	7.60	**西安**	**-60.4**
15	沈阳	10.10	宁波	-10.7	长春	2.00	长春	-78.0

注：厦门和济南利用外资数据为人民币亿元口径。

（二）进出口总值

近年来，西安市进出口总值保持高速增长，2017 年完成 2545.41 亿元，同比增长 39.1%，较上年提高 35.3 个百分点，增加了 715.46 亿元，是 2016 年增量的 10.5 倍（图 14）。

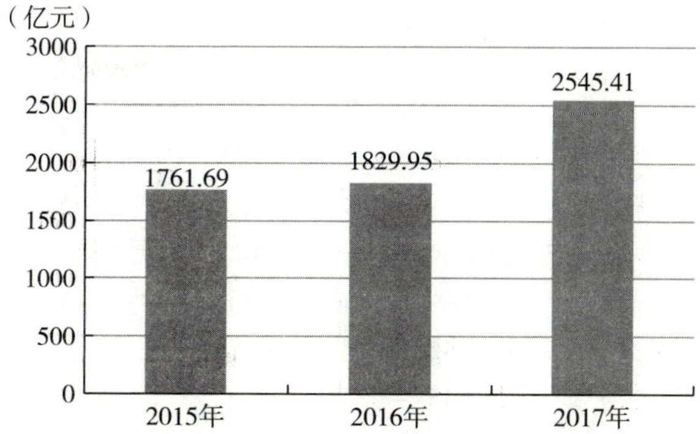

图 14　2015—2017 年西安市进出口总值

与15个副省级城市相比，西安进出口总值绝对量排第10位，与深圳、广州、宁波、厦门、杭州等城市差距明显，与成都相差1396.39亿元；增速排第2位，低于成都6.3个百分点（表10）。

表10 **2017年15个副省级城市进出口总值及增速**

城市	排名	绝对量（亿元）	城市	排名	同比增速（%）
深圳	1	28011.46	成都	1	45.4
广州	2	9714.36	**西安**	**2**	**39.1**
宁波	3	7600.10	武汉	3	23.2
厦门	4	5816.04	南京	4	21.7
杭州	5	5085.08	大连	4	21.7
青岛	6	5033.50	宁波	6	21.3
南京	7	4133.79	沈阳	7	15.9
大连	8	4132.20	青岛	8	15.7
成都	9	3941.80	厦门	9	14.3
西安	**10**	**2545.41**	广州	10	13.7
武汉	11	1936.20	杭州	11	13.3
长春	12	952.50	济南	12	10.5
沈阳	13	867.60	深圳	13	6.4
济南	14	708.10	长春	14	1.9
哈尔滨	15	226.33	哈尔滨	15	–15.8

2018年上半年，西安进出口总值1617.38亿元，增长43.9%，同比提高16.2个百分点，增速在15个副省级城市中排名第1，增速高于成都17.8个百分点，总量与成都差距进一步缩小（表11）。

表11 **2018年上半年15个副省级城市进出口总值及增速**

城市	排名	绝对量（亿元）	城市	排名	同比增速（%）
深圳	1	13518.00	**西安**	**1**	**43.9**
广州	2	4509.10	成都	2	26.1
宁波	3	4028.55	沈阳	3	14.6
厦门	4	2855.45	宁波	4	11.3
杭州	5	2458.71	济南	5	10.5
青岛	6	2391.64	深圳	5	10.5
大连	7	2273.62	大连	7	8.0
成都	8	2157.38	长春	8	6.8
南京	9	2052.45	南京	9	5.8
西安	**10**	**1617.38**	武汉	10	5.2
武汉	11	928.72	厦门	11	2.0

续表

城市	排名	绝对量（亿元）	城市	排名	同比增速（%）
长春	12	507.85	杭州	12	1.5
沈阳	13	449.56	青岛	13	−4.6
济南	14	400.81	哈尔滨	14	−6.6
哈尔滨	15	102.44	广州	15	−10.2

（三）中欧班列开行量

2017 年，“长安号”中欧班列开行 194 列，在 8 个城市中排第 6，与成都、重庆、郑州等城市差距很大，其中成都中欧班列的开行量是西安的 4 倍（表 12）。

表 12　2017 年部分城市中欧班列开行辆

排名	城市	2017 年中欧班列开行量（列）
1	成都	777
2	重庆	700
3	郑州	501
4	武汉	375
5	义乌	294
6	**西安**	**194**
7	长沙	166
8	厦门	124

2018 年以来，“长安号”运力加速提升，1—8 月，开行数量、货运总量、重载率均保持全国第 1。

西安开行 789 列，成都 741 列（空箱列数约为 275 列），重庆 697 列（空箱列数约为 228 列），郑州 424 列（空箱列数约为 99 列）（图 15）。

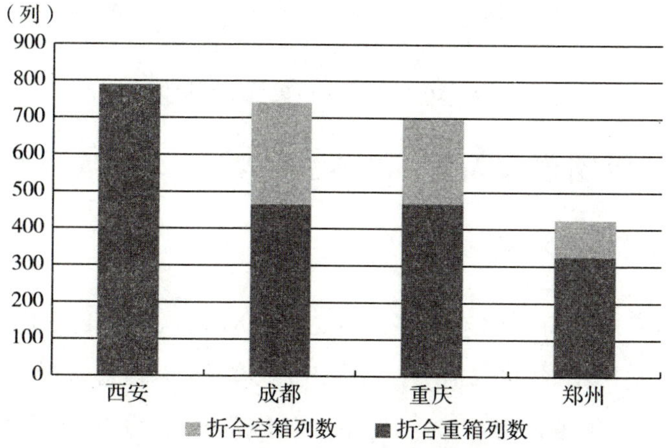

图 15　2018 年 1—8 月各城市开行量对比图

西安运送货物总重达 81.88 万吨，成都约 48.41 万吨，重庆约 49.51 吨，郑州约 33.78 万吨（图 16）。

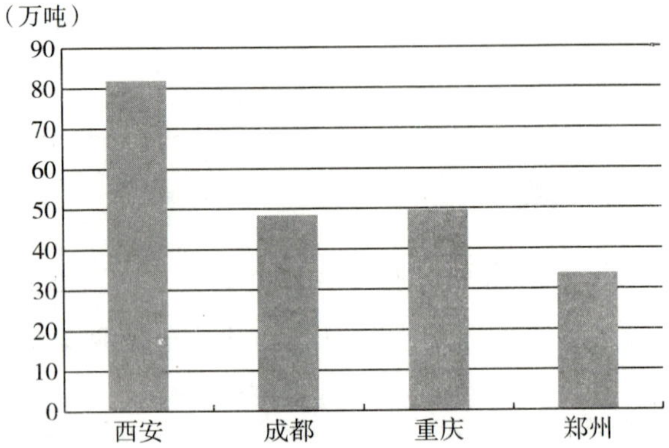

图 16　2018 年 1—8 月各城市货运总量对比图

西安重载率达 99.99%，成都为 62.8%，重庆为 68.3%，郑州为 76.6%。8 月份，“长安号”单月重载率高达 100%（合重车 131 列），成都为 60.3%（合重车 86 列），重庆为 58.2%（合重车 97 列），郑州为 71.8%（合重车 52 列）（详见图 17）。

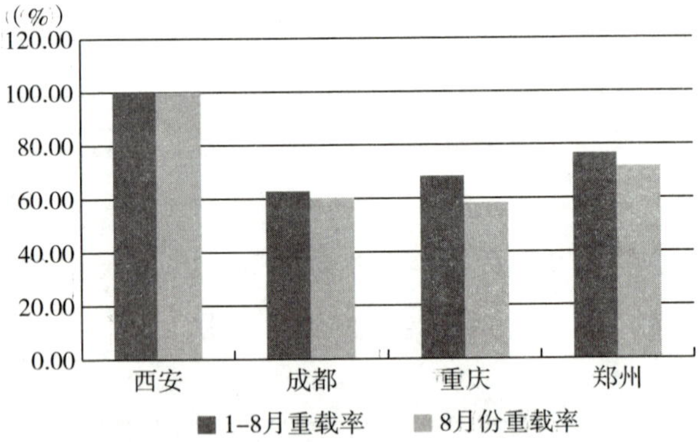

图 17　2018 年各城市重载率对比图

（四）接待国内外游客人数、旅游总收入和入境游客人数

1. 接待国内外游客人数

2017 年，西安市接待国内外游客人数达到 1.81 亿人次，比 2016 年增加 3080.58 万人次，增加量是 2016 年的 2.18 倍（图 18）。在 15 个副省级城市中排名第 4 位，与第 1 名武汉相差约 7900 万人次，与第 2 名成都相差约 2900 万人次。同比增长

20.5%，在 15 个副省级城市中排名第 1 位（表 13）。

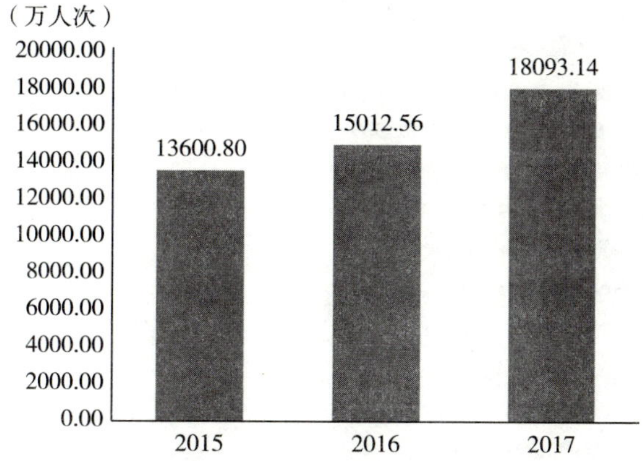

图 18　2015—2017 年西安市接待游客总数

表 13　2017 年 15 个副省级城市接待国内外游客人数及增速

排名	城市	接待国内外游客数（亿人次）	城市	增速（%）
1	武汉	2.60	**西安**	**20.5**
2	成都	2.10	宁波	18.6
3	广州	2.00	长春	16.8
4	**西安**	**1.81**	杭州	15.8
5	杭州	1.63	厦门	15.7
6	深圳	1.31	沈阳	13
7	南京	1.23	武汉	11.3
8	宁波	1.12	大连	10.2
9	青岛	0.88	济南	10.1
10	大连	0.85	南京	9.7
11	厦门	0.78	哈尔滨	9.2
12	长春	0.78	青岛	9.1
13	哈尔滨	0.77	深圳	5.31
14	济南	0.73	成都	4.9
15	沈阳	0.72	广州	/

2018 年以来，西安旅游热度持续升温，上半年接待海内外游客 1.15 亿人次，同比增长 45.4%，比上年提升 25 个百分点，在副省级城市（不包括武汉市）中均位列第 1（图 19）。1—9 月全市共接待海内外游客 2.05 亿人次，增长 38.26%。国庆期间全市共接待游客 1692.56 万人次，增长 45.28%。

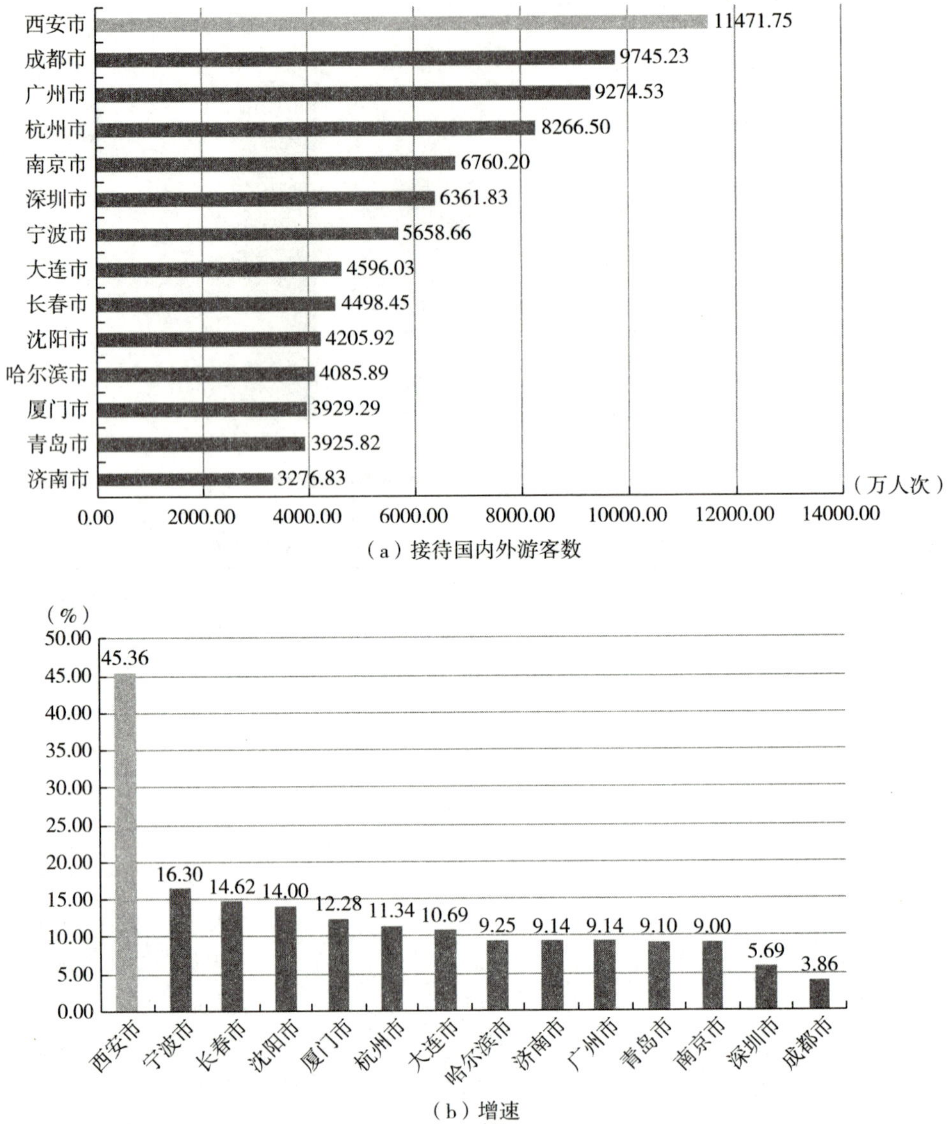

（a）接待国内外游客数

（b）增速

图 19　2018 年上半年 14 个副省级城市接待游客总数及增速

2. 旅游总收入

2017 年，西安市旅游总收入达到 1633.3 亿元，比 2016 年增加 419.49 亿元，增加量是 2016 年的 2.99 倍（图 20）。在 15 个副省级城市中排名第 8 位，与第 1 名广州相差 1980.91 亿元，与成都相差 1400.12 亿元。同比增长 34.6%，在 15 个副省级城市中排名第 1 位（表 14）。

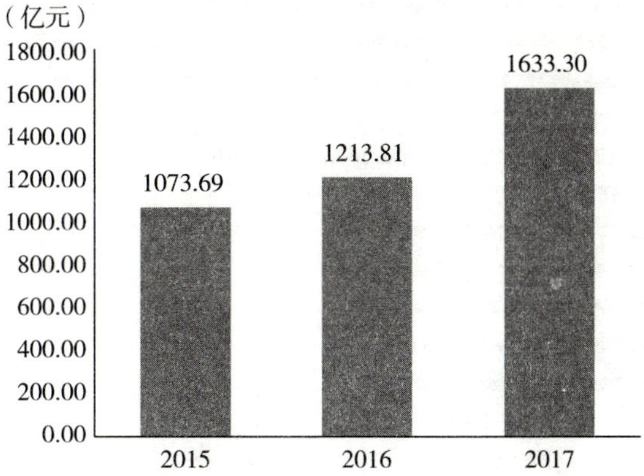

图 20　2015—2017 年全市旅游总收入

表 14　　2017 年 15 个副省级城市旅游总收入及增速

排名	城市	旅游总收入（亿元）	城市	增速（%）
1	广州	3614.21	**西安**	**34.6**
2	杭州	3041.34	成都	21.5
3	成都	3033.42	长春	20.7
4	武汉	2812.82	厦门	20.7
5	南京	2168.90	宁波	18.6
6	宁波	1715.95	杭州	18.3
7	青岛	1640.10	济南	14.6
8	**西安**	**1633.30**	青岛	14.0
9	长春	1618.30	南京	13.6
10	深圳	1485.46	哈尔滨	13.3
11	大连	1280.10	沈阳	13.1
12	哈尔滨	1177.50	大连	12.8
13	厦门	1168.52	广州	12.3
14	济南	970.80	武汉	12.2
15	沈阳	660.00	深圳	8.3

2018 年上半年，西安旅游收入实现 1147.58 亿元，在副省级城市（不包括武汉市）排第 5 位；同比增长 56.3%，提升 26.2 个百分点，在副省级城市中位列第 1（图 21）。国庆节期间，旅游总收入 139.65 亿元，增长 140.98%。

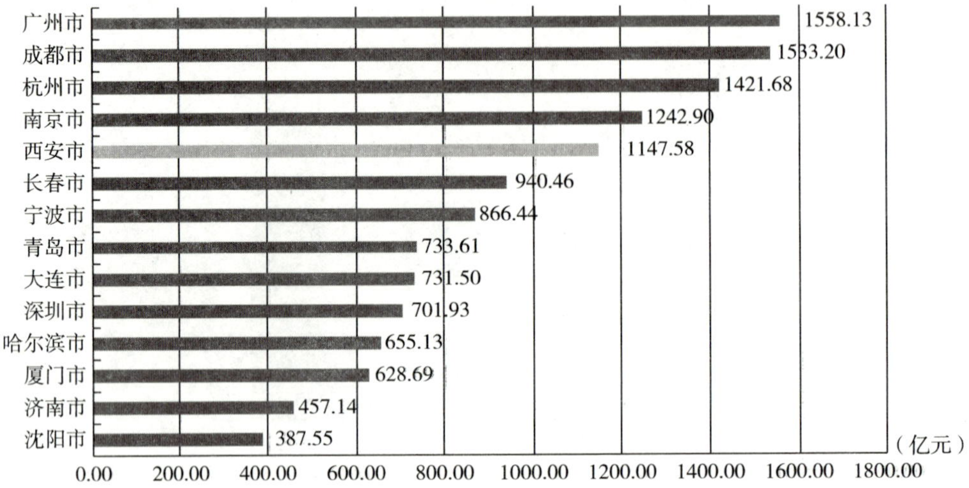

（a）旅游总收入

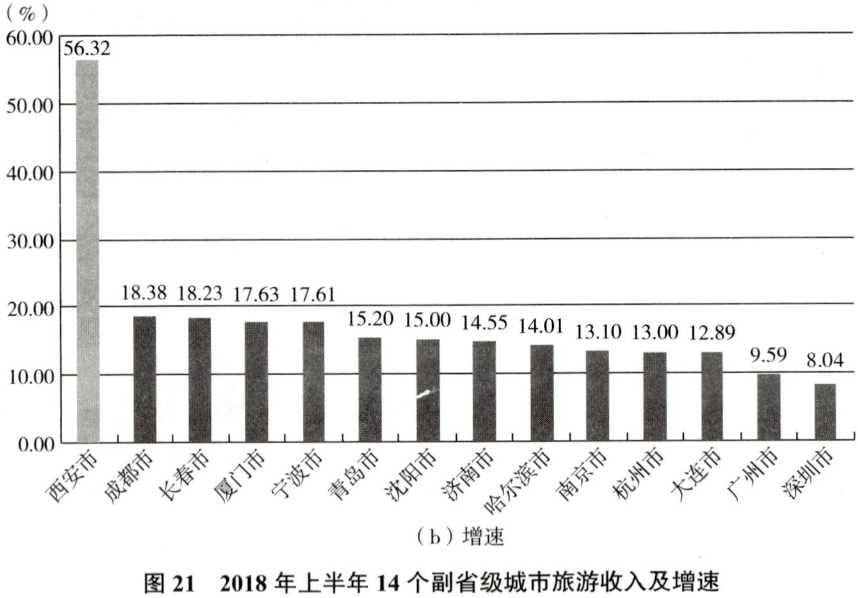

（b）增速

图 21　2018 年上半年 14 个副省级城市旅游收入及增速

3. 入境游客人数

2017 年，西安市接待海外游客 175.13 万人次，在 15 个副省级城市中排名第 8 位；同比增长 30.6%，比上年提高 9.7 个百分点，在 15 个副省级城市中排名第 1 位。实现旅游外汇收入 11.84 亿美元，在 15 个副省级城市中排名第 7 位；同比增长 30.5%，比上年提高 10.1 个百分点，在 15 个副省级城市中排名第 1 位（表 15）。

表 15　2017 年 15 个副省级城市入境游客人数和旅游外汇收入情况

排名	城市	入境游客（万人次）	城市	增速（%）	城市	旅游外汇收入（亿美元）	城市	增速（%）
1	深圳	1207.01	**西安**	**30.6**	广州	196.50	**西安**	**30.5**
2	广州	900.48	南京	12.5	深圳	49.86	厦门	16.3
3	杭州	402.23	武汉	11.1	杭州	35.43	南京	12.8
4	厦门	386.32	杭州	10.7	厦门	32.21	杭州	12.5
5	成都	301.30	成都	10.7	武汉	16.93	武汉	11.7
6	武汉	250.00	哈尔滨	9.8	成都	13.10	宁波	7.9
7	宁波	186.90	厦门	8.0	**西安**	**11.84**	哈尔滨	6.8
8	**西安**	**175.13**	宁波	7.7	青岛	10.20	济南	6.3
9	青岛	144.40	济南	6.8	宁波	9.90	广州	5.8
10	大连	106.40	广州	4.5	南京	7.60	深圳	5.5
11	南京	71.80	深圳	3.1	长春	3.56	成都	5.2
12	沈阳	69.50	长春	2.8	沈阳	3.50	青岛	4.1
13	长春	46.50	青岛	2.4	大连	2.96	大连	3.9
14	济南	37.60	大连	1.9	济南	2.08	长春	3.5
15	哈尔滨	23.90	沈阳	1.9	哈尔滨	1.35	沈阳	2.1

4. 引进世界 500 强企业数量

2017 年西安入驻世界 500 强企业达到 203 家，比 2016 年增加 29 家。2018 年截至 9 月已达到 215 家，增加 12 家（图 22）。

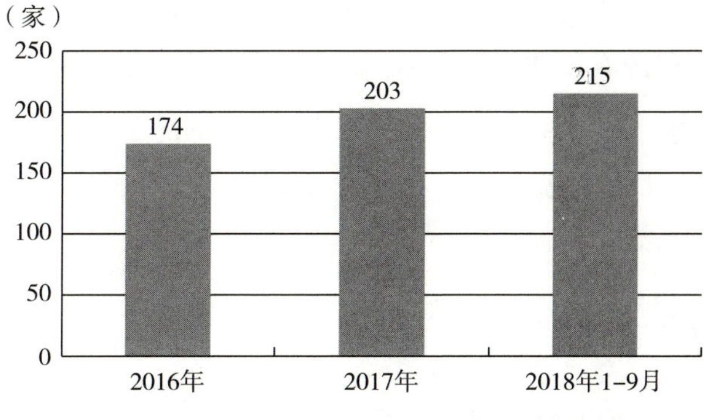

图 22　2016 年至 2018 年 1—9 月西安入驻世界 500 强企业情况

与成都和武汉相比，西安在总数上还有差距。截至 2018 年 8 月底，比成都（285 家）少 70 家，比武汉（265 家）少 50 家；同时，增量超过成都，西安 2018 年以来增加了 12 家，是成都（增加 4 家）的 3 倍（图 23）。

从开放发展要素的 7 项指标看，西安实际利用外商直接投资和进出口总值规模都不大，2018 年进出口依然保持高速增长，但受国内外经济形势影响，实际利用外资下降明显。在招商引资方面成效显著，越来越多的企业选择在西安投资。下一步，应以庆祝改革开放四十周年为契机，持续加大招商引资力度，推出一批更有力度的开放举措，充分调动外资、民资的积极性，既招大引强又选优补缺，不断提高招商引资质量。

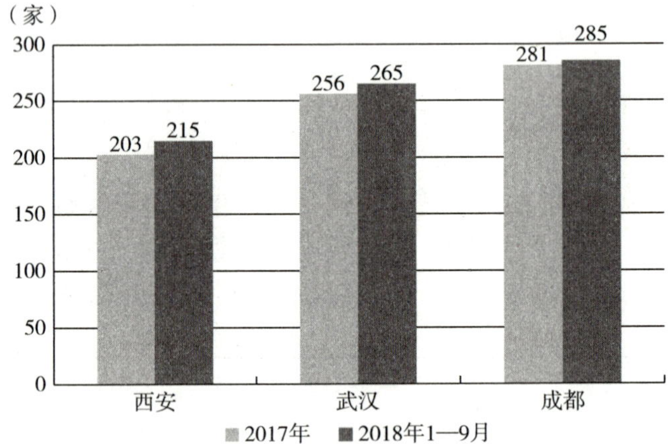

图 23　2017 年及 2018 年 1—9 月西安及成都、武汉入驻世界 500 强企业情况

在旅游方面，西安旅游业发展各项指标增速都很高，旅游总人数在副省级城市中也位居前列，但旅游收入却不高，处于中间位置，说明西安文化旅游业的发展质量还不够高，优势资源有待进一步挖掘和发挥。应进一步强化大旅游和全域旅游理念，大力推动“文化 +”“旅游 +”，深化与“一带一路”沿线国家和周边城市旅游合作，丰富旅游产品，打造精品线路，加快打造万亿级文化旅游产业。

六、客货运流量要素

（一）空港客、货运吞吐量

1. 空港客运吞吐量

2017 年，西安机场旅客吞吐量达到 4185.72 万人次，增长 13.1%。与 15 个副省级城市及郑州相比，旅客吞吐量在 16 个城市中排第 4 位（图 24）。2018 年上半年，西安机场旅客吞吐量达到 2157.58 万人次，超过上海虹桥机场，排名全国机场第 7 位，为历史最高名次。

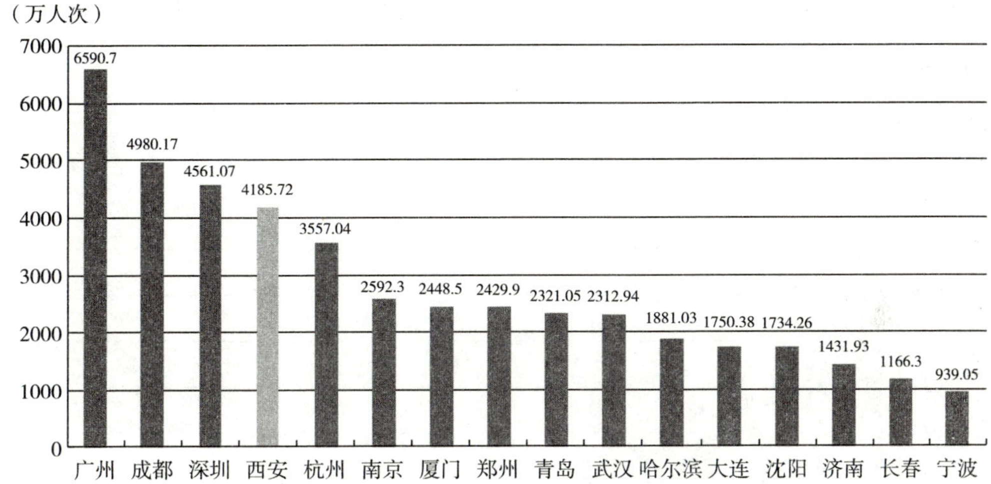

图 24　2017 年 15 个副省级城市及郑州旅客吞吐量

2. 空港货邮吞吐量

近年来，西安机场货邮吞吐量稳步增长，2010—2017 年间，年均增幅 9.2%，2017 年达到 25.99 万吨，增长 11.2%（图 25）。

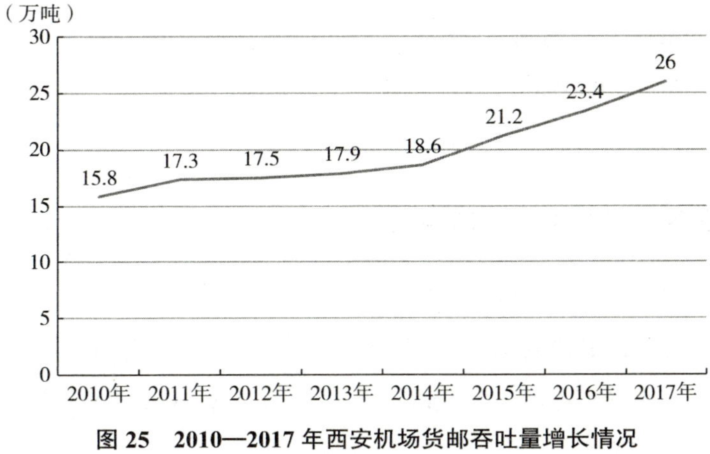

图 25　2010—2017 年西安机场货邮吞吐量增长情况

注：来源于网络“航空货运之家”。

与 15 个副省级城市及郑州相比，货邮吞吐量在 16 个城市中排第 8 位（图 26）。

截至 2018 年 10 月 8 日，西安机场货邮吞吐量达到 22.34 万吨，同比增长 15.1%，增速位列全国十大枢纽机场第 1，9 月份完成货邮吞吐量 3.1 万吨，同比增长 23%，单月货量创历史新高，增速已连续 3 个月位列全国十大机场首位。

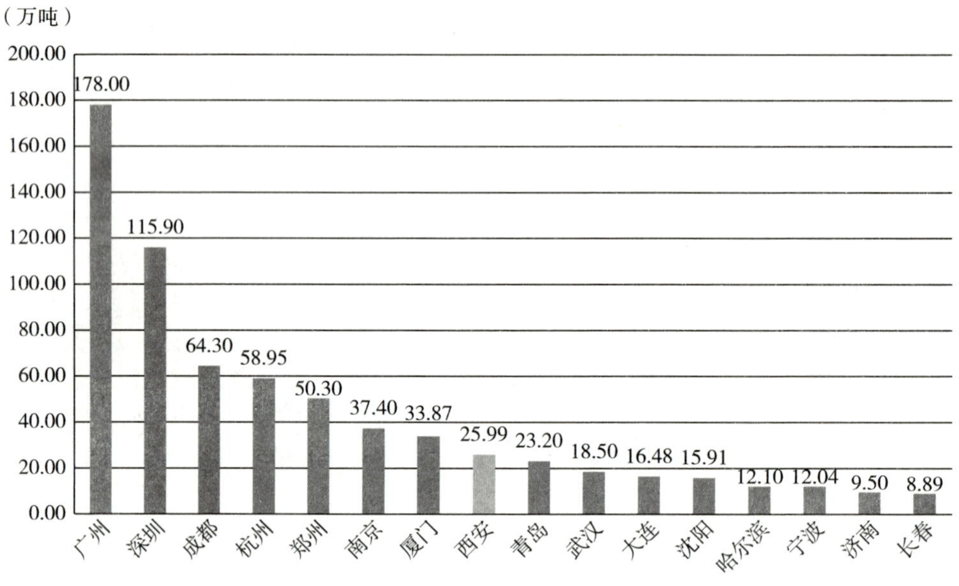

图 26　2017 年 15 个副省级城市及郑州货邮吞吐量

与郑州相比，2017 年西安旅客吞吐量高出郑州 1755.82 万人次，增速低于郑州 4 个百分点；货邮吞吐量是郑州的 52%，增速低于郑州 1.1 个百分点；全货运航线 14 条，比郑州少 20 条。郑州新郑国际机场和西安咸阳国际机场同为我国八大枢纽性机场之一，由于旅游业的带动，西安的航空旅客运输发展较好，而郑州的航空物流发展则远超西安。

（二）旅客周转量和货物周转量

2017 年，西安旅客周转量 326.72 亿人公里，增长 10.2%，在 12 个副省级城市中（缺杭州、沈阳、宁波数据）分别排第 8 位、第 3 位；货物周转量 597.91 亿吨公里，增长 8.3%，在 13 个副省级城市中（缺杭州、沈阳数据）分别排第 9 位、第 8 位（表 16）。

表 16　部分副省级城市（杭州、沈阳、宁波除外）旅客周转量和货物周转量

排名	城市	旅客周转量（亿人公里）	城市	增速（%）	城市	货物周转量（亿吨公里）	城市	增速（%）
1	广州	2348.82	厦门	18.7	广州	21422.18	广州	39.2
2	武汉	1244.75	青岛	11.1	大连	9007.50	南京	34.1
3	深圳	1092.39	**西安**	**10.2**	武汉	3360.19	宁波	18.1
4	成都	1056.90	南京	8.4	南京	3331.53	厦门	11.9
5	南京	474.09	广州	8.3	宁波	2713.50	青岛	10.3
6	厦门	468.55	武汉	7.6	深圳	2302.53	济南	9.7
7	哈尔滨	336.60	哈尔滨	7.5	厦门	1830.79	武汉	9.0
8	**西安**	**326.72**	成都	6.8	青岛	1507.00	**西安**	**8.3**
9	大连	234.80	深圳	6.4	**西安**	**597.91**	成都	6.6
10	青岛	171.60	大连	5.9	济南	459.50	哈尔滨	6.5
11	济南	52.70	济南	0.9	成都	356.00	长春	6.1
12	长春	42.60	长春	-7.3	哈尔滨	340.10	大连	4.3
13	—	—	—	—	长春	308.10	深圳	2.5

与郑州相比，西安旅客周转量与郑州（329.3 亿人公里）基本相当，增速高于郑州 4.2 个百分点；货物周转量相当于郑州的 76.7%，增速低于郑州 5.2 个百分点。

根据客货运流量要素的 4 项指标排序情况，西安航空旅客运输能力较高，但货运能力和水平较低，整体水平在 15 个副省级城市中处于中间位置，与郑州相比也处于劣势。应加快国际航空枢纽和西安临空经济示范区建设，同时提升公路、铁路等营运能力，推动形成航空带动、陆空互动、多式联运的综合交通体系，助力“三个经济”加快发展。

总体来看，西安当前要素集聚能力整体发展态势良好，为人流、物流、技术流、资金流等各类要素加速流动创造了有利条件。在人力资源、金融资本、创新资源、开放发展、客货运流量等 5 个方面的要素中，人力资源、创新资源、开放发展、客货运流量等 4 个方面整体发展速度较快、进步明显，金融资本的集聚能力和资本作用发挥水平处于较低水平，资本活力需要进一步激发。在 24 项指标中，多项指标增速居副省级城市前列，有 14 项指标（新增常住人口、国家级高新技术企业、技术市场交易额、每万人有效发明专利拥有量、新登记市场主体、进出口总值、“长安号”中欧班列开行量、接待国内外游客人数、旅游总收入、境外游客人数、空港客运吞吐量、空港货邮吞吐量、旅客周转量和货物周转量）目前的增速都高于成都。同时，西安金融资本活力不强、创新转化能力不高、开放型经济规模较小、空港货运流量

较低等问题也比较突出。

随着“一带一路”建设的深入推进和大西安“三步走”战略的加快实施，西安应坚持以开放促改革、促创新、促发展，加大改革开放力度，大力发展枢纽经济、门户经济、流动经济，进一步放大优势、补齐短板，推动西安要素集聚能力持续增强、要素流动不断加快，促进各类要素在西安既畅通其流，又汇聚融合，不断为全市发展注入更大活力。

表 17　　西安市各类要素集聚指标排名情况

	总量	增速
位列第 1 的指标	1. 技术市场交易额 2. 2018 年 1—8 月“长安号”开行数量、货运总量、重载率	1. 2018 年上半年进出口总值增速 2. 接待国内外游客人数增速 3. 旅游总收入增速 4. 入境游客人数增速 5. 旅游外汇收入增速
位列 2 ~ 5 位的指标	1. 新增常住人口 2. 每万人有效发明专利拥有量 3.2017 年、2018 年上半年新登记市场主体户数 4. 接待国内外游客人数 5. 空港客运吞吐量	1. 实际利用外商直接投资增速 2. 进出口总值增速 3. 旅客周转量增速
位列 6 ~ 10 位的指标	1. 常住人口 2. 金融业增加值及占 GDP 比重 3. 2017 年、2018 年上半年本外币存、贷款余额 4. 中欧班列开行量 5. 银行业机构和保险机构 6. 拥有境内上市企业数和 2018 年上半年中基协登记的各类私募基金管理机构数 7. 国家级高新技术企业数 8. 2017 年、2018 年上半年实际利用外商直接投资额 9. 2017 年、2018 年上半年进出口总值 10. 旅游总收入 11. 入境游客人数 12. 旅游外汇收入 13. 空港货邮吞吐量 14. 旅客周转量 15. 货物周转量	1. 国家级高新技术企业增速 2. 货物周转量增速 3. 2017 年本外币贷款余额增速
位列 11 ~ 15 的指标	城镇新增就业人数	1. 2018 年上半年实际利用外商直接投资增速 2. 2017 年本外币存款余额增速

注：未标注年份的均为 2017 年数据。

第四部分

创新突破

西安市创新创业发展研究

世界经济正在加速向以信息技术产业为重要内容的经济活动转变，数字经济正在成为继农业经济、工业经济之后的新经济发展形态，赋予了全球经济全新的增长动力。过去几年，全球创新创业以一种不可逆转、不可抗拒的力量推动着人类社会向前迈进。

国际上，美国、以色列、德国、日本、英国、瑞典、韩国等国都在创新方面捷足先登，争抢先机，超前进行新的谋划与布局，意欲在未来继续保持技术创新优势。国内，中央政府及时决策，北京、上海、深圳、杭州、成都、武汉等城市在双创方面高度敏感，同步跟进、率先布局、制订战略、出台政策。全国各大 ICT 领域企业巨头都在介入，双创在中国正在展现其未来的力量和前景。

西安虽居于中国西北，但有很好的双创资源条件，西安高新区在全国同类园区排名中地位即可为佐证。西安双创需要决心、信心和政策，需要政府和市场合力推进，需要刻意谋划、特别着力，尤其是政府决策者和有关部门要有强烈机遇意识和发展意愿。本报告重点对西安双创的现状进行梳理和描述，剖析存在的问题，思考发展路径和政策建议，并对西安双创的未来前景进行展望。

一、西安市创新创业发展现状

2015 年“大众创业、万众创新”首次写入中央政府工作报告，由此在全国范围内掀起了创新创业的热潮。依托雄厚的科教实力、人才资源与政策优势，西安迎着全国“双创”的强大浪潮，扬帆起航，一时成为创新创业乐土。在全国“双创”的强大浪潮下，西安作为“一带一路”的起点，如今，已经基本形成了一个“立体丝绸之路”。西安人文交流合作不断深化，已与 26 个国家的 31 个城市建立了友好城市关系，与 28 个国家 57 个城市缔结为友好交流城市，有 28 位国际友人被授予“西安市荣誉市民”。主导承办了首届和第三届丝绸之路国际电影节、丝路文化发展论坛、长安与丝路的对话、长安与罗马的对话等活动。目前，正举全市之力打造“一带一路”创新创业之都，西安最明显的变化就是合作交流平台不断拓宽。先后承办或协办了3届以“一带一路”为主题的欧亚经济论坛、5届丝博会（暨西洽会），以及丝绸之路旅游部长会议、2017中国国际通用航空大会等活动。组织主办了5届丝绸之路经济带城市圆桌会、2届丝绸之路工商领导人（西安）峰会、2届丝绸之路经济带气象服务西安论坛、首届世界西商大会、首届全球程序员节、首届硬科技创新大会、丝绸之路跨国企业合作峰会等活动。完成了西安领事馆区4座统建领事馆建设，柬埔寨驻西安总领事馆成功入区，10家外事机构正式签约入驻，法国、德国、荷兰、西班牙等6国签证中心入区开业。

同时，西安大力推行“人才新政”，2017年11月发布了《西安市深化人才发展体制机制改革、打造“一带一路”人才高地若干政策措施》，利用高校、科研院所众多的优势，激发广大师生、科技人员的创新创业积极性。加快构建“5552”创业空间发展格局，强力推进“5531”高层次人才引进计划，打造“创业西安”城市品牌，大西安“双创”事业蓬勃发展，“孔雀西北飞”已成为新现象，“创业西安”城市品牌越来越响亮。同时相继制定出台多项政策措施，以“创新体制机制，统筹科教文化资源，发挥比较优势”为理念，积极创造环境，努力搭建平台，大力推动双创载体发展，形成了全民参与创新创业的浓厚氛围。推进“双创”是深入实施创新驱动发展战略的重要支撑，是深入推进供给侧结构性改革的重要途径。其中《西安市支持创业的十条措施》的推动，极大程度体现了“双创”所发挥的供给侧改革效应，更大释放全社会创业创新活力。西安市委、市政府主要领导也高度重视“双创”工作，陕西省委常委、西安市委书记王永康每月到驻市科研院所、高校或众创机构与创业者进行面对面交流。倾听创业者的心声并不断为他们排忧解难，同时，为发挥高校科研院所优势，打造“校友经济”发展样板，西安也将举全市之力打造“一带一路”创新创业之都，利用高校、科研院所众多的优势，激发广大师生、科技人员的创新创业积极性。

（一）推出创新创业系列政策

西安市针对创新创业相继出台部署相关政策，2017年1月《创业投资风险补偿管理办法（暂行）》发布，提出对种子期、初创期、科创企业的创业投资进行风险补偿。2017 年 7 月，西安市继续加大力度，发布《西安市支持创业的十条措施》《“创业西安”行动计划（2017—2021）》，提出五区联动营造创新创业文化氛围，设立引才“西安伯乐奖”汇聚高层次创业人才，面向全球举办“西安国际科技创业大赛”，提出到 2021 年，形成覆盖全市、充满活力、特色鲜明、服务高效、享誉全国的创业生态环境。

围绕目标，制订《西安市推进“5552”众创载体建设实施方案》，着力完善众创规划布局，全面启动“5552”众创载体建设工作，打造“创业西安”城市品牌。“5552”，即以高新、曲江、碑林、长安、雁塔等五区为主阵地，以校区、院区、园区、街区、社区等五区联动为主要途径，到 2021 年全市建成 500 个以上众创空间聚集区和特色区，众创空间面积达到 2000 万平方米以上。完成总体建设规划及具体的 5 个核心区、5 层架构、500 家众创空间聚集区的实施方案，打造“创业西安”城市品牌。

2017 年 11 月，《西安市深化人才发展体制机制改革、打造“一带一路”人才高地若干政策措施》发布，在引才育才、人才培养、奖励激励、服务保障等方面持续为“双创”加力，加大人才创新创业支持力度。

从 2018 年发布的政策来看，西安双创的辐射主体包含创业者、科研人才、创业环境和投资方，主要从财政、引才和专家智库方面提供帮助和保障。针对创业者，通过改善财政税收、社保补贴、贷款政策、人才奖励等条件，从经济上支持创业团队及创业项目落地，从而降低创业者进入市场的门槛。

（二）大力引智引才稳才

自 2017 年以来，西安积极开展引才工作，放宽引才条件，并加大政策优惠力度，降低门槛，简化办理程序，致力打造“人才强市”，吸引社会经济发展所需人才前来，从学历落户和人才引进情况看，2018 年 1 月 1 日至 11 月 20 日 12 时：全市市外迁入共 701343 人。其中博士以上 1156 人，硕士研究生 24423 人，本科 219875 人，各类人才引进 29062 人。吸纳就业总人数 36.3 万人，西安对人才资源的吸引力与西安所特有优势不可分割。此外，2018 年 11 月 29 日上午，西安市工商局曲江分局，向西安影响力文化传媒有限公司颁发营业执照，这标志着 2018 年西安新登记市场主体已超 47 万户。这也让大西安登顶成为 2018 年全国新增人口最多的 10 个省会城市第一名。而这些亮眼的成绩背后都做了哪些政策与活动部署呢？

一是成立专门机构，进一步聚集招才引智工作合力，成立西安市招才引智委员会，以“虚拟机构、准实体化运作”组建运行，内设综合管理、人才服务、人才引进、智力引进、大学生创业就业、项目推进和投融资 6 个内设部门。

二是举办“梦回长安——百万校友回归”系列活动。

三是坚持目标导向，积极打造政策“升级版”：优化完善人才新政，发布《优化高层次人才服务工作的十三条措施》《“西安伯乐奖”奖励政策》《高层次人才创业或成果转化奖补政策》《技术转移机构资助政策兑现实施细则》等“2.0 升级版人才新政”。

四是及时跟进落实，确保新政落地见效。“人才新政”出台后，市委人才办第一时间对新政内容进行梳理分解，形成分工方案，明确各职能单位任务和完成时限，要求各相关单位制订实施细则或操作办法，召开市委人才领导小组会议和专题推进会议 6 次，持续推进落实。

五是提升宣传水平，全方位唱响人才新政：在人民日报、陕西日报、西安日报、西安电视台《西安新闻》栏目等主流媒体开辟专版、专栏、专题大力宣传人才新政 23 条，扩大新政影响力和知晓率。释放市委、市政府求贤若渴的强烈信号，有效推介西安市引才投资环境。

六是开展人才工作“月月有主题”系列活动，确保每月都有关于人才方面的主题特色活动。①创业西安行系列活动：全年计划安排活动 120 余场次，平均每月活动 20 余场次。② 2018 年“梦回长安——百万校友回归活动”：计划全年策划举办活动 12 场左右。③“20 城、30 校、70 场”赴外揽才专场招聘活动：赴北京、上海等重点城市和国内“双一流”高校开展 70 场招才引智专项活动，设立招才工作站，聘请招才特使，大力吸引高水平大学应届毕业生来西安就业创业。④召开全市招才引智大会：聘任西安市招才大使、重点人才项目集中签约，形成良好引才聚才声势。⑤人才工作进企业、进社区；开展进校园、进企业、进社区“三进”户籍宣传活动；举办“2018 西安国际创业节”，分类表彰 100 名“西安创业英雄”，通过创业英雄进高校、青年创业者分享会、创业明星展示，向全社会招揽创业英才。⑥开展“2018 年西安十佳工匠之星和西安工匠”表彰活动：着力培育和传承“工匠精神”，营造尊重劳动、尊重创造的良好氛围。⑦举办科技人才峰会暨“梦回长安校友行”活动：结合硬科技大会，举办第二届科技人才峰会暨“梦回长安校友行”活动，持续扩大活动品牌效应。⑧开展 9 月 8 日西安企业家日活动：举办弘扬企业家精神晚会、企业家论坛、浙商深商和西商圆桌对话、招商引资推销展示交流会，进一步营造尊重、关怀、宽容、支持企业家的社会氛围。⑨组织开展赴海外招才引智招聘推介活动。⑩实现人才新政配套政策一口受理。⑪ 升级外籍人才停居留政策并向社会发布。

综上所述，在“双创”政策的引领下，随着西安“三大新政”和“三个年活动”的深入贯彻落实以及营商环境大幅度提升，加之“招商引智、春风行动、校园招聘”等一系列就业再就业活动的深入开展，全市就业将继续保持总量持续增加、增速稳步提升的态势。

（三）众创载体爆发式增长

高新区创业咖啡街区、经开区创业大街、曲江新区创客大街、长安区双创中心、新城区幸福林带创业基地、西安港创新创业基地……这些众创载体、街区已然成为西安“双创”的新名片。与此同时，269 个互联互通、服务协同、资源共享的中小企业公共服务平台网络也配套开通，可为企业提供全面服务。

据西安市科技局官方数据统计，截至 2018 年 11 月底，全市累计已建成众创载体 936 个，完成率 208%（2018 年度目标 450 个）；累计建成众创载体总面积 2658.2544 万平方米，完成率 166.14%（2018 年度目标 1600 万平方米）；累计入孵企业、团队 34272 家，企业总人数 386248 人，吸纳就业总人数 36.3 万人，形成爆发式增长。已建成创业孵化基地 81 个，在孵企业 2000 余家，创业实训基地 105 家，就业见习基地 571 家；共有 24 个小微企业创业创新示范基地，聚集企业 1922 家，从业人员 4.53 万人。

表 1　部分高校、民营众创载体

高校众创载体	
西北工业大学飞天创客空间	西北工业大学飞天创客空间致力于无人飞行器、机器人、人工智能、3D 打印、智能制造、新能源汽车、新材料等领域的高科技项目培育孵化工作。包含创新中心、创客吧、创 + 广场、创想孵化器、创投加速器五大场地和相对应孵化阶段的全生态创新创业要素，已建成空间占地总面积 7600 余平方米，可实现创业团队不同发展阶段入驻不同的孵化平台，并给予咨询指导、企业注册、投融资等全方位的服务

续表

高校众创载体	
西理工－创客空间	西安理工大学
PDS 三创（创新、创业、创客）基地	西安科技大学
西安电子科技大学众创空间孵化基地	西安电子科技大学
陕西恒通 3D 打印创客空间	西安交通大学
鱼化龙创客空间	西安外事学院
西安邮电大学创新创业基地	西安邮电大学
七楼创客汇	西安交大就业创业中心在“国创计划实践基地”基础上打造“七楼创客汇”众创空间，致力于为互联网行业以及拥有技术优势的大学生创业团队提供办公、咨询、产品发布等相关服务。自 2014 年成立以来已服务学生团队 100 余支，孵化入驻项目近 30 个，累计融资 3000 余万元。“飞饭网”“爽吧果园”“知象光电”“蓝瑟科技”“新石器智能科技”“全天候量化投资”等学生团队荣获全国大学生“挑战杯”竞赛金银奖、全国大学生创业年会创业项目奖、国泰安杯两岸四地创业大赛金奖等，被人民日报、经济日报、中国青年报等主流媒体多次报道
陕科大产品设计众创空间	陕西科技大学
西京学院创新创业基地	西京学院
西北大学三创空间孵化基地	西北大学
西安航空创业实验室	西安航空科技创新服务中心
民营众创载体	
大程创新空间	大程创新空间是由陕西大程集团携手北京洪泰创新空间、北京 AA 加速器、西安东尚房地产开发有限责任公司、北京尊豪投资有限公司、西安绿一传媒有限公司、陕西恒丰正源投资有限公司、陕西广电网络联合成立，拥有大程创新空间（碑林）、大程创新空间（莲湖）、大程智领创新空间（新城）、大程绿一创新空间（高新）、大程一森正隆创新空间（经开）、西安市残疾人创业孵化基地 / 莲湖区残疾人创业孵化服务中心、初心·城空间七大领域，目前涵盖硬科技、互联网、教育、融媒体、商业地产运营服务、残障人士创业就业服务、新青年 IP 塑造与社交垂直领域，加速器以及逐步形成的产业集群。空间旨在打造一站式宣传服务平台，定位于以众创空间为入口，AA 加速器为内容芯片，陕西青年创业投资管理有限公司基金为资本杠杆，初心·城空间为第三空间 IP 聚场，打造产业集群，通过物理空间与产业资本对垂直赛道进行加速助力创业者

续表

民营众创载体	
创途在 XIAN	“创途在 XIAN”拥有 3000 平方米物理空间，配备有 DO+ 创业咖啡、3D 打印服务平台、泥巴创客空间等共享服务平台，近 200 个创业工位、10 个会议室、培训室、路演大厅；构建了低成本入驻的“创业洼地”，免费提供 6 个月办公空间、投资对接、线上云服务、创业咨询、培训服务、创业展示等六大平台；依托西安高新区强大的孵化平台，提供国内一流创业服务，搭建了有区域特色的创新创业生态圈
智巢・创新空间孵化基地	智巢・创新空间重点吸引电子装备产业研发生产企业，发展电子配套关键零部件、物联网设备制造、通信设备、高端电子应用等企业入住。项目占地 43 亩，总建筑面积 7.2 万平方米，共建设有 5 栋 10 层小高层研发写字楼，包括 3 ~ 10 层集办公、研发于一体的产业楼和 1 ~ 2 层的商业配套，项目户型面积 60 ~ 1400 平方米不等，大小可自由分割
i'dear 众创空间	i' dear 众创空间自运营以来，先后被纳入“国家级科技企业孵化器管理服务体系”，获得“陕西众创空间孵化基地”“陕西省中小企业服务平台特约服务机构”“西安市众创空间”“2015 年度全省宣传思想文化工作创新奖二等奖”“中国最具活力孵化器 TOP30”等多项殊荣，并成功挂牌新四板
科耐特 Connect 创业孵化基地	以平台化思路，打造科耐特创业孵化基地，以“服务型办公 + 创业咖啡 + 创业孵化”的模式，为创业团队、企业提供多元化的创业服务，基地入驻成员定位于：软创意 & 硬科技领域，目前已吸引 20 个创业团队（含企业）入驻
西安创新设计中心众创空间	西安创新设计中心位于西安市南二环核心地带，周边高校院所聚集，商业配套齐全，交通便利。西安创新设计中心主楼 24 层，裙楼 3 层，总面积 4.3 万平方米，其中包括近 2 万平方米西安市最大的众创空间，拎包入驻为创业者打造“无障碍创业”环境。另有 1.5 万平方米的精品商务办公区供成长期企业和行业核心企业使用，由一级资质物业管理企业提供顶级物业服务
西安北航科技园众创空间	西安北航科技园众创空间，是由国家级科技孵化器西安北航科技园打造的以航天及卫星应用、高技术产业和现代服务业等为主的集物理空间、网络平台、服务体系于一体的众创服务平台。致力于搭建创业者、从业者、天使投资人、国内外投资机构、企业服务机构的交流、服务和合作平台
铁狮・众创空间	铁狮・众创空间是为小微企业或创客提供创业服务的平台。平台分为线上和线下部分，线上以铁狮创业学院为依托，面向创业者提供“学习”“社交”“融资”三大板块；线下以“铁狮众创空间”为基地，采用独特的“服务钻井”+“企业海洋”平台模式为创业者提供创业全生命周期的服务
西安新丝路国际电子商务产业园	西安新丝路电商产业园以西安国际港务区为起点，以打造“国家级电子商务产业园示范园区”为目标，建设成为集电商服务，商务办公，产品展示，仓储物流配送，孵化培训，投资路演，信息交流，商务配套，生活配套等综合功能于一体的智能化电子商务全产业链综合服务园区
中科创星	西安中科创星科技孵化器有限公司由中国科学院国有资产经营有限责任公司、西安光学精密机械研究所联合社会资本发起创办，是从事高新技术产业孵化及创业投资的国家级一站式硬科技创业投资孵化平台，“硬科技”理念的缔造者，专注于打造全球第一的硬科技创业雨林生态
蒜泥空间	蒜泥众创空间，西安本土创业咖啡品牌，已孵化创业者超过 2000 名，作为“城市创业综合体”模式开创者，专注于打造多层次专业化“双创”服务体系，目前已形成创客咖啡—众创空间—创业综合体的双创服务链条

驻西安市“211”高校载体建设情况：西安交通大学建成运营3个，总面积6000平方米；西北工业大学建成运营1个，面积7800平方米；西安电子科技大学建成运营2个，面积24000平方米；陕西师范大学建成运营1个，面积1300平方米；西北大学建成运营1个，面积500平方米；长安大学建成运营2个，面积1250平方米；总计建成运营10个，总面积40850平方米。

表2　　西安市2018年11月底众创载体数量统计表

序号	单位	2018年度任务（个）	完成数量（个）	完成情况
1	全市	450	936	208%
2	新城区	16	48	已完成
3	碑林区	49	75	已完成
4	莲湖区	18	43	已完成
5	雁塔区	18	55	已完成
6	灞桥区	10	29	已完成
7	未央区	12	20	已完成
8	阎良区	9	25	已完成
9	临潼区	11	31	已完成
10	长安区	22	60	已完成
11	高陵区	9	18	已完成
12	鄠邑区	13	27	已完成
13	蓝田县	9	17	已完成
14	周至县	10	17	已完成
15	西咸新区	39	44	已完成
16	高新区	74	110	已完成
17	经开区	36	108	已完成
18	曲江新区	27	54	已完成
19	航空基地	15	29	已完成
20	航天基地	25	52	已完成
21	浐灞生态区	14	37	已完成
22	国际港务区	14	37	已完成

表 3　　西安市 11 月底众创载体面积统计表

序号	单位	2018 年度任务（万平方米）	建成面积（万平方米）	完成情况
1	全市	1600	2658.2544	166.14%
2	新城区	44	130.106	已完成
3	碑林区	77	164.033	已完成
4	莲湖区	22	61.841	已完成
5	雁塔区	34	118.483	已完成
6	灞桥区	21	66.3	已完成
7	未央区	15	47.3719	已完成
8	阎良区	24	68.255	已完成
9	临潼区	28	98.372	已完成
10	长安区	42	111.12	已完成
11	高陵区	27	65.627	已完成
12	鄠邑区	23	73.5304	已完成
13	蓝田县	13	36.17	已完成
14	周至县	13	53.2	已完成
15	西咸新区	493	455.77	92.45%
16	高新区	438	498.05	已完成
17	经开区	77	198.011	已完成
18	曲江新区	49	90.44	已完成
19	航空基地	27	49.51	已完成
20	航天基地	66	139.251	已完成
21	浐灞生态区	33	78.45	已完成
22	国际港务区	33	54.3631	已完成

政府针对众创空间支持方面：西安市将对认定为市级众创空间的创新创业载体给予首次 30 万元的资助；对 3 年内被认定为省级众创空间的创新创业载体再给予 10 万元资助；对 3 年内成为科技部备案的国家级众创空间再给予 20 万元资助；对符合全市产业发展方向，专业化、市场化程度高，3 年内通过科技部备案被纳入国家级科技企业孵化器管理服务体系的孵化器，一次性补助 100 万元。

针对以上数据采集情况，西安市对于推进“5552”众创载体建设实施方案有了显著的效果，后续还将支持高等院校、科研院所、军工单位、企业等建立众创载体，支持科技企业孵化器建设，引导种子基金、知识产权服务机构、技术转移机构、金融机构等向科技企业孵化器聚集，大力支持科技企业孵化器提档升级，加快专业化发展。鼓励和支持各区县、开发区以及西咸新区利用有技术创新能力的街区和社区建设众创载体，并激活闲置资源构建众创载体。

（四）营造浓厚的双创氛围

据统计，2017 年全市开展的各类创新创业活动超过 2000 场次，做到了“主体活动月月有，系列活动周周有，投资路演天天有”，极大地提升了西安的创业创新氛围，扩大了“创业西安”在国内外的影响力，政府鼓励各孵化园区举办多样的“双创”活动，扩宽创业者视野，同时通过“双创”活动聚集各种“双创”资源，吸引创业投资机构、创业辅导机构、投资人专家、以院士为代表的科技人才等社会各方力量广泛参与，汇聚互联网、智能硬件、软件服务、文化创意等行业积极互动，为“双创”团队和企业搭建创业服务的平台，促进西安强大的科技资源有效对接。2018 年全国大众创业、万众创新活动周西安会场，百余项创新创业成果、数十场论坛峰会、数十场双创培训……短短一周时间，集中展示了西安科技创新的发展新高度，各种专业性、趣味性俱佳的“双创”活动，将西安“双创”推向更大范围、更高层次、更深程度。让广大创业者在感受创新力量的同时，也有力对外展示出西安独具魅力的创业创新热潮。

西安市委宣传部积极引导各媒体宣传“双创”带来的社会经济效益及对全市全面创新改革试验和自主创新示范区建设推动作用，进行深度挖掘和多角度思考、探索、解析，实现“双创活动周”对经济社会的后续带动效应。据不完全统计，2016—2018 年，西安市举办多场重量级创投活动，吸引海内外近千家媒体宣发报道，省内 40 余家媒体及多家机构资源集中进行了宣传报道。

表 4 2016—2018 年双创媒体报道情况汇总（按覆盖面等级划分）

级别	媒体平台
海外媒体	《欧洲时报》《英国侨报》《人民日报》《海外版》、Facebook、领英等
国家级	人民日报、中国网、中央人民广播电台、央视财经频道、中国消费日报等、新华网、人民网等
省级	陕西日报、陕西卫视、陕台第一新闻、陕西省教育厅官网、央视网陕西频道、陕西传媒网陕西企业新闻网等
市级	西安电视台西安新闻报道、西安发布、西安晚报、西安零距离
其他	一点资讯、腾讯天天快报、新浪陕西等

表 5 2016—2018 年双创媒体报道情况汇总（按媒体类型划分）

媒体类型	媒体平台
报纸媒体	人民日报、第一财经、南方日报、陕西日报、西安晚报、西安日报、华商报、三秦都市报等
电视媒体	中央电视台，陕西电视台，西安电视台，其他省、市、区、县台，央视财经频道，陕西卫视新闻联播等
网络媒体	人民日报海外版、Facebook、Twitter、中国网丝路频道、央广网、腾讯网、搜狐网、新浪网、新华网、西部网、人民网、凤凰网、陕西传媒网等
创投媒体	创投条、创业邦、创业最前线、36 氪、亿欧网、极客公园、黑马会、创客时代、虎嗅网、一点资讯等
网络 KOL	粉巷财经、陕光灯、西安城际、西安发布、西安身边事儿、传媒老王等创投意见领袖
新媒体	华商网官微、《三秦都市报》官微、西部网官微、新浪网官微、“最爱陕西”、“西安地铁”官微、36 氪资讯简图、抖音、网易直播、微博超话、梨视频等

（五）双创优质项目与投资明显增多

西安着重整合众创载体的内外部资源，将众创主体所需的各类服务要素吸引集聚到创业园区和众创平台，促进创新链与产业链、人才链、资金链、政策链的有效统筹，让全市的“双创”工作尽快发展提升。

2018 年 5 月，西安莲湖区举办投资环境推介暨重点项目签约仪式，成功签约旅游、文化、科技、“双创”、综合改造以及商贸服务等六大类 22 个项目。据悉，莲湖区共签约 38 个项目，签约总金额 545.72 亿元。其中，中粮集团投资的青苑街区大悦城项目签约金额 40 亿元，洲际皇冠假日酒店项目签约金额 12 亿元，京东云创新空间签约金额 2400 万元。莲湖区还结合区域重点产业和投资领域，策划包装了一大批合作项目，并挑选了 81 个精品项目作推介。其中，PPP 实施类项目 14 个，占地约 422 亩，建筑面积约 27 万平方米，总投资约 63 亿元，主要为智慧服务和应急指挥系统建设、市政基础和社会事业完善、城市绿化和生态环境提升、绿地公园及地下空间开发、健康养老及文体运动类项目。商贸服务类项目 33 个，建筑面积约 113 万平方米，主要为主题酒店、购物广场、现代商务办公、特色文化餐饮类的商业楼宇二次招商项目。

西安市碑林区大力实施双创“龙腾计划”，建成众创载体 47 个，57.68 万平方米，居区县第一位；MFG 创客联邦、优客工场等知名众创载体落户，国家级众创空间达 11 个；中国西安人力资源服务产业园碑林园区获批为国家级人力资源服务产业园，成功举办中美创客行、首届“创业明星”评选和首届“电商创业竞赛”等双创活动 310 场，落实人才公寓 100 套，引进 ABC 类高端人才 6 名，列全市区县首位。环大学创新产业带：西安股权托管交易中心投入运营，环大六禾创投基金正式设立，数据智能小镇完成年度投资 7 亿元；培育引进科技服务业示范企业 10 家，在孵企业 300 家；成功举办陕西省“丝路・星”创新设计大赛和欧亚论坛・丝绸之路国际创新设计周活动，荣获 2017 年“中国好设计”金奖 1 项、银奖 1 项、创意奖 5 项。

2018 年 5 月西安市已经展开了首批“独角兽”培育企业征集工作。参考 2018 年 7 月公布的《2018 年西安高新区独角兽企业及独角兽培育企业报告》，可以看到大数据智能行业的领头羊“易点天下”目前已踏入独角兽行列，三家潜在独角兽企业：铂力特、浦斯金融、诺瓦电子。除此之外，高新区还有 12 家“独角兽培育企业”分布在光电芯片、大数据、智能医疗、无人机等领域，四叶草、羚控电子、光电芯片行业“齐芯光电”、大数据行业西安图迹信息科技有限公司、专注于自动驾驶西安飞芯电子科技有限公司、傲视智绘等多家公司已经成功获投，成为“独角兽培育企业”。

据西安市科技局不完全统计：截至 2018 年 11 月，全市共有 28 家投资机构向 32 家创业企业、团队进行了投资，投融资总额 0.71 亿元，其中本地资本投资 0.68 亿元，外地资本投资 0.03 亿元；天使投资额 0.33 亿元，风险投资额 0.38 亿元。融资额排名前三的为高新区（0.2 亿元）、航空基地（0.15 亿元）、碑林区（0.1 亿元）。未实现融资的是雁塔、阎良区、高陵区、蓝田县、周至县、浐灞生态区、国际港务区，曲江新区、西咸新区未上报当月融资数据。

以上为官方数据显示投融资情况，根据相关创投媒体数据报道[①]，被投企业数量、融资情况金额与以上数据存在差异，以陕西大程创新创业产业集团为例，开业迄今为止已获得五轮融资，融资金额数千万人民币。

表 6　2018 年部分被投资项目情况

所属行业	项目名称	融资金额	融资阶段	投资公司
新材料	杨凌美畅	2.5 亿	Pre-A	陕西金资基金、西交科创基金等
物联网	慧晶智能科技	数千万	Pre-A	达晨创投

① 数据来源：IT桔子、36氪等创投媒体平台。

续表

所属行业	项目名称	融资金额	融资阶段	投资公司
通信	光谷防务	约 2000 万	不详	陕西省新能源汽车高技术创业投资基金
生物医疗	睿瀚医疗	近 2000 万元	Pre–A	西安高新技术产业风险投资有限责任公司领投，上海青锐创投、深圳睿鼎资本等跟投
硬科技	鲲游光电	未透漏	Pre–A2	元璟资本、华登国际以及中科创星共同投资
大数据	中科闻歌	1 亿元	Pre–A	中科创星领投，蓝海资本跟投
人工智能	酷哇机器人	1.35 亿元	Pre–B	软银中国和创世伙伴领投，盈峰投资、睿鲸资本、中民金服、芜湖风投、合力投资跟投
AR	灵犀微光	数千万元	Pre–A	红杉资本领投、西交科创基金
硬科技	矽典微	数千万元	Pre–A	中科创星
在线制造	云工厂	千万元	Pre–A+	中科创星
新材料	西安势加动力科技	入股 560 万元	不详	西安航空产业投资有限公司
智能硬件	芯派科技	未披露	Pre–A	西高投
医疗健康	十月呵护	2300 万	Pre–A	FreesFund 峰瑞资本
信息传输服务	八万里	1000 万	不详	不详
大数据应用	数澜科技	1.45 亿	Pre–A	云锋基金领投，IDG 资本、浙商产融、洪泰基金跟投
硬科技	飞芯电子	数千万	Pre–A	osch（博世）、奥比中光共同领投
人工智能	超嗨智能购物车	近 4000 万元	Pre–A	洪泰基金领投，前海母基金和晟道投资跟投
硬科技	傲视智绘	5000 万	天使轮	北极光创投、陕西青年创业投资管理有限公司
创投服务	AA 加速器西安中心	200 万	天使轮	北京尊豪投资有限公司
创投服务	大程创新创业产业集团	数千万	二轮	西安东尚地产、陕西恒丰正源投资有限公司、西安绿一传媒、北京尊豪投资有限公司

（六）打造硬科技之城名片

西安用基础雄厚的科研资源和人才力量走到“双创”前列。在中国城市硬科技发展指数——科技产业化潜力指数排行榜中，西安仅次于上海、北京，位列第三。据统计，目前西安拥有590多所科研院所，64所普通高校。近50万人的专业科学技术人员，科研人员占比全国第一，众多国际大公司的研发部门也都落户在西安。从西安硬科技发展的时间轴上往回看，2018年，西安硬科技不断强化顶层设计，创新举措历历在目，为大力发展硬科技产业打下了坚实的基础。光电芯片（集成电路）、信息技术、生物技术、人工智能、智能制造、航空、航天、新材料、新能源等产业正在蓬勃发展，目前，腾讯、紫光、百度、今日头条、京东方、科大国盾、网易等一大批硬科技领域国内著名企业落户西安；设立1000亿元硬科技产业基金，基金指南也即将发布；投入2亿元支持一批高校院所进行硬科技领域研发和成果转化工作，全面大力推动西安“硬科技”产业的发展。

2017年，西安成功举办了首届全球硬科技创新大会，打响了硬科技看西安的全球硬科技之都的城市品牌。2018年11月西安市又举办了2018全球硬科技创新暨“一带一路”创新合作大会。诺贝尔奖获得者、国内外相关领域院士专家、科技企业领袖、知名投资人等各界嘉宾1000余人出席了大会开幕式。大会期间举行了包括2018全球硬科技创新暨“一带一路”创新合作大会开幕式暨高峰论坛、2018西安全球硬科技产业博览会、2018硬科技智库圆桌论坛等22场系列活动。除了2018全球硬科技创新暨“一带一路”创新合作大会，2018年以来西安市科技盛事不断，陆续召开了第十三期钱学森论坛、2018中国整合医学大会、2018国际人工智能院长论坛、第一届中国认知计算与混合智能学术大会、2018国际智能无人系统大会、联合国全球卫星导航系统国际委员会第十三届大会、第二届全球程序员节、2018中国国际石墨烯创新大会、西安国际创业大会开幕式暨创业英雄表彰大会、2018年全国“双创”活动周西安会场活动等一系列高级别、高质量的国际科学会议和活动。

目前全球有100多家世界500强企业落户西安，IBM、三星、华为、中兴等“硬科技”企业均在西安建厂。此外，西安地区已经形成了全链条创新创业服务体系，创新创业文化氛围浓厚，以西咸新区为代表的园区、基地和平台承载能力明显增强。这些都是西安市发展“硬科技”的有利条件。

（七）成果转化加速

西安是“全国十大创新型城市”之一。拥有普通高校64所，在校大学生130余万人，中国科学院、中国工程院两院院士 67 人，研究生培养单位 46 个，每年高等教育毕业生超过 30 万人，硕士、博士毕业生 2 万余人。西安的科研人员密度居全国之首，拥有各类科研开发机构 3000 多个，省部级以上重点实验室、工程技术研究中心 231 家，各类科技人才 261.41 万人，各类专业技术人员超过 80 万人。西安国防科技资源综合评价位居全国第二位（仅次于北京）。拥有全国近 1/3 的航天科研生产力量，近 1/4 的航空专业人才和高精尖设备，国防科技工业涵盖航空、航天、兵器、电子、船舶和核技术等六大领域。西安高校和科研院所云集，精英学者、科技人才云集、雄厚的科技资源、坚实的产业基础，使西安拥有高端产业、新兴产业等为代表的“硬科技”产业，迎来了大好的机遇和合作机会。

西安市历来重视科技投入，2017 年，财政一般公共预算支出中科学技术支出同比增长 64.8%，西安市研发经费支出资本化带来 GDP 增量约 200.91 亿元，占全省的比重在 75% 以上。技术市场合同交易额 848.42 亿元，连续五年位列全国副省级城市第一，获批“国家知识产权运营试点城市”和“国家知识产权强市创建市”。西安全市现在有高新技术企业超过 2000 家，科技小巨人企业达到 1345 家，中小型科技企业超过 3000 家，独角兽企业也实现了零的突破，另外还有 200 多家的世界 500 强企业落户在西安。

另外，一批高科技的新项目也不断落户西安。例如：2018 年 1 月，阿里巴巴丝路总部落户西安，阿里巴巴丝路总部将设立金融西部中心、阿里云西部数据中心、新零售研发中心等八大板块，充分发挥西安国际性综合交通枢纽的作用，同时也为“一带一路”的建设夯实基础。2018 年 3 月，三星（中国）半导体有限公司存储芯片二期项目在西安开工奠基。2018 年 8 月，西安高新区与清华大学签约共建交叉信息核心技术研究院。2018 年 11 月，中科院西安科学园暨西安科学城建设启动。西安科学城项目紧紧围绕“一带一路”建设、西部大开发、创新驱动发展、军民融合发展战略实施，打造原始创新策源地和创新人才聚集区，协同推进西安全面创新改革试验，助力打造西安科创大走廊，为建设丝路科技创新中心和综合性国家科学中心奠定基础。

（八）招商引资成效显著

2018 年 2 月，西安市举办“新时代、新经济、新西安——西安市 2017 招商引资工作通报会暨招商大使聘任、‘投资西安’媒体上线仪式”，发布了《西安市招商引资优惠政策“黄金十条”》，政府部门成为店小二，提供五星级服务。据了解，该政策汇集了2016年以来西安市出台的各类招商引资优惠政策的精华内容，主要包括高新技术产业、先进制造业、商贸物流业、文化旅游产业、军民融合产业、特色小镇、金融产业、创业创新、企业运营、人才安居等十大领域政策，这些政策力度大、含金量足，体现了“人无我有、人有我优”的特点，对于全面服务西安“追赶超越”“补齐十大短板”具有重要支撑作用。

政府工作报告指出，把招商引资作为“一号工程”，坚持“五资”齐抓，组建市投资委，成立24个专业招商机构，出台精准招商系列政策措施，为企业量身定制全要素、全周期、优质化服务。加强城市营销，充分发挥驻外机构、贸促会以及商会、校友会等社会组织作用，赴外精准招商3000余批次，接待国内外客商210批次，成功举办首届世界西商大会、全球硬科技创新大会、全球程序员节、丝绸之路工商领导人峰会等重大节会活动，在全球化的舞台上奏响了“西安乐章”。三星二期、吉利、开沃、华润、华侨城、阿里巴巴、腾讯、亚马逊等一大批重大项目签约落户，涉及世界500强企业44家，新增投资过百亿元项目40个。全年实际引进内资2186亿元，实际利用外资53.1亿美元，分别增长34.1%和17.8%。

2017年签约招商项目进展情况：共签约项目847个，签约额2.35万亿元，172个项目纳入固投统计（完成固投1146.3亿元）。107个协议项目转化为合同项目，524个项目开工注册，到位资金4138.51亿元，327个项目竣工投产，纳税21.87亿元，提供就业岗位3.9万个。

2018年签约招商项目进展情况：共签约项目600个，签约额1.86万亿元，106个项目纳入固投统计（完成固投583.33亿元）。61个协议项目转化为合同项目，335个项目开工注册，到位资金2149.95亿元，107个项目竣工投产，纳税4亿元，提供就业岗位1.11万个。

2017年以来，全市共签约互联网领域项目128个，投资额1168.16亿元。截至2018年11月，瑞幸咖啡已在西安开业14家门店，预计2019年上半年可开业100家。盒马鲜生在西安已开业4家门店，预计未来3个月内还将开业6家。截至9月底，2016—2018年丝博会签约的929个合同项目中，开工注册890个，开工注册率95.8%；到位资金10011.01亿元，资金到位率91.39%；竣工投产536个，竣工投产率 57.7%，呈逐月攀升态势。2018 年以来，全市引进世界 500 强企业投资项目 62 个；目前，215 家世界 500 强企业、293 家中国 500 强企业、220 家民营 500 强企业已在西安投资或设立分支机构。

表 7　　西安 2017 招商引资新成果盘点

月份	项目	合作成果
1 月	华为	华为全球技术支持中心正式落户西安高新区
	海康威视	海康威视西北研发基地项目落户西安高新区
2 月	传化集团	传化集团董事长徐冠巨等浙企“七君子”来西安考察投资，签署战略投资合作协议
	京东集团	京东集团把全球首个低空无人机物流网络落户西安
	圆通科技	总投资 10 亿元的“圆通科技公司项目”落户西安高新区
3 月	苏宁控股	西安市与苏宁控股集团签署战略合作协议
	华润集团	华润集团在西安投资 700 亿，开发建设西安体育中心、西安中央文化商务区、西安丝路国际会展中心等三大项目
4 月	宋城集团	杭州宋城集团史诗级演出——“中华千古情”项目落户西安
	中兴	中兴智能终端制造总部项目暨中兴智能终端制造二期项目落户西安高新区
5 月	海航现代物流集团	海航现代物流集团正式落户西安，旗下集聚 40 余家公司，资产超过 1800 亿元，西安打造中国“孟菲斯”惊艳开局
	京东集团	京东集团与西安航天基地签订了京东全球物流总部、无人系统产业中心、云运营中心合作协议，计划五年内投资 205 亿元
	锦江集团	杭州锦江集团光学膜生产项目和 CIGS 薄膜太阳能生产项目落户高新区，两个项目总投资 43 亿元
	物产中大集团	西安市相关企业与物产中大集团分别签约，合作领域涉及大流通、大健康、大公用、大资管四大类共 13 个项目，总额达到 200 多亿元
	万科集团	万科集团新合新苑安置社区和“万科国际广场”城市综合体两大项目落户国际港务区
	世界苹果中心项目	世界苹果中心项目落户西咸新区空港新城，将打造千亿级规模的苹果交易市场
6 月	2017 丝博会暨第 21 届西洽会	2017 丝博会暨第 21 届西洽会上，西安分团共签订项目 420 个，总投资 11650.7 亿元
	香港贸易发展局	西安市政府和香港贸易发展局签订战略合作协议，同时 7 个重点项目签约，总投资额 665 亿人民币，项目涵盖基础设施、文化旅游、商贸物流、现代金融等领域
	华侨城	华侨城“1+7”系列重大项目落户西安，未来五年，华侨城集团将在西安投资 2380 亿元
	浙江长龙航空有限公司	浙江长龙航空有限公司与西咸新区空港新城、西部机场集团签署战略合作协议，在西安咸阳国际机场成立运营基地，在西咸新区空港新城设立分公司、建立西北总部基地

续表

月份	项目	合作成果
7月	吉利新能源汽车	吉利新能源汽车产业化项目落户西安经开区
	浪潮集团	浪潮集团投资西安高新区签约，浪潮集团将在西安高新区投资50亿元兴建“技术研发中心”“西北运营中心”及“一带一路中心”等项目
8月	联想控股360集团	西商大会西安签约成果丰硕
		与以联想控股、360集团为代表的西商、新西商签约和在谈合作协议项目80余个，总投资额约3300亿元
	富通集团银泰集团	与以富通集团、银泰集团为代表的浙商总会、浙江省工商联组团企业签约和在谈合作协议70余个，投资总额约2100亿元
	阿里巴巴	与阿里巴巴集团签订了包含智慧物流、制造业转型升级等12个方面内容的战略合作协议，并在“移动智慧城市”、共建“智慧学镇”等方面达成合作协议，预计总投资额约1000亿元
	三星电子	三星电子70亿美元再次投资西安高新区，建设三星电子存储芯片二期项目
9月	亚马逊鸿海集团	世界500强企业亚马逊和鸿海集团分别与西安签约
10月	开沃新能源汽车	总投资100亿元的开沃新能源汽车智造基地项目落户高新区，计划建成以西安为中心、辐射西北地区的国内一流新能源汽车生产基地
11月	绿地集团	西安市、西咸新区、高新区分别与绿地集团签约，就特色小镇、产业新城、地铁建设等一批重大项目签署合作协议，总投资近1000亿元
	延长壳牌	西安城投集团与延长壳牌公司签订战略合作备忘录，双方将引进壳牌集团新业态、新项目落地西安
	中国能建集团	西安市与中国能建集团签署战略合作框架协议，拟在电力能源、高端装备制造、生态环保产业、城市综合开发等多领域展开合作，投资总规模预计超过1000亿元
12月	北京芯动能公司北京奕斯伟公司	西安高新区与北京芯动能公司、北京奕斯伟公司三方共同签署了硅产业基地项目投资合作意向书，总投资超过100亿元
	汉能集团	西安市与汉能集团举行移动能源产业园项目签约仪式，将在阎良区共建移动能源产业园

2018年，西安市人民政府印发《西安市2018年第一批政府和社会资本合作（PPP）推介项目汇总表》，此次公布的项目共104个，总投资2172.98亿元，涉及能源、交通运输、水利、环境保护、农业、林业、市政工程等多个领域。

（九）第三方创投服务市场发展迅速

随着大量创新型企业的诞生，初创企业在要求创业孵化服务差异化的同时，形成一个良好的创业生态网络和环境对他们来说显得尤为重要，为应对这些新趋势发展与要求，专业服务于成长型企业，并帮助其解决创业环节痛点的第三方服务平台也快速生长。

应对满足创业企业基本需求点，加速器、法律服务机构、财税服务公司、投融资服务机构、第三空间聚场等其他第三方服务平台如雨后春笋般出现，为企业提供包括公司注册、商标专利申请、资质认证、专业法律咨询、代理记账、税务审计、税务代办、社保托管、财税咨询、投融资对接、企业加速成长、提供社交物理场所等服务，使创业者在创业过程中避免陷于重要却繁琐的法律；在企业资金少、制度不健全的时候，为其提供专业的财税服务；帮助创业者与投资人之间建立沟通的桥梁，为他们提供资源供给与资本加持。第三方服务平台的蓬勃发展，营造出了良好的创新创业生态环境，促进了创新型企业迅速成长壮大，为企业的发展保驾护航，同时也为西安市的经济发展做出了贡献。

其中，加速器是以高成长性创新企业为主要服务对象，通过产业组织创新、资源配置方式创新和服务模式创新，在企业度过初创阶段后帮助其加快产业化和市场化的过程，高速地实现规模化扩张发展的第三方服务机构。AA 加速器便是这样一种类型的机构，其通过专业化的战略咨询服务和成长导师的跟踪指导，平抑成长发展中的风险和波动，同时引入各种相关资源，拓展各类渠道，广泛建立合作网络，充分满足高成长性企业对于发展空间、技术研发、资本运作、人力资源、市场开拓、国际合作等方面个性化的需求，帮助企业加速成长，使企业稳定步入健康成熟的发展阶段。AA 加速器西安中心是北京 AA 加速器在国内的第一个区域分站。以发现和助力中国未来的改变者为使命，秉承“为改变而生”的理念，用极致化产品思维创立拥有版权的《加速八布法》，从招募、筛选、加速、路演、投融资对接、社群化运营，辅以 IT 系统对过程和结果的可视化，通过系统加速、精准加速、531 系统等加速形式，为创业者和企业家提供创业创新和产业升级的精准打磨，实现真正的突破。

AA 加速器西安中心截至三期已加速 40 个项目，其中一期帮助 11 个优质项目及 12 家陕西广电集团子公司完成商业模式梳理及产业转型升级，为多个项目对接到顶级导师资源并打通投融资渠道，拿到多家投资意向，一期项目傲视智绘已经获得两轮 5000 万投资。二期从 400+ 项目中筛选 10 个优质项目进行加速助力，其中超嗨获得近 4000 万投资。三期项目液气能出营即被 1 亿估值战略并购。目前 AA 加速器西安中心四期加速营正在进行中。

表 8　西安市第三方创投服务机构名单

第三方服务机构	机构介绍	成立时间	活动次数
AA 加速器西安中心	以发现和助力中国未来的改变者为使命，专注于创业者和企业家最有质量的加速与成长，用极致化产品思维创立拥有版权的《加速八布法》，从招募、筛选、加速、路演、投融资对接、社群化运营，辅以 IT 系统对过程和结果的可视化，通过系统加速、精准加速、531 系统等加速形式，为创业者和企业家提供创业创新和产业升级的精准打磨，实现真正的突破	2016 年 10 月	4 期百余场
西安创业咖啡街区	已引进各类创业服机构共计 65 家，为国内国际创客提供“360° 创新无国界，创业无时差”的创业服务。在这里，以咖啡文化为载体打造大西安创新创业时尚引领区，以大众创业、万众创新拓展就业空间，以服务业新兴产业加快发展扩大就业容量	2017 年 9 月 29 日	480 余场
曲江创客大街	又名 UP WAY，意思是给攀登者向上的力量，是精神和物质的双重鼓励。位于曲江中心区翠华南路南段，全长 1.5 公里，面积 12 万平方米，功能包括众创空间、创业公寓、创业咖啡、创业展示中心、创业培训中心等，旨在打造一个自由、创意、活力、精彩的“众创”示范街区。	2017 年 7 月	近百场
西安创业大街	西北首个创业综合体，新一代创新创业资源聚集型服务平台	2017 年 9 月	近百场
蒜泥众创空间	西安本土创业咖啡品牌，已孵化创业者超过 2000 名，作为“城市创业综合体”模式开创者，专注于打造多层次专业化双创服务体系，目前已形成创客咖啡—众创空间—创业综合体的双创服务链条	2014 年 1 月	
“创业大西安”新生代加速营	助力创业新生代在理念、思维、能力、技术、融资、市场等方面加速成长		3 期
腾讯双创小镇	依托西安的产业特色，以腾讯公司为龙头，孵化并引入一系列创新创业企业，大力推动文创、智能制造、互联网 + 产业升级，导入企鹅文创优质 IP	2018 年 1 月 31 日	
腾讯云西安实训基地	打造云计算产业生态项目旨在推动“互联网 + 智慧园区”示范应用，加速产业升级，依托人才基础，项目将实施腾讯云＋创业扶持计划，推动能源金贸区“双创”平台建设	2018 年 2 月 6 日	
羊驼集中营	羊驼集中营是一个向 YC（Y-Combinator）学习与致敬的一个创业支持机构，主要为超早期创业项目提供为期两个月的成长加速助推计划	2016 年 8 月	4 期

续表

第三方服务机构	机构介绍	成立时间	活动次数
车库咖啡	一家以创业为主题的咖啡厅，为早期创业团队提供价格低廉的办公环境和畅通无阻的交流合作平台，侧重服务草根创业，专注于为初创企业提供"一站式"投融资综合解决方案	2011 年 4 月 7 日	
3W COFFEE	3W 共享办公空间是 3W 集团携手 iVenue 创路空间，在西北地区联合开办的共享办公空间，为西安创业者连接优质资源助力创业者实现创业梦想	2014 年	
联才工坊（RocketSpace）	独角兽摇篮空降西安，全球高端创新创业加速平台，聚合国内外优质资源及专业服务，为西安创新创业者提供加速服务	2015 年 3 月	
IC 咖啡	一种新型的高科技产业"链"，咖啡桌上的虚拟"硅谷"通过汇聚产业内资深人士集聚智慧与资源共同打造一个高科技产业链的线下交流平台、科技传播平台、创新创业孵化平台及投融资平台，实现产业资源共享汇聚	2017 年 9 月	
楼友会咖啡	作为带动新经济增长的新引擎，以基金投资模式为导向，新经济服务平台为核心，培育和扶持新经济五大领域的科技型中小企业，包括新经济会客厅、新经济众创空间、新经济孵化器、新经济创业服务区等功能板块	2017 年 8 月	
臻言科技	AR/VR 商业应用解决方案提供商，提供增强现实、虚拟现实等高新技术交流、推广、展示、销售、软硬件研发等孵化平台服务	2016 年 8 月	
联创智荟	西北重要生物医健众创生态平台，专注于为生物医健创业企业提供专业孵化服务，拥有基础服务、特色服务、专属服务三大服务体系为初创企业提供全方位创业服务	2016 年 10 月 17 日	
INNO PARK 站	西安高新区凝聚 20 余年创业孵化资源，打造的专注于综合创业生态圈的高级别众创空间，拥有西高新 CBD3360 平方米创业孵化空间，配备 280 余个创业工位、8 个会议室、培训室、路演大厅和咖啡交流区，汇聚天使投资、导师辅导、创业培训、媒体宣传等一系列服务资源，以支持拥有梦想的创业者	2017 年 10 月	
中国投资人中心白马金服西安分中心	中国极具影响力的金融服务平台，通过"咨询+资本"的综合服务模式，促进西安创业型中小企业整体竞争力的提升	2017 年 9 月	

续表

第三方服务机构	机构介绍	成立时间	活动次数
金服时空	为处于各领域、各阶段创新、创业及中小企业提供培育、投融资等一站式金融服务，是推动产业转型升级，扶持中小微企业发展壮大的服务窗口和服务平台	2015 年 8 月	
西部丝路硅谷	基于互联网和综合金融服务相结合的创新理念，打造丝绸之路经济带上有影响力的以综合金融服务助力双创企业创新发展和推动科技成果转化的互联网 O2O 金融创新服务平台	2017 年 9 月	
西交 1896 创客空间	青年创客聚集地，吸引以人工智能、智能制造、IT 产业为创业方向的项目团队，集联合办公、创客咖啡、创业实践、大学生就业实习及培训、创业培训、活动路演、创新论坛等功能为一体的创客社区	2017 年 9 月	
工研智荟	西北工研院设立的聚焦军工产业硬科技项目，服务孵化的专业化空间，为中小微企业提供与国防单位的对接，为民企搭建一个军民互通的桥梁，每年一次的军工资质培训会也为民企进军提供可能	2017 年 9 月	
西工大飞天创客空间	专业化众创空间，以“高水平、硬科技、军民融合为特色”，形成了“学院苗圃 + 学校孵化器 + 校外加速器”创新创业生态体系	2002 年	
中电科熠星	发挥科技创新资源效能，构建“创意—技术—产品—产业”的全链条创新创业平台，探索市场化资源配置和创新驱动发展新模式	2016 年	
北大 1898 咖啡馆	源于北京大学的众创空间，依托北大校友会资源，在为公众提供一个咖啡、阅读、交流、用餐场所的同时提供专业路演、会议场地，定期举办各种文化双创活动的综合空间以及可以入驻企业的众创空间	2018 年 2 月 10 日	
西安洪泰智造工场	由俞敏洪和盛希泰联手打造的，专注于智能制造及人工智能产业领域，服务初创智能制造企业的创业服务平台	2018 年 12 月	
HAX 硬件加速器	全球高产硬件加速器，在机器人、智能生活、医疗健康、先进制造和基础设施等多个方面已经成为全球硬件领域相当活跃的投资机构	2018 年 9 月	
西安青少年流行音乐基地	填补西安流行音乐产业空白，围绕原创数字音乐产业打造，具备国际文化影响力的大西安听觉形象	2018 年 9 月 30 日	
吴晓波频道企投会	以学习并成为“企投家”为目标的“交互式学习”社群，“双创”加速，入驻孵化企业超过 200 家	2018 年	

续表

第三方服务机构	机构介绍	成立时间	活动次数
西部云谷	位于陕西省西咸新区，项目集“孵化、研发、办公、酒店、公寓、广场、公园”等配套服务功能于一体，全力打造电子信息技术合作、科技交流的孵化平台，将打造“五分钟产业生态圈”和“都市产业核心社区”	2016 年 5 月 26 日	
西北工业大学翱翔小镇	项目依托西工大科研、教育及产业化优势，将建成我国首个以无人系统为核心的科教产融和军民融合创新示范小镇，打造可持续的空天地海无人系统产业前景。到 2022 年，形成产业、科技、博览、教育、综合服务五大功能板块，实现年产值 1000 亿元，带动就业 5 万人	2017 年 2 月投入建设	
光谷咖啡	被评为国家级创新型孵化器，为企业提供基础办公设施服务，财务、税务、法律、政策等咨询服务，知识产权、科技项目、优惠政策等申报服务，帮助创业团队梳理商业模式、整合公司资源、寻找战略合伙人，以及提供有价值的后续融资等增值服务	2016 年 8 月	
西咸新区信息产业园	以建设云计算中心、数据中心、呼叫中心、灾备中心、通信运营中心、软件信息中心等项目为主，大力发展信息技术研发、信息设备制造和软件产业，形成相对完整的信息产业集群，推动园区进入国家级信息产业基地	2014 年 1 月	
中国西部科技创新港	中国西部科技创新港—智慧学镇是陕西省和西安交通大学落实“一带一路”、创新驱动及西部大开发三大国家战略的重要平台，总占地面积 23 平方公里，建设用地面积 10.5 平方公里，定位为国家使命担当、全球科教高地、服务陕西引擎、创新驱动平台、智慧学镇示范	预计 2018 年 6 月建成	
樊登读书会	利用移动互联网工具，大胆创新的阅读形式和阅读社区模式，经过 4 年多的发展，会员人数已超过 690 万。目前，樊登读书会在全球拥有 1700 多个分会，还有近 300 家行企分会，并且已在中国境内成立 20 余个省级分会，200 多个城市级分会、800 多家县级分会以及 47 个海外分会	2015 年 2 月 5 日	
创途在 XIAN	拥有 3000 平方米物理空间，配备有 DO+ 创业咖啡、3D 打印服务平台、泥巴创客空间等共享服务平台，近 200 个创业工位、10 个会议室、培训室、路演大厅；构建了低成本入驻的“创业洼地”，免费提供 6 个月办公空间、投资对接、线上云服务、创业咨询、培训服务、创业展示等六大平台；依托西安高新区强大的孵化平台提供国内一流创业服务搭建了有区域特色的创新创业生态圈	2014 年 10 月	百余场

（十）知识产权保护得到加强

知识产权是人才创新智力成果最科学、最完整、最核心的体现，随着知识驱动逐步主导经济发展方式，这一无形财产权的重要性日益凸显，可以说，保护知识产权就是鼓励创新，而实现跨越式创新发展恰恰是大西安追赶超越的重要“法宝”之一。2018 年 6 月，国家知识产权局批复同意建设中国（西安）知识产权保护中心。这也是国家知识产权局批复同意设立的西北地区首家知识产权保护中心。知识产权保护中心的落地，将面向高端装备制造产业开展知识产权快速协同保护工作。对西安而言，正是在为硬科技创新发展保驾护航，也正在补工业化短板，建设全国先进制造业中心，实现大跨步的追赶超越。

中国（西安）知识产权保护中心成立后，发明专利授权周期由原来的平均 22 个月缩短为 3 ～ 6 个月；实用新型专利授权周期由原来的 7 ～ 8 个月缩短为 1 个月；外观设计专利授权周期则缩短为 5 ～ 7 个工作日。此外，假冒专利案件和外观设计侵权案件一般可在 15 天内办结，发明及实用新型侵权案件处理周期由 3 ～ 4 个月缩短为 1 个月，通过快速维权通道可以大大缩短创新主体的维权周期，降低维权成本。

二、西安创新创业发展面临的问题

全国“双创”事业的大力发展，需要通过加强创新创业公共服务、优化创新创业生态环境、建设创新创业长效机制等措施进行优化。而西安市积极推动“双创”的落地发展中也遇到创新创业生态不够完善、科技成果转化机制尚不健全、大中小企业融通发展还不充分、创新创业国际合作不够深入以及部分政策落实不到位等很多实际的问题。

（一）政策普及率、覆盖范围不高

创业者缺乏对创业支撑体系的了解，政策受益覆盖率不高。相关支持政策覆盖范围较小，宣传力度存在不足，并且在实施效果上很难落地，综合来看，目前享受“双创”支持政策的企业比重依然较小，创业企业对知识产权保护环境存在较大忧虑。

（二）投资落地实施不易

众所周知，2018 年西安市举办 2018“一带一路”硬科技产业投资高峰论坛、2018 西商大会、2018 全球创投峰会等多场重量级主题会议，国内外知名创投大咖、技术大牛、优秀创业者齐聚西安，探讨交流行业趋势与未来发展，不少企业和投资对西安表现出很大兴趣，也有许多大投资签订意向，寻求合作机会与项目落地，但大多数合作因各种原因只停留于口头合作，并未得到实际实施。

（三）传统企业创新转型困难

西安的军工企业科研院所数量排全国第三，仅次于北京、上海。西安有国防军工大厂 14 家，有全国唯一的火箭发动机生产基地 067 基地，同时还是全国大中型军事和民用飞机设计、制造、试飞的重要基地。西安的产业结构相对完善，虽然侧重于重工业和科研，但是旅游服务行业、轻工业、物流行业、高新技术行业也大有可为。高尖端技术以及重工业发展在全国仅次于北京、上海，对于海内外高层次人才具有很强的吸引力。西安这座城市聚集了众多的国企与传统企业、重工业，国防军工发达，而这些传统企业面临着产业布局不合理、缺乏技术创新、创新资金不足等问题，尤其是创新动力和机制缺乏，面对物联网新契机，迫切需要加大改革力度，进行改变升级。

（四）众创生存和发展空间需拓宽

双创示范基地扮演着集聚一个地区和行业创新创业资源的角色，作为国家创新创业工作有效落地的重要抓手，基地应推动众创空间、孵化器向专业化、精细化升级，并作为创新中心、设施共享平台、大企业平台，技术升级大工程建设的重要载体布局发挥重要作用。随着行业洗牌，资源逐渐向头部企业聚集，由数量到质量，最终将渐渐形成强者越强、弱者淘汰的局面。

众创空间大量的低水平的“双创”基地亟待升级改造，特别是如何将创业服务融入具体的运营当中，大部分的生存模式依然以获取政府补贴的模式运作，转型方向与形式面临挑战。

（五）园区创新平台作用发挥尚不足

自 2017 年以来，西安市招商引资成效显著，但同时暴露问题颇多：一是外资占比较低，先进的管理理念和优秀的科研成果转化机制学习程度不足；二是西安市所有的科创企业占比，不能够满足国家级开发区作为市场经济贸易的窗口的作用，更难以学习和借鉴到国外先进的管理理念和科研成果转化机制；三是招商引资模式存在固化现象，招商引资方式受传统影响较大，科创项目规模较小，相关服务产业线闭环尚未未形成；四是投资环境与国际一流科技园区相比存在差距，虽然西安开发区立足于西部地区属于业界第一，但是放眼全球仍旧存在相当大的差距。科技园区服务意识不够明确，导致服务质量不够高，而西部地区缺少国际顶尖科研高校承担科研工作后备军，西安开发区缺少科研后盾，影响了规模和科研水准进一步的扩大提高。

（六）军民融合有待时日

西安市军工资源丰富，科研优势明显，战略地位突出，目前全市有军民融合企业 500 多家，年营业收入约 1600 亿元。但相对于西安市丰厚的军工科技资源优势而言，军民融合深度发展存在军地衔接不够、政策落实不力、军工相对封闭、民参军渠道不畅、军转民动力不足、军民融合程度不深、范围不广、产业规模不大、对地方经济辐射带动作用不强、军民资源共享程度不高等制约军民融合发展的瓶颈问题。

（七）知识产权成果转化不畅

知识产权是创新驱动的核心支柱。西安知识产权工作有所加强，但当前仍然存在不足：一是西安本地知识产权转化差，西安高校众多，知识产权申报很多，但高校申报知识产权很多是为论文或职称服务，市场落地较难；二是难确权，对于市场落地性较强的知识产权，没有一套严格、系统的分析评估体系，知识产权价值很难评定，阻碍进一步转化；三是市场匹配度低，知识产权未和市场有效结合，缺乏一系列落地解决方案；四是相关服务机构不专业、不系统，市场行为不充分。

三、西安市创新创业发展思路与举措

西安市政府为推动创新创业的发展，制定包括《西安市推进“5552”众创载体建设实施方案》等多方位的落地政策，帮助青年创新创业，如出台财税、金融和就业配套政策，简化企业审批流程，搭建青年创客孵化器，优化创业者贷款申请办理程序，加强财政贴息资金管理等。快速的发展必然会延伸出不同的问题，企业的发展应该以行业发展趋势为引导，紧跟市场发展步伐不断进行企业升级与创新。

（一）打造全产业链创业生态，实现产业闭环

全产业链的创业生态打造，全方位的为创业者服务，让创业变得更简单，为创业者打造超级入孵包，提供基础配套、推广宣传、投资咨询、创业培训、加速升级等成套服务体系，多维度服务创业者，解决创业者缺乏资金、缺乏资源、项目转型成长等问题，助力企业健康快速成长。盘活闲置和新建产业园区及楼宇，打造楼宇经济服务众创空间和街区出孵企业的办公及加速；引入海外归国创新创业人才，留住和孵化高成长的中小型企业和高级人才；引入全国优秀项目，带动本地产业升级，优化产业结构；助力政府增加税收和就业，培养新型的产业龙头，助传统企业转型升级，以资本招兵育兽；同时，扶持企业进行金融服务、科技服务、智库服务、产业服务、资本对接等多项服务，“双创”企业积极进取，以陕西大程创新创业产业集团为例，目前已经出色地完成一步步的转型升级与创业服务内容的不断迭代，致力于构建全产业链的创业生态，打造以“物理空间＋资本＋资源＋政策＋内容＋加速”为一体的生态创业平台。构建“孵化—成长—成功—反哺”的黏性循环，实现自我迭代和外延发展。在孵企业 100 多家，估值 3 亿以上企业 4 家，空间入孵率达 100%。

（二）落实“龙门计划”政策，引兵育兽

2018 年 1 月，西安市召开金融工作会议，明确提出上市公司数量倍增的“龙门计划”：针对上市企业数量少的短板，提出上市挂牌实现倍增的目标，到 2021 年境内外上市企业达到 100 家，新三板挂牌企业达到 300 家，5 年内实现翻番。长期以

来，陕西上市公司数量偏少，成为各界热议话题，缺乏影响力、爆发力也成为省市两级政府较为焦灼的一个现状。为了实施“龙门计划”，西安市委、市政府专门推动设立了“西安市推进企业上市工作办公室”，加挂在西安市金融办，为全市优秀创业企业上市挂牌建立“绿色通道”，多渠道、多角度、全方位为优秀创业企业上市挂牌提供服务，并以此培育新的创新产业链，最终形成以产业带动“人才—孵化—技术—产业—金融—资本—市场”全链条发展。陕西青年创业投资管理有限公司和华软资本合作进行了战略研究，提出了如下建议。

1. 引兵

投资外地上市公司落户西安，引来产业排头兵，打造西安新型产业资本体系。由资本推动完成面向新一代信息技术（金融科技、大数据、人工智能）、高端装备制造、科技服务等行业的 5 ~ 10 家上市公司的投资或并购，成为上市公司的第一大股东或第二大股东，对上市公司形成巨大影响力，吸引上市公司落户西安，或者将重要的业务板块和研发基地落户西安，为西安引来产业排头兵。通过产业并购基金服务于西安本地企业的产业资源整合，引导社会资本向产业发展聚集，吸引各界资源向大西安所需的产业发展聚集。结合西安市优势产业资源整合、提高上市公司数量及质量的诉求，将努力通过资本市场运作、要素市场建设、上市公司资源引进，推进金融产业聚集深度参与大西安产业转型升级，为大西安建设做出应有的贡献。

2. 育兽

助力上市公司的产业并购整合，培育产业独角兽，打造新西商产业整合能力。助力上市公司的产业并购整合，将联合全国专业的资本机构为西安引入独具特色的“三位一体”综合性科技金融业务体系，依托科技领域专业投资人和上市公司的产业资源，建立上市公司的投资基金，服务与上市公司产业链的高科技企业，深度挖掘投资、整合机会，扩大西安本土优秀企业与上市公司的产业联动整合链条，增强上市公司竞争优势和产业整合能力，培育产业独角兽，更好地实现西安产业升级和带头作用。

在市场化原则下，上市公司优先并购西安本地符合上市公司战略发展的优秀企业，让新西商企业家通过多种形式与资本对接，激励西安更多的企业家创新创业。

以资本为杠杆，为产业赋能，成就新西商精英。

3. 引资金

拥有上市公司资本运作、并购重组、资产盘活等产业整合经验，合力打造西安新型产业体系，龙门产业基金引兵育兽。推动完成3 ～ 5家上市公司的并购或是产业融合。一方面，通过收购上市公司，为西安引来产业排头兵；另一方面，助力西安已有的上市公司收购，培育独角兽企业。吸引外地上市公司落户西安，对拓宽企业融资渠道、规范公司治理、提升品牌价值和市场影响力、吸引高级人才资源流向西安、增加西安人员的高质量就业，为上市公司所在产业类型的企业竞争优势带来很大助力，同时对提高西安优势产业集中度和加快经济结构转型有着重要意义。结合西安市优势产业资源整合、提高上市公司数量及质量的诉求，同时将努力通过资本市场运作、要素市场建设、上市公司资源引进，推进金融产业聚集深度参与大西安产业转型升级，为大西安建设做出应有的贡献。

4. 引智库

共享共建高端智库资源，为新西商企业家提供思想智库智囊。联合多方资源，联动全国专业院所、多家智库等专业机构建立西安科技金融共享资源智库。积极为西安引入华夏新供给经济学研究院、上海中科智谷人工智能工业研究院、盘古智库等高端智库资源，协助西安建立“一带一路”沿线国家智库网络，搭建广阔的合作发展交流平台。通过研究院集聚吸引经济界的高端人才齐聚大西安，深入研究和探索大西安经济文化建设的特点和规律，贡献顶级的产业、学界、研究机构的智力资源、技术理论成果，凝聚学界和产业界的人才、智力队伍，为大西安的全面开放给予理论创新和智力引领，持续推动大西安经济改革和发展实践，为西安经济繁荣和社会进步竭尽所能。

5. 引资源

聚焦特色产业和新兴产业联动全国共建西安产业创投机构。通过创投业务推动大西安经济的发展。一是引入上市公司，通过产业并购基金服务于西安本地企业的产业资源整合，引导社会资本向产业发展聚集，吸引各界资源向大西安所需的产业发展聚集。二是借助西安的资源及渠道，引导外省市的资本和产业资源，培养和发展西安本地的创投、并购人才队伍，为大西安培养更多的创投人才。借助创投机构在西安的落地、生根，通过资本推动西安本地企业的孵化、投资上市等与其自身资源与西安沃土的有机嫁接，助力大西安发展。

6. 引人才

带动西安筑巢引凤，引入全国投资、科技、人才、产业资源、打通上市企业上下游产业链，实现“人才 + 科技 + 资本 + 产业”的集聚效应。在引兵育兽、引资引智的过程中，就会引入一大批西安发展真正需要的人才，并且还有事业、有平台留住人才，发挥这些人才作用和价值。

7. 引模式

引入先进科技金融体系资源，助力“新实体经济”企业转型发展。通过重点聚焦国家战略新兴产业，以新一代信息技术、高端装备制造、节能环保、文教健康等为主要投资方向，依托科技领域专业投资人和产业资源服务高科技企业，深度挖掘投资机会，形成了丰富品类：受托管理各类创投基金和并购基金；设计完成知识产权基金和“投贷联动”；以 FOF 组合基金为抓手，提供高流动性、高安全性的二级市场多资产与多策略配置产品；提供领先的中小企业科技成果转化服务。同时以军民深度融合发展和统筹科技资源改革为主攻方向，以资本为纽带，以企业为主体，以市场为主导，开展管理、模式、体制、机制等改革的先行先试，强化全面创新驱动和全面深化改革双引擎，营造大众创业、万众创新的政策和制度环境，在创新驱动发展方面探索新路。

（三）构建西部知识产权运营交易中心，打造西安金融服务产业集群

西安作为国家知识产权运营服务体系建设重点城市之一，在《西安市知识产权运营服务体系建设实施方案（2017—2019 年）》中明确要求，力争通过三年努力，构建要素完备、体系健全、运行顺畅的知识产权运营服务体系，实现知识产权对全市产业提升和经济转型的引领支撑，全面完成国家知识产权运营试点示范任务。

为撬动知识产权市场巨大的资本及交易需求、形成活跃的知识产权金融、科技、

资本等全产业链生态系统，陕西青年创业投资管理有限公司将联合专业资本管理机构会同华软资本共同打造西安知识产权基金。以期覆盖青年创新创业全链条发展，全面打通企业产业链，驱动本地产业创新发展，为西安创新创业企业提供资金支持，致力于发展“早期天使、知识产权投贷联动成长基金、并购基金”三大方向。①建立知识产权西部运营中心。②全面导入成熟的三位一体知识产权运营模式。③支持西安构建完善的知识产权运营平台和市场主体。④支持西安大力发展知识产权科技金融。⑤推动科技与产业资源“引进来”“走出去”。

创新运营西安市重点产业知识产权运营基金（母基金），并依托母基金发起设立两支子基金。一支规模 6 亿元的重点产业知识产权运营股权投资基金，围绕西安硬科技“八路军”（航空航天、光电芯片、新能源、新材料、智能制造、信息技术、生命科学、人工智能）等领域的前沿、关键、核心技术以及高端环节和创新业态，以股权投资方式直接投资知识产权产业化项目或知识产权优势示范企业，大力支持科研技术成果、知识产权转化；一支规模 1 亿元的知识产权质押融资风险补偿基金，借助投贷联动策略打造风补基金的自我造血功能，创新知识产权质押融资产品，引导银行、担保、保险、评估机构紧密合作，实现知识产权质押融资快速规模可持续发展。借助这两支基金，带动不同的金融机构，分别实现对知识产权型科技企业的普惠扶持和重点培育。

推行知识产权转移转化“金种子”计划；对高价值专利和研发团队重点投入，引入服务机构协助项目形成完备的知识产权布局，对接产业资源和市场资源尽快产业化，对接金融合作伙伴帮助企业做大做强。通过打造标杆案例，培育知识产权优势示范企业，推动示范效应，最终形成高价值专利培育示范体系。

（四）打造硬科技之都，促进科技成果转化

西安的硬科技，涵盖人工智能、航空航天、生物技术、光电芯片、信息技术、新材料、新能源、智能制造等八大代表领域的硬科技产业集群。随着 2017 年硬科技创新大会的成功举办，硬科技成为代表西安城市科技创新能力与水平的新名片。由中国科协创新战略研究院等单位发布的《2017 中国城市硬科技发展指数报告》显示，西安的硬科技发展综合指数在 24 个观察城市中名列第六，居西部第一。

2018 年 11 月，西安市委书记王永康就硬科技发展提出建议：与广大科学家共建

共享科技创新大平台，投身硬科技创新攻关，研发国际领先技术，吸引国际领军人才，孵化国际领先企业，打造综合性国家科学中心和丝路科创中心；与广大银行家共建共享科技金融大市场，设立用好各类硬科技“八路军”发展基金，帮助更多硬科技新兴企业和研发成果，走出实验室、走向市场化，共建丝路国际金融中心；与广大企业家共建共享产业合作生态圈和产业园，推动“院所 + 高校 + 企业 + 投行 + 众创空间 + 创业者”深度融通，带动更多人才、资本、技术聚集西安，打造“一带一路”创新创业之都。

2018 年西安市设立首个总规模 1000 亿元的地方硬科技产业基金，要充分发挥这个基金的引导带动作用。同时，也要发挥中科创星作为硬科技理念的缔造者和硬科技创业生态的建设者示范作用，尤其要发挥其旗下天使基金“西科天使”作为硬科技投资的代表的领头羊作用，走出陕西、走向全国，努力践行硬科技的国际化道路。

还要积极帮助扶持像大程创新创业产业集团等一批有梦想有潜力的致力硬科技创投的成长型企业。

（五）挖掘文化潜力，着力建设世界文化之都

文化，既是西安城市的基因，也是西安创业创新的广阔空间。

搭建融媒体播控中心，构建文创内容产业基地，互联网的飞速发展，越来越多的自媒体人活跃在移动网络平台，自媒体创作者百花齐放、万众互娱的时代，全媒体资源整合与整顿刻不容缓。基于此，新媒体时代的我们对于媒体有效管理进行深度思考。

为充分发挥自媒体最快最有效的属性，传统媒体更显专业化与深度报道，政府联合相关部门，融合自媒体创业、网络大 V 内容传播、社群 kol 达人运营、文化影视传播类创业团队、自由创作者、电视、广播、报纸等全媒体平台，成立融媒体创业联盟，与大数据精准营销、大数据网络舆情监控等多家行业精英企业达成深度合作，以大程创新空间已有的“物理空间 + 内容创业区 +AA 加速器 + 青创投基金”为优势的运营模式，将形成在陕西乃至全国都极具影响力的融媒体垂直产业集群，成为陕西媒体、社群、IP 文化的汇集基地。以“开放 + 独立式”众创载体为入口，多元化创业新媒体优质内容、融媒体资源、百万级粉丝流量为核心，省内头部媒介资源为优势，新媒体 club 社群文化为标签，形成陕西新媒体人的互动社交、孵化成

长、资源合作、融资发展的全产业链生态圈。集精准营销、数据分析、创意策划、包装设计、视频拍摄制作、版权运营、内容策划、多媒体分发市场营销等功能为一体，形成独具特色的融媒体产业链。汇聚海内外、央视、省市级传统媒体、新媒体、数字媒体等多元化展示宣传渠道。此外“融媒体会客厅”“创客直播间”“互动社交区”、IP 展示厅等功能区，从“线上 + 线下”全面提升西安民营企业影响力，打造“西安民营企业名片”。发挥各媒体自身优势与特点，支持创新与解决流量出口问题，规范网络媒体内容发布，做到舆情监控，整合全媒体全渠道的优势资源，优化资源配置，在信息源、产品、渠道、技术、人才、数据、存储、管理等方面进行深度融合，真正实现一次采集、多次生成、多元传播。同时通过统一办公、统一指挥调度、统一宣传发布，实现党政资源与宣传内容的统一管理，打造融媒体内容生产基地，做文创产业孵化基地标杆，实现大统一的融媒体平台。

（六）打造产业互联网服务能力

传统互联网的上半场是一场关于“消费互联网”的竞争，C 端的个人用户是巨头们争夺的核心目标，他们希望把每个人的生活线上化、数据化。到了下半场，风口开始转向“产业互联网”，传统企业将依靠“互联网 +”大数据、云计算等手段进行转型升级，脱虚向实的改变，产业互联网未来将链接产业上下游，链接企业内部个体和数据，重构传统产业的业务链和产业链，进而促进产业的升级，提高产业效率。巨头们以科技赋能的名义，希望帮助企业进行业务模式、运营模式和商业模式的数字化、智能化变革，最终打造一个万物互联的新世界。

基于产业互联网的风口之下，我们清晰地了解到，互联网上半场是改变冲击 C 端，下半场将改变更多的行业与产业，融入产业互联网，完成资源驱动型到产业驱动型的改变，重构产业链的每一个端口，打造创业生态，寻找招募排头兵，打造行业独角兽，助力西安成为最大的驱动中心，成为全国创投行业标杆。同时，在产业互联网的布局上，将继续打造垂直产业空间矩阵，快速形成产业互联网集群，匹配全国各热点城市、产业转型所需的技术资源，促进就业，推动经济，优化产业结构，提升城市竞争力，从而带动产业互联网的发展。我们将为优质的创业项目匹配最优质的资源，对接国内相关行业顶尖技术与人脉，促进技术公司的成果转化，快速达成项目落地，帮助更多的传统企业进行转型升级，创新创业项目快速成长。与此同时，也将会积极探索产业互联网，做相关行业的资源整合，构建产业互联网创新服务体系，建立产业互联网与供应链金融创新共享实验室，推进产业互联网的发展，综合发挥政府、互联网企业、创新产业园区以及传统企业的力量，搭建政府、互联网企业，以及传统企业之间的桥梁，积极合作，探索产业互联网的底层架构标准。鼓励传统企业对企业组织体系的改造和创新。应努力实现企业结构向扁平化、网络化转型，从而提高企业对新技术的适应能力，将竭尽全力推动各主体之间协作，共同推进产业互联网的发展。

（七）打造国家军民融合示范基地

党的十八大以来，党中央从国家发展和安全全局出发，把军民融合发展上升为国家战略，对军民深度融合发展作出了顶层设计和全面部署。陕西省第十三次党代会确定的“五新”战略任务，特别是在培育新动能和构筑新高地任务中，对全省军民融合发展作出了重大部署，提出了明确要求：为加快推进军转民发展，陕西着力推进局省央地合作，共建基地园区，与国家国防科工局、航天科技、中国商飞等企业深化合作，西安航空、航天、兵器基地和汉中航空产业基地等军民融合基地园区形成了特色鲜明、配套条件较为完善、集群效应凸显的发展态势，4 个基地均被批准为国家级军民融合产业示范基地。还将重点推进军地军民融合，打造军民融合龙头骨干企业。

为打造军民融合示范城市，政府作为主导，对军民融合应进行有效分类，才能形成资源聚集优势和压强优势，再通过分类试点，快速形成最佳实践，迅速占位，争取国家军民融合示范区尽快获批，从而争取国家相关政策尤其是体制、机制改革和产业方面的“特区”政策支持。发挥政府在军民融合过程中的“家长”作用，一方面做好军民融合的中长期规划、分类试点策划，积极做好军民融合精准宣传和改革经验的推广，充分发挥标杆的带动效应，吸引更多的产业化项目加入；另一方面，创新方式，帮助协调解决军民融合各方在合作中出现的问题，政府支持，国有投资机构定向、持续投资中长期、富有战略意义的军转民项目，通过军民融合等基金考虑以优先股的方式投资；进一步改善投资环境，吸引更多的企业家加入，让大家共同围绕大西安做好大产业，让西安成为创新改革的桥头堡，军民融合的示范城市。

（八）打造集创体小镇

新生代的创客群体对创业空间需求是多样的，需要改变传统的以单一研发功能集聚的“园区”概念，增加空间的丰富性、多元性、品质性。回归工作、居住、生活、休闲等一体化的复合性创新创业状态。创客小镇顺应了这种发展趋势，是“双创”产业关系的纽结点，在专业化特色和本土区位之间可以形成很好的匹配，城市高端要素扩散并重新组合而成的新空间，是城市体系的一部分。同时，自“腾讯双创小镇（西安）”项目落户西安浐灞生态区，大力推动文创、智能制造、互联网 + 产业升级，创客小镇的概念更加深入人心。创客小镇的建立，是“双创”事业升级版的必要落实途径。

从项目筛选入驻空间，到辅助项目加速成长，匹配各方资源，促进就业，推动经济，优化产业结构，放入市场不断进行打磨迭代，从而带动企业发展。3 ~ 5 年时间，打造全国知名的创新型产业集群，联合各方上市公司资源，联合当地政府发起设立产业基金及引导基金，整合、并购上下游资源，打造全国知名的创新型产业集群品牌，构成 N+ 垂直加速器矩阵创新型产业集群 + 各方配套支持 + 集创体资本管理公司，建设创业街区、创业公寓、创意休闲娱乐、创业配套教育发展、N+ 垂直创新型产业加速器矩阵（大健康产业加速器、人工智能垂直产业加速器、军民融合垂直产业加速器、教育垂直产业加速器、物联网应用产业加速器、文化传媒产业加速器）等完整配套设施，未来将成为创新型产业集群，打造集创体 4.0 小镇。这也是大程创新创业产业集团未来即将发力所要达成的重要事件。

四、西安市“双创”未来展望

西安创业创新方兴未艾，虽然目前仍有许多不尽如人意之处，但展望未来，前景可期。

（一）西安市启动新时代大西安“三步走”战略，创新创业前景可期

2019 年，西安市将以习近平新时代中国特色社会主义思想为指导，全面贯彻党的十九大和十九届二中、三中全会精神，增强“四个意识”，坚定“四个自信”，坚

决做到“两个维护”，高举新时代改革开放伟大旗帜，统筹推进“五位一体”总体布局，协调推进“四个全面”战略布局，坚持稳中求进工作总基调，坚持新发展理念，坚持推动高质量发展，坚持以供给侧结构性改革为主线，坚持深化市场化改革、扩大高水平开放，紧扣追赶超越和“五个扎实”要求，全面落实“五新”战略，大力培育枢纽经济、门户经济、流动经济，加快国家中心城市建设，推动追赶超越高质量发展。加快建设现代化经济体系，继续打好三大攻坚战，着力激发微观主体活力，统筹推进稳增长、促改革、调结构、惠民生、防风险工作，进一步稳就业、稳金融、稳外贸、稳外资、稳投资、稳预期，纵深推进全面从严治党，保持经济持续健康发展和社会大局稳定，增强市民群众获得感、幸福感、安全感，为全面建成小康社会收官打下决定性基础。

2019 年第一个工作日，中国共产党西安市第十三届委员会第八次全体会议开幕。西安市委书记王永康提出，启动新时代大西安“三步走”战略：第一步到 2020 年，全面建成小康社会，经济总量迈上万亿台阶，大西安都市圈全面形成；第二步到 2035 年，基本实现现代化，全面建成代表国家形象、服务“一带一路”、具有重要国际影响力的国家中心城市，国际化大都市建设取得重大进展；第三步到 2050 年，基本实现共同富裕，城市国际性特征进一步完备，现代化、生态化、国际化水平全面提升，全面建成服务“一带一路”、亚欧合作交流的国际化大都市，努力跻身世界城市、国际文化名都行列。

西安市未来将要继续聚焦创新创业、不断优化环境、厚植创新创业沃土，持续发挥“西”引力，为有梦想和有才华的创客营造工作、学习、社交、生活和消费于一体的创新创业生态圈，创造更具体验价值的城市创业新生活，吸引更多的有志英才在这片优渥的创业热土上追寻梦想，赋能时代。

完善“5552”成长格局，加快建设各类众创载体。持续扩大西安硬科技品牌的世界影响力。聚焦统筹科技资源、深化军民融合两大改革任务，坚持复制推广改革经验与深化提升创新成果同步推进。扎实推进国家知识产权强市和运营试点城市建设，支持建好国家知识产权军民融合运营平台和中国（西安）高端装备制造产业保护中心。推动军工企业混合所有制改革和军工科研院所事转企改革，统筹抓好军民融合“两园三基地”建设，积极创建“国家军民融合标准化试点城市”。支持西安交大、西北工大、西电科大、光机所等高校院所发挥资源优势，建设高水平、专业化众创载体和创新创业学院，助力阿里巴巴、亚马逊、猪八戒、蒜泥科技等众创载体做大做强。扎实推进国家小微企业创业创新基地城市示范，加强“双创”与产业的有机融合及对实体经济的有力支撑，大力发展“大学生创业经济”“校友经济”“院士经济”“院所经济”“教师经济”等五大创新创业经济。“种好梧桐树，引得凤凰来”。让世界各地的创新创业资源向西安加速奔流，让富集涌动的创新创业活力在西安加速释放，着力打造“一带一路”创新创业之都。

（二）未来五年，西安市营商环境会进一步改善，将创西部最佳

未来五年，西安也将以深化供给侧结构性改革为主线，持续深化“放管服”改革，积极实施创新人才推进计划，按照“互联互通多元化、对外贸易便利化、区域发展协同化、服务标准国际化”的思路，不断优化涉外服务环境和营商环境，创西部最佳，围绕迈入万亿级的城市目标，持续做大总量、做优质量；盯紧高端产业和产业高端，积极实施“三换三名”工程和“9个倍增计划”，加快培育“3个万亿级产业、10个千亿级产业集群”，新增10个以上百亿元龙头企业，打造30 ~ 50个“产、城、人、文”四位一体有机结合的特色小镇，基本建成以战略性新兴产业为引领，以先进制造业和现代服务业为支撑的现代产业新体系；同时，“一带一路”创新之路的打造，将从着重加强重大基础建设、提升高校支撑能力、打造军民融合试验区等方面展开，行之有效地达成最终的结果。①加强重大基础设施建设。②提升高校创新支撑能力。到2021年，市级以上重点实验室达到200家，全市大型仪器设备年共享使用率达到40000次。③强化高校院所创新转化能力。到2021年，建设联合实验室、新型研发机构50家。④加快推进国家自主创新示范区建设。到2021年，高新区先进制造产业规模达到3500亿元，半导体产业规模达到4000亿元，创新型服务业产业规模达到5000亿元。⑤努力打造国家军民融合创新示范区。到2021年，军民融合产业年营业收入超过3300亿元。⑥加快特色小镇建设。到2021年，建成产业类特色小镇20个，使特色小镇成为西安特色经济新增长极的有力支撑。⑦实施科技小巨人企业培育计划（2017—2021年）。到2021年，达到数量实现倍增、结构明显优化、实力大幅增强的发展培育目标。其中，全市科技小巨人企业达到2500家，高新技术企业和科技型中小微企业数量分别达到3000家和20000家，规模以上工业企业达到1800家；高新技术产业增加值达到2000亿元，规模以上工业企业

增加值达到2500亿元。⑧增强企业创新发展能力。到2021年，实现大型工业企业研发机构建设、规上工业企业技术创新活动两个全覆盖，建成市级以上技术创新中心300个、企业技术中心180个。⑨大力引进高层次人才。到2021年，引进和培养国内外顶尖人才50名，国家级领军人才300名，地方级领军人才1000名，产业发展与科技创新类人才10万名，引进优秀创业团队和创新团队1000个。⑩创新人才培养新模式。到2021年，培养产业发展与科技创新类实用型人才80万名。⑪ 打造"创业西安"城市品牌。到2021年，众创载体数量超过500家，面积超过2000万平方米。⑫ 加快国家西部技术交易中心建设。到2021年，全市技术市场合同交易额超过1000亿元，本地转化率超过50%。⑬ 完善科技金融服务体系。到2021年，设立天使投资、创业投资、私募股权基金规模超过100亿元。⑭ 实施知识产权强市战略，围绕千亿级产业集群，打造一批知识产权优势示范企业。积极争取国家在西安市布局建设重点产业知识产权保护中心。到2021年，年专利申请量达到10万件。

（三）全力打造数字经济，可望成为"一带一路"国际化"创业之都"

大西安规划形成"三廊三带一通道"的产业格局。①科创大走廊：以高新区为引领、"高新区+航天基地+沣东新城+沣西新城+大学城+科研院所+交大创新港"等区域为依托的科创大走廊，打造"创新增长极"，发展万亿级高新技术产业。②工业大走廊：以经开区为引领、"经开区+高陵组团+临潼组团+航空基地+富阎板块+泾河组团+兴平组团"等区域为依托的工业大走廊，打造"工业增长极"，发展万亿级先进制造业。③文创大走廊：以曲江新区为引领"曲江新区+丰镐遗址+楼观道文化展示区+白鹿原+临潼景区"等区域为依托的文化创意产业大走廊，打造"文化产业增长极"，发展万亿级文化旅游产业。"三带"指九嵕山生态文化旅游带、渭河生态文化旅游带、秦岭生态文化旅游带。"一通道"指将建设成为全国生态示范区、绿色发展引领区，打造西安追赶超越"绿色增长极"。

为支撑国际化大都市建设，西安要进一步提高定位层次，丰富国际元素，延伸发展内涵，形成"国际版""升级版"的"五都一枢纽"。"一带一路"创新创业之都：创业创新是西安决胜未来的第一优势，大力发展"大学生创业经济""校友经济""院士经济""院所经济""教师经济"，把西安打造成海内外科技人才、年轻人向往的创业热土。打造人才生态最优城市、协同创新示范城市、营商环境最佳城市，全面建设“一带一路”创业之都。

引领新经济发展的全球硬科技之都：大力发展实体经济，着力培育三大万亿级产业集群，打造全球硬科技之都、军民融合深度发展示范区和“中国制造 2025”国家级示范区。中华传统文化和现代文明交相辉映的世界文化之都：延续城市肌理，彰显千年古都底蕴，建设中华民族共有精神家园标识地。世界旅游时尚之都：建设清洁之城、绿色之城、花园之城、生态之城、活力之城，争创美丽中国西安样板。国际生态智慧宜居之都：统筹山水林田湖草生态系统治理，大力实施生态修复、城市修补，打好治霾、治水、治土三大攻坚战，让天更蓝、山更绿、水更清、景更美，打造宜居宜业宜商宜游城市典范。国际重要门户枢纽：积极发展枢纽经济、门户经济、流动经济，构筑国际性综合交通枢纽和丝绸之路经济带信息枢纽。依托航空、高铁、陆港、高速公路、网络等互联互通基础设施建设，紧抓人流、物流、信息流、资金流、技术流等流量的入口、交换口、集散口，全力打造数字时代的“一带一路”国际化“大商都”。

作为古丝绸之路的起点城市和“一带一路”的重要节点城市，大西安还需要进一步增强使命感、责任感和紧迫感，紧紧围绕“聚焦‘三六九’，振兴大西安”的奋斗目标，以建设“三中心两高地一枢纽”为战略支点，大力发展枢纽经济、门户经济和流动经济，全力打造内陆改革新高地。

西安市网红城市形象评估研究报告

一、网红城市由来及经济社会影响

（一）网红城市的出现

1998 年，随着西祠胡同综合社区网站的创办，以痞子蔡、唐家三少等为代表的草根写手迅速走红，标志着“文字网红”时代的到来；2000 年以后，随着博客、微博、微信等社交平台的出现，催生了一批以“芙蓉姐姐”为代表、靠噱头博人眼球的网络红人，以及另一批以“雪梨”为首、带有商业目的的网络红人，正式开启了“图文网红”时代；2013 年以后，短视频平台逐渐兴起，又催生了一大批通过视频 UGC 走红的“网红”，Papi 酱凭借其原创短视频蹿红网络平台成为代表人物，开启了“视频网红”时代。

随着网红时代的变迁，网红的内涵逐渐丰富，表现形式愈加多样，是当下热捧的流行词之一，并逐渐形成人的自我表达和社会参与的一种独特符号。最近二三年，“网红”的队伍中又增加了“新成员”，那就是“网红城市”，特别是 2018 年重庆、西安、济南、成都、厦门等越来越多的传统二三线城市纷纷成为吸粉迅速的新晋“网红”。这些城市借助短视频、直播等平台，在线上、线下“吸粉”无数。赵雷的一曲《成都》“走南闯北”传遍街头巷尾，让天府之国成为无数人心驰神往的旅游胜地；短视频里，重庆轻轨列车穿楼而过，再现了“8D 魔幻山城”的特点；一首《西安人的歌》，唱出了古城西安充满本土气息的生活；摔碗一响，口中大喊“碎碎（岁岁）平安”，将西安古城文化展现得淋漓尽致。这些事件都助力一座座城市走上“网红”之路。

如今“网红城市”已经不是什么新概念了，但是对其定义没有明确的界定。本报告认为网红城市的内涵为：通过新媒体平台，以文字、图片、音乐和视频等多种形式对城市特有的美食、景观等资源进行宣传推广，从而迅速走红网络，吸引人们前往观光游览、“打卡”消费的城市。

随着网红城市的噱头愈来愈猛，公众对网红城市的关注度越来越高，网红城市影响范围越来越大，比如重庆的洪崖洞，以前只能说是小有名气的地方景点，但是在 2018 年五一和端午小长假期间的旅游数据统计中，跻身全国最热门景点的三甲。据字节跳动算数中心统计[①]，抖音上城市形象视频的条均播放量是全平台均值的 1.2 倍，说明网红城市形象内容受到大众用户的广泛关注和喜爱。媒体对网红城市的报道铺天盖地，政府也开始注重城市的网红形象建设，以打造城市专属名片、助推城市快速发展。

（二）网红城市产生的时代特征

1. 网络科技的发展

网络科技是“网红城市”出现和发展的必要支撑，主要表现在移动智能终端的应用、社交平台的出现和通信成本的下降。

（1）移动智能终端是推动“网红城市”产生的基础

随着移动智能终端的普及，智能手机、平板电脑已成为当代人们不可或缺的生活必需品。根据《中国互联网络发展状况统计报告》可知：截至 2018 年 12 月，我国网民规模为 8.29 亿，全年新增网民 5653 万，互联网普及率达 59.6%，较 2017 年底提升 3.8 个百分点；其中，我国网民使用手机上网的比例达 98.6%，较 2017 年底提升 3.8 个百分点。智能设备的便携性使人们能够随时随地拍摄视频、发布内容和观看直播。人们通过制作便捷化、碎片化的移动端输出形式从而迎合公众的接受倾向，使得城市资源得以更快、更广传播。

（2）社交平台是推动“网红城市”产生的载体

当前，主流的社交平台包括微信、微博和抖音等。据有关数据显示，微信客户

---

① 《今日头条：2018短视频与城市形象研究白皮书》。字节跳动是一家信息科技服务提供商，致力于通过海量信息采集、深度数据挖掘和用户行为分析，为用户智能推荐个性化信息。旗下拥有今日头条、抖音、西瓜视频、火山小视频和Faceu激萌等产品。字节跳动算数中心是字节跳动的一个部门，主要利用用户产生的数据，进行综合分析，输出数据报告或是数据产品每用户自主发布、对外合作或者支持其他部门的决策。

端月活已逾10亿[①]；微博全国用户超过3.5亿，月活4.62亿，日活过2亿[②]；抖音日活2.5亿，月活5亿[③]。用户在社交平台上进行的发布、转发和评论等行为，使“网红”和受众之间的双向互动性显著增强，促使事物迅速发酵并爆红，使城市能在短时间内走进大众视野。

（3）通信成本下降是推动“网红城市”产生的保障

随着科技的发展，在4G网络普及、5G网络即将来临的时代，通信成本呈现逐年下降趋势。根据《中国宽带发展白皮书（2018年）》数据指出，截至2018年6月，我国移动数据流量平均资费为11.6元/GB，相比2014年底的131.3元/GB，降幅高达91%。根据国际电信联盟最新报告，我国每GB移动流量资费占人均国民总收入比重为1.1%，显著低于全球6.8%的平均水平。同时，政府也积极采取措施助推通信成本下降，在2019年召开的两会中，李克强总理提到，要“持续推动网络提速降费。今年中小企业宽带平均资费再降低15%，移动网络流量平均资费再降低20%以上，在全国实行‘携号转网’，规范套餐设置，使降费实实在在、消费者明明白白”。

通信成本的下降使得用户个人参与成本下降，体验感上升，从而使得参与度提高，以更加高频、更新、时效更短的方式输出城市内容，进一步加强了对城市的推广与宣传。

2. 当代人的青春性

青春性是当代人所独有的随性、洒脱和不受束缚的精神追求，“来一场说走就走的旅行”已经成为人们常态化的生活方式。追求时尚潮流、积极分享是青春性最有力的体现。

（1）博取关注的心理促使人们积极分享

当代人选择多种多样的新媒体平台发布个人对当地美食、美景、音乐等内容的独特感受，上传个人拍摄的城市景观视频，这些极具特色的视频极大地释放当代人的激情和感性，成为城市形象的建设者和传播者。譬如2018年4月重庆一游客

① 《2018微信年度数据报告》。

② http：//mi.techweb.com.cn/tmt/2019-03-05/2726279.shtml.

③ 《2018抖音大数据报告》。

在抖音上上传了一段轻轨穿楼而过的视频，将重庆独有、复杂的地形构造以一段几十秒的视频展现在网友眼前，让网友们大开眼界。震撼之余，更是赢得了46.9万的点赞和1.7万的分享转发。这一视频的走红迅速引来大量网友跟风打卡，既是公众为了满足自己的猎奇心理，但更多的是拍摄同款视频以期获得关注，博取眼球。

（2）追逐潮流的心理推动人们主动参与

除了对城市形象主动地建设和宣传外，当代人喜欢时尚、追逐潮流刺激的“好奇心理”促使其从网络上获取当下最热门、最新奇的事物，并前往探索与游览，对“网红”事物进行二次宣传，形成一个循环往复的“网红宣传链”，推动了“网红城市”的快速发展。2018年5月，西安永兴坊的摔碗酒变得全国闻名，摔碗酒成了去西安旅游必须体验的项目之一。花5元钱买一碗米酒，一口饮尽，再大喊一声碎碎平安，重重地将碗摔在一堆残骸里，让人们彻底体验了一把豪爽，也彻彻底底捧红了这家店。追逐潮流的心理促使人们主动参与前去西安永兴坊摔碗打卡。据统计这家店一年下来摔了20万只碗，不仅自家生意兴隆，还让价值0.5元的陶碗升了值。

（三）城市网红后的经济社会效应

1. 经济效应

一个城市成为“网红城市”后，其网络知名度将大幅提升，各色的美食、美景、音乐等独特内容将更频繁地呈现在公众面前，吸引成批游客前来旅行，直接带动着一个城市的经济社会发展。其旅游、餐饮、住宿三方面经济收入呈“井喷式”增长。

（1）城市旅游收入增加

2017年底，一网友拍摄的在西安永兴坊喝摔碗酒的视频爆红网络，西安正式成为新晋“网红城市”。据旅游局数据得知，2018年的春节，也就是“西安年·最中国”口号提出的第一年，接待游客量突破千万大关，旅游收入暴增137.08%，2019年春节黄金周旅游收入144.78亿元，同比增长40.35%。对于重庆这座网红城市来说，在2017年五一劳动节期间，“洪崖洞”因其现实版《千与千寻》美景被众人追捧，一炮走红，2018年国庆假期实现旅游总收入141.27亿元，同比增长28.4%，仅2019年春节期间，实现旅游总收入180.29亿，同比增长34.82%。“网红城市”形象的塑造直接为城市发展注入强劲动力，带来巨大的旅游收入。

（2）带动餐饮业发展

随着当代人生活方式的变化，人们除了前往“网红”景点游览打卡外，更加关注网红城市饮食的品质与多样，直接推动城市餐饮业的发展。据西安市人民政府统计信息显示，2019 年春节黄金周期间，西安全市餐饮收入 15.5 亿元，同比增长 21.4%。全市各大老字号餐饮店、民俗景区、购物商场、美食街区筹备了各类美食活动，市民和游客用味蕾记住了特别的西安年。富有浓郁西安特色的食品品种繁多、品质优良，是春节餐饮消费的新亮点。其中，永兴坊接待 100.02 万人次，同比增长 5%，销售同比增长 69.2%。

（3）促进住宿业的多元化发展

随着现代人消费观念的升级、旅行模式的改变，人们更加注重产品品质和服务体验，这为旅游住宿业带来多元化发展的新机遇，特色民宿开始兴起。据国内短租民宿网站途家网不完全统计，2018 年西安的民宿经营商户共有 3000 户左右，经营民宿房源 2 万套，同比增长 50%，在全国综合排名 10 位左右，西安的民宿行业获得大发展，其特色民宿也有着巨大市场需求。

2. 社会效益

“网红”现象为城市带来足够的关注度和吸引力，人们争相前来打卡消费的行为为城市创造了巨大的经济效益。与此同时，借助新媒体平台的高效宣传，“网红城市”形象被公众广泛认识，为城市带来的社会效益也不容忽视，这种社会效益具体体现在城市的知名度、市民的幸福感两方面。

（1）城市知名度有所提高

据百度指数调查显示[①]，西安市 2016 年知名度指数为 12927，2017 年底爆红后升至 17185，并于 2018 年达到 18713，与 2016 年相比直线增长 5786；重庆市 2016 年知名度指数为 15105，2017 年五一期间爆红后其知名度同比增长 19.68%，2018 年指数虽稍有波动，但总体呈现递增趋势。类似地，愈来愈多的传统二、三线城市在

---

① 百度指数是以百度为基站，海量网民行为数据为基础的数据分享平台，是当前互联网乃至整个数据时代最为重要的统计分析平台之一，它能精准地找到某个关键词在百度的搜索规模有多大，是当前“互联网+”时代下最为翔实科学反映城市知名度的一个数据来源库。

一夕之间红遍全国，知名度出现不同程度的提高，成为“吸粉”迅速的新晋“网红城市”。

（2）市民幸福感不一

城市网红后给市民所带来的主观感受是多方面的，是影响市民幸福感的众多因素之一。一方面，城市网红使得市民获得了很大的自豪感，这在一定程度上提升了市民的幸福感；另一方面，网红城市吸引大量游客前来打卡，可能导致基础设施建设与人流量不匹配，影响城市的正常运行和健康发展，进而降低了市民的生活质量，导致幸福感有所下降。因此城市网红对市民的幸福感具有一定的影响作用。

二、西安、重庆、成都网红城市评估

本部分构建了网红城市的评估指标体系。以该评估指标体系为依据，通过采集“两微一抖”平台上的数据及统计年鉴部分数据，对西安、重庆、成都三个西部网红城市进行评估，并从整体和局部两个方面对其网红特征进行对比和分析，从而得出西安的网红优势与劣势，为进一步深层次分析西安网红城市特征奠定基础。

（一）网红城市评估指标体系

1. 网红城市评估指标体系的构建

网红城市已经成为相关研究机构以及政府部门密切关注的热点话题，对其评价暂无科学、统一的标准。本报告依据今日头条发布的《2018 短视频与城市形象研究白皮书》以及政府近年来出台的打造城市形象的相关政策文件，从网红城市的定义及内涵出发，按照以下指标体系构建原则构建了本报告采用的评价指标。

①目的性。每一个细化的变量层因子指标都应从某一个具体角度来反映城市形象的特征。

②全面性。尽可能全面系统地反映出城市形象的每一个侧面，避免漏掉指标或者重复指标。

③可比可操作性。指标应可量化对比，更应能实际操作收集，避免过于笼统或细致而导致无法操作。

在指标的详细构建过程中，我们借鉴了国内外关于城市形象已有的相关研究以及评估报告指标体系，并结合我国城市形象的相关政策与实践现状，从“网红城市自身有什么独特的资源？（竞争力）”“外部力量是如何推动网红城市发展的？（推动力）”“网红城市带来的效应能够为城市的发展产生哪些影响？（影响力）”这三个问题出发，采用头脑风暴法，并通过互动讨论、阐述归类、现场投票等方式得出该评估指标体系框架。

框架在经过系统梳理后，共涵盖四个层级。在每个一级指标下，都有一个独立且互不影响的指标体系。之后，按照指标的相对重要性进行排序和权重分配。最终，构建了一套系统的、科学的、可操作的网红城市形象评估指标体系。

2. 网红城市评估指标说明

竞争力、推动力和影响力作为本指标体系的一级指标，每个一级指标下设有相应的二、三、四级指标，共计包括 3 个一级指标，9 个二级指标，25 个三级指标，43 个四级指标，如表 1 所示，较为全面、客观和准确地反映了网红城市的网红程度。

表 1　网红城市评估指标体系及权重

一级指标	二级指标	三级指标	四级指标
竞争力（40%）	城市音乐（8%）	抖音竞争力（3.2%）	音乐数量（1.28%）
			使用量（1.92%）
		微博竞争力（3.2%）	音乐数量（1.28%）
			微博数量（1.92%）
		微信竞争力（1.6%）	音乐数量（0.64%）
			文章条数（0.96%）
	本地饮食（12%）	抖音竞争力（4.8%）	视频数量（1.92%）
			网红美食种类（2.88%）
		微博竞争力（4.8%）	微博数量（1.92%）
			网红美食种类（2.88%）
		微信竞争力（2.4%）	微信文章数量（0.96%）
			网红美食种类（1.44%）

续表

一级指标	二级指标	三级指标	四级指标
竞争力（40%）	景观景色（12%）	抖音竞争力（4.8%）	视频数量（1.92%）
			网红景点数量（2.88%）
		微博竞争力（4.8%）	微博数量（1.92%）
			网红景点数量（2.88%）
		微信竞争力（2.4%）	微信文章数量（0.96%）
			网红景点数量（1.44%）
	科技感的设施（8%）	抖音竞争力（3.2%）	视频数量（1.28%）
			网红设施数量（1.92%）
		微博竞争力（3.2%）	微博数量（1.28%）
			网红设施数量（1.92%）
		微信竞争力（1.6%）	微信文章数量（0.64%）
			网红设施数量（0.96%）
推动力（30%）	政府推动（12%）	相关政策数量（3.6%）	
		资金投入（3.6%）	
		主办（承办）活动（4.8%）	
	媒体推动（6%）	报道数量（2.4%）	
		报道体裁（1.2%）	消息（0.1%）
			通讯（0.1%）
			评论（0.5%）
			专访（0.5%）
		报道向度（2.4%）	正向（0.96%）
			负向（0.96%）
			中性（0.48%）
	公众推动（12%）	抖音（4.8%）	视频点赞数（1.6%）
			视频评论数（1.6%）
			视频转发量（1.6%）
		微博（4.8%）	微博转发（1.6%）
			微博评论（1.6%）
			微博点赞（1.6%）
		微信（2.4%）	文章阅读量（1.2%）
			文章点赞数（1.2%）

续表

一级指标	二级指标	三级指标	四级指标
影响力（30%）	经济效益（15%）	年旅游收入增长额（7.5%）	
		年住宿餐饮收入增长额（7.5%）	
	社会效益（15%）	知名度（7.5%）	
		幸福感（7.5%）	负面情感占比（3.75%）
			2016 年排名（0.75%）
			2017 年排名（1.5%）
			2018 年排名（1.5%）

（1）竞争力指标说明

竞争力是一个城市自身所具备的优势资源，是网红城市评估的核心内容。一个城市要想塑造良好的形象，必须自身条件过硬，有扎实的基础条件，故竞争力指标着重评估网红城市所拥有的资源实力，竞争力所得分值越高，说明该网红城市整体竞争力和综合实力越强。根据清华大学国家形象传播研究中心城市品牌研究室与抖音、头条指数联合发布的《短视频与城市形象研究白皮书》中 BEST 法则，将本报告中的竞争力指标设置为城市音乐、本地饮食、景观景色和科技感的设施这 4 个二级指标，如表 1 所示。这 4 个二级指标同时评估了网红城市音乐数量、美食种类、景点数量、科技感的设施数量及以上内容在社交平台被提及的频次情况。

（2）推动力指标说明

推动力是网红城市“红”起来及更“红”现象背后起促进作用的力量，是网红城市成为“真网红”的重中之重。推动力指标从推动的主体角度出发，设置了政府推动、媒体推动和公众推动 3 个二级指标，如表 1 所示。其中政府推动主要评估各城市政府为推动网红城市建设所做的工作，包括出台相关政策、投入资金、主办相关大型活动等；媒体推动主要评估各城市媒体对城市网红程度的报道情况，具体分为报道数量、报道体裁和报道向度等内容；公众推动主要评估公众为促进城市网红程度所做的贡献，主要体现在公众对各大社交平台上发表的网红城市内容的行为，具体包括点赞量、评论量、阅读量以及转发量等。

（3）影响力指标说明

影响力主要是利用网红城市所带来的效应，吸引各种有利于城市发展的因素，促使城市产生经济效益和社会效益。因此，影响力指标包括经济效益和社会效益两个二级指标，如表 1 所示。经济效益主要评估该效应为城市带来的直接经济增长，主要体现在年旅游收入增长额和年住宿、餐饮收入增长额；社会效益主要评估该效应为城市带来的社会层面上的影响，主要体现在城市知名度和市民幸福感两个方面。

3. 网红城市评估的数据采集

网红城市形象评估的数据采集工作包含技术采集和人工采集两部分。其中技术采集约占本次评估数据采集的 70%，通过利用大数据采集手段，大幅度减轻了数据采集的工作量。比如社交平台上城市音乐、本地饮食、景观景色和科技感的设施被提及频次和公众的点赞量、评论量和转发量等内容均通过技术采集完成。人工采集约占本次评估数据采集的 30%，主要采集那些技术采集无法抓取的数据，需要人机交互和人工分析的部分指标内容，人工采集和相关验证工作由 10 名硕士研究生集中完成。

4. 评估指标量化方法

根据三个城市（西安、重庆、成都）在各评估指标上的实际表现在一定权重下进行评分，满分为 100 分。若某城市在相应的指标出现数据缺失、不具备该内容或完全不符合评分标准，则得分为 0。对于不同类型的指标，评分标准主要有以下两个方面：①对于数量型的指标，通过按照指标中的数量最高分设置合理的评分范围标准，每个指标的满分为 5 分，分别划分出 0 分、1 分、2 分、3 分、4 分、5 分的评分区间，然后根据实际数据对应到每个评分区间得到相应的指标得分；②对于非数量型的指标，即报告中涉及的“有”或“无”这类指标，若“有”则对应指标得分为 5 分，若“无”则得 0 分，比如三级指标“资金投入”的分值，通过是否有对网红城市建设的资金投入来评估，若有资金投入则得满分 5 分，否则得 0 分。

所评估的城市在竞争力、推动力、影响力一级指标维度上的得分等于相对应的每个单项指标分值乘以相应的权重所得到的加权总和；每个城市的网红程度总得分等于以上三个维度的分值总和。

（二）总体评估结果

结合评估指标得分情况，从竞争力、推动力、影响力三个一级指标维度出发，通过西安、重庆、成都三个城市的对比，分析得出西安在这三个维度上的表现程度。

1. 评估范围

（1）城市范围

随着新兴媒介技术平台的崛起，2017年底，西安在抖音上兴起了城市热的新爆点，千年古都一跃成了新晋“网红”，存在感爆棚，与此同时，成都、重庆、厦门、济南等二、三线城市也抓住机遇，紧跟潮流，飞速发展，均成为当仁不让的网红打卡城市；又因为成都、重庆与西安同处于西部地区，地理环境、经济水平、发展程度大体相当，被称为“西部三雄”。因此，确定西安、重庆、成都这三座城市为本报告的评估对象。

（2）时间范围

现今我们正处于网红发展的第四阶段，即富媒体时代，也叫网红3.0时代，该时代的代表媒介是视频、弹幕等相结合，而以抖音为代表的短视频平台兴起于2016年。据此，网红城市评估选取的时间跨度为2016年1月至2019年2月。

（3）数据采集范围

选取最具影响力的社交平台——微博、微信、抖音（简称“两微一抖”）三个平台作为主要数据采集范围。另外，对于一些经济数据（如年旅游收入、年餐饮住宿业增长额等）主要以国家统计年鉴为数据采集范围。

2. 总体评估结果

以西安、重庆、成都三个网红城市的评估总得分为基础，得到三个城市的总得分趋势图（如图1）。由图1可见，三个城市中，成都和重庆总得分超过60分，满分为100分。其中成都得分最高（68.052分），重庆次之（65.198分），西安最后（59.48分）。

以三个城市在一级指标（竞争力、推动力、影响力）上的评估均值为基础，得到一级指标的得分对比图（如图2）。由图2可见，三个指标平均得分均超过60分，满分为100分，整体上势均力敌，都处于较好的水平，最突出的是推动力水平（73.05分）。

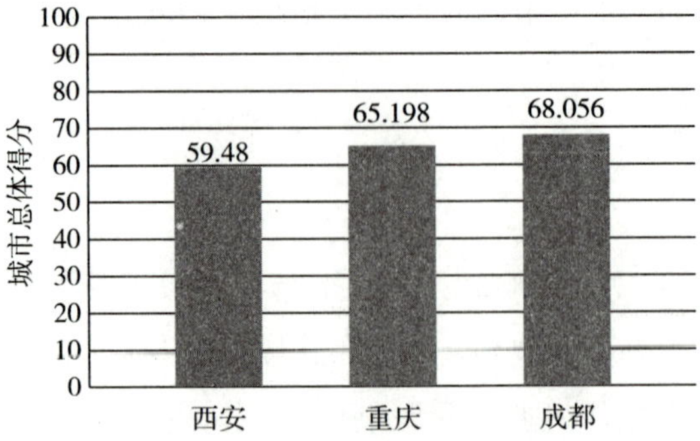

图 1 各城市总体得分情况

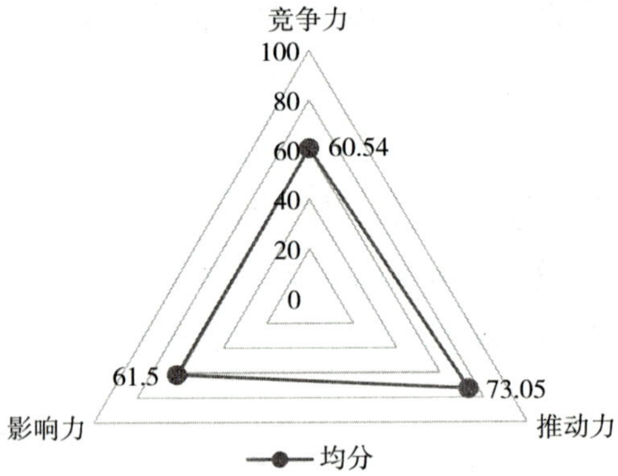

图 2 网红城市评估一级指标均值得分

（1）西安竞争力水平良好，科技感设施还需完善

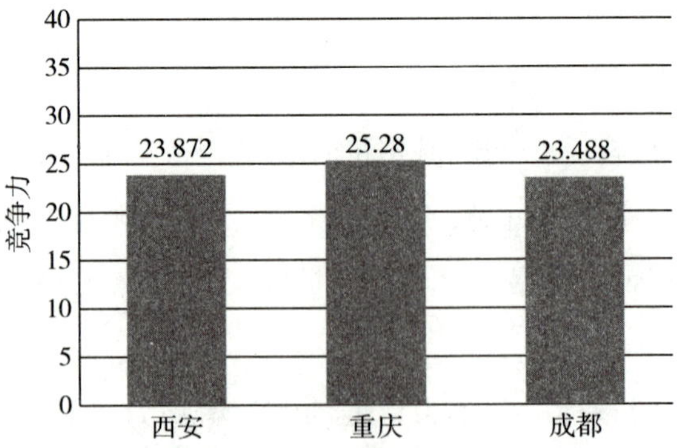

图 3 竞争力指标得分

如图 3 所示，评估的西安、重庆、成都三个城市在竞争力维度得分均超过 20 分，满分为 40 分，其中重庆得分最高为 25.28 分，西安（23.872）与成都（23.488）竞争力也处于良好水平，即说明西安、重庆、成都这三个城市所具备的

自身资源均占据较大的优势，竞争力水平不相上下。主要表现在以下方面：①城市音乐作为城市内容的载体，其传播可以提高城市的知名度，给城市带来无形的品牌效果。西安、重庆、成都三个城市均拥有城市专属背景音乐（BGM），传唱度高，用音乐勾画出一份独特的城市印象。②本地饮食方面，三个城市均对这一资源进行了开发利用，不仅传承了城市本地的特色饮食，同时注重开发过程中的创新，尽可能地满足公众对城市的体验需求，其中成都最为突出，西安和重庆也优势相当。③景观景色作为竞争力中的另一主体资源，对城市竞争力而言至关重要。三个城市中，西安因对景观景色的不断优化，构筑了文明良好的城市形象，极大地提升了城市的吸引力，在此方面位居第一。④城市中科技感设施的不断融入，为城市带来新的网红因素，促进网红城市的塑造，三个城市中，重庆在科技感设施方面的努力远超西安和成都。

通过对三个城市竞争力评估结果进行对比分析，可以发现西安虽然拥有很好的自身资源优势作为核心竞争力，但是也存在着问题：相比于重庆，西安在科技感的设施方面稍显薄弱，设施数量少，种类单一。因此，在竞争力中，西安的科技感设施还有待进一步完善。

（2）西安推动力水平位居第一，相关政策亟待加强

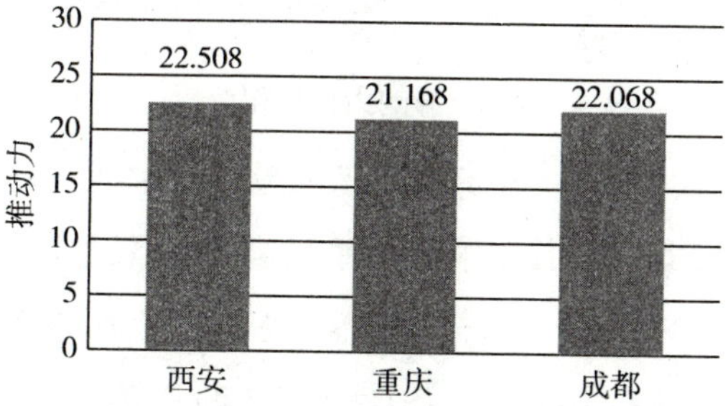

图 4　推动力指标得分

如图 4 所示，西安、重庆、成都这三个城市在推动力维度得分均超过 20 分，满分 30 分。其中西安得分最高为 22.508 分，推动力水平位居第一，成都（22.068 分）次之，重庆（21.168 分）最后，说明三个城市在推动力水平上均表现良好。主要表现在以下方面：①政府主办相关活动以及资金投入等行为逐渐得到政府部门的重视，西安、重庆、成都三个城市的政府部门均作出了很大的努力。②新闻媒体对网红城市的推动起着很大的促进作用，主要表现为网红城市相关报道数量多，体裁多样，

正向报道占比高。其中重庆在此方面更为突出，西安和成都在媒体推动上也处于较好的水平。③随着微信、微博、抖音三大平台的崛起，公众推动城市发展的力量也日益增强，网红城市相关内容在网络媒介上传播广泛，尤其是成都的公众推动水平最为突出，西安和重庆也表现良好。

根据评估结果，西安虽然在三座城市中整体推动力水平位居第一，但也存在不足之处：政府推动没有发挥出其最大的价值，近几年西安政府虽然举办了一些大型活动，投入了一定资金来助推网红城市的塑造和发展，但是还未出台任何关于建设网红城市的政策文件。对此，西安政府应该尽快出台一些具有针对性的政策，以明确西安作为网红城市的清晰定位，最大化地发挥政府推动的作用。

（3）西安影响力水平落后，经济效益和市民幸福感有待提升

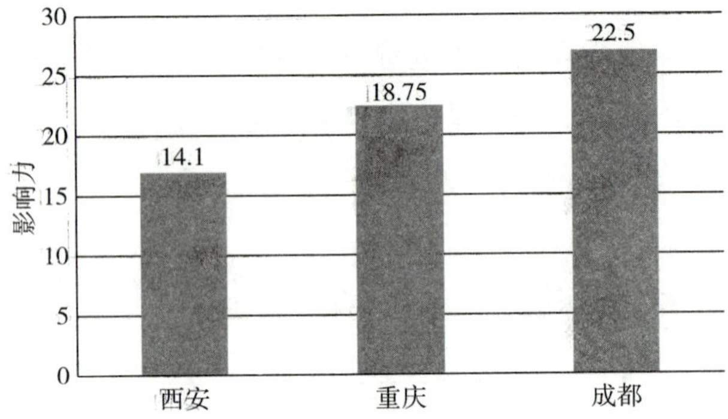

图 5　影响力指标得分

如图 5 所示，三个城市中，成都和重庆在影响力维度得分均超过 15 分，满分 30 分。其中成都得分 22.5 分，其影响力水平最高，相比之下西安得分 14.1，表现欠佳。主要表现在以下两个方面：①经济效益方面，三个城市中，成都、重庆的旅游业和住宿餐饮业年收入增长额较高，相比之下，西安稍显落后。②社会效益方面，社会效益是一种间接影响力，这种影响力主要体现在城市的知名度以及市民的幸福感上，在这种“网红”效应的影响下，成都的社会效益遥遥领先，西安和重庆的社会效益也在不断加强。

总体上，经济效益方面，西安落后于重庆和成都；社会效益方面，虽然西安在近几年的知名度有所提高，但是相比于成都，在市民幸福感方面排名正在逐年下降。因此，西安在经济效益和市民幸福感方面还有待进一步提升。

（三）竞争力评估

该指标用来评估西安、成都、重庆三座网红城市的内部竞争力因素所在。通过对比这三座城市的音乐、饮食、景观以及科技感的设施，得到三个城市的竞争力得分情况，如图 6 所示。

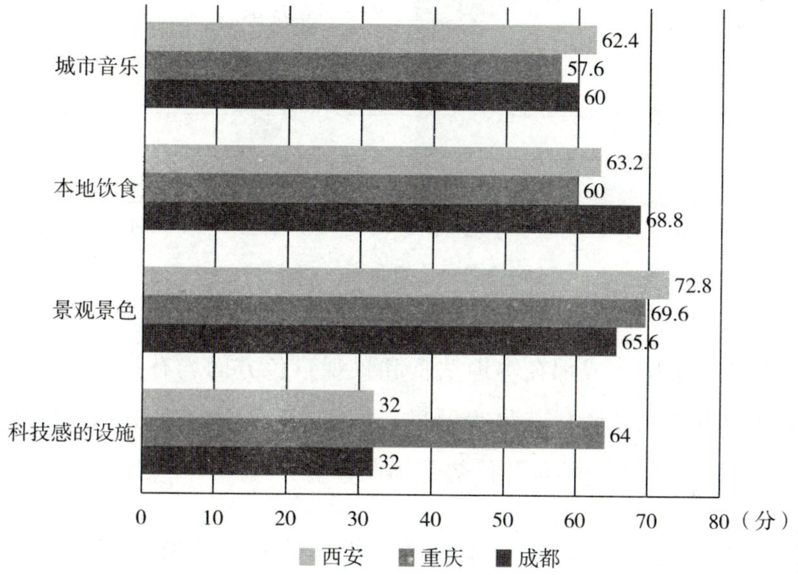

图 6　竞争力得分情况

从图 6 中可以看出，三个城市在竞争力指标上的差异明显。首先，在科技感设施方面重庆得分最高，西安和成都的得分相同且较低。在音乐方面，西安的得分最高，成都次之，重庆最低。其次，三个城市在景观景色和本地饮食的得分较高，说明三个城市在这两个方面较有吸引力，同时也说明了景观景色与本地饮食是网红城市核心竞争力的重要组成部分。最后，在景观景色方面，西安的得分最高，而在本地饮食方面，成都与西安的饮食得分均居于重庆之上。

另外，统计西安、成都、重庆在城市音乐、本地饮食、景观景色、科技感设施四个方面的具体数量及占比如图 7 所示。可以看出，三个城市中的本地饮食与景观景色的数量都远高于音乐和科技感设施，其中成都的本地饮食数量最多，重庆的景观景色数量最多。

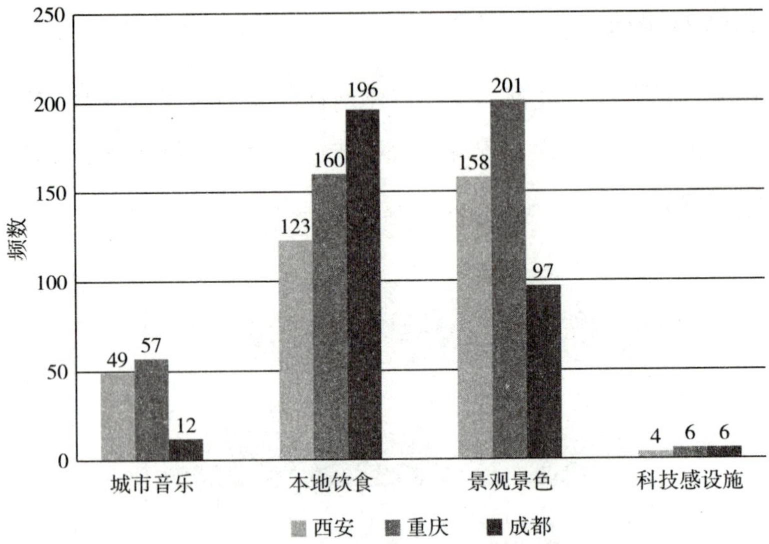

图 7　三城市各类网红内容频数图

综上，西安、重庆、成都在本地饮食和景观景色方面均有一定的竞争优势。而西安在景观景色方面的竞争优势最为明显，重庆在科技感设施方面竞争优势最为明显，成都则在本地饮食方面的竞争优势最为明显。

1. 本地饮食竞争力三城市不相上下，传统饮食成主要优势

（1）西安本地饮食在微博、微信上较有优势，抖音稍显落后

以“两微一抖”上发布的与本地饮食相关的内容作为数据来源，统计分析出西安、成都、重庆本地饮食的种类及条数如图 8、图 9 所示，得出三座城市在饮食方面的竞争优势。从微博平台来看，西安的饮食种类最多，其涉及的微博条数最多，说明微博在促进西安网红城市中起到了重要作用。从抖音平台来看，西安在抖音上传播的饮食种类最少，视频数量也是三个城市中最少的。成都饮食在抖音上的表现则与西安相反。从微信平台来看，重庆的饮食种类最多，西安的饮食种类较多，但涉及西安饮食的微信文章数量却多于其他两座城市。这说明西安的饮食种类虽不占优势，但其推广力度比其他两座城市大。

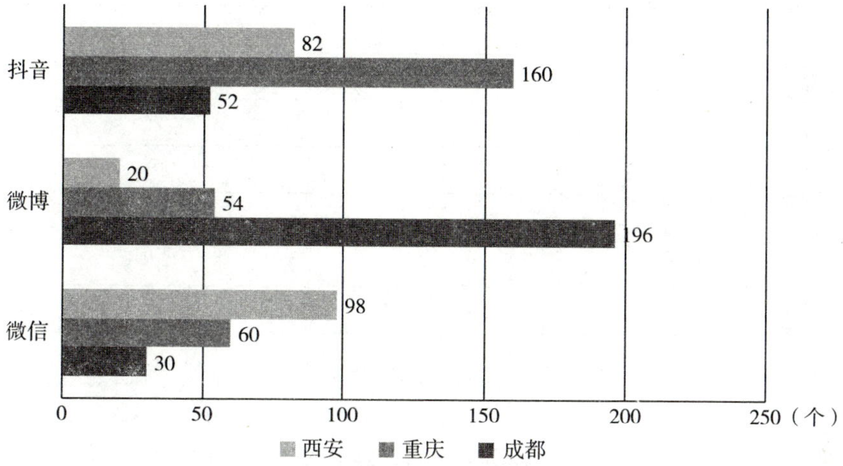

图 8　美食种类

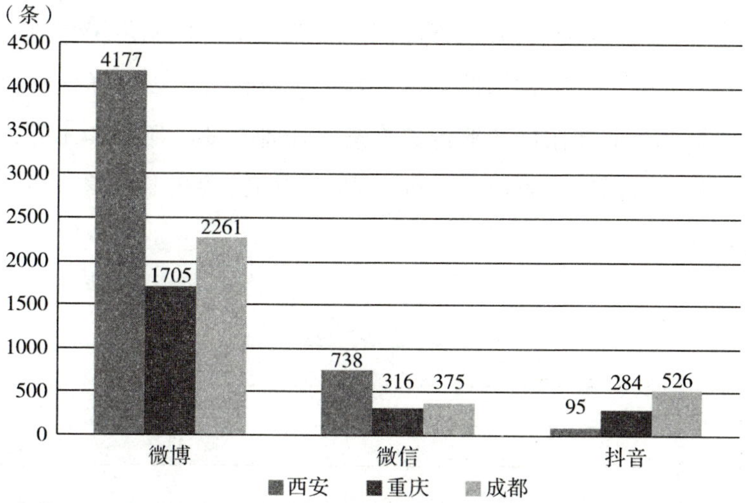

图 9　各平台美食条数分布情况

综上，西安的本地饮食在微博平台上相较于其他两座城市有一定的优势，表现在其饮食种类最多，微博条数也最多。例如在微博上 98 种饮食中，肉夹馍、凉皮、摔碗酒等微博条数达到 1487 条，占微博总条数约三分之一。

（2）传统饮食在三座城市中占主要地位，新兴饮食发展不足

本地饮食是衡量网红城市竞争力的关键指标。根据所采集的数据，统计并筛选出三个平台上涉及西安、重庆、成都本地饮食的数据，将其按类别统计频数，选取被提及次数最高的前二十种美食如图 10、图 11、图 12 所示。

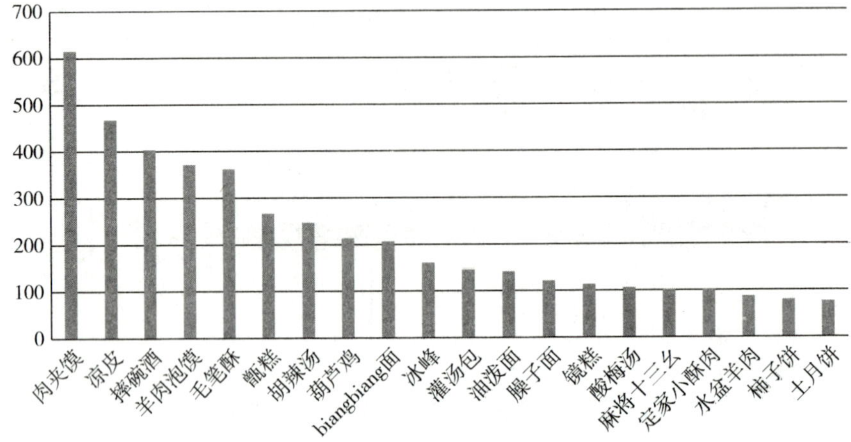

图 10　西安本地饮食排名前 20 频次统计图

由图 10 可以看出，西安本地饮食中，被大众提及最高频次的是肉夹馍、凉皮、羊肉泡馍等传统饮食，这说明大众更加偏好具有西安特色的传统味道。而融合传统文化与创意，打造的新兴美食如毛笔酥、麻将十三幺等，以多样化的形式成为西安的独特优势。其中毛笔酥在抖音平台的单条视频播放量达到 5644.1 万，这种创新性的结合在一定程度将西安一直以来“内容强形式弱”的状况改善，为城市形象的塑造注入新的活力。

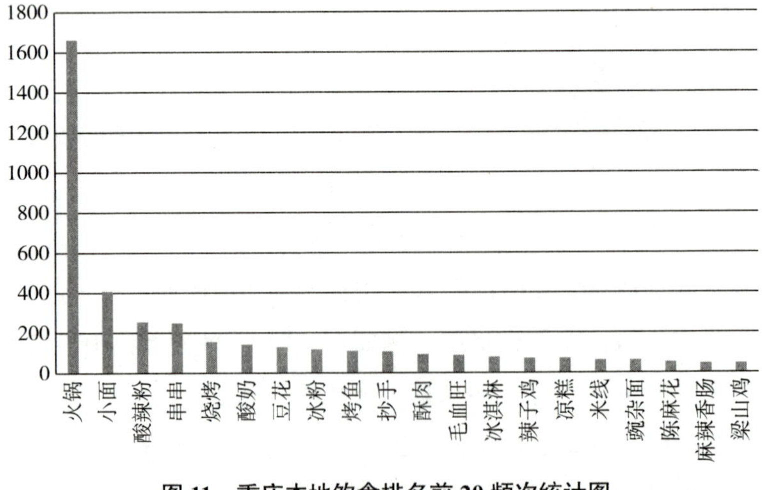

图 11　重庆本地饮食排名前 20 频次统计图

由图 11 可以看出重庆本地饮食中，火锅、小面、酸辣粉等传统美食被大众提及频次位居前列，在排名靠前的 20 种饮食中，绝大部分都是重庆的本地特色，是最能体现重庆味道的元素所在。这些传统的、隐藏在大街小巷的本地饮食，让城市形象更加生动具体。

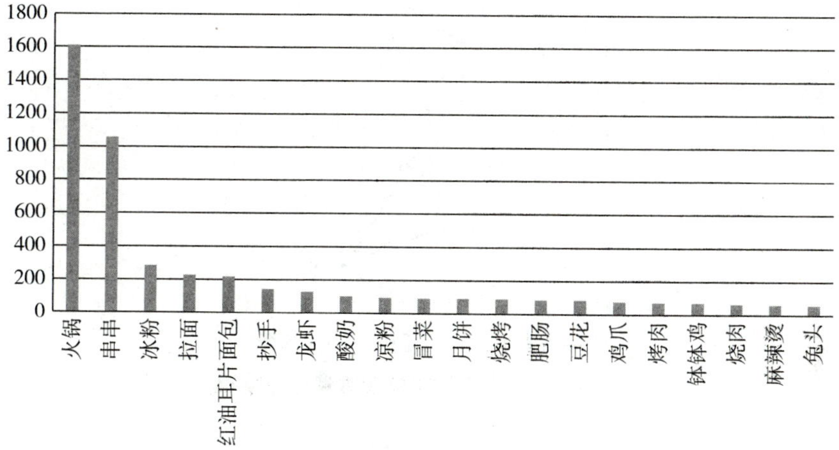

图 12　成都本地饮食排名前 20 频次统计图

图 12 反映出成都的火锅、串串、冰粉等传统饮食被大众提及次数最高，体现了成都的美食特色。如同重庆的小面、西安的凉皮、肉夹馍，均是能代表这座城市的美食标签及城市形象宣传的良好载体。

综上，通过统计分析西安、重庆、成都在“两微一抖”平台上被提及的本地饮食频数，可以发现大众喜爱的城市美食依旧是代表城市特色的地道饮食，这已然成为城市的天然竞争力。

2. 景观景色竞争力城市间势均力敌，微博成西安最强载体

除本地饮食外，景观景色也是衡量一座网红城市核心竞争力的重要因素。因此将西安、成都、重庆景观景色的种类及条数统计如图 13、图 14 所示，得出三座城市在景观方面的竞争优势。

每个城市在每个平台上的景观数量与它的条数同方向变化。西安在微博上的景观数目最多，同时景观条数也最多，而成都在抖音上的景观数目与条数最多，重庆则在微信上的景观数目与条数最多。因此，每个城市的景观景色在“两微一抖”上的竞争力差距不大，各有所长。

另外，从景观景色的条数来看，西安的景观景色在微博上的条数远大于抖音与

微信上的条数。例如，在所统计的数据中，钟楼在微博上被提及的次数为 366 条，而在抖音与微信上的条数分别为 81 条和 69 条。

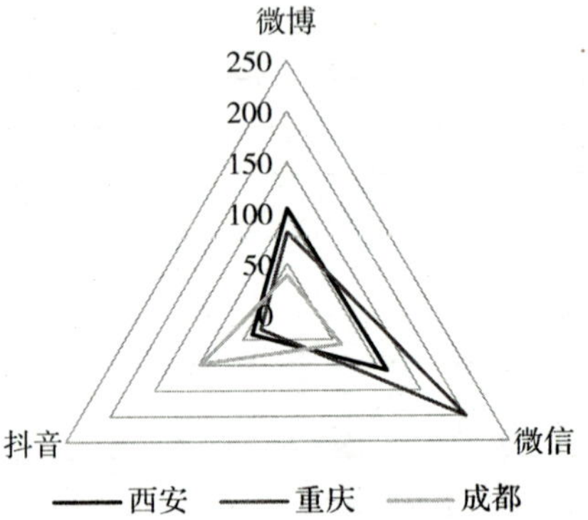

图 13　各平台三城市景观数量分布情况

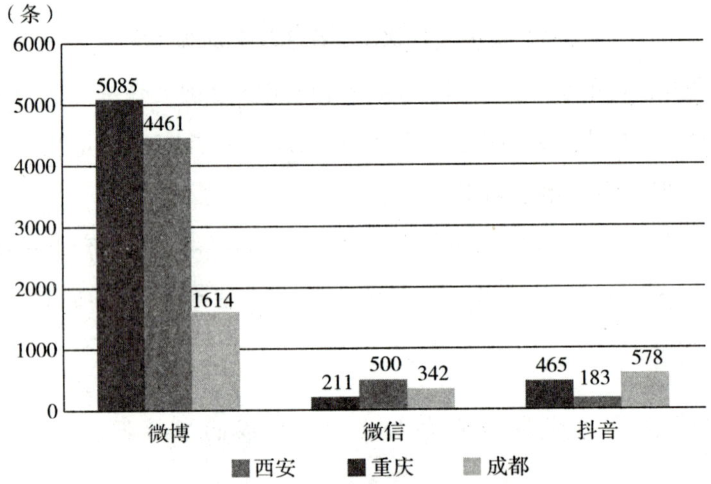

图 14　各平台提及城市景观的数量情况

3. 城市音乐竞争力西安有待提高，抖音成有利媒介

城市音乐往往表达了一个城市的文化内涵，形成了每一个城市独有的音乐文化。通过分析三座城市的音乐在“两微一抖”上的数量以及它们的播放量来衡量城市的音乐竞争力，统计“两微一抖”上涉及三座城市的音乐数量如图 15 所示。首先，抖音平台上重庆的音乐数量最多，西安次之。其次，在微信、微博平台上，西安、成都、重庆均处于较低水平。

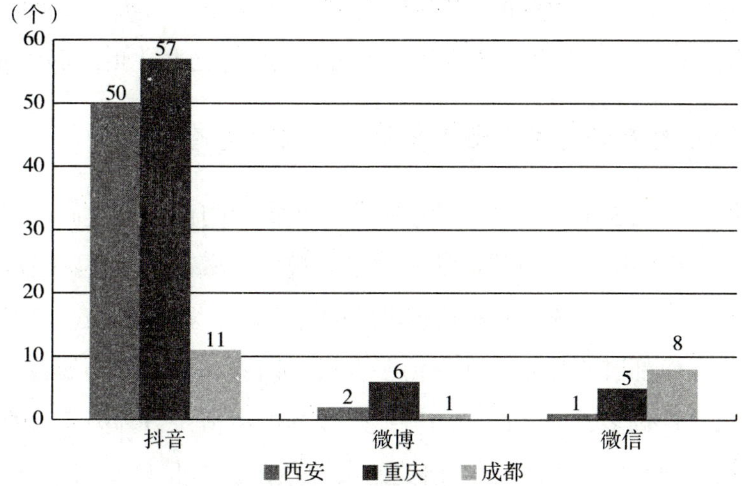

图 15 音乐数量图

抖音平台上涉及的城市音乐数量最多，因此，统计分析三个城市音乐在抖音上的使用量如图 16 所示。其中，西安的音乐使用量达到了 122 万之多，居于三个城市之首，涵盖了《西安人的歌》《这就是西安》《西安》《西安是座青春城》《你的西安》《长安，西安》等在内的 50 首歌曲。根据今日头条发布的《2018 短视频与城市形象研究白皮书》中提到使用《西安人的歌》作背景音乐的视频在抖音的播放量已超 25.9 亿[①]。

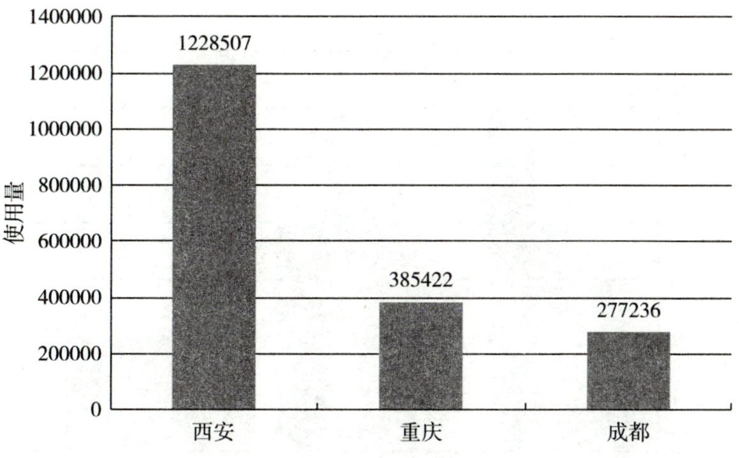

图 16 抖音平台音乐使用量

① 《今日头条：2018短视频与城市形象研究白皮书》。

结合上述分析，虽然西安的音乐数量在抖音平台上不占优势，但它的播放量却是最高的。说明抖音平台成为西安网红城市形象的塑造过程中的有利媒介。

4. 科技感设施竞争力西安处于劣势，重庆远超西安

科技感的设施代表了一个城市的创造力、生命力与活力。我们选取了三个平台上的城市科技感设施的数目与传播的条数来表现一个城市的科技感设施方面的竞争力。通过对比发现，三个城市的科技感设施的种类均不多，不超过 10 种，表明三个城市在科技感方面都有待加强。从微博平台看，西安科技感设施的数目最少，成都科技感设施的数目较多，但是西安的科技感设施的微博条数却高于成都，而重庆的科技感设施的数目虽不占优势，但相关的微博数却最多且显著高于其他两个城市。从抖音平台看，三个城市的科技感设施的数量是一样的，并且三个城市的科技感设施在抖音上的播放量都比较低。从微信平台来看，重庆在科技感设施方面的竞争力较有优势，即科技感设施的数量以及条数最多。

总体来说，西安的科技感设施在三个城市中并不占优势。在科技感设施的数目上，三座城市差别不大，但是在平台上的影响力即相关条数方面，重庆却远超西安。例如在微博平台上重庆的轻轨被提及的次数为 962 次，而西安的钢琴阶梯被提及的次数为 120 次。

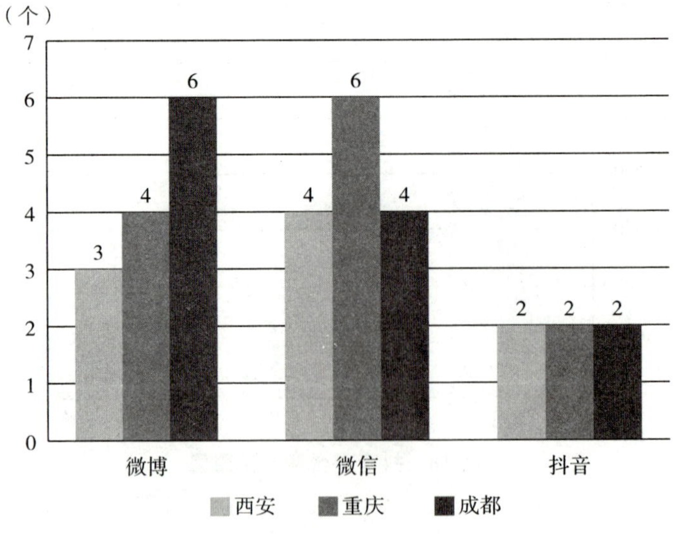

图 17　各平台科技感设施数量

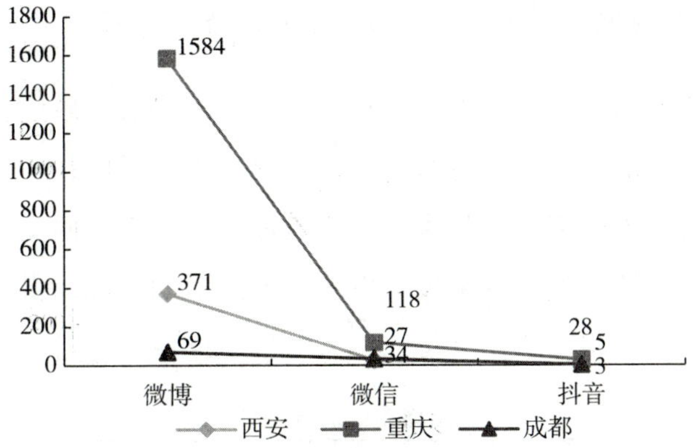

图 18　各平台提及城市科技感设施的条数

（四）推动力评估

推动力指标是用来评估西安、成都、重庆三座网红城市的外部推动因素所在。通过对比分析这三座城市的政府推动、媒体推动和公众推动得到三个城市的推动力得分情况，如图 19 所示。

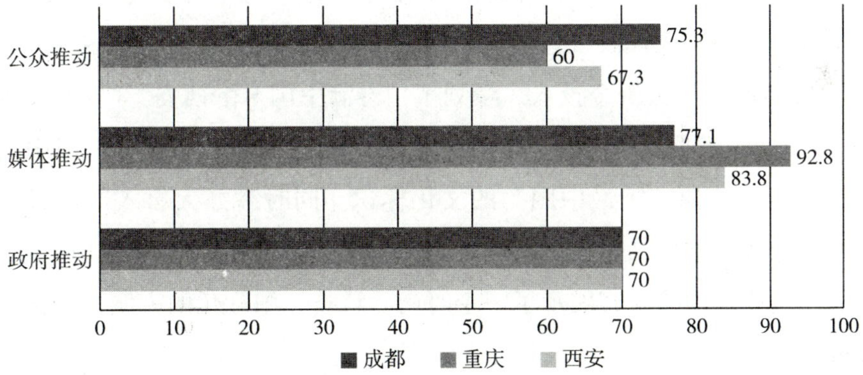

图 19　推动力得分情况

从图 19 中可以看出三个城市在推动力指标上均表现良好。首先，在政府推动方面三座城市得分相同，均为 70 分。其次，在媒体推动上三座城市得分都普遍高于在政府推动和公众推动上的得分，其中重庆的表现最为优秀。最后，在公众推动上成都表现最好，而重庆的得分最低。

综上，成都在公众推动上有较强优势，重庆在媒体推动上有较强优势，而西安在三个方面的推动力上均无明显优势。

1. 政府推动三座城市势均力敌，政策缺失仍是短板

在网红城市的推动中，政府推动是根本力量。正是有了政府在政策、资金、活动等方面的支持，才形成了“政府搭台，民众唱戏”的局面，一方面有效宣传了城市形象，另一方面也为城市发展带来了综合效应。如表 2 是西安、成都、重庆三座城市在政府推动方面的政策、资金投入以及举办的活动情况，得出三座城市在政府推动方面的表现。

表 2　三座城市政府推动情况

政府推动 / 城市	政策	资金投入	举办的活动
西安	无	有	有
成都	无	有	有
重庆	无	有	有

由表 2 可知，西安、成都、重庆三座城市政府都通过举办活动和资金投入来推动网红城市的形成和发展。西安市政府为了更好的整合文化资源，开展了一系列的城市品牌推广活动，迅速提升了城市形象，给城市发展带来了综合效应。2018 年西安市政府加大资金投入，策划了“春满中国 • 醉西安”“夏爽中国 • 嗨西安”“秋染中国 • 赏西安”等旅游推介活动，并首次推出“西安年 • 最中国”的系列活动，打响了“西安 • 最中国”的文化标识。同时举办大唐入城仪式、春节灯会、大型灯光秀、城墙马拉松、城墙千架无人机光影盛典等活动，让城墙再次焕发活力，通过这些活动给游客展示了一个时尚、科技、国际化的古城，助推了网红西安的发展。

成都市政府为了更好地推动城市形象传播，展现天府盛景，演绎城市新貌。2018 年通过资金投入，举办了中国 · 都江堰李冰文化国际旅游节，以别样的方式和独特的风格展示自己的旅游产品、旅游文化；举办美食旅游节，以本地美食为特色，进一步提升四川成都市“世界美食之都”的品牌影响力；在小通巷举办首届熊猫文创节，很好地再现了成都的悠闲雅逸和温润的气质，也为网红城市注入了新的活力。

重庆市政府为了宣传自己独特的山水和地域文化，打造“山水之城 · 美丽之地”

的名片，提升网红重庆的知名度。2018 年举办“再游长江，归来三峡”活动，感受如诗如画的三峡美景；举办第十二届长江三峡（巫山）国际红叶节，让广大游客更好地恋上山清水秀美丽重庆；在两江国际影视城·民国街举办“第三届新春风情旅游文化节”，很好地再现了重庆的风土民俗文化。

从上面政府投入资金举办的活动中我们可以看出，西安、成都、重庆三座城市的政府都在全力打造自身的城市形象，助力网红城市的发展。但是值得注意的是这三座城市都未出台关于网红城市的政策来支持其发展，说明政策仍是这三座城市政府推动的短板。西安市政府应当重视这一短板，不局限于资金投入和举办系列活动，而且也应出台相关政策推动网红城市的发展。

2. 媒体推动西安表现良好，负面报道值得关注

媒体推动在城市形象的宣传中起着助推作用，政府负责发布相关政策、举办活动，而媒体负责报道相关新闻，使市民参与其中。如图 20 显示了西安、成都、重庆三座城市在新华网、光明网和人民网上关于网红城市报道的总数、正面报道数量、负面报道数量以及负面报道的占比。

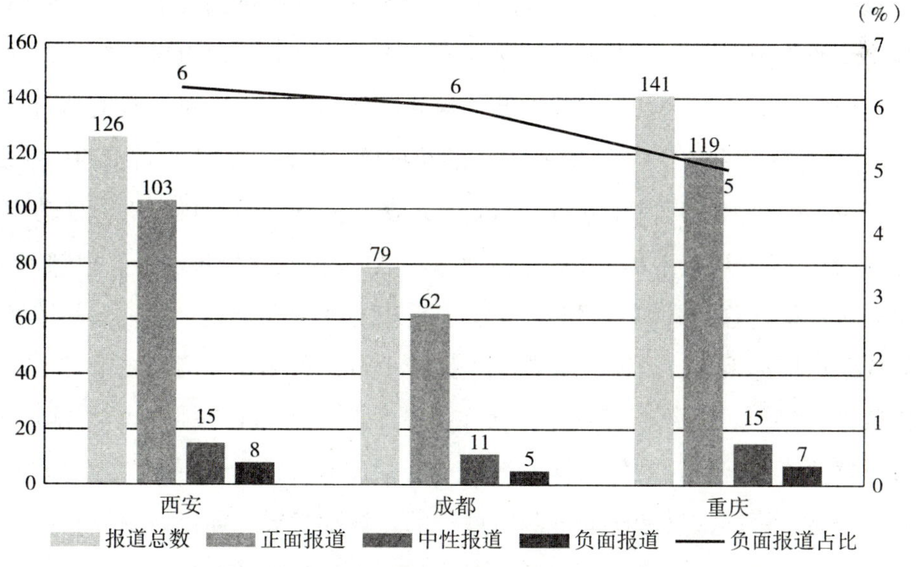

图 20 西安、成都、重庆的媒体报道向度

从图 20 可知，重庆的媒体报道数量最多，西安次之，成都的媒体报道数量则远

低于另外两城市。所以，西安在媒体推动上的表现良好。值得关注的是，这三座城市都存在少数负面报道，这些负面报道是推进网红城市建设和提升城市形象需要改进的地方。以西安为例，在三个主流媒体上的负面报道有：在新华网上，负面报道《西安地铁站“钢琴楼梯”走红 有人拍视频影响通行》，这篇报道反映了在公共场合中，来打卡的游客拍视频从而影响了地铁站的秩序。所以，在“钢琴楼梯”等网红景点火了的同时，西安市应该同时出台相应的政策和措施，保证在不扰乱公共秩序的前提下使游客文明打卡。在光明网上，负面报道为《钢琴阶梯被霸占 城市地标怎样才是真“网红”？》《“网红”景点火得变了味儿》，报道与前述相同。在人民网中，除去重复报道，负面报道为《检测西安 8 种网红鸡排 未测出铅和红曲色素》《西安某网红串串店被指“回收老锅底”？店家：五花肉熬汤》，这两篇报道均是食品卫生方面的负面新闻，西安着力打造“网红”城市，应该将食品安全放在第一位，同时出台相应的食品安全保障措施，对存在安全问题的商家予以整改或取缔。

3. 公众推动西安表现一般，公众参与的热情有待提高

在网红城市的建设中，离不开政府的支持，离不开媒体的报道反应，同时也不能忽视公众的推动力。公众作为最直接的参与者和行动者，以点赞、转发、评论等多种方式活跃在不同平台上，有效推动了网红城市的发展。针对公众推动量化的需要，统计出“两微一抖”平台上各种方式的数据量，从而对各个平台上西安、成都、重庆三个城市的数据进行对比分析。西安、重庆、成都三市的抖音平台推动力结果如图 21 所示。这里重点采集三个方面数据量：抖音视频点赞数、抖音视频评论数、抖音视频转发量。总体来说，西安、成都、重庆的视频点赞数、评论数、转发量三个方面数据总量都很大，说明公众热衷于抖音平台，积极参与网红城市的建设，推动网红城市的发展。从数据上看，公众在抖音平台上进行视频点赞的数据量很大，而进行视频评论和视频转发的数据量很小。从方式上看，公众更多的是以方便的点赞手段来为城市聚集人气从而助推网红城市的建设和发展，而以评论和转发的方式较少。对比三个城市在抖音平台上视频点赞数、评论数、转发量的数据，可以看出成都在三个方面的数据量都明显高于西安、重庆。

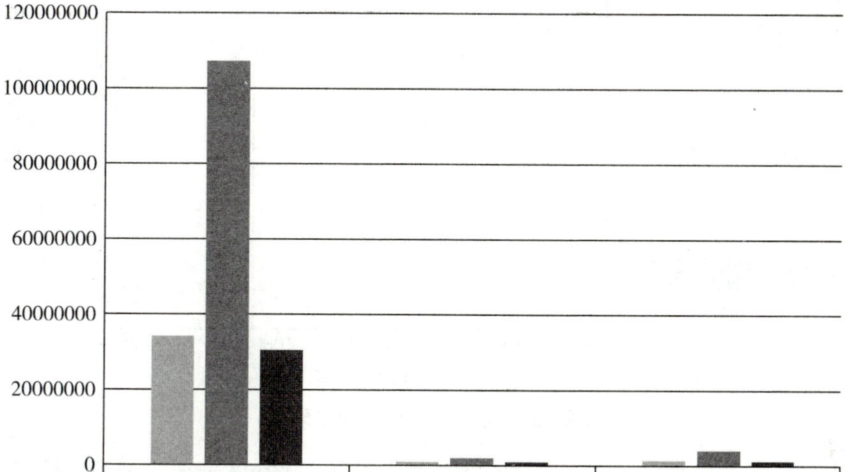

	视频点赞数	视频评论数	视频转发量
西安	34150005	892530	1364342
成都	107188403	1947229	4028101
重庆	30515740	865860	1162138

图 21　抖音平台推动力结果图

西安、重庆、成都三市的微博平台推动力结果如图 22 所示，这里主要收集微博点赞、微博评论、微博转发三个方面数据量。总的来说，西安、成都、重庆的微博转发数、评论数、点赞数三个方面数据总量也很大，说明公众不仅热衷于抖音平台，而且很大一部分也通过微博平台来助推网红城市的发展。从数据上看，公众在微博平台上进行转发的数据量很大，评论的数据量较大，而点赞的数据量很小。从方式上看，公众更多的是以转发的方式来扩大城市的知名度从而让更多的人参与网红城市的建设和发展，而通过点赞的方式很少。对比三个城市在微博平台上转发、评论、点赞的数据量，可以看出西安在转发和点赞两个方面的数据量上明显高于重庆、成都，而仅仅在评论数量上落后于成都。

对比抖音平台和微博平台上的数据量，公众在两个平台上选择的方式有所不同，进而产生的数据量也有所不同，在抖音平台上公众进行视频点赞的数据量很大，而在微博平台上公众进行微博转发的数据量很大。但无论是抖音平台还是微博平台，公众都是通过点赞、转发、评论三种有效方式来推动网红城市的发展。

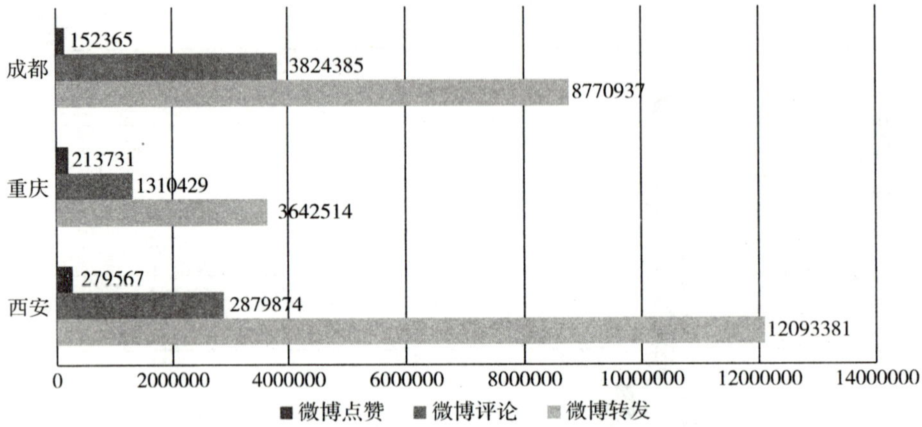

图 22 微博平台推动力结果图

西安、重庆、成都三市的微信平台推动力结果如图 23 所示。这里对微信文章阅读量和文章点赞数两个方面的数据进行统计。从数据上看，公众在微信平台上进行文章阅读的数据量很大，而进行文章点赞的数据量很小。对比三个城市在微信平台上文章阅读和点赞的数据量，可以看出重庆在文章阅读数据量上大大领先于西安、成都，而在文章点赞数上西安微微领先于重庆，成都在微信文章阅读和点赞数据量上都远远落后于西安、重庆。

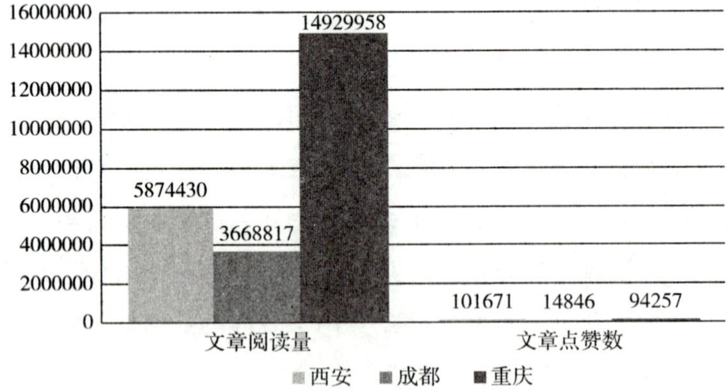

图 23 微信平台推动力结果图

与抖音和微博平台不同的是，公众在微信平台上只有文章阅读和点赞两种方式来推动网红城市发展，同时公众更多的是通过在微信公众号上阅读文章的方式来了解城市形象，从而为网红城市的建设和发展贡献力量。

综上，通过比较西安、成都、重庆在“两微一抖”三个平台上的不同推动力情况，可以看出西安在公众推动上表现一般。说明西安仍需调动公众的积极性和主动性，让更多的人参与到网红城市的建设和发展之中。

（五）影响力评估

通过对比这三个城市的经济效益和社会效益得到三个城市的影响力的得分情况，如图 24 所示。

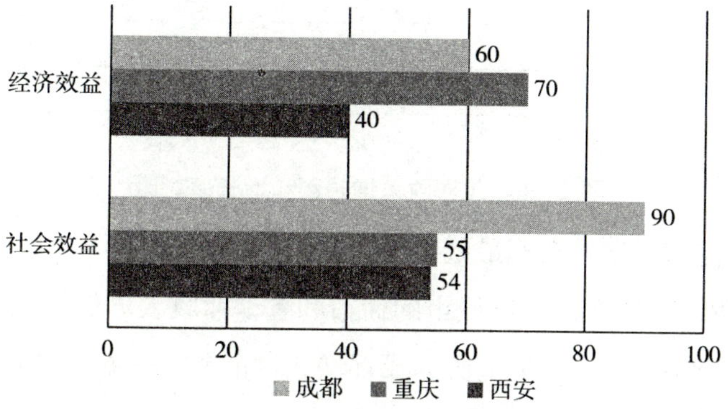

图 24 影响力得分情况

从图 24 中可以看出三个城市在影响力指标上的差异明显。首先，在经济效益方面，重庆得分最高，其次是成都，西安最低。其次，在社会效益方面，成都远远高于重庆和西安两座城市，且重庆和西安相对来说并无差异，处于相同水平。总体来说，成都的影响力最高，其次是重庆，而西安在影响力方面处于劣势。

1. 西安旅游住宿餐饮收入增长额相对较低，但增长速度最高

我们分别从旅游收入增长额和住宿餐饮经济增长额两个方面对三个城市所带来的经济效益进行分析。

（1）西安年旅游收入增长额位居中间，但增长速度最高

通过图 25 可以直观地看到，网红城市西安的年旅游收入额为 670.5 亿元，重庆为 727.24 亿元，成都为 548.875 亿元，总体来说，西安年旅游经济增长额排名第二，处于中间水平。但是根据图中的折线图可以看出，三个城市年旅游经济增长率的对比，我们发现西安的年旅游收入增长率比其他两座城市高出一倍，具体而言，西安的年旅游经济增长率高达 55.24%，而重庆为 27.49%，成都为 21.48%，西安的年旅

游收入增长速度远远高出其他两座城市。

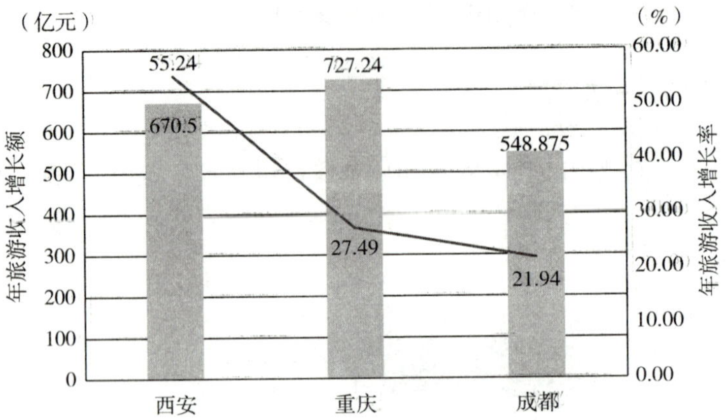

图 25　年旅游收入增长额和增长率对比

（2）西安年住宿餐饮增长额最低，但收入增长率最高

通过图 26 我们可以看出三座城市的住宿和餐饮业收入增长额，西安的住宿餐饮收入增长仅为 14.86 亿元，不足重庆和成都增长额的一半，在三座城市中排名最低。说明西安的住宿和餐饮发展速度较慢，但是我们进一步分析了住宿和餐饮收入增长率，发现西安的住宿和餐饮收入增长率最高。综合这两个数据我们可以得出，西安在住宿和餐饮方面的经济发展水平较其他两座城市较低，住宿和餐饮经济总额远远低于其他两座城市。

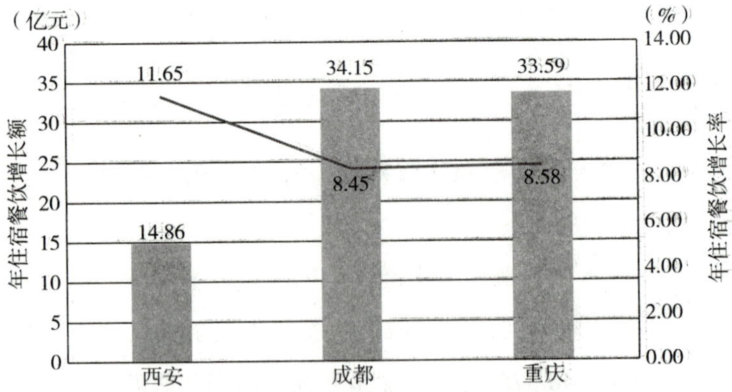

图 26　年住宿餐饮收入增长额和增长率对比

2. 西安市民幸福感持续下降，其知名度缓慢上升

通过分析三座城市的网红效应，得出每个城市网红效应对其知名度与幸福感

的影响。

（1）西安网红后幸福感逐年下降，而成都幸福感稳居第一

公众对网红城市的负面感受与网红城市的幸福感排名相呼应，即公众对成都的负面感受最小，其幸福感排名稳居第一；公众对西安负面感受相对成都较大，其幸福感排名次于成都，并逐年下降；而公众对重庆的负面感受非常大，其幸福感最差，甚至在 2016 年和 2017 年都没入围中国最具幸福感排名城市。

根据所采集到的样本数据，西安、成都、重庆这三座城市成为网红后，公众对其网红城市的负面感受有一定的区别，其负面感受的内容主要表现在：①物价上涨：房价上涨，美食价格上涨，原来免费景区开始收费。②交通堵塞：网红景点人流量大引起的拥堵现象、道路车辆堵塞现象。下面从负面情感的数量以及负面情感的占比两个角度剖析公众对这三座网红城市的负面感受。如图 27 所示。

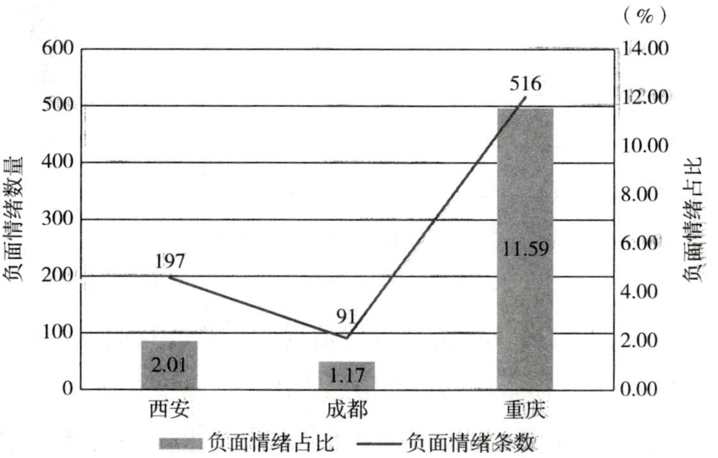

图 27　各城市负面情感数量及占比

从图 27 中可以清楚地看出三座城市的负面情绪的数量，网红西安的负面情感条数为 197 条，网红成都的负面情感条数为 91 条，网红重庆的负面情感条数为 516 条，其中重庆的负面情绪的数量最少，其次是西安，而重庆的负面情绪最多。

另外，网红西安的负面情感占比为 2.01%，网红成都的负面情感占比为 1.17%，网红重庆的负面情感占比为 11.59%。图 27 中的柱状图清晰地展示了三座城市负面情绪的占比情况，这与三座城市负面情绪的数量表现出相同的特征，其中成都的负面情绪占比最少，其次是西安，而重庆的负面情绪占比最大。

根据《GN 中国最具幸福感排名城市》2016—2018 年发布的报告，西安成为网红后，尽管其幸福感排名依旧位于全国前十的最具幸福感城市中，但其幸福感排名逐年下降；而成都成为网红后，其幸福感排名在众多城市中稳居第一；重庆在三年中的排名都没有入榜前十，而《GN 中国最具幸福感排名城市》的报告中仅展示了 2016 和 2017 两年的排名前十的城市，2018 年的报告中显示重庆排名第十三，因此在图 28 中以“0”来表示 2016 和 2017 年重庆城市未入围全国前十最具幸福感城市排名榜，可以看出，重庆的幸福感排名在三座网红城市中最低。

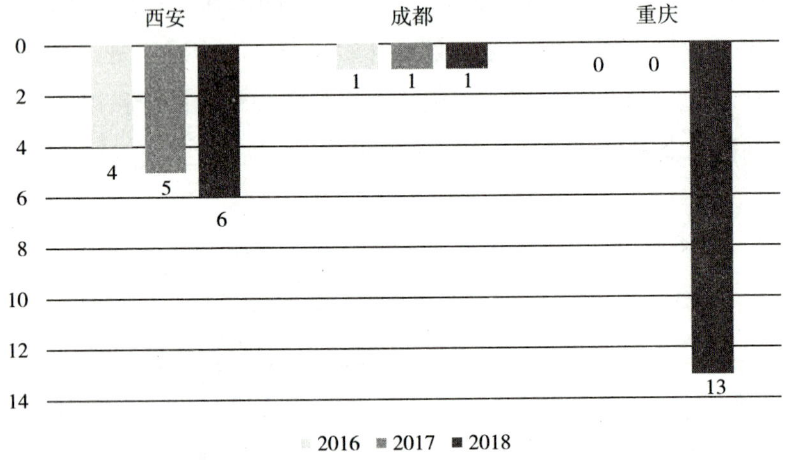

图 28　西安、成都、重庆 2016—2018 年幸福感排名

基于以上对三座城市的负面情感占比情况的分析，我们发现成都的负面情绪占比最低，其次是西安，而重庆的负面情感占比远远高于其他两座城市。同时根据《GN 中国最具幸福感排名城市》2016—2018 年发布的报告，发现三座网红城市的幸福感排名，成都最高，其次是西安，而重庆最低。这表现出市民的负面情感占比与其幸福感的表征趋势上具有一定的关联。众所周知，市民的幸福感受多种因素影响，与生态环境、便捷的交通等都具有一定的关系，通过我们对负面情感的内容进行分析，发现网红城市会导致城市人口及交通压力增大，这在一定程度上降低了市民的幸福感。故而可以得出，西安成为网红后，其为城市带来的负面情感占比情况与市民幸福感有一定的关系，负面情感占比较高的城市，其幸福感排名相对靠后。

（2）西安知名度逐年提升，赶超重庆但低于成都

分析 2016—2018 三年间三个城市知名度的变化趋势，得出网红城市形象与其知名度有一定的关系，即网红城市形象的塑造和传播是提升城市知名度的一个重要因

素，但具有高知名度的城市不一定是网红城市。

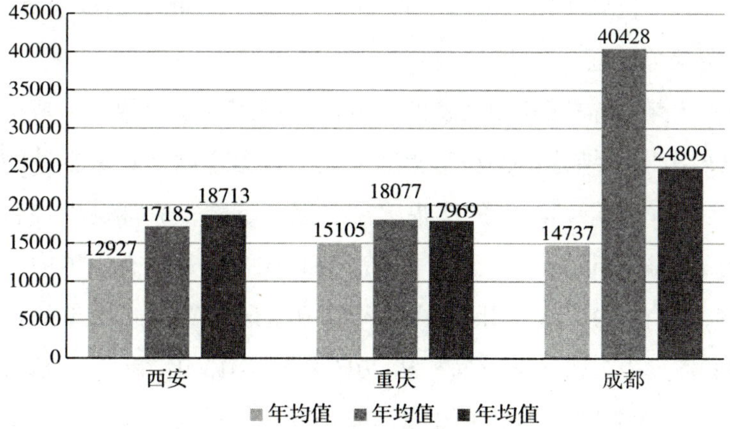

图 29　百度搜索指数

图 29 反映的是 2016—2018 年这三年来西安、重庆、成都这三座城市成为网红后，其百度搜索指数在网站上的变化趋势，从而可以看出网红城市形象对其知名度是有一定的影响作用。

网红成都知名度变化趋势：成都的网红形象对其知名度的影响从 2016 年到 2018 年有一个明显的幅度变化：快速上升和缓慢下降的趋势。即从 2016 年到 2017 年先是递增到一个最大值，增加的速率为 21.409%，从 2017 年到 2018 年知名度开始下降，下降的速率为 13.041%，其知名度增加的斜率大于其下降的斜率，故而从 2016 年到 2018 年，总的来说其知名度是增加的，增加的速率为 8.393%，所以成都的网红形象对其城市的知名度起到提升的作用。

网红重庆知名度变化趋势：重庆的网红形象对其知名度的影响从 2016 年到 2018 年先是缓慢增加而后略有下降的趋势。即从 2016 年到 2017 年增加幅度为 2.477%，从 2017 年到 2018 年下降的幅度为 0.09%，其知名度增加的速率远大于其知名度下降的速率，故而从 2016 年到 2018 年，总的来说，其知名度是增加的，增加速率为 2.387%，所以重庆的网红形象对其城市的知名度起到提升的作用。

网红西安知名度变化趋势：西安的网红形象对其知名度的影响从 2016 年到 2018 年整体是上升的趋势。即从 2016 年到 2017 年增加幅度为 3.548%，从 2017 年到 2018 年增加幅度为 1.273%，故而可以看出虽然 2017 年到 2018 年西安的知名度也是增加的，但其增加的幅度相对 2016 年到 2017 年减少了 2.275%。

对比分析 3 座网红城市知名度：只有西安的知名度是持续增加的，而成都、重庆的知名度在 2017 年到 2018 年均有下降的趋势，且成都的知名度下降的幅度最大。

（3）对比分析幸福感和知名度

通过对比分析在幸福感和知名度两个方面三座网红城市西安、成都、重庆的不同表现，可以得出以下结论：①在幸福感方面，根据中国最具幸福感的城市排名可知，从 2016 年到 2018 年，西安的幸福感排名逐年下降；成都的幸福感这三年来稳居第一；重庆的幸福感最低，甚至在 2016 年和 2017 年并没有入围中国最具幸福感的城市排名榜，而在 2018 年，重庆虽然入围中国最具幸福感城市的排名榜，但排名仅仅是第 13 名。②在知名度方面，从 2016 年到 2018 年，西安、成都、重庆这三座城市网红后，其知名度整体是上升的，但是成都和重庆两座城市的知名度分别在 2017 年到 2018 年有些许下降的趋势，而西安的知名度在这三年来是持续上升的，这样看来，西安的热度是持续保持的，但其知名度的最大值还是没有达到成都和重庆的知名度值。

三、西安网红城市特征深层分析

以评估结果为基础，从地域、文化、产业、政府等视角对西安、成都、重庆的网红特征进行对比，深层次分析西安作为网红城市的特征。

（一）地域分析

地域分析能够从空间上表现一座城市的景观景色分布特点及聚集状况。地域作为一个关键的影响因素，在网红城市的形成过程中发挥着重要的作用。于是，将西安、成都、重庆三座城市的景观景色在空间上的分布特征、聚集程度、景观周边的交通通达能力以及景观周围基础设施的承载能力进行对比分析，从深层剖析西安网红城市的地域特征。

1. 西安景观呈团块状、高聚集分布，不利于形成整体发展格局

为得出西安、成都、重庆网红景点的空间分布特征，根据采集到的数据，统计出三座城市网红景点的地理位置，进而绘制网红景点分布图。在网红景点分布图的

基础上，进一步分析景观聚集程度。主要是采用百度地图统计西安、成都、重庆网红景观之间的相互距离，通过衡量景观间的距离大小，反映出景观的疏密程度。

（1）成都景观呈放射状分布且聚集程度较低，带动多点经济共同发展

图 30 是成都地区及市中心景点分布图。从图中可以看出多数景点集中在市区三环以内，都江堰、成都大熊猫繁育研究基地等著名景点散布于成都市其他位置。

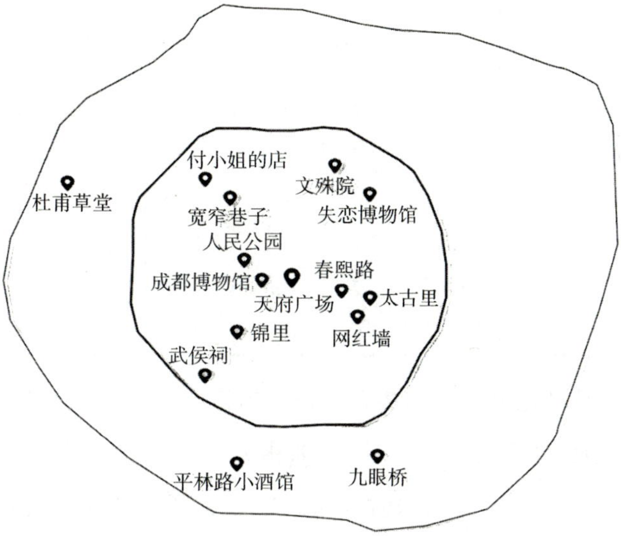

图 30 成都城区景点分布图

图 30 是以成都天府广场为中心，三环干路为边界的成都市中心景点分布图。从图中可以看出，绝大多数的热门景点集中于二环以内，并以天府广场为中心呈放射状分布；三环内还有杜甫草堂、小酒馆、九眼桥等景点零星分布。春熙路、宽窄巷子等旧商区与付小姐的店、失恋博物馆等新商区共同构成成都的“网红”打卡地。

此外，进一步分析成都景观之间的聚集状况。表 3 表示的是成都景观之间的距离，灰底板块反映的是成都景观之间的距离大于其平均距离的情况。由表 3 可知，灰底板块共 29 个，占总体的 64%，表明成都景观之间的距离较远，聚集程度较低。其中文殊院与武侯祠之间的距离最远。

综上，成都景观放射状分布的特征能够带动多区域、多点经济的发展，从而使成都整体经济得到有效的提升。但同时聚集程度较低的放射状景观分布特征，会加大游客在景观之间的周转时间，影响游客的出行体验，从而影响城市在游客心中的

形象。

表 3　　成都景观距离表　　单位：千米

景观＼景观	天府广场	春熙路	太古里	锦里	武侯祠	成都博物馆	人民公园	宽窄巷子	失恋博物馆	文殊院
天府广场	0									
春熙路	1.5	0								
太古里	1.8	0.41	0							
锦里	2.6	3.5	3.7	0						
武侯祠	2.7	3.5	3.8	0.21	0					
成都博物馆	0.44	1.6	2	2.2	2.3	0				
人民公园	0.87	1.9	2.3	1.8	1.9	0.43	0			
宽窄巷子	1.8	3	3.3	3.1	3.1	1.7	1	0		
失恋博物馆	1.3	1.6	1.9	3.7	3.8	1.6	2	2.3	0	
文殊院	2.2	2.7	3	4.6	4.7	2.4	2.9	2.9	1.1	0

（2）重庆景观呈沿江分布且聚集程度低，带动沿江经济同步发展

图 31 是重庆地区景观分布图。与成都相似，重庆地区多数“网红”景点分布在重庆城区。城区之外，奥陶纪旅游度假景区、武隆、仙女山各自独立形成一个打卡点。

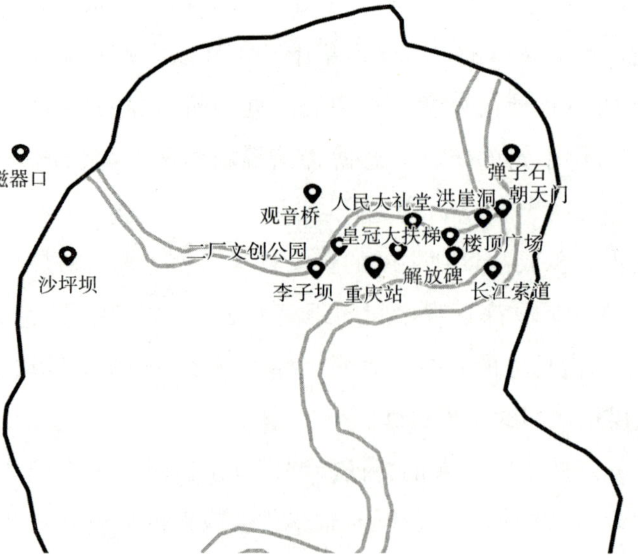

图 31　重庆城区景点分布图

从图 31 中可看出，长江与嘉陵江交汇形成的“两江一嘴”地区成为绝大多数热门景点的分布区，各“网红”景点呈现沿江分布的特征。

此外，进一步分析重庆景观之间的距离大小，如表 4 所示，灰底板块反映的是重庆景观之间的距离大于其平均距离的情况。由表 4 可知，灰底板块共 23 个，占总体的 51%，其平均距离达到 5.34 千米，表明重庆景观之间的距离大，景观间的聚集程度低。其中磁器口与其他景观之间的距离均高于 10 千米。

综上，重庆景观沿江分布的特征，能够在很大程度上带动沿江经济带的发展，促进沿江地带旅游、住宿、餐饮等一系列产业的共同发展。另外，景观间聚集程度低的特征，在旅游高峰节点出现时能够有效地分散城区人流，减缓主城区压力，保障城市正常运转，使城市能够在公众心中树立井然有序的良好形象。

表 4　　　　重庆景观距离表　　　　单位：千米

景观（列）/景观（行）	解放碑	长江索道	李子坝	二厂文创公园	观音桥	人民大礼堂	洪崖洞	朝天门	弹子石	磁器口
解放碑	0									
长江索道	0.72	0								
李子坝	4.6	5.2	0							
二厂文创公园	5	5.6	1.5	0						
观音桥	6.2	6.5	3	4.2	0					
人民大礼堂	3.1	3.6	2.3	2.7	2.9	0				
洪崖洞	0.69	0.84	4.9	5.2	5.5	2.7	0			
朝天门	1.9	1.3	6.2	6.6	7.3	4.8	1.6	0		
弹子石	6.7	5.1	10.4	10.7	7.9	8	6.5	6.4	0	
磁器口	15	15.5	10.3	11.3	10.6	12.4	15.1	16.6	18.5	0

（3）西安景观呈团块状分布且聚集程度高，带动局域经济发展

图 32 是西安地区的景观分布图。从图中可以看出，西安地区的多数“网红”景点均围绕西安城区分布，兵马俑、华清池、骊山等著名景点集中分布于西安城区外东北处；除此之外，还有新兴的古观音禅寺、昆明池等景点散落分布于城区外。

图 32 是以钟楼为中心、西安二环为边界的城区景点分布图，总体呈现出以钟楼、大雁塔为中心的“双中心”团块状景点分布特征。

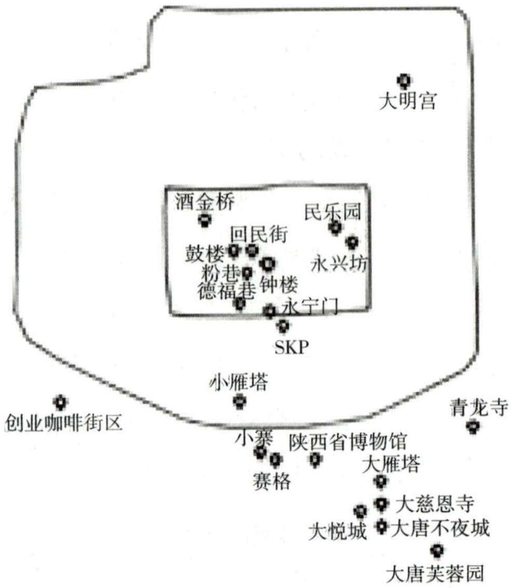

图 32 西安城区景点分布图

此外，进一步分析西安景观间的聚集状况，如表 5、表 6 所示。灰底板块反映的是西安景观之间的距离大于其平均距离的情况。其中灰底板块共 35 个，占总体的 54.7%，虽然占比情况大于重庆（51%），但观察表可知，西安景观相互之间的距离均较小，因此聚集程度较重庆高。从表 5、表 6 可以看出，西安两个区域内景观之间聚集程度均处于较高水平。其中回民街、鼓楼、钟楼之间的距离小于 1 千米。

表 5 西安区域一景观距离表 单位：千米

景点＼景点	钟楼	回民街	鼓楼	永兴坊	粉巷	酒金桥	民乐园	德福巷	永宁门
钟楼	0								
回民街	0.45	0							
鼓楼	0.42	0.03	0						
永兴坊	2.5	2.9	2.9	0					
粉巷	1	0.74	0.81	3.4	0				
酒金桥	2	2	1.9	3.8	2.4	0			
民乐园	2	2.4	2.4	0.46	2.9	3.4	0		
德福巷	1.3	1.1	1.1	3.5	0.34	2.9	3.1	0	
永宁门	1.2	1.3	1.3	3.7	0.75	3.3	2.9	0.38	0

表 6　　西安区域二景观距离表　　单位：千米

景点＼景点	大雁塔	大慈恩寺	大唐不夜城	大悦城	大唐芙蓉园	陕西省博物馆	小寨	赛格
大雁塔	0							
大慈恩寺	0.03	0						
大唐不夜城	0.25	0.37	0					
大悦城	0.13	0.1	0.31	0				
大唐芙蓉园	1.2	1.2	1	1.3	0			
陕西省博物馆	1.6	1.5	1.7	1.4	2.7	0		
小寨	2.2	2.2	2.4	2.1	3.3	0.59	0	
赛格	2.1	2.1	2.3	2	3.2	0.46	0.08	0

西安团块状分布且聚集程度较高的特征，可以带动单一区域景点的共同发展，方便游客在短时间内选择更多的游玩地；方便区域内景点的统一规划与管理。

（4）西安景观分布区域单一且程度较成都、重庆高，有碍整体经济发展

将西安、成都、重庆三座城市景观之间的平均距离对比如图 33 所示。可以看出西安景观之间的平均距离最小，为 1.3 千米，说明西安景观间聚集程度较高。成都、重庆景观之间的平均距离均大于西安，景观间离散程度较高。

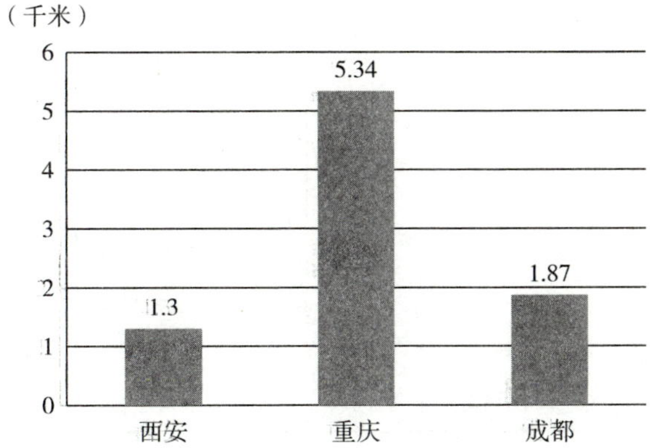

图 33　三座城市景观间平均距离

西安景观聚集程度较高，在旅游高峰期出现时会导致大量游客聚集在同一区域，引起交通堵塞、景观限流等不便。而成都、重庆两座城市景观之间的聚集程度较低，可以有效缓解高峰期游客大量聚集所带来的不便，在空间上能够分散一部分人流。

譬如，2019 年春节假日期间，大唐不夜城接待 387.27 万人次，大雁塔文化休闲景区接待 94 万人次，大唐芙蓉园接待 30.88 万人次，秦岭野生动物园接待 10.44 万人次[①]。其中，大雁塔、大唐芙蓉园与大唐不夜城空间距离较近，且人流量都较大，而较远景点秦岭野生动物园人流量较小，未达到分流的效果。

成都景点的放射状分布与重庆景点的沿江分布特征可以辐射到更远、更广的区域，带动多点经济的发展，从而促进整个城市旅游业与经济的发展。但对西安而言，由于景点只聚集在某一个区域，还未突破多点发展，对整体网红城市的发展与经济的提升有一定的限制。

2. 西安景观周围交通通达能力较低，难以疏散景区高峰人流

交通状况分析能够在空间上表现出一座城市景观之间连接的便利程度，反映景观之间交通的通达能力。结合上文分析的景观聚集程度，将三座城市景观之间的交通状况进行对比，得到西安景点之间的交通情况如表 7、表 8 所示。

表 7　西安区域一景观之间交通路线　　单位：条

景点＼景点	钟楼	回民街	鼓楼	永兴坊	粉巷	洒金桥	民乐园	德福巷	永宁门
钟楼	0								
回民街	3	0							
鼓楼	3	3	0						
永兴坊	13	12	12	0					
粉巷	7	5	6	13	0				
洒金桥	12	11	12	12	13	0			
民乐园	12	11	12	6	13	13	0		
德福巷	9	7	8	13	3	13	10	0	
永宁门	8	9	11	13	8	12	13	3	0

① http://sn.ifeng.com/a/20190211/7209063_0.shtml.

表 8 **西安区域二景观之间交通路线** 单位：条

景点＼景点	大雁塔	大慈恩寺	大唐不夜城	大悦城	大唐芙蓉园	陕西省博物馆	小寨	赛格
大雁塔	0							
大慈恩寺	3	0						
大唐不夜城	3	5	0					
大悦城	3	3	5	0				
大唐芙蓉园	12	10	9	9	0			
陕西省博物馆	10	9	11	11	13	0		
小寨	11	11	13	13	13	7	0	
赛格	11	11	13	13	13	7	4	0

由表 7、表 8 可以看出，灰底模块表示的是两景观之间可以到达的交通路线数，西安景观之间的交通状况较便利，景观之间可到达的交通路线平均在 7 条以上。

同时，将成都、重庆两座城市景观之间的交通状况统计如表 9、表 10 所示。可以发现成都、重庆景观之间的交通非常便利，景观相互之间可到达的交通路线绝大多数在 10 条以上。

表 9 **成都景观之间交通路线** 单位：条

景点＼景点	天府广场	春熙路	太古里	锦里	武侯祠	成都博物馆	人民公园	宽窄巷子	失恋博物馆	文殊院
天府广场	0									
春熙路	10	0								
太古里	12	4	0							
锦里	10	13	13	0						
武侯祠	10	13	13	3	0					
成都博物馆	6	10	12	9	9	0				
人民公园	9	12	13	11	12	5	0			
宽窄巷子	9	11	13	13	13	11	7	0		
失恋博物馆	11	11	13	13	13	13	13	13	0	
文殊院	13	13	13	13	12	13	13	13	12	0

表 10　　重庆景观之间交通路线　　单位：条

景观＼景观	解放碑	长江索道	李子坝	二厂文创公园	观音桥	人民大礼堂	洪崖洞	朝天门	弹子石	磁器口
解放碑	0									
长江索道	7	0								
李子坝	13	11	0							
二厂文创公园	13	11	5	0						
观音桥	13	13	8	10	0					
人民大礼堂	11	13	10	11	11	0				
洪崖洞	12	12	13	13	13	10	0			
朝天门	8	5	10	10	6	9	6	0		
弹子石	11	10	12	13	5	10	13	5	0	
磁器口	11	11	12	11	7	10	11	10	12	0

对比西安、成都、重庆三座城市景观相互之间可到达的交通路线平均数如图 34 所示。可以看出西安、成都、重庆三座城市景观间可到达的交通路线平均条数相差不大，但其他两座城市的交通平均条数均高于西安。从侧面可以反映出西安景观之间的交通便利性、通达能力较成都、重庆低。这在一定程度上是由于西安景观之间距离较近，到达方式单一，可供选择较少。因此，易导致人群高度集中，短时间内无法有效疏散。

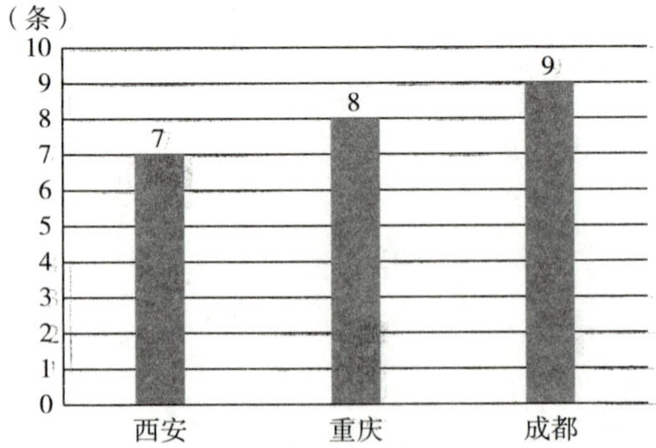

图 34　三座城市景观之间可到达交通路线平均值

例如，正月十五元宵节大唐不夜城·现代唐人街人气爆棚，市民游客总量达 84.7 万人次，突破了 2019“西年·最中国”活动以来单日最高[①]。如图 35、图 36 分

① https：//www.yidianzixun.com/article/0LKi9XyZ/amp.

别是 2019 元宵节当日钟楼与大唐不夜城的拥挤状况，可以看出在节假日高峰期时，热门景点人流量大，路况拥挤。

图 35　2019 元宵节钟楼

图 36　2019 元宵节大唐芙蓉园

另外，在评估网红城市影响力时，西安的幸福感指数逐年下降。通过数据发现，8.9% 上是由交通拥堵导致的。因此交通状况会影响城市居民生活幸福感，从而影响网红城市的发展。

此外，进一步分析西安景观与大型客流集散地之间的交通情况，统计出西安市大型客流集散地到不同景观之间的交通路线条数如表 11 所示。可以看出绝大部分的景观与主要客流集散地之间可到达的交通路线在 11 条以上，说明西安市为外地游客提供了较为便利的交通条件，一定程度上提高了交通的通达能力，带动西安网红城市的发展。

表 11　西安市大型客流集散地与景观之间交通路线　单位：条

景点 \ 大型客流集散地	西安站	西安北站	咸阳国际机场
钟楼	13	12	9
回民街	12	11	8
鼓楼	13	12	9
永兴坊	13	13	9
粉巷	13	12	10
酒金桥	11	10	7
民乐园	11	13	8
德福巷	12	13	10

续表

景点 \ 大型客流集散地	西安站	西安北站	咸阳国际机场
永宁门	13	10	10
大雁塔	13	16	11
大慈恩寺	13	13	11
大唐不夜城	13	13	11
大悦城	10	13	11
大唐芙蓉园	12	13	11
陕西省博物馆	13	11	11
小寨	13	11	11
赛格	13	11	11

3. 西安景观周围基础设施数量较少、设施不足问题亟待解决

基础设施是衡量一个景观承载能力的有利因素，根据前述评估结果对西安、成都、重庆三座城市景观空间分布特征得出的景观分布图，选取每座城市的中心景观作为分析对象，统计其中心景观周围基础设施拥有量状况如图 37 所示。可以看出，三座城市的基础设施状况存在一定的差别。其中成都天府广场周围的停车场和美食与其他城市相比，数量较多，差距较大。此外，西安除钟楼附近的公厕数量占有优势外，其余基础设施与成都相比，均存在一定的差距。说明西安景点周围的基础设施的能力还有待提升。

据《西安晚报》报道，截至 2018 年 5 月，西安市机动车保有量已经超过 300 万，其中 80% 集中在主城区，车位却只有 108 万个[①]。另外，在 2019 年“西安年·最中国”系列活动期间，曲江核心区每天的人流量预计达到 100 万左右。保守估计，每天的停车需求在 10 万 ~ 15 万辆次。这远远超出了曲江核心区五六千个车位的接待能力[②]。这在一定程度上阻碍了西安网红城市的发展。

① http：//www.cnr.cn/sxpd/sx/20180505/t20180505_524223324.shtml.

② http：//sn.people.com.cn/n2/2019/0204/c378288-32613604.html.

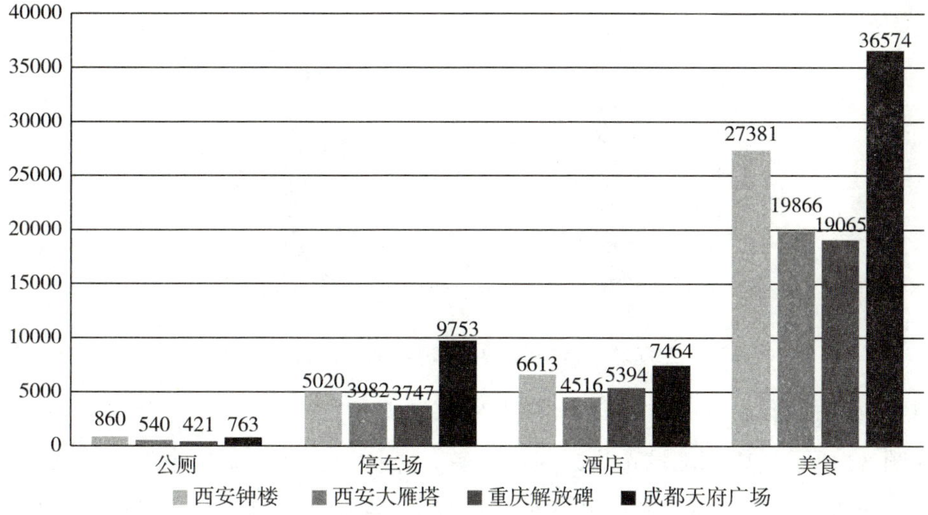

图 37　各城市中心景点周围基础设施状况

（二）文化分析

城市文化是市民在长期的生活过程中，共同创造的、具有城市特点的文化模式，是城市生活环境、生活方式和生活习俗的总和。所以，文化分析能够从整体上反映一座城市的底蕴和灵魂，文化作为一个关键的影响因素，在网红城市形成过程中起着重要作用。一座城市的文化渗透在城市生活的方方面面，基于网红城市的特征分析，文化主要聚焦在音乐、美食、景观三个方面。本章从网红城市的音乐、美食、景观入手，挖掘其背后的文化元素，探究网红城市发展背后的文化特征。

1. 西安音乐唱响古城特色，缺乏对现代化城市形象的传唱

音乐是人民群众喜闻乐见的精神文化产品，是一种娱乐方式，也是一种精神上的寄托，不仅给市民群众带来艺术的享受，也成为一张张城市名片。在网红城市的形成和发展中，每个城市都创作了属于自己的音乐，这些音乐表达了每个城市不同的文化内涵。由竞争力指标评估结果可知，每个城市在抖音平台上都有各自的网红音乐，图 38 显示了该平台上三座城市背景音乐中体现当地文化的音乐数量。

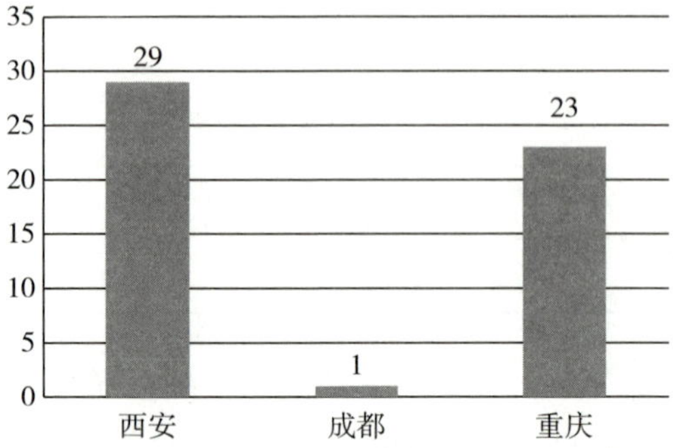

图 38　三座城市背景音乐中体现当地文化的音乐数量

（1）成都音乐呈民谣风，城市专属音乐数量少

如图 38 所示，成都的城市音乐仅有一首，相比于西安、重庆来说，成都城市专属音乐数量少。这首歌就是广为流传的《成都》，歌词中出现了“玉林路”等熟悉的地名，众多摇滚、民谣音乐人心爱的“小酒馆”，都引起了成都人的共鸣，也勾起了人们对成都的向往及憧憬。《成都》不仅从音乐体裁上传承了成都本地的民谣文化，也从歌词背后再现了成都当地慢节奏的市井文化。

（2）重庆音乐热情奔放，但音乐知名度较差

由图 38 可知，重庆的城市音乐数量较多，涵盖了《重庆的味道》《我爱重庆》《重庆，你一定要去》等 23 首体现重庆特色的歌曲。这些歌曲集中讲述了重庆人的饮食文化，体现了重庆人对吃的追求；再现了解放碑、磁器口、长江、南山等景观特色，体现了重庆独特的山水和红色地域文化。大部分歌曲将摇滚音乐与重庆的城市精神进行融合，展现了重庆和重庆人的热情奔放，引起了年轻人的共鸣。根据图 16 的结果显示，重庆的音乐数量和西安相差不大，但是从播放量上看，重庆音乐的播放量却远低于西安音乐。所以，相比于西安来说，重庆的城市音乐知名度较差。

（3）西安音乐生活气息浓厚，现代音乐气息有待提升

由图 38 所示，西安城市音乐数量最多，居三个城市之首。涵盖《西安人的歌》《这就是西安》《西安》等在内的 29 首歌曲。一曲《西安人的歌》将西安的钟鼓楼、城墙、火车、泡馍等都写进了歌词，一个个生动具体的形象，既反映了西安的“古都”特色，又展现了西安的新貌，被认为“只有西安人和在西安生活过的人才懂”。

对于音乐，西安深厚的历史底蕴、粗犷的人文风情和独树一帜的音乐氛围，催生了有着千年史的传统戏曲秦腔，也孕育了一大批摇滚音乐人。“曾梦想仗剑走天

涯”的许巍、“一路西行一路唱”的郑钧、“骑着车子来到长安县”的马飞，“西安人不管到哪都不能不吃泡馍”的范炜，“油泼面夹一口香的发抖”的黑撒乐队，还有在西安各大地下通道、酒吧里为梦想坚持着的不知名的歌手们，他们为西安这座城市贡献着人文力量。

相比西安的音乐文化接地气来说，成都、重庆的音乐文化中体现现代元素的较多，如《成都》中的“玉林路”“小酒馆”，《我爱重庆》中的“朝天门”“磁器口”等。所以在西安全面向“音乐之城”推进发展的进程中，既要保持浓厚的古城文化特色，又要将现代音乐气息和元素融入其发展当中，进而将音乐文化打造成为网红西安最具有活力的城市名片。

2. 西安美食传承古都文化，美食创新仍需坚守

美食是城市文化形成的产物。城市文化是地方美食的根植土壤。提炼最具地方特色的文化元素，形成以“我”为核心的优秀文化积淀，通过人们对食物的体验收获和广泛认同，并得到长时间的传承与发扬，是美食遍及网红西安、成都和重庆三座城市的原动力和重要拓展方式。据《今日头条：2018 短视频与城市形象研究白皮书》[①] 数据得知，在抖音平台视频播放量 top100 的城市形象视频内容分布中，地方饮食占比 36%，为各种内容之首，足以见地方饮食对游客的吸引程度高，对网红城市的影响深。通过前文的统计数据，将三座城市的美食状况进行对比分析，得到西安、成都、重庆三座城市的美食文化情况。

（1）成都、重庆美食以小吃为代表，风味独特，成就别样巴蜀文化

在善吃的中华民族中，四川人造就了特别讲究饮食味道和饮食情趣的文化。作为最具代表性的川蜀城市成都、重庆，一大饮食文化特点就是小吃品种繁多。据不完全统计，成都、重庆的各类小吃有上千种，常见品种就达上百种，这些小吃取材广泛，制造手法多样。如蒸煮类的发糕、粉蒸牛肉，煎炸类的层层酥、韭菜盒子，羹汤类的油茶、仔鸡豆花等。再则四川是以大米为主食的地区，米食品种类在小吃中占有相当的地位，如赖汤圆、珍珠元子、蒸蒸糕等。肉食类的有麻婆豆腐、夫妻肺片、棒棒鸡、红油兔丁、双流兔头等等。这些小吃风味独特，造就了别样的巴蜀

① 《今日头条：2018短视频与城市形象研究白皮书》。

文化，也吸引着大量游客前来品尝，成为推动网红成都、重庆发展的特色力量。

（2）西安传统美食极具历史文化，趣味性美食初露头角

西安饮食种类繁多，饮食文化丰富与其悠久的历史有很大关系。西安美食文化更多表现为皇室文化、帝王文化、宫廷文化和地域文化。全国很多地方的一些传统美食、民族小吃都随着时代的发展而消失，而西安的大多数美食都很完整地保留了下来。比如“羊肉泡馍”，有人说是秦朝的礼馔，也有人说是唐代伊斯兰教传入长安的；“凉皮”早在秦朝就有；“锅盔”则在周代就有，称为“文王锅盔”，在现今也很受人们欢迎；宋朝的“水晶饼”如今不但在卖，而且市场越做越大；诞生于民国时期的“樊记肉夹馍”，如今更是西安的一大名吃。

西安近年来凭借麻将十三幺、毛笔酥等特色美食吸引大批游客前来“打卡”，成为全国热门旅游地的第四名。这类美食在注重口味的同时致力于卖相的创新，让一些美食都添了新意，由于卖相出众、口味极佳而成为网红美食。西安通过当地特色美食留住了游客的“胃”，把美食变成了网红城市旅游的特色力量，也成为一部分游客选择西安的初衷。所以在今后网红的持续发展中，西安一方面需要利用自身历史沉淀的丰富饮食文化，另一方面也需要坚守美食的创新，从而形成具有特色的美食文化产业。

3. 西安景观体现十三朝古都历史文化，古城现代化脚步有待加快

景观文化，是指人们在与景观长期互动的实践中，所创造和形成的具有与该景观相适应的精神观念，并把这种观念具体地体现在景观环境中。结合前文的统计数据，将三座城市的景观状况进行对比分析，得到西安、成都、重庆三座城市的景观文化情况。

（1）成都景观善于结合熊猫文化，发挥熊猫之乡优势

提到成都，除了歌曲《成都》、成都的美食之外，不得不提的就是成都的熊猫文化。在成都郊外有大熊猫繁育基地，是我国乃至全球知名的集大熊猫科研繁育、保护教育、教育旅游、熊猫文化建设于一体的大熊猫等珍稀濒危野生动物保护研究机构，也是 AAAA 级旅游景观。在成都市内，当你走在春熙路步行街时，你会看到一只憨态可掬的熊猫塑像爬在墙体上，这只名为“I AM HERE”的熊猫塑像是美国设计师劳伦斯于 2013 年到雅安采风后，按照当地大熊猫的原型而设计的。这只“翻墙

熊猫”凭借着独特的爬墙造型和憨态可掬的外形很快成为“地标”，并引发诸多关注。据《今日头条：2018短视频与城市形象研究白皮书》[①]统计指出，成都短视频的热力分布分为市内和市外。市内的视频热力分布集中于春熙路和宽窄巷，而市外则是大熊猫繁育基地，足以见得在成都景观中，熊猫元素是吸引游客前来成都游玩打卡的主要资源。

成都市政府也在打造成都的熊猫文化中功不可没。2018年6月，成都市林业和园林管理局牵头，启动打造“熊猫之都”项目，以保护大熊猫为核心，围绕科学研究、公众教育、国际交往、旅游休闲、文化创意、户外运动等为主要功能，以建设全球保护典范、生态文明之窗、公园城市之星为主要目标，立足成都，面向世界，将大熊猫的生态、文化价值和成都美丽宜居公园城市建设有机结合，打造大熊猫的生态家园。

（2）重庆景观以山城和红色文化为代表，造就独特的竞争力

解放碑是重庆的地标性建筑。它是抗战胜利的精神象征，是中国唯一一座纪念中华民族抗日战争胜利的纪念碑。该建筑最初落成于1940年3月12日孙中山先生逝世纪念日；1945年抗战胜利后重建，1950年由刘伯承改题“重庆人民解放纪念碑”。该处是中国人民反法西斯战争取得胜利的象征，也是重庆解放及重庆市的象征。解放碑背后体现的红色文化是重庆市独有的特色。

重庆的另一景观“轻轨穿楼过”则代表了重庆独特的山城地域文化。该轻轨站独特的“穿楼”设计经游客拍成短视频上传到抖音平台，迅速蹿红，吸引大批游客前来打卡。据《今日头条：2018短视频与城市形象研究白皮书》数据得知，“轻轨穿楼”在抖音平台重庆城市形象视频播放量位居第一。

无论是解放碑还是轻轨，都体现了重庆的红色和山城地域文化，成为网红重庆独特的竞争力，也展现着重庆独特的魅力。

（3）西安景观具有厚重的历史文化，时尚化元素有待提升

西安众多景点和传统景区的背后诠释了自己悠久的历史和古城文化。作为十三朝古都，西安有着七千多年文明史，三千多年建城史。秦始皇兵马俑被誉为“世界第八大奇迹”；西安古城墙是至今世界上保存最完整、规模最宏大的古城墙遗址；大

---

① 《今日头条：2018短视频与城市形象研究白皮书》。

雁塔是现存最早、规模最大的唐代四方楼阁式砖塔。西安悠久的古都文化孕育的独特景观文明吸引着无数游客前来打卡，使西安成为名副其实的网红城市。

2018 年春节期间，西安精心策划和举办的“西安年·最中国”系列活动，围绕品牌核心内涵，深入挖掘十三朝古都的节庆文化、礼乐文化，设计出既有民族特色、文化厚度，又有国际风范和最潮科技范的形象产品，很好地激活了丰富的古城文化资源。西安钟鼓楼依托文物资源推出了大型“晨钟暮鼓”仿古仪仗表演、专业的仿秦乐府编钟表演等，让矗立了几百年的钟鼓楼不仅威严雄壮，而且因动态表演变得生动。

西安十三朝古都孕育的景观文化展现了城市的独特魅力，使得传统、古老的历史城市形象深入人心。虽然近年来西安在景点开发中融入了一定的创新性元素，但创新力度还有待提升。如何在厚重的历史文脉和城市外壳中激活创意因子，用更时尚、更生动、更高科技含量的元素代表西安，加快古城现代化脚步仍是这座城市面临的重要难题。

（三）产业分析

城市的产业发展是城市形象的最基本元素，是城市发展的动力和名牌。通常，产业是指由利益相互联系的、具有不同分工的、由各个相关行业所组成的业态总称。对于网红城市的发展来说，产业发挥了巨大作用。一方面，推动网红城市持续发展、提升城市吸引力的产业主要集中在极具城市特色的产业领域，即旅游业和餐饮业。另一方面，保障网红城市发展质量、提升城市服务的产业主要涉及住宿业和餐饮业。因此，本节将从旅游业、餐饮业、住宿业以及交通运输业等四个方面剖析西安网红城市的深层特征。

1. 西安传统旅游业吸引力较强，但缺乏年轻时尚元素

城市所拥有的资源是产业发展的必要条件，我们选取三座城市在“两微一抖”平台上被提及频次大于 100 的景观景色（参见表 12）。下文分别探究三座城市在景观景色方面的特征，进一步挖掘其背后的旅游资源开发的特色，从旅游产业的角度着重分析西安网红的深层特征。

表 12 西安、成都、重庆旅游业景点类型

景观类型 城市	传统类	新兴类
西安	古观音禅寺、钟楼、大雁塔、回民街、西安城墙、兵马俑、鼓楼、大唐芙蓉园、永兴坊、大唐不夜城、南门、陕西历史博物馆、大明宫	民乐园、赛格、大悦城
重庆	洪崖洞、解放碑、磁器口、长江索道、古镇、南滨路、朝天门、南山、仙女山、人民大礼堂、红池坝、南岸、沙坪坝、竹海、川美、白帝城、大足石刻、奥陶纪公园	波浪形公路、楼顶广场、鹅岭二厂、最深地铁站、李子坝轻轨、桃花源、皇冠大扶梯、“螺旋”停车场
成都	宽窄巷子、熊猫基地	春熙路、太古里、付小姐网红店、锦里、民宿、书店、网红墙、小酒馆

（1）重庆旅游业富有山城特色和历史特色

从传统类的景观景色来看，重庆的网红景点包括极具山城特色的红池坝、洪崖洞等，亦包括具有历史特色的解放碑、白帝城等，这与重庆的地形特色及历史文化紧密融合，可以说重庆的传统类旅游业的开发依托重庆的魔幻地形特色和丰富的历史文化资源。从新兴类的景观景色来看，一方面是颇具文艺气息的鹅岭二厂等新兴景点；另一方面，基于其独特的地形特征，依托现代化科技设施开发出新兴景点如李子坝轻轨、波浪形公路。

（2）成都旅游业极具人文特色，充分开发自然资源

从传统类的景观景色来看，成都的网红景点包括宽窄巷子和熊猫基地。这与成都的人文特色和自然资源紧密结合，并将其独特的熊猫文化融入城市形象的重要元素。从新兴类的景观景色来看，其景点都体现出颇具人文气息的休闲景点，如小酒馆、春熙路、锦里，且其饮食文化特色与景点特色融为一体。

（3）西安在历史文化方面优势凸显，但其时尚感不足

从传统类的景观景色来看，西安的网红景点包括极具历史人文特色的钟楼、兵马俑、城墙以及历史博物馆等，这与西安十三朝古都的历史内涵紧密结合，可以说西安的传统类旅游业的开发依托西安丰富的历史文化资源，将西安的历史文化打造成西安的品牌形象。从新兴类的景观景色来看，一方面是通过现代化的购物商城吸引游客，如赛格购物广场；另一方面，其亦是基于传统的文化特色，以创新的形式

开发出新兴景点，最成功的案例如西安政府全力打造的“西安年·最中国”大型庆典活动。

（4）西安旅游业发展较好，但新兴旅游业发展欠缺

基于前三点对西安、重庆、成都的景观景色类型的分析，探究三座城市在旅游业发展特色上的差异和优势（见表13）。具体而言，西安的旅游业在历史文化方面体现出较大的优势，不仅保持了原有的传统文化资源，同时在原有资源基础上进行了创新型开发，形成新兴的旅游景点；重庆的旅游业不仅保持了原有的山城特色和历史文化，还充分体现了运用现代科技对其独特地形进一步开发，并在新兴旅游业方面注入文艺气息，迎合年轻人的喜好；成都的旅游业一方面发挥其得天独厚的自然禀赋，另一方面将其城市的饮食文化与休闲气息结合，营造出休闲的城市体验。

表13　西安、成都、重庆旅游业发展特色

特色 城市	传统特色	新兴特色
西安	历史文化	购物广场、历史文化创新型开发
重庆	山城、地形、历史文化	文艺气息、现代科技与地形结合
成都	人文、自然资源	购物广场、饮食文化与休闲气息结合

西安能够保持网红，很大程度上依托其对历史文化的开发和维护，但其旅游业在新兴景观景色的开发方面略显不足。与其他两座城市相比，西安可从以下几个方面得以借鉴：首先，需要注重现代科技与历史文化的结合；其次，注重迎合年轻群体的喜好，注入文艺气息，从而在更大范围上支撑西安网红的可持续性发展。

2. 西安传统餐饮业知名度高，其对外来美食包容度低

我们选取在“两微一抖”平台上被提及频次大于100的美食种类，并根据美食特色将其分为传统和新兴两大类型。基于网红城市美食的种类（见表14），深入分析三座网红城市的城市美食特色，从餐饮业的角度，探究西安成为网红的深层特征。

表14　西安、成都、重庆餐饮业美食类型

种类 城市	传统美食	新兴美食
西安	biangbiang面、冰峰、定家小酥肉、灌汤包、胡辣汤、葫芦鸡、镜糕、凉皮、肉夹馍、臊子面、酸梅汤、羊肉泡馍、油泼面、甑糕、摔碗酒	麻将十三幺、毛笔酥、摔碗酒

续表

城市＼种类	传统美食	新兴美食
重庆	冰粉、抄手、串串、豆花、火锅、烤鱼、烧烤、酸辣粉、小面	酸奶、咖啡
成都	火锅、串串、冰粉、抄手	酸奶、蛋糕、咖啡、奶茶、付小姐、冰淇淋、拉面、红油耳片面包、龙虾、抹茶

（1）重庆餐饮业传统美食较突出，其新兴美食相当薄弱

从传统的美食种类来看，重庆的美食种类具有很大的地域特色，大多数传统类美食在全国都有较大知名度，如火锅、冰粉、串串、重庆小面等，已经成为重庆美食的代名词。从新兴的美食种类来看，重庆显得略为不足，仅有外来美食如酸奶、咖啡具有较高人气。因此，重庆的餐饮业发展在传统美食上较为突出，而在新兴美食上相当薄弱。

（2）成都餐饮业传统美食种类较少，新兴美食主要来源于外来美食

从传统的美食种类来看，成都的美食种类数量较少，但为成都的饮食文化在全国范围内的传播具有重要意义。相对而言，成都的新兴美食发展优势明显，其餐饮业的发展具有较大包容性，对外来的美食的接纳程度高，由此，成都的新兴美食主要来源于外来的美食，而非本土创新开发而成。

（3）西安餐饮业传统美食知名度高，新兴美食不具复制性

从传统的美食种类来看，西安的美食种类多达 14 种，且极具西安本地特色，大多数传统类美食在全国都有较大知名度，甚至成为西安的形象品牌。从新兴的美食种类来看，摔碗酒、毛笔酥、麻将十三幺都是在美食的基础上，赋予西安特色的文化意韵，极具本地特色，具有不可复制性。

（4）西安餐饮业新兴美食种类较少，有待进一步丰富

表 15 展示了三座城市餐饮业的发展特色，具体而言，西安的餐饮业在传统美食上具有优势，种类多，知名度高，并在美食的基础上，融合西安本土特色文化以开发出新兴美食，如毛笔酥等，且不具有复制性；重庆和成都的餐饮业在传统美食上都具有地域特色，虽知名度高，但具有重合性，如火锅、串串，但重庆的传统类美食种类相比成都较多，而在新兴美食方面，成都的美食种类相比重庆较多，但都来源于外来美食。

表 15 西安、成都、重庆餐饮业发展特色对比

城市＼特色	传统特色	新兴特色
西安	本地特色、种类多、知名度高	传统美食上赋予本土文化意蕴，种类少
重庆	地域特色、知名度高、种类多	来源于外来美食、种类少
成都	地域特色、知名度高、种类少	来源于外来美食、种类多

综上而言，西安能够保持网红，很大程度上依托其丰富的传统美食资源，但其餐饮业包容外来饮食方面略显不足。与其他两座城市相比，西安可从以下几个方面得以借鉴：首先，注重传统餐饮业的持续发展，保持竞争力；其次，注重以对美食赋予新的文化意蕴；最后，以开放包容的心态，引进外来美食，以促进其餐饮业全面发展，从而在更大范围上支撑西安网红的可持续性发展。

3. 西安网红住宿业发展态势良好，传统住宿业规模较小

住宿业在网红城市的发展中发挥了重要作用，其主要体现在为前来网红城市打卡的旅游者提供住宿服务。随着网红城市的发展，住宿业的属性发生了一定的转变。首先，对于传统的住宿业，其作用仅仅是为游客等提供住宿保障，注重提升服务保障消费者良好的住宿体验；其次，很多网红酒店迅速发展起来，以其独特的装修风格吸引公众的注意力，其作用超越了传统的住宿服务，成为具有网红气质的打卡地。下文将从传统住宿业和网红住宿业两个角度进行分析，探究网红城市发展的深层特征。

（1）西安传统住宿产业规模及水平较弱

图 39 展示了三座网红城市在住宿业等级和数量的分布情况。整体来看，西安的酒店数相较于成都和重庆较少，而成都最多。其次，从五星级、四星级和三星级酒店的数量分布来看，西安依旧处于劣势，成都位居第一。由此可以得知，西安作为国际化大都市，其住宿业的发展水平还与成都和重庆有很大差距，不管是酒店总数还是各等级酒店分布。这也在一定程度上解释了西安在 2017 年住宿业的收入总额还不及成都和重庆的一半。

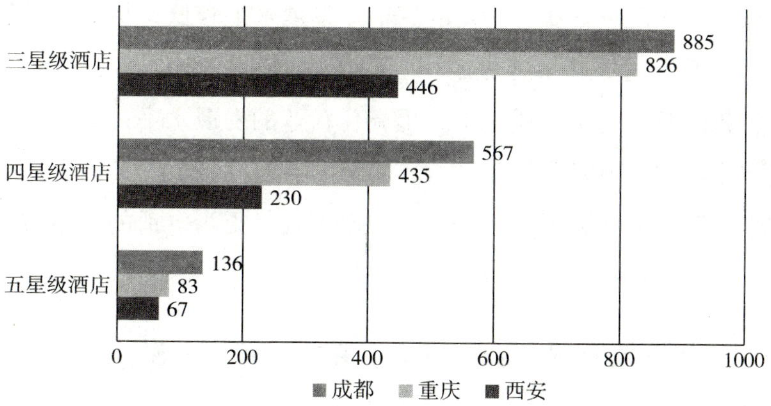

图 39　西安、重庆、成都三个城市住宿业等级及数量对比

但是基于西安本地的经济发展水平来看，西安的知名度不断提高、经济快速发展，其住宿业规模进一步扩大，为网红西安持续发展提供保障服务。

（2）西安网红酒店为城市形象传播创造流量红利

随着网红城市的兴起，很多酒店也依靠其特色成为网红，吸引大量游客前来打卡。这些网红酒店大多在某方面极具魅力，如文化属性高、装修风格独特。我们通过收集“两微一抖”平台上被网红热议的网红酒店（见表 16）分析网红住宿业的发展特征。

表 16　西安、成都、重庆网红酒店

城市	网红酒店
西安	西安盛美利亚酒店、西安君越酒店、西安 W 酒店、兵马俑主题酒店、蓝海风·慢港、花样年华风情主题酒店、西安威斯汀酒店
重庆	解放碑威斯汀酒店、尼依格罗酒店、重庆北欧艺术酒店
成都	野奢酒店、成都环球中心洲际酒店、尼依格罗酒店、希岸酒店、博舍酒店、理县古尔沟华美达温泉酒店、钓鱼台精品酒店、浮云牧场酒店

对表 16 进行分析得知，网红酒店在各个城市都有连锁店，主要在建筑风格和装修风格上具有网红属性，但是亦存在一些本土的网红酒店，其依托城市的人文特征或地域特征，如西安的兵马俑主题酒店，把西安的兵马俑文化融入酒店的装修风格上，从而在一定程度上满足游客的猎奇心理，为游客打造新型的住宿环境。又如成都的博舍酒店，以黑白色调装修，简约又不失古朴，打造出一个舒适的生活空间，与成都的闲适生活相辉映。

综上，与成都和重庆相比，西安的住宿业发展水平较低，与其国际化的大都市形象还有一定差距，为提高游客旅游体验的舒适度，西安需从以下几个方面改进：首先，从酒店数量及酒店服务质量上，提高住宿业的发展水平；其次，注重将西安独特的历史文化与住宿业发展紧密融合，开发出具有网红属性的酒店，以吸引广大游客关注前来投宿，从而为前来西安打卡的游客提供更为舒适的住宿体验，进一步促进西安网红城市形象的传播。

4. 西安铁路和航空表现良好，城市公共交通有待完善

交通运输产业是一个城市发展的先决条件和必备条件。近年来，国家出台了一系列政策全力推荐交通运输业的发展。首先，西安作为全国 4 个“米”字形高铁枢纽节点之一，且作为十三朝古都，城市内部采用九宫格布局，其平原地形为城市公共交通较其他两个城市提供了更大的便利；其次，西安作为丝绸之路的起点，处于联通中国西北部城市、欧洲等国家的重要位置，因此其城际交通运输布局也不断完善。下文基于西安交通运输业，从地铁及公共汽车设施、城际高铁路线以及航空运输三个方面来深入分析西安网红的深层特征。

（1）西安地铁及公共汽车设施亟待完善

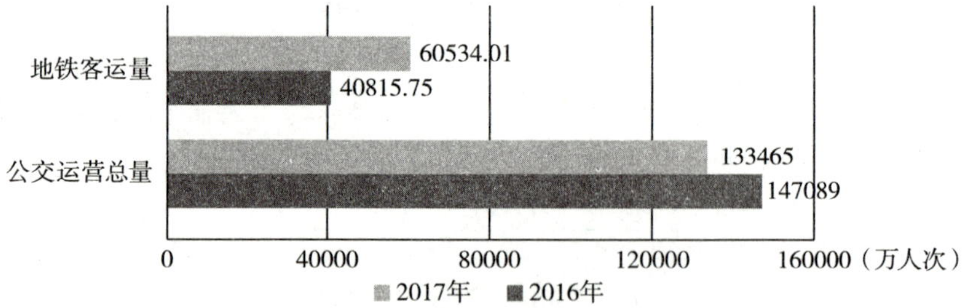

图 40 西安城市公共交通

基于西安 2018 年统计年鉴，图 40 展示了 2016 年和 2017 年西安地铁及公共汽车客运量的变化情况。从图 40 中可以看出，从 2016 年到 2017 年：①地铁客运量从 40815.75 万人次增加到 60534.01 万人次，2017 年比 2016 年同比增长 48.31%；②公交运营总量从 147089 万人次下降到 133465 万人次，2017 年比 2016 年同比下降 10.2%。由此可得，乘客选择出行的方式有从公交转向地铁的趋势。进一步说明西安地铁服务能力上升，更能满足乘客的出行需求，为乘客提供舒适、便利的出行工具，

这也即为西安城市交通产业布局所产生效应。基于西安市城市快速轨道交通近期建设规划 2006—2018 年数据显示，西安共规划了六条主要的地铁路线，其中前四期已投入正常使用，疏散了西安南北、东西等主方向的客流量，并且经过多个客运站、火车站等大型客流集散点，特别是随着前期一、二号地铁的建设，西安在后期地铁路线的规划和建设逐渐转变为兼顾国家级历史文物景点大雁塔、明城墙等旅游景点客流密集区。因此西安地铁与公共汽车的发展和合理规划在一定程度上缓解了旅游景点的客流运输压力，提高了游客出游的舒适感和便利性，从而为网红城市形象的塑造发挥重要的保障作用。

（2）西安城际公共枢纽有待进一步扩建

随着 2018 年西安的网红形象在网络上的知名度不断提升，越来越多的游客选择前来旅游。据统计，仅五一小长假三天，西安北站三天发送旅客超过 50 万人次，这相当于非节假日期间六天的客流量总和。由此可见，西安的城际公交枢纽设施的建设和完善为提升游客旅途体验和塑造西安城市形象提供动力。铁路和高铁运输行业的快速发展，是网红城市现象背后的硬实力的体现。

根据资料显示，截至“十二五”末，西安区域铁路营业里程 758 公里，郑西、西宝、大西等高速铁路已投入运营，“米”字形高铁骨架网已初步形成。通过图 41 可以看出，西安到达周边省会城市的时间，两小时就能到达郑州，三小时到达重庆、成都、兰州、银川、太原等。特别是随着 2017 年 11 月西成高铁的开通，大大缩短了西安与重庆之间的路途时间，使这两座网红城市的联系更加紧密，在一定程度上满足了一部分游客同时选择来西安和成都两座城市旅游，使两座城市实现双赢。但目前西安和重庆之间的高铁路线还在规划中。

根据西安统计年鉴，图 42 展示了西安航空航线条数，可以清晰看出在 2016 年到 2017 年，无论民航航线条数还是国际航线条数，都是增加的，足见西安航空航线的增加为前来西安参观游览提供了方便。目前西安咸阳国际机场一直以来为西安网红形象塑造提供了交通方面的支撑，但是西安作为国际化都市仅有一个航空站，难以接待前来西安旅游的大量人流量，更好地助力西安的快速发展趋势。在政府的推动下，作为国家级重点推进项目——西安咸阳国际机场三期扩建工程，预计于 2022 年建成，故而可以看出西安咸阳国际机场持续扩建将推动西安网红形象的塑造，从而为前来西安打卡的游客提供有力的支撑与保障。

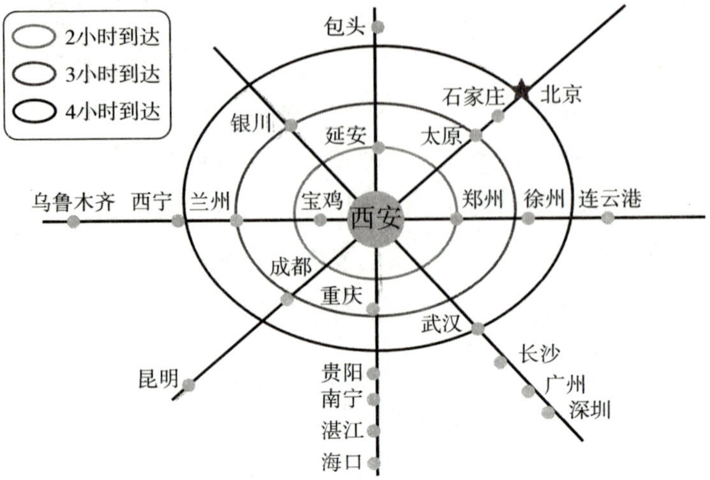

图 41　西安“米”字形高铁骨架图

（3）西安航空航班路线增长显著，但航空站不足

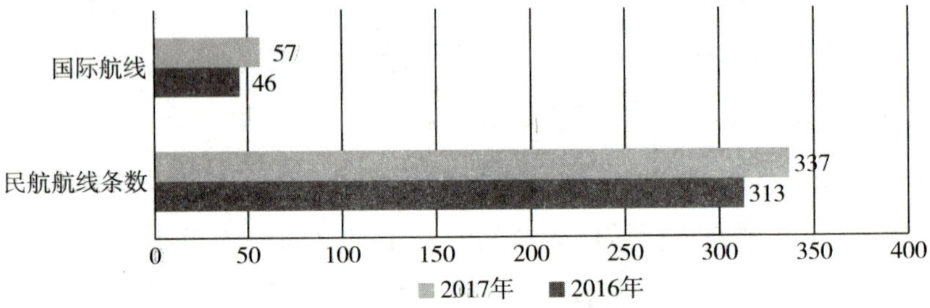

图 42　西安航空航线条数

（四）政府分析

政府分析旨在从政府行为角度来分析城市网红的成因。政府作为网红城市的核心推动力，在网红城市形成与发展过程中发挥着重要的作用。而政府推动的来源多为政府策划活动和资金投入等。因此，将从西安、成都、重庆三个城市的政府策划活动和投入资金两个方面进行深层次的对比分析，从政府推动角度分析西安的网红特征。

1. 西安策划多以古都资源为主，其他资源未能充分利用

各城市政府利用新技术、新平台主动策划一些活动或大型事件，其目的是希望

通过这种形式来宣传城市品牌形象，打造城市特有名片，聚焦城市的个性与定位，吸引大众关注。

（1）成都政府擅用历史、美食、熊猫等资源策划活动

成都政府策划的活动侧重于发挥本地特色资源，包括成都的历史景观、特色美食、国宝熊猫等资源。以本地传统旅游资源和特色美食与新颖的文创点相融，对成都本地资源进行创新，满足公众猎奇心理，从而促进网红成都发展。

成都市政府举办了2018中国·都江堰李冰文化国际旅游节，根据景区的统计数字，为期一周的旅游节中，景区一共接待了超过10万的游客。在开幕式当天，自祭祀李冰的群众就数以万计。文化节的举办极大地带动了景区的人气，增强了景区的文化内涵，以别样的方式和独特的风格展示了城市的旅游产品和旅游文化；成都市人民政府主办的美食旅游节通过为期13天的全城联动、精彩绽放，以本地美食为特色，打造四川成都市“世界美食之都”的品牌影响力。政府举办该活动旨在推动成都市餐饮行业的发展，做强产业基础，是惠及民生大计和发展文化创意之举，展示出成都建设国家中心城市的活力与热情，使成都不断增强城市吸引力和影响力。还有首届熊猫文创节充分突出成都独特的国宝熊猫资源。活动当天成都市青羊区小通巷不足500米的小街，涌入上千只“熊猫”，吸引了上万名游客。三天内现场销售交易140余万元，文创项目、IP授权意向交易金额达到5000万元以上。政府通过熊猫文创节塑造着新的文化消费习惯，引领着文创产业的发展，为网红城市注入着新的活力源泉。

（2）重庆政府侧重于发挥本地景观景色策划活动

重庆政府策划的活动侧重于大力宣传特色山水旅游资源以及市区内高人气景观景色，以吸引公众打卡网红重庆。

2018年11月，长江三峡（巫山）国际红叶节盛大开幕，活动通过歌、舞、曲艺、魔术杂技、舞台剧、非遗民俗表演、川剧等多种表现形式带给大家“神女恋城·红叶巫山”独特魅力的视觉盛宴，让游客立体感受红叶之美、巫山之美，让广大游客更好地恋上山清水秀美丽巫山；为再现重庆的风土人情，重庆市政府在两江国际影视城·民国街举办了“第三届新春风情旅游文化节”。自2017年元旦二次开街以来，两江国际影视城游客量已累计突破1000万人次，并顺利入选“新重庆十大文旅地标”，2017年底还成功创建为“国家AAAA级旅游景区”，2018年被评选为

重庆“十大网红新景”第一名，成为重庆市民 2018 年最爱探索的新目的地。政府领导还进一步表示 2019 年景区将从三个方面进行升级打造，丰富景区体验项目，提升旅游品质，进一步提升网红重庆的体验感。

（3）西安政府倾向于整合古都文化资源策划活动

西安政府策划的活动主要倾向于城市品牌推广营销方面。凭借十三朝古都文化资源的基础实力，包括西安古城墙、大明宫、大雁塔、大唐不夜城等，政府主动发起大策划以开展城市形象品牌推广营销活动，打造西安作为网红城市独有的个性与定位，丰富网红城市内涵，使西安的网红形象定位深入人心。

西安市政府为了更好地打造网红城市形象，通过整合文化资源策划了一系列的城市品牌推广活动。“春满中国・醉西安”“夏爽中国・嗨西安”“秋染中国・赏西安”等旅游推介活动，并首次推出“西安年・最中国”的系列活动，打响了“西安年・最中国”的文化标识。截至 2 月 9 日，“西安年・最中国”话题在抖音短视频 APP 上的播放量已达 1.8 亿次[①]。不计其数的西安市民和海内外游人，在短视频上分享着西安春节的盛景和趣味。西安城的气象万千经由拍客们的镜头，展示给了更多不能抵达西安的人们，引发了千百万网友对古城西安浓郁春节气息的神往。同时西安通过举办大唐入城仪式、春节灯会、大型灯光秀、城墙马拉松、城墙千架无人机光影盛典等活动，让城墙再次焕发活力，加之丝绸之路电影节、大唐不夜城光影表演、灯光秀等活动让古城西安重新焕发了新的生机。

西安市因其千年古都的历史文化背景，活动多偏向于历史文化及景点和传统特色美食以跨领域、跨行业的方式整合利用，盘活了历史文化资源，同时通过搭建市场化平台，来兑现西安应有的城市价值。这些活动的成功举办，充分挖掘释放了西安所拥有的丰富历史文化资源，丢掉了影响城市建设和发展的“包袱”，结束了过去“端着金饭碗过穷日子”的尴尬局面。在这一系列活动的推广下，西安市不仅引爆了旅游市场，还迅速提升了城市品牌形象，一跃成为集时尚、科技、国际化于一体的网红城市。

---

① http：//www.sohu.com/a/295488673_558490.

2. 西安资金多方位投入，但需加大投入力度

城市的发展离不开资金的投入，政府投入一定资金助力网红城市发展，有助于找寻一个城市的有趣灵魂，发掘城市的品牌核心，打造城市的特有名片，助推城市的良性发展。

（1）成都政府投入资金倾向于宣传城市形象

成都政府的资金投入主要偏向于宣传城市形象，一方面体现在与新媒体平台的合作，另一方面是对特色景观的大力建设。通过对这两方面的资金投入，对成都网红形象的塑造与宣传做出了巨大的贡献。

成都在 2018 年 9 月正式与抖音平台签署战略合作备忘录，希望通过抖音短视频全面推动城市形象传播，让成都的城市文化品牌享誉世界。同时成都市政府投入一定的资金开通地铁 3 号线“盼达号”专列通往成都大熊猫繁育研究基地，使公众能够快捷、便利地前往基地参观，不仅改善了景区交通设施，提高了景区的服务能力，也极大发挥了本地资源的优势。2018 年下旬成都市政府计划投入巨额资金打造 69 平方公里“熊猫之都”，旨在促进成都市生物多样性保护和生态文明建设，打造全球唯一具有圈养和野生大熊猫资源的特大城市，为城市注入新的网红因素，助力网红城市的发展。

（2）重庆政府侧重于对本地旅游景区总体规划的投入

重庆市政府资金投入侧重于对本地旅游景区的规划。不仅对原有景区进行完善规划，还进一步开发新的旅游资源，不断为网红重庆注入新活力，保持网红热度不减。

2018 年 1 月重庆市政府下发文件，拨出专项资金对古剑山—清溪河风景名胜区、酉阳乌江百里画廊风景名胜区等进行了总体规划。通过投入一定比例的资金对其特有的景区进行总体规划，以完善景区相应配套设施，提高景区接待能力和服务水平，提升都市旅游品质，极大促进了重庆的旅游业发展；同时重庆市政府相关部门密切合作，投入资金开展鹅岭公园景观灯饰工程，并梳理南岸区 81 个潜在“网红”资源，着手开展项目论证，通过投入资金打造已有景区的创新性亮点，开发打造新的网红景区以推动城市旅游业发展，打响网红城市旅游的“保鲜战”。

（3）西安政府的资金投入同时兼顾了城市形象管理和城市形象传播两方面

西安市政府同时兼顾了城市形象管理和城市形象传播两方面的资金投入，一定程度上加快了西安网红的步伐，促进了西安市整体形象的发展。

西安市政府在 2018 年 4 月和抖音签订了协议。与抖音的合作进一步宣传了西安的美食、美景、美城，为大西安注入生机活力，拓展城市魅力，增强经济活力。目前在西安，已有超过 70 多个市政府机构开通官方抖音号，西安市公安局、西安市旅游发展委员会、西安市文物局等悉数在列。西安市政府借助短视频平台，投入资金大力宣传西安的城市品牌形象，利用互联网新技术用心打造西安这张“网红”名片，使其更为广泛地被公众熟知。同时，西安市政府在 2018 年投入一定资金，相继开展“烟头革命”“厕所革命”等，以改善城市网红形象，提高城市服务质量，提升城市管理水平，进一步增强市民幸福感。

四、西安网红城市可持续发展建议

通过对成都、重庆和西安三个地区网红城市形象的评估，以及其“网红”特征的深层次剖析，针对西安独特的城市形象塑造，本报告提出的可持续发展建议如下。

（一）紧扣“硬科技之都”城市定位，逐步打造科技网红城市形象

西安市当前科技感设施较成都、重庆而言略显稀缺，逐渐成为“网红城市”塑造之路上的薄弱环节，未全面结合其“硬科技之都”的城市定位。城市定位指引着城市的发展方向和发展道路，西安政府在推动硬科技产业发展的同时，通过营造浓厚的城市科技氛围，使硬科技成为另一个西安的“网红”增长点。除此之外，还应不断促进科技产业与本地文化融合，提升科技感设施建设力度，持续增添个性化科技感服务，深入挖掘硬科技资源，通过科技力量宣传城市形象，建设一个全面协同发展的“网红西安”。

1. 积极推动硬科技产业发展，营造科技氛围

西安位于西部大开发、“一带一路”建设、全面创新改革试验区、自主创新示范区和国家自贸区等战略叠加的黄金地带，是列入重点建设的国家中心城市，尤其是

航空航天、光电芯片、新能源、新材料、智能制造、信息技术、生命科学、人工智能的“硬科技八路军”发展势头良好、潜力巨大。西安市政府应发挥本地硬科技产业优势，积极举办科技领域相关活动，搭建集产业盛会、赛事路演、成果展示、交流研讨于一体的合作平台，营造浓厚的科技氛围，使科技之光成为西安城市形象的名片。

2. 利用科技手段宣传城市文化，提升城市形象

西安市当前科技感设施总数较成都、重庆略少，未能完美发挥西安本地独特的硬科技优势，这是西安“网红城市”形象塑造的短板区域。

今后，在不断发展硬科技产业的同时，政府部门应促进其与优秀的历史文化融合，打造一系列诸如“人脸兵马俑”的科技感设施，利用科技手段推动公众对本地文化的深入了解，打造富有科技感的城市形象。同时，政府应依托全新的硬科技媒体服务机构，借助专业的品牌宣传技术，利用多样化的宣传手段及形式，将西安特色的硬科技生态环境和相关产业规划相结合，重点宣传西安多内涵融合的“硬科技文化”，推进西安硬科技影响力，提升西安全面协同发展的“网红城市”形象。

（二）挖掘潜在元素，盘活城市存量

目前，西安“网红”景观呈团块状分布，出现“双中心”的发展态势，吸引了成批游客前来观光游览。然而，持续的单点资源挖掘易使区域开发呈现颓势，造成该地区发展速度下降的后果；同时，对特定区域的集中开发往往会导致区域之间综合实力差距增大，使城市整体发展不均衡。西安仍有大量区域未被完全开发，可能存在庞大的潜在资源等待挖掘与发展，因此，政府应注重西安未央区、长安区非热门区域的发展，并继续盘活城市存量，使静止的城市资产变成富有活力、产生新价值的城市资本，为西安“网红城市”形象增添新内容。

1. 协调区域发展，开启多中心发展格局

以钟楼和大雁塔为中心形成的两大热门发展商圈助力西安城区内整个碑林区和雁塔区的经济发展。除此之外，西安辖区内的未央区、长安区、灞桥区等区各具特色优势，形成亟待开发的“网红”商圈。

未来，西安政府应注重现有热门商圈外其他商圈的开发，促进区域间协调发展，结合区域发展规划，开启多中心的发展格局。在准确定位城市发展方向的前提下，政府应以市场为载体、以资源为动力，扩充城市外延，整合城市功能，从而达到协调区域发展的目的。具体地，新城区地处西安市内优势区域，政府应继续推动幸福林带建设，建成全球最大的地下空间综合体，成为西安城市中心绿体。同时，还应关注城市边缘区域的发展，切实结合长安区“教育重地”、未央区“行政中心”等区域发展规划，均衡城市整体发展，构建新的城市“网红”商圈，推动西安“网红城市”形象塑造。

2. 聚焦城市内容，推动隐藏产品发展

当前，西安主要依靠传统美食资源、旅游资源走红网络，而新兴的“网红”产品在城市形象塑造过程中不占主要地位。除了宏观的区域发展外，西安仍存在大量特色美食、特色景观等内容尚未完全开发，这些潜在元素是西安长久发展的重要力量，对城市存量的深度挖掘能有效提升城市竞争力，吸引大量资金助力城市发展，促进外来文化与本地文化地深度融合。

基于此，政府应继续挖掘潜在的特色元素，使之成为西安“网红城市”形象下的新内容，让西安呈现不断革新的资源开发现状，提升塑造“网红”形象过程中的核心竞争力。

（三）保持特色活力，继续发展地区优势文化

当前，大量的“网红”美食、“网红”景点遍布西安，吸引了海内外游客前来“打卡”。永兴坊“摔碗酒”曾在清明假期创下日均 20000 碗的记录，为西安创造了巨大的经济和社会效益。但“网红”产品多数都存在内涵较为单薄的问题，难以长期维持较高热度，生命周期短成为阻碍其发展的痛点。腾讯网有报道称[①]，“摔碗酒”的红火持续时间较短，经济收入在短时间内呈现断崖式下跌，致使商家难以维持经营。为此，政府部门应不断为“网红”产品注入传统文化内涵，保障其更长久发展；

① https：//new.qq.com/omn/20190220/20190220A0H7K6.html，“‘摔碗酒’成了‘过气网红’，网友：喝完生气了，所以摔得更用力”。

同时，还应继续发扬传统的优势资源，保证其核心地位不动摇，使传统优势资源能源源不断为西安“网红城市”形象发展助力。

1. 加强新兴“网红”元素与内在文化融合，加速产品升级

新兴“网红”元素是城市迅速走红的主要推动力，也是城市形象塑造过程中不可忽视的重要角色。长安大排档的毛笔酥、永兴坊的摔碗酒、创业咖啡街区等都是近年来新出现的“网红”产品，且均在网络上迅速蹿红，在短期内产生巨大影响力。但由于该类产品的内涵较为单一、文化基础略显薄弱，使其难以留住客流量，“一次性”消费程度较高，这就造成大量产品热度持续走低，甚至迅速被淘汰，淡出公众视野。为此，政府应不断为新兴“网红”产品注入传统文化元素，提升新兴“网红”产品文化内涵，加速产品升级转型步伐，努力向优势产业靠拢，使之逐渐发展成能够长久生存的西安优势“网红”产品，推动西安“网红城市”形象的长远发展。

2. 继续发扬传统资源优势，持续提升城市“网红”

西安独有的“十三朝古都”文化是地区发展的优势与立足点，丰富多样的传统资源是支撑西安“网红城市”形象塑造的重要力量。“肉夹馍”“羊肉泡馍”“兵马俑”和“钟楼”等老牌文化产品是西安城市发展的主要支撑，亦是本地文化的具象化表现。政府应将西安特色资源与时代发展潮流紧密结合，继续发扬深受大众喜爱且富有文化内涵的特色美食、特色景观的独特魅力，保证诸如“肉夹馍”“胡辣汤”“兵马俑”等老牌产品的中心地位，使之能源源不断地为城市发展注入活力。另外，应激发优秀传统文化的创造性转化和创新性发展，推进文化创意与相关产业深度融合，增强文化的渗透力、辐射力和带动力。不断健全文化创意产业体系，推动文化创意产业高端化、融合化、集约化、国际化发展，使传统文化为建设国内新一代休闲网红城市做出更大贡献。

（四）加强政府推动，助力网红城市形象塑造

当下，各地有关塑造“网红城市”的相关规定政策较少，使城市形象塑造过程中缺少核心领导力。政府是城市形象的定义者和推动者，是城市形象塑造过程中的中坚力量。未来，政府应将打造“网红城市”形象纳入有关规划计划，加强打造

“网红城市”形象的有关政策制定，引领城市发展方向。同时，应提高相关资金投入，助推本地特色文化品牌发展，着力打造新兴文化产业；积极主办和承办有助于提升城市形象的各类活动，并通过多方媒体大力宣传，有效推动城市形象发展。

1. 制定相关政策，引领城市发展方向

城市形象的相关政策引领着城市发展方向，对城市形象的塑造起到了重要推动作用。目前，关于如何保持及促进网红城市的发展，所有省份均未发布明确的政策。因此，西安市可以率先制定相关政策，在城市中起到引领标杆的作用，从而对网红城市的发展发挥极大的推动作用。

根据本次评估的结果，相比于成都、重庆，西安的政府推动仍需进一步提高。结合目前西安的不足，可以将政策制定聚焦于“物”与“人”两大方面。“物”着重在科技感设施与景观景色方面，增加科技感设施的数目，以现代化、新潮化、个性化建立具有西安特色的科技感设施。在景观景色方面，西安既要继续发挥本土特色，保护现有景观的完备性，还应开发多处新景观，发挥西安作为古都的优势。“人”着重在提高市民的幸福感。西安近几年的幸福感在持续下降，因此，政府应将提高市民的幸福感提上日程，发布相关政策。

2. 提高资金投入，加大对新兴产业的宣传力度

西安市目前的资金投入主要在城市形象管理和城市形象传播两大方面，均取得较好的效果。城市形象管理主要对西安的公共设施进行美化，保证西安有一个良好的城市样貌；而城市形象传播主要是对西安的传统优势产业进行宣传。因此，政府应大力宣传新兴产业，利用新兴产业的吸引力巩固西安作为网红城市的优势。

西安应紧跟国家发展浪潮，结合本土特色，大力挖掘及发展新兴产业。西安应结合本地优势，依靠自身丰富的科教资源，良好的产业基础，对新兴产业进行资金的投入，大力挖掘西安的产业优势。

3. 举办各类活动，推动城市形象发展

与重庆、成都两座城市相比，西安政府更倾向于整合古都文化资源策划活动，这与西安固有的历史背景——“古都”密不可分，因此政府应大力利用西安古都文

化，整合现有资源，举办各类活动，打造属于西安的城市品牌，推动城市形象发展。

近年来，西安举办了各类“硬科技”活动，均取得了不错的反响，西安政府应把握势头，使西安更具吸引力和影响力。西安以“硬科技”提升国家硬实力，为国家发展注入了西安动能。因此，西安应大力实施“硬科技+”“互联网+”“军民融合+”“高校+”和“创业平台+”等一系列发展战略①，充分利用各种本土资源，大力举办西安特色的各类活动，以“古都”+“硬科技”推动城市形象的传播。

（五）完善基础设施，持续提升旅游服务水平

西安网红景点周围现有的基础设施数量上和成都、重庆相比有一定的差距，易造成交通拥堵、停车困难等后果，给游客造成负面的影响。因此，完善城市基础设施是提高旅游服务水平，提升网红城市形象的关键。良好的交通规划能有效缓解交通堵塞问题，提高交通通达能力。政府应加强景区周围停车场设施的建设，通过增设车位等措施解决“车多位少”、停车困难的问题，为游客带来高品质的出行体验。同时，政府应贯彻落实“厕所革命”方案，不断提升景区周围基础设施的服务能力，助力西安网红城市形象的塑造。

1. 合理规划交通线路，提高交通通达能力

与成都、重庆相比，西安景观之间的平均交通路线数较少，且景观之间的距离近，使得可供选择的交通方式较少，在游客高聚集状态下，易导致交通的疏导压力变大。因此，景区可通过提高景观周围主干道与分支干道的搭配程度，单条主干道匹配多条分支道路的方法，在人流高峰阶段，迅速为游客提供更多可选择的道路。

同时，要不断加强公共交通线路规划的科学性，合理规划公交、地铁等公共交通的路线，使之能够科学、高效地连接各点景观，为游客提供更短、更便捷的到达路线。

2. 加快景观周围停车场建设，缓解道路压力

在完善交通规划的同时，与之相配套的基础设施也应进一步加强。统计数据表

---

① http：//www.sohu.com/a/280358273_348925.

明，西安景观周围停车场数量远远低于成都。停车设施的不完善，不仅会干扰动态交通，造成不必要的延误，同时会降低可达性，增加游客和本地居民的负担，从而影响西安城市形象的塑造。

因此，针对停车场不足问题，可以采取增加停车场数量、增设临时停车位、建设科学高效的立体停车场等措施，利用有限的空间创造更多的价值。另外，合理规划停车场的分布位置，在热门景观周围合理的范围内分散布局车位，避免停车场聚集在某一区域、距离较远等问题，为游客提供便捷、科学的停车场地。

此外，据《西安日报》2019 年 2 月 18 日报道，西安市起草了《西安市新增停车位三年行动方案（2018—2020 年）》，加快补齐公共停车位缺口。运用“互联网 + 停车”模式，智慧停车信息平台、西安智慧停车手机 APP 和微信公众号已上线运行，目前接入停车位 108 万个，实现了停车场导航、车位查询、空余车位显示等功能[①]。因此急需将“互联网 + 停车”模式应用到网红景观周围，用互联网技术辅助游客和市民泊车，缓解道路压力，为其营造良好的出行环境。

3. 贯彻落实“厕所革命”方案，让“尴尬角落”融入古都美景

2018 年，西安发布《西安市城镇厕所革命三年行动计划方案（2018—2020 年）》，提出进一步提高公共厕所规划建设管理水平，建立数量充足、布局合理、设施完善、管理规范的公共厕所服务体系。从统计的景观周围公厕数量来看，西安领先于成都、重庆两座城市，很大程度上得益于“厕所革命”的实施。但在人流高峰期时，景观周围公厕数量及环境仍无法得到保障。因此，应进一步贯彻落实“厕所革命”方案中所提到的要求，同时增加“活动”厕所数量，随人流量的大小随时调节公厕数量。另外，还可将西安古城文化元素融入公厕形象设计中，在不破坏景观整体美感的前提下，为网红城市增添靓丽风景线。

（六）重视城市管理，提升公民幸福感

近年来，随着西安“网红城市”形象的树立，越来越多的游客慕名前来，在带来经济和社会双重效益的同时，为城市发展带来了交通拥堵、环境污染、物价上升

---

① http：//epaper.xiancn.com/newxarb/html/2019-02/18/content_369309.htm？div=-1.

等问题。其中环境污染会直接降低当地居民的生活品质，阻碍幸福感提升。良好的自然环境打造需要政府提升其城市管理水平，维持城市高效运行和包容发展，让城市成为人民心中美好生活的符号，有助于公民幸福感的提升。为此，政府应围绕城市发展方向和目标，强化环境综合整治，打造洁雅宜居的城市环境、平安有序的社会秩序、和谐互助的社会氛围和包容永续的城市发展，从城市建设角度切实提高公民幸福感水平，为“网红城市”形象赋予深刻内涵。

1. 关注城市污染问题，降低负面影响

西安自成为“网红城市”以来，吸引大批游客前来参观游览，极大地推动了本地经济发展。但与此同时，对本地自然生态和居民环境带来的问题不容忽视。秦岭作为西安著名的生态保护旅游景区，近年来随着西安知名度的提升，慕名前来此处观光游览的旅客逐渐增多，拉动经济发展。随着秦岭景区的度假村和农家乐数量增多，周边产业迅速兴起，进一步推动了经济的快速发展。然而，农家乐和度假村大多数没有集中的废水和垃圾处理设施，污水直接排入河道，造成水资源污染严重。同样地，位于西安市中心的回民街作为著名的美食网红文化街区，代表了独特的西安风情，是游客必去的热门打卡地之一。随着游客量增大，回民街内出现垃圾遍地、臭味弥漫的问题。市区和景区的环境污染问题不仅导致游客对景区乃至城市形成负面印象，从而丧失旅游兴趣；更重要的是，环境污染为周边居民的日常生活造成了恶劣的影响，降低了市民生活品质，导致人民幸福感下降。为此，政府应该积极调查景区污染现状，对景区水体、气体和固体污染源进行针对性处理；同时制定景区污染整治目标，加快污染处理步伐，推广使用对空气、水源污染控制、治理的先进工艺，制定切实可行的环保措施，制止乱排现象，有效削减景区水、气污染排放量；督促污染严重的景区按要求向当地环保和旅游部门提交治理方案、治理进度，在规定期限内完成治理任务，提交完工报告和具有资质的环境监测部门编制的水污染排放情况的监测报告、竣工验收申请；总之，政府进行环境污染治理工作要防患于未然，及早制定措施，力避环境污染问题的发生。

2. 严控物价水平，保障城市健康发展

据统计数据可知，引起市民幸福感下降的一个原因是景区物价的上涨。由电视剧《白鹿原》带火的西安白鹿原民俗文化村成为全国各地的游客到西安旅游时的必去之地。起初，景区为了吸引游客并未收取门票，且物价水平较低，得到公众一致好评；然而，随着游客增多，景区内商品价格持续走高，降低了游客的旅游体验。

为控制景区物价上涨，西安市应实行政府定价或者政府指导价，严格控制物价水平。针对景区拟收费或者提高价格等情况，政府应当举行听证会，征求旅游者、经营者和有关方面的意见，论证其必要性、可行性。

附　录

附表 1　2019 年 1~6 月全国、全省、西安市主要经济指标

	全国			陕西省			西安市		
	绝对量（亿元）	同比增长（%）	上年同期增速（%）	绝对量（亿元）	同比增长（%）	上年同期增速（%）	绝对量（亿元）	同比增长（%）	上年同期增速（%）
生产总值	450933	6.3	6.8	11625.57	5.4	8.6	4142.34	7.0	8.2
第一产业	23207	3.0	3.2	553.19	4.5	3.4	98.61	4.5	3.3
第二产业	179984	5.8	6.1	5579.35	4.2	9.0	1321.15	8.6	8.5
第三产业	247743	7.0	7.6	5493.03	6.8	8.7	2722.58	6.1	8.3
规模以上工业增加值	—	6.0	6.7	—	3.3	9.7	—	8.7	10.4
固定资产投资（不含农户）	299100	5.8	6.0	—	2.5	12.9	—	2.2	10.1
民间投资	180289	5.7	8.4	—	11.0	24.2	—	5.3	15.5
基础设施投资	—	4.1	7.3	—	-1.1	8.5	—	17.1	9.9
房地产开发投资	61609	10.9	9.7	1681.61	11.1	11.1	—	-1.1	5.7
工业投资	—	3.3	3.9	—	5.6	6.7	—	5.6	24.8
社会消费品零售总额	195210	8.4	9.4	4523.96	7.6	11.0	2310.44	5.9	10.6
进出口总值	146675	3.9	7.9	1729.52	0.8	43.5	1610.39	-0.2	43.9
出口	79521	6.1	4.9	967.80	-8.6	55.4	907.66	-9.6	58.5
进口	67155	1.4	11.5	761.73	16.0	27.7	702.73	15.1	25.0
实际使用外资	707.40	3.5	4.1	43.91	214.2	-58.2	40.05	210.5	-60.4
财政一般公共预算收入	107846	3.4	10.6	1303.11	6.0	12.3	401.43	11.4	10.9
财政一般公共预算支出	123538	10.7	7.8	3095.95	7.0	11.9	635.29	2.8	14.8

附表 2-1

2019 年 1~6 月全国 15 个副省级城市主要经济指标（一）

	地区生产总值		规模以上工业增加值		固定资产投资（不含农户）		房地产开发投资		工业投资		社会消费品零售总额	
	绝对量（亿元）	同比增长（%）	绝对量（亿元）	同比增长（%）	绝对量（亿元）	同比增长（%）	绝对量（亿元）	同比增长（%）	绝对量（亿元）	同比增长（%）	绝对量（亿元）	同比增长（%）
西安	4142.34	7.0	—	8.7	—	2.2	—	-1.1	—	5.6	2310.44	5.9
沈阳	2844.60	4.0	—	2.8	—	1.2	—	13.4	—	2.2	2187.90	12.2
大连	3670.96	6.7	—	14.0	—	-14.9	—	16.4	—	-31.5	1826.08	0.2
长春	3005.90	0.5	—	0.5	—	-6.2	—	27.4	—	-27.9	1498.70	4.5
哈尔滨	2717.70	5.0	—	2.2	—	10.7	—	11.5	—	19.9	2020.70	6.0
南京	6742.59	8.1	1565.07	6.8	—	7.4	1371.58	8.5	—	10.2	3024.44	6.1
杭州	6949.00	6.9	1651.00	3.9	—	10.9	—	11.3	—	-9.5	2929.00	9.6
宁波	5417.20	6.5	1910.00	5.4	—	7.5	—	6.9	—	5.6	2012.30	8.1
厦门	2307.36	8.0	866.32	8.1	—	8.0	481.79	13.4	—	-5.0	882.12	12.0
济南	4791.70	7.0	—	6.7	—	7.7	800.20	8.0	—	-35.7	2451.60	8.2
青岛	6552.72	6.4	—	-0.2	—	7.5	—	19.0	—	8.1	2410.90	8.2
武汉	7478.94	8.1	—	7.2	—	10.9	—	8.8	—	11.6	3502.87	9.0
广州	11755.54	7.1	2114.49	3.7	—	24.8	—	26.1	—	22.7	4858.10	8.2
深圳	12133.92	7.4	4075.11	7.4	—	17.6	—	11.3	—	-6.7	3076.85	7.7
成都	7702.37	8.2		8.5	—	11.4	—	13.4	—	4.2	3660.30	10.0
西安位次	10	7	—	2	—	12	—	15	—	6	9	13
上年同期位次	10	1	—	3	—	7	—	13	—	4	8	2

附表 2-2　　**2019 年 1~6 月全国 15 个副省级城市主要经济指标（二）**

	进出口总值		出口总值		进口总值		实际使用外资		地方财政一般公共预算收入		地方财政一般公共预算支出	
	绝对量（亿元）	同比增长（%）	绝对量（亿元）	同比增长（%）	绝对量（亿元）	同比增长（%）	绝对量（亿美元）	同比增长（%）	绝对量（亿元）	同比增长（%）	绝对量（亿元）	同比增长（%）
西安	1610.39	−0.2	907.66	−9.6	702.73	15.1	40.05	210.5	401.13	11.4	635.29	2.8
沈阳	501.80	11.8	162.80	−0.2	339.10	18.7	10.50	37.6	380.50	1.6	508.90	7.5
大连	2087.53	−7.1	933.63	5.8	1153.91	−15.4	6.40	−66.6	385.63	1.6	508.73	5.2
长春	484.00	−4.8	73.60	6.4	410.40	−6.5	2.20	10.0	230.00	−9.5	398.20	−7.6
哈尔滨	124.90	20.1	55.10	23.8	69.80	17.3	1.00	−92.1	199.00	−1.9	546.90	26.5
南京	2137.60	3.9	1276.90	13.0	860.80	−7.2	24.02	14.9	892.69	8.2	855.75	16.9
杭州	2540.60	3.4	1651.30	3.5	889.40	3.3	26.30	0.8	1261.40	16.8	1050.20	19.1
宁波	4327.20	7.4	2778.80	8.0	1548.50	6.5	15.00	−2.3	888.40	8.3	923.10	11.8
厦门	2954.18	3.8	1671.74	7.9	1282.44	−1.2	73.39	24.8	464.15	4.3	483.71	13.4
济南	490.30	14.0	293.20	9.6	197.10	21.3	8.10	6.1	502.50	10.1	549.00	3.4
青岛	2806.60	17.2	1598.80	12.3	1207.70	24.4	29.30	5.8	668.60	0.6	986.90	17.4
武汉	998.50	7.5	565.50	3.3	433.00	13.6	—	13.6	949.50	2.4	1170.78	15.2
广州	4561.43	1.2	2369.67	−8.5	2191.76	14.3	41.37	8.2	877.88	1.3	1536.44	21.7
深圳	13372.25	−0.9	7571.44	5.1	5800.81	−7.8	43.29	6.9	2132.15	6.6	2302.50	10.5
成都	2614.50	21.5	1449.10	29.4	1165.40	12.8	44.30	16.6	810.30	6.0	1074.30	23.4
西安位次	10	12	10	15	10	5	—	—	11	2	9	14
上年同期位次	10	1	9	1	10	2	—	—	13	9	9	6

附表 2-3　　2019 年 1~6 月全国 15 个副省级城市主要经济指标（三）

	金融机构人民币存款		住户存款		金融机构人民币贷款		城镇居民人均可支配收入		农村居民人均可支配收入		居民消费价格指数	
	期末（亿元）	同比增长（%）	期末（亿元）	同比增长（%）	期末（亿元）	同比增长（%）	绝对量（元）	同比增长（%）	绝对量（元）	同比增长（%）	累计比（上年同期 =100）	同比增长（%）
西安	22171.54	6.3	9108.32	13.5	21313.92	14.0	21254	8.2	7447	9.6	102.4	2.4
沈阳	17880.20	5.2	7848.70	15.2	15757.90	14.1	23581	7.2	10487	6.1	101.3	1.3
大连	14230.43	2.9	6572.34	15.5	11677.85	0.3	23359	6.8	10995	6.9	102.2	2.2
长春	12251.80	5.8	5615.20	18.2	12467.30	12.2					102.5	2.5
哈尔滨	12280.90	10.9	5907.50	13.7	11554.20	10.4	19051	5.7	—	—	101.8	1.8
南京	35797.53	9.2	7902.84	16.2	31165.87	17.3	32473	8.7	14397	9.2	102.7	2.7
杭州	42533.25	11.7	—	—	38724.06	21.7	36610	8.1	19040	9.1	102.6	2.6
宁波	19685.20	11.1	7208.60	15.4	20769.70	14.0	35540	8.7	20354	9.4	102.7	2.7
厦门	11196.60	4.0	—	—	10460.40	11.6	30666	8.3	15068	10.2	101.8	1.8
济南	18749.90	15.3	—	—	16786.00	19.6	25572	7.5	11447	8.1	102.5	2.5
青岛	16791.00	9.2	6571.00	13.5	16540.00	15.4	27251	7.4	14180	7.5	102.4	2.4
武汉	28013.55	12.0	—	—	29380.38	18.4	26271	9.1	12932	9.3	102.7	2.7
广州	54788.10	9.9	17538.00	15.4	43456.00	20.3	34226	8.5	15411	10.3	103.0	3.0
深圳	76148.95	14.5	14904.07	27.0	52725.93	16.5	32337	8.5	—	—	102.9	2.9
成都	38420.00	5.6	14545.00	14.5	33705.00	11.7	23551	8.7	13018	9.6	102.0	2.0
西安位次	7	10	—	—	7	9	—	—	—	—	9	9
上年同期位次	7	10	—	—	7	7	—	—	—	—	10	10

注：厦门利用外资数据为人民币亿元口径。

附表 3

2019 年 1~6 月陕西省内各市（区）主要经济指标

	地区生产总值		规模以上工业增加值	固定资产投资（不含农户）	社会消费品零售总额		全体常住居民人均可支配收入		城镇常住居民人均可支配收入		农村常住居民人均可支配收入	
	绝对量（亿元）	同比增长（%）	同比增长（%）	同比增长（%）	绝对量（亿元）	同比增长（%）	绝对量（元）	同比增长（%）	绝对量（元）	同比增长（%）	绝对量（元）	同比增长（%）
陕西省	11625.57	5.4	3.3	2.5	4523.96	7.6	12272	9.6	17960	8.5	6184	9.7
西安市	4142.34	7.0	8.7	2.2	2310.44	5.9	17299	8.6	21254	8.2	7447	9.6
铜川市	157.63	7.6	7.5	8.8	83.58	9.4	10701	9.1	14103	8.6	5330	9.8
宝鸡市	999.11	1.0	–4.9	1.9	438.08	10.0	11584	9.3	17376	8.5	6471	9.4
咸阳市	957.90	1.4	–4.2	0.3	363.21	11.8	11164	9.5	17464	8.7	6064	9.4
渭南市	790.24	6.1	5.8	–1.1	367.89	8.2	10347	9.6	17242	8.1	6014	9.7
延安市	735.49	7.6	7.6	2.6	158.96	8.1	12057	9.4	17565	8.3	5492	9.8
汉中市	702.90	7.7	8.3	4.8	246.94	9.9	10397	9.4	16058	8.3	6055	9.9
榆林市	1849.78	3.0	–0.5	8.2	259.16	8.0	11452	9.1	16098	8.3	6227	9.5
安康市	583.41	8.5	11.4	9.2	174.91	10.5	8725	9.5	13140	8.4	5620	9.7
商洛市	396.64	5.5	9.2	–3.1	109.69	7.9	7852	9.7	11974	8.5	5341	9.6
杨凌示范区	70.04	4.4	0.1	5.1	11.10	10.2	14731	8.9	19981	8.1	7396	9.3
西安位次	1	5	3	7	1	11	1	11	1	9	1	6
上年同期位次	1	8	5	8	1	10	1	11	1	11	1	8

附表 4　　西安市各区县 2019 年 1~6 月生产总值

指标	地区生产总值 1~6 月（亿元）	第一产业增加值 1~6 月（亿元）	第二产业增加值 1~6 月（亿元）	第三产业增加值 1~6 月（亿元）
全市	4142.34	98.61	1321.15	2722.58
新城区	334.90	—	93.49	241.41
碑林区	495.68	—	86.61	409.07
莲湖区	409.04	—	103.95	305.09
灞桥区	253.94	11.46	69.78	172.70
未央区	442.87	0.14	203.73	239.00
雁塔区	871.39	—	169.79	701.60
阎良区	109.52	12.57	43.81	53.14
临潼区	112.81	13.57	31.90	67.34
长安区	473.04	9.95	261.75	201.34
高陵区	175.16	9.94	103.35	61.87
鄠邑区	105.54	8.68	41.34	55.52
蓝田县	72.24	9.07	17.29	45.88
周至县	62.30	7.72	10.08	44.50
西咸新区	201.92	15.51	80.73	105.68
# 高新区	862.16	4.39	357.28	500.49
经开区	339.23	—	208.95	130.28
曲江新区	139.42	—	9.23	130.19
航空基地	11.56	—	7.86	3.70
航天基地	79.60	—	44.96	34.64
浐灞生态区	92.81	—	31.79	61.02
国际港务区	37.61	1.21	10.52	25.88

附表 5　　2019 年上半年关中平原城市群主要经济指标

	生产总值			第一产业增加值			第二产业增加值			第三产业增加值		
	绝对量（亿元）	同比增长（%）	占比（%）	绝对量（亿元）	同比增长（%）	占比（%）	绝对量（亿元）	同比增长（%）	占比（%）	绝对量（亿元）	同比增长（%）	占比（%）
关中平原城市群合计	9097.30	—	—	473.45	—	—	3604.94	—	—	5018.91	—	—
西安	4142.34	7.0	45.5	98.61	4.5	20.8	1321.15	8.6	36.6	2722.58	6.1	54.2
铜川	157.63	7.6	1.7	4.88	4.1	1.0	66.67	10.4	1.8	86.08	5.9	1.7
宝鸡	999.11	1.0	11.0	48.48	4.1	10.2	606.96	−1.9	16.8	343.67	6.0	6.8
咸阳	957.90	1.4	10.5	69.88	4.7	14.8	501.98	−2.2	13.9	386.04	6.0	7.7
渭南	790.24	6.1	8.7	83.09	4.8	17.6	330.92	6.0	9.2	376.23	6.5	7.5
杨凌示范区	70.04	4.4	0.8	4.06	3.9	0.9	35.95	3.6	1.0	30.03	5.5	0.6
商洛	396.64	5.5	—	33.35	4.3	—	217.05	6.3	—	146.24	4.5	—
商洛（关中范围）	224.16	—	2.5	16.50	—	3.5	111.94	—	3.1	95.74	—	1.9
商州区	70.56	4.5	0.8	4.08	4.5	0.9	25.72	3.3	0.7	40.76	5.5	0.8
洛南县	66.31	6.0	0.7	6.29	4.4	1.3	36.87	7.6	1.0	23.15	3.9	0.5
丹凤县	48.16	5.2	0.5	4.20	4.3	0.9	24.95	5.8	0.7	19.02	4.5	0.4
柞水县	39.13	6.7	0.4	1.93	4.1	0.4	24.40	8.9	0.7	12.81	2.1	0.3
运城	749.80	7.8	—	97.20	2.2	—	253.70	9.1	—	399.00	8.2	—
运城（关中范围）	696.09	—	7.7	81.04	—	17.1	257.15	—	7.1	357.90	—	7.1
盐湖区	142.71	7.5	1.6	5.75	0.2	1.2	30.65	10.9	0.9	106.31	6.9	2.1
临猗县	62.47	6.9	0.7	14.66	3.1	3.1	13.86	6.0	0.4	33.95	9.0	0.7
万荣县	34.00	6.6	0.4	4.12	2.6	0.9	8.31	6.8	0.2	21.57	7.5	0.4
闻喜县	69.71	8.6	0.8	6.59	0.8	1.4	35.29	10.7	1.0	27.84	9.2	0.6
稷山县	47.00	8.0	0.5	5.86	2.7	1.2	16.09	7.0	0.4	25.04	10.2	0.5
新绛县	56.05	8.3	0.6	10.91	3.0	2.3	27.21	12.4	0.8	17.93	7.9	0.4
绛县	31.79	6.7	0.3	3.08	−1.8	0.7	12.32	9.4	0.3	16.39	6.3	0.3
夏县	30.94	4.7	0.3	12.79	2.4	2.7	5.60	6.7	0.2	12.56	5.9	0.3

续表

	生产总值			第一产业增加值			第二产业增加值			第三产业增加值		
	绝对量（亿元）	同比增长（%）	占比（%）	绝对量（亿元）	同比增长（%）	占比（%）	绝对量（亿元）	同比增长（%）	占比（%）	绝对量（亿元）	同比增长（%）	占比（%）
芮城县	39.62	5.2	0.4	5.90	2.9	1.2	12.17	6.3	0.3	21.55	5.4	0.4
永济市	63.39	5.8	0.7	7.91	3.1	1.7	25.88	6.0	0.7	29.61	6.2	0.6
河津市	118.39	8.4	1.3	3.47	2.1	0.7	69.77	7.5	1.9	45.15	10.2	0.9
临汾	726.01	7.3	—	37.10	-1.5	—	332.20	7.8	—	356.80	7.9	—
临汾（关中范围）	524.34	—	5.8	30.42	—	6.4	186.33	—	5.2	307.57	—	6.1
尧都区	165.60	9.3	1.8	3.20	-3.7	0.7	26.80	3.2	0.7	135.60	10.9	2.7
曲沃县	61.43	11.1	0.7	9.95		2.1	31.94		0.9	19.53		0.4
翼城县	38.63	7.4	0.4	3.21		0.7	12.21		0.3	23.21		0.5
襄汾县	71.18	4.8	0.8	5.60	1.3	1.2	34.76	3.8	1.0	30.82	6.8	0.6
洪洞县	72.49	5.6	0.8	4.07	-7.3	0.9	35.78	3.8	1.0	32.63	9.9	0.7
浮山县	19.43	3.1	0.2	1.16		0.2	11.77		0.3	6.49		0.1
侯马市	56.78	2.6	0.6	1.82		0.4	11.58		0.3	43.38		0.9
霍州市	38.80	6.3	0.4	1.40		0.3	21.49		0.6	15.91		0.3
天水	275.05	6.9	3.0	24.91	5.5	5.3	82.50	4.8	2.3	167.64	8.4	3.3
平凉	187.52	6.1	—	13.59	6.8	—	55.05	4.8	—	118.88	6.7	—
平凉（关中范围）	148.23	—	1.6	9.95	—	2.1	47.18	—	1.3	91.11	—	1.8
崆峒区	74.00	7.9	0.8	3.22	4.6	0.7	14.50	3.4	0.4	56.29	9.5	1.1
泾川县	13.44	5.8	0.1	1.58	4.2	0.3	1.80	6.7	0.0	10.07	5.8	0.2
灵台县	12.15	13.0	0.1	2.27	7.2	0.5	1.67	17.2	0.0	8.21	13.6	0.2
崇信县	15.93	7.5	0.2	1.61	7.4	0.3	8.34	7.4	0.2	5.97	7.7	0.1
华亭县	32.71	4.4	0.4	1.27	6.9	0.3	20.87	3.1	0.6	10.57	5.5	0.2
庆阳	345.96	5.1	—	18.59	3.3	—	177.84	5.9	—	149.53	4.4	—
庆阳（关中范围）	112.18	2.7	1.2	1.63	5.0	0.3	56.22	2.6	1.6	54.33	2.8	1.1

注：附表的经济数据由西安市统计局提供。